John King Fairbank:
Geschichte des modernen China
1800–1985

Übersetzt von Walter Theimer

Deutscher
Taschenbuch
Verlag

Originalausgabe ›The Great Chinese Revolution: 1800–1985‹,
erschienen 1986 bei Harper & Row, Publishers, Inc., New
York.

Den Autoren der Bände 10 bis 15
der ›Cambridge History of China‹

Deutsche Erstausgabe
Juni 1989
© Copyright 1986 by John King Fairbank
© Deutscher Taschenbuch Verlag GmbH & Co. KG,
   München, für die deutsche Übersetzung
   Umschlaggestaltung: Celestino Piatti unter Verwendung des
   chinesischen Schriftzeichens für »Revolution«
   Gesamtherstellung: C. H. Beck'sche Buchdruckerei,
   Nördlingen
   Printed in Germany · ISBN 3-423-04497-7

Das Buch

»Revolutionen haben ein Schicksal gemeinsam: Zunächst sehen sie wie plötzliche Vulkanausbrüche aus, weder voraussehbar noch beherrschbar. Im Rückblick erkennt man Ursachen und Wirkungen. Man erkennt auch: Je mehr die Dinge sich ändern, um so mehr bleiben sie dieselben.« In China sieht Fairbank vor allem die Kontinuität der zentralen politischen Herrschaft durch eine Elite über das stetig wachsende chinesische Volk, die die verbindliche Weltanschauung festlegt und in Politik umsetzt. Im chinesischen Kommunismus findet er den Konfuzianismus des alten Kaiserreiches, im großen Vorsitzenden Mao einen Dynastiegründer wieder, umgeben von der Aristokratie der Revolution, den Teilnehmern am Langen Marsch.

Der Autor belegt seine These mit der Darstellung der modernen chinesischen Geschichte als einer permanenten Revolution, die bereits um 1800 begann und gewaltige gesellschaftliche Umwälzungen zur Folge hatte, nicht aber die demokratische Beteiligung der Massen an der Macht. Die souveräne Zusammenschau des 19. und 20. Jahrhunderts beschreibt den Fall der Mandschu-Dynastie, den Untergang des kaiserlichen China, die innerchinesischen wie die von außen kommenden Anstöße zur Modernisierung, die nationale und die kommunistische Revolution sowie die Geschichte der mittlerweile vierzig Jahre alten Volksrepublik China.

Der Autor

John King Fairbank war nach dem Studium in Oxford von 1936 bis 1977 Professor für chinesische Geschichte an der Harvard University in Cambridge, Mass., wo er die Modern Asian Studies begründete. Mehrere Reisen und Studienaufenthalte führten ihn nach China; während des Zweiten Weltkrieges wirkte er dort als Mitglied des amerikanischen Außenministeriums. Veröffentlichungen u. a.: ›The United States and China‹ (5. Aufl. 1983), ›Trade and Diplomacy on the China Coast‹ (2 Bde, 1953), Mitherausgeber und Mitautor der Bände 10 bis 15 der ›Cambridge History of China‹ (1978–1986); ›Chinabound‹ (Memoiren, 1982).

Inhalt

Teil IV
Die chinesische Volksrepublik
1949–1985

Alle sagen, daß man die Volksrepublik China nur aus der Geschichte verstehen kann. Aber wer tut es tatsächlich?

Es kommt darauf an, die Vergangenheit mit der Gegenwart zu verbinden, namentlich das späte kaiserliche China des neunzehnten Jahrhunderts mit der chinesischen Republik nach 1911 und der Volksrepublik seit 1949. Es gibt jetzt viele Bücher über diese beiden Jahrhunderte, die hauptsächlich im Lauf der letzten vierzig Jahre erschienen sind. Aber bei einer wissenschaftlichen Arbeit muß man in die Einzelheiten gehen und es den Lehrbuchschreibern, Popularisierern und ähnlichen Leuten (die oft am wenigsten dazu qualifiziert sind) überlassen, Pauschalurteile zu fällen. Man braucht einen alten Professor, der keine Rücksichten mehr auf berufliche Laufbahn und Reputation nehmen muß. Unter diesen Voraussetzungen kann die Verknüpfung der chinesischen Vergangenheit und Zukunft beinahe amüsant werden. Institutionen der Kaiserzeit können unter neuem Namen wieder auftauchen, so das alte *Pao-chia*-System der gegenseitigen Überwachung, das heute die Form der Straßenkomitees angenommen hat, oder der niedere Landadel aus der Zeit vor 1900, aus dem in der republikanischen Ära ländliche Despoten und Leuteschinder wurden und deren Nachfolger, vom System her betrachtet, heute die Kader und Parteisekretäre in der Provinz sind. Der strenge Schulhistoriker mag an solchen Vergleichen etwas auszusetzen finden, aber man sollte hier vielleicht nicht kleinlich sein. Warum auch? Jede Generation lernt, daß ihre Rolle letztlich darin besteht, das Trittbrett für die nächste Generation zu sein. Das ist eine wertvolle, ja wesentliche Funktion.

Die breite thematische Anlage dieses Buches bringt natürlich Beschränkungen mit sich. Wer es unternimmt, in lesbarem Umfang die moderne Transformation einer uralten Kultur darzustellen, muß sich auf die größere Linie konzentrieren: er muß sich mehr mit Institutionen, Tendenzen und Bewegungen befassen als mit dem Lebenslauf bestimmter Personen. Im allgemeinen muß man sich hinsichtlich der Reaktion der Chinesen auf den Einbruch der Moderne mit einer Deutung begnügen. Ich habe jedoch versucht, die Ereignisse in China auch dem nicht-sinologischen Leser einigermaßen verständlich zu machen.

Die Chinesen sind nicht nur Patrioten, sondern auch stolz auf ihre Kultur. Im neunzehnten und zwanzigsten Jahrhundert haben sie einen schmerzhaften Sturz vom alten Gefühl der Überlegenheit zu tiefster Erniedrigung erleben müssen, dem lange, leidenschaftliche Bemühungen um nationale Erneuerung folgten, die nun Erfolg zu haben scheinen. Näher betrachtet ist das ein dramatisches Geschehen, das in der Geschichte seinesgleichen sucht.

In den letzten 185 Jahren ist das chinesische Volk einen steinigen Weg gegangen, ständig unter dem Druck innerer und äußerer Kräfte, die auf eine Veränderung drängten. Von außen kamen fünf Angriffskriege, vom anglo-chinesischen Opiumkrieg 1839–1842 bis zu den acht Jahren des japanischen Einfalls 1937 bis 1945. Obwohl zunehmend heftiger, waren diese ausländischen Angriffe (mit Ausnahme des japanischen) fast nichts gegen die fünf revolutionären Bürgerkriege in China während desselben Zeitraums: der gescheiterte große Taiping-Aufstand 1850–1864 mit seinen Nebenaufständen; die republikanische Revolution von 1911, die zur Veränderung der Staatsform führte; die nur teilweise nationale Revolution von 1925–1928, bei der es um die Einheit gegen den ausländischen Imperialismus ging; der Bürgerkrieg zwischen der Kuo-min-tang und den Kommunisten; schließlich die zehn Jahre der Kulturrevolution Mao Tse-tungs 1966–1976, einem Höhepunkt revolutionären Eiferns, das in einer selbstverschuldeten nationalen Katastrophe endete. Diese verschiedenen Bewegungen mit ihrem Hintergrund sozialer und kultureller Wandlungen historisch zusammenzufassen, ist fürwahr eine enorme Aufgabe. Ich muß nicht betonen, daß ich sie nie hätte in Angriff nehmen können, hätten mir nicht zahlreiche andere Gelehrte zur Seite gestanden, deren Hilfe ich am Ende dieses Buches nur ungenügend würdigen kann. Ich habe diese Geschichte des modernen China nur abfassen können, weil ich seit 1936 an einem Schnittpunkt von Sinologie und Geschichte stehen durfte, an einer der besten Hochschulen der Welt, wo Talent, Motivation und wissenschaftliche Ausbildung eine bemerkenswerte Verbindung eingehen. Buch auf Buch, besonders seit 1945, hat hier ein Wissensgebäude errichtet, das den Anfänger schreckt und den erfahrenen Professor begeistert. Diese Veröffentlichungen in englischer Sprache sind einem Zustrom von Dokumentation und gelehrten

Arbeiten aus China, Japan, Europa und anderen Gebieten zu verdanken, den ich hier nicht vollständig auswerten konnte. Ich tröste mich mit dem Gedanken, daß anderenfalls das Produkt unlesbar geworden wäre.

April 1986   John K. Fairbank

1. Zum Verständnis der chinesischen Revolution

Wenn man heute von Schanghai nach China hinein fliegt, kann man sehen, wie naturnah die Menschen hier leben. Das ganze Jangtse-Delta, mit Seen übersät und von Kanälen durchzogen, ist grünes Agrarland. Auch die Städte und Dörfer sind grün von Bäumen und Gemüsegärten. Die Kanäle, anstelle von Autostraßen, sind silbrig glänzende Durchzugsstrecken, die auch der Bewässerung dienen. Dieses Delta ist seit mindestens 700 Jahren der größte Nahrungsmittelproduzent der Welt. Bis vor einem Jahrhundert wurde der »Tributreis« in schmalen Treidel- und Stocherkähnen über 1700 Kilometer weit im Großen Kanal befördert, um Peking zu versorgen. Heute wird mit diesem Reis Schanghai versorgt, eine der am dichtesten bevölkerten Städte der Welt.

Fliegt man von der grauen Metropole nach Südwesten, überquert man bald Hügel, die durch Terrassierung stückweise abgetragen worden sind. Das Wasser kann nun in den Reisfeldern an den Hängen stehen. Hier hat der Mensch die Natur so dauerhaft umgestaltet, wie die amerikanischen Straßenbauer es in den Rocky Mountains taten, freilich ohne Maschinen. Die Terrassen sind Monumente menschlicher Muskelkraft. Die weiten Seen südlich des Jangtse, die sich bei den jährlichen Überschwemmungen füllen, sind die Binnenseen, die man auf chinesischen Landschaftsbildern sieht. Obwohl weit vom Meer entfernt, machen sie Mittelchina tatsächlich zu einer Region von »Bergen und Wasser« (*shan-shui*, das Wort für Landschaftsmalerei). Dunst und Wolken lassen Seen und Berge größer erscheinen, grenzenlos und geheimnisvoll für den Reisenden, der heute China aus der Luft sehen darf.

Wenn man andererseits von Schanghai nach Nordwesten in Richtung Peking fliegt, überquert man bald die trockene nordchinesische Ebene, in der die Dörfer nicht einmal einen Kilometer auseinander liegen. Im amerikanischen Mittelwesten war es einmal ebenso: Zwischen den Weizenfeldern lag ein Bauernhof neben dem anderen. Jeder bestand aus einem weißen Haus und einer großen roten Scheune, mit Bäumen davor, zum Schutz gegen Wind. Chinas aus Lehm gebaute Dörfer zeigen ebenfalls Baumgruppen in Abständen von etwa 800 Metern. Doch während die Familienhöfe in Iowa und Kansas in den letzten Jahren verschwunden sind, haben die ganz ähnlich gelegenen nordchinesischen Dörfer eine Bevölkerungsexplosion erlebt. Ein Dorf, das früher zweihundert Menschen mit intensivem Hand-Acker-bau zu ernähren hatte, wird jetzt ungefähr dreihundert haben. Nichts kann deutlicher die Überbevölkerung illustrieren, die das chinesische Volk in Armut hält.

Wie aber können wir uns ein Bild von diesem China mit seiner Milliarde Menschen machen? Legt man eine Karte von China über die Karte der Vereinigten Staaten, dann sind die beiden Länder ungefähr gleich groß. Während jedoch der Mississippi unseren Mittelwesten nach Süden entwässert, fließt das Wasser Mittelchinas durch den Jangtsekiang, ein größeres Flußsystem, ostwärts in den Stillen Ozean. Während unsere Prärie-staaten im mittleren Norden in den letzten hundert Jahren ein internationaler Brotkorb geworden sind, haben die Chinesen Schwierigkeiten, sich selbst zu ernähren. Ein weit größerer Teil Chinas als Amerikas besteht aus trockenen Wüsten und zer-klüfteten Gebirgen. Der landwirtschaftlich nutzbare Boden ist nur halb so groß wie in Amerika, während die Bevölkerung das Vierfache beträgt. Die Pro-Kopf-Armut Chinas ist der erste große Unterschied.

Der zweite Unterschied ist komplizierter: China stand immer an demselben Platz. Die atlantische Kultur Westeuropas und des amerikanischen Kontinents hat ihren politisch-kulturellen Schwerpunkt schrittweise nach Westen verlagert, von Athen nach Rom, dann nach Madrid, Paris, London und New York. Die entsprechende Bewegung in China ist nur ein paar hundert Kilometer weit gegangen, von Sian an der unteren Biegung des Gelben Flusses in südlicher Richtung nach Hangchow und Nanking, in nördlicher nach Peking. Alle historischen Stätten der viertausendjährigen Geschichte Chinas liegen nahe beiein-ander. Für uns nimmt es sich aus, als hätte Moses die Gesetzes-tafeln auf dem Mount Washington in New Hampshire empfan-gen, als wäre das Parthenon auf dem Bostoner Bunker Hill gestanden, als hätte Hannibal das Alleghany-Gebirge überstie-gen, Cäsar den Staat Ohio erobert und Karl der Große sich in Chicago krönen lassen. Den Vatikan müßte man sich im New Yorker Central Park vorstellen. Mit anderen Worten, die chine-sische Landschaft ist mit Geschichte beladen, und zwar in ei-nem mit uns nicht vergleichbaren Ausmaß.

Natürlich gehen Amerikas kulturelle Wurzeln ebenso weit zurück, auf die klassische Antike des Mittelmeerbeckens, die zeitlich mit Chinas klassischer Antike zusammenfiel. Aber die Amerikaner stammen von Einwanderern aus neuerer Zeit ab, die ihre Kulturen selektiv in ein neues Land mitbrachten. Sie hatten zwei große Vorteile: ein günstigeres Verhältnis von Bevölkerungszahl und Existenzmöglichkeiten, ferner eine größere Freiheit von traditionellen Bindungen. Das ließ uns unsere Form des Individualismus entwickeln. Von hier kam auch die Inspiration zur Entwicklung von Maschinen gerade zu Beginn des großen Zeitalters der Technik. Die Chinesen, deren Technik früher dem europäischen Mittelalter voraus war, fanden sich plötzlich im Hintertreffen: sie bemühen sich, aufzuholen.

Hier behindert sie allerdings ein dritter Unterschied: Sie mußten aus ihrer eigenenen kulturellen Tradition heraus modernisieren, die sich einer Veränderung widersetzt. Die neue Technik der Industrie, des Verkehrs und der Kommunikation ist im Westen heimisch, aber in China ist sie importiert. Das Eisenbahnzeitalter des neunzehnten Jahrhunderts zum Beispiel hat die amerikanische Nation innerlich verknüpft, während Chinas uraltes Netz von Seen, Flüssen und Kanälen die Eisenbahn in Südchina weniger wichtig machte; die Furcht vor Übergriffen von außen verzögerte auch den Eisenbahnbau in Nordchina. Wie schon gesagt, wurde unser leerer mittlerer Westen durch die Mechanisierung der Landwirtschaft zum Brotkorb der Welt, während die eng zusammengedrängten Chinesen alles weiter mit der Hand machen mußten. Jahr für Jahr verpflanzten sie die größte Reisernte der Welt, Pflanze für Pflanze, aufs Feld.

Inzwischen haben die zwei großen Einrichtungen, die den chinesischen Staat zusammenhielten – die herrschende Elite und die Schrift – dreitausend Jahre lang bestanden. Schon 1850 v. Chr. hat eine militärisch-priesterliche Oberklasse, die eine Art ideographisches Protokoll führte, Massenarbeit zum Bau von Mauern aus gestampfter Erde in Chengchow und Anyang (heute in der Provinz Honan) eingesetzt, den alten Hauptstädten der Shang-Dynastie. Bodenbearbeitung mit der Hacke und der Einzug von Pacht und Steuer durch die Oberschicht sind seither für das chinesische Dorf typisch geblieben.

Während vor hundert Jahren die Eisenbahn und der McCormicksche Bindemäher unseren mittleren Westen aufbauten, blieb China an diesen Dingen uninteressiert. Die Mandarin-Klasse und der geistesverwandte Landadel, alle nach den klassischen konfuzianischen Schriften erzogen, fanden dort kein Wort über Dampfkraft und Mähmaschinen. Was würden die Bauern mit ihrer Zeit anfangen, wenn sie nicht mehr hacken und sicheln könnten? Diese Frage beschäftigt noch heute die marxistischen Bürokraten in Honan.

Zu vermerken ist, daß John Murray Forbes von der Bostoner Firma Russell & Co. sich gegen Ende der vierziger Jahre aus dem chinesischen Tee- und Opiumgeschäft zurückzog, weil er sein Geld besser im amerikanischen Mittelwesten anlegen konnte, wo er die Michigan Central Railway, dann die Eisenbahn Chicago-Burlington-Quincy gründete. Im Gegensatz hierzu kaufte der Generalgouverneur von Schanghai noch 1876 die kleine Eisenbahn, die ausländische Kaufleute von Schanghai nach Wusung (20 Kilometer) gebaut hatten – und ließ sie sofort abtragen. Dieser Beamte (Shen Pao-chen) war zwar führend in den Bestrebungen zur Verwestlichung Chinas, aber wie er dem Kaiser erklärte, war für ihn keine gemischte anglo-chinesische Eisenbahn und nicht einmal eine gemeinsame Leitung tragbar. China, sagte er, müßte seine Modernisierung selbst in der Hand behalten. Im übrigen war die Volksstimmung heftig gegen die Eisenbahn.

Solche Vorfälle lassen erkennen, daß Chinas langsames Tempo in der Modernisierung und Technisierung auf eine gewisse allgemeine Trägheit zurückgeht, eine verständliche Abneigung gegen eine Änderung der sozialen Werte, der Kultur und der Institutionen. Diese Abneigung wurzelt tief und ist ein Produkt geschichtlicher Faktoren, von denen manche noch wirksam sind. Nehmen wir zunächst die Geographie und die Anpassung der Menschen an diese, d. h. die Ökologie. Die frühe chinesische Kultur entstand in Nordchina, ziemlich weit vom Meer entfernt. Die ältesten Sitze der Shang-Dynastie liegen dort, wo der Gelbe Fluß aus den Bergen kommt und seine Sechshundert-Kilometer-Reise durch die nordchinesische Ebene antritt. Die zeitgleichen Kulturen Ägyptens und des Euphrat- und Tigristales (Babylon) entstanden an großen Strömen, die sie mit dem Meer verbanden; vom Gelben Fluß aber kann man das nicht sagen. Kein Tal lenkt ihn; er führt bis zu zehn Prozent Schlamm. Man begann bald mit dem Bau von Deichen gegen seine jährlichen Überschwemmungen, aber die Deiche hatten nur die Wirkung, daß das Flußbett sich über die Umgebung erhob, bis schließlich der Damm brach und die Überschwemmungen wieder einsetzten. So erreichte der Gelbe Fluß das Meer manchmal nördlich und manchmal südlich der Halbinsel Shantung. Er wurde keine große Verkehrsader.

Dieser binnenländische Charakter des frühen China stand im

Gegensatz zu den Kulturen des Mittelmeerbeckens – den phönizischen Seehändlern, den Griechen in Kreta und auf dem Peloponnes, ebenso ihren Gegnern auf der anderen Seite des Meeres in Kleinasien, dann den Römern und ihren Feinden in Karthago. Die atlantische Kultur Westeuropas entwickelte nationale Blüten, als Italiener, Portugiesen, Spanier, Engländer, Franzosen und Skandinavier, alle im Besitz von Halbinseln oder Inseln mit Seeverbindung, unausweichlich Seefahrer wurden. Der Seehandel war der Motor des nationalen Wachstums, bis die europäischen Völker schließlich in neuerer Zeit ihre Kolonialreiche in Übersee errichteten.

Während die europäischen Völker auf diese Weise explodierten, gab es in China eine Implosion: Die Chinesen füllten ihr schönes Land mit einer immer dichteren Bevölkerung. Für die alten Chinesen gab es keine Ziele in Übersee, keine großen Rivalen, mit denen sie hätten Handel treiben können oder von denen sie einen Überfall zu befürchten hatten.

Angesichts der Bevölkerungsimplosion bediente sich China des Reisanbaus, um immer mehr Menschen in das Gebiet des eigentlichen Chinas hineinzuzwängen. Die Kombination von Reis und Bewässerung brachte auf einem Stück Land mehr Reis hervor als der Trockenanbau von Hirse oder Weizen. Alles, was man brauchte, war eine genügend große Anzahl geschickter Arbeiter, die von der Reisernte lebten, wenn auch bei geringer Produktivität pro Person. Der Reisanbau ging so vor sich, daß der chinesische Bauer seine breite Hacke und seinen Wasserbüffel zur Bearbeitung des Reisfelds benützte, wo der Reis von Hand angepflanzt, verpflanzt und geerntet wurde. Diese Art des Reisanbaus war arbeitsintensiv von der Saat bis zur Ernte. Andere Feldfrüchte kamen in Südchina gegen den Reis nicht auf. Das Ergebnis war, daß Regierung, Gutsbesitzer und Bauer dauernd an eine Rollenverteilung gebunden blieben, die nicht leicht zu ändern war. Die Landwirtschaft mußte kleinbetrieblich bleiben; auf Mechanisierung und Großbetrieb mußte verzichtet werden. Kleine technische Fortschritte und bessere Reissorten konnten den Ertrag und damit die Bevölkerung vermehren, aber nicht das Verhältnis des Bauern zum Gutsbesitzer und Steuereinnehmer ändern. Dagegen war die Trockenlandwirtschaft Nordchinas und Europas zwar weniger sicher, stärker den Launen der Natur ausgesetzt, aber sie bot die Möglichkeit des Anbaus verschiedener Feldfrüchte, des Großbetriebs und der zentralen Leitung. In dem weniger bevölkerten Europa ging die extensive Trockenlandwirtschaft bald zur Nutzung des Pferdes über, was den Weg zur späteren Mechanisierung öffnete. Das alles wirkte im Sinne gesellschaftlichen und politischen Wandels.

Die Dichte der chinesischen Bevölkerung hatte soziale Folgen. Die Landwirtschaft wurde von Familien betrieben, in denen Patriarchen herrschten. Ohne Primogenitur teilten alle Söhne ihr Erbe. Der chinesische Mensch wuchs als Teil eines Familienkollektivs auf, meist nicht in der Lage, zur See zu fahren und dabei ein Vermögen zu machen oder aber an Skorbut und Malaria zu sterben. Die Chinesen lebten im Familienverband als dessen getreue Glieder, sie waren sich der verwandtschaftlichen Beziehungen sehr bewußt, ebenso des Status-Unterschieds zwischen den Generationen und den Geschlechtern. Seit frühesten Zeiten heirateten die Töchter in andere Familien ein und wurden dadurch Teil eines anderen Clans, während die Söhne ihre Frauen dem eigenen Clan einverleibten. Frauen spielten eine dienende Rolle. Gewiß waren das nur graduelle Unterschiede, und herrschende Patriarchen fand man in anderen Gesellschaften ebenso wie unglückliche Schwiegertöchter, aber in China führte die Zusammendrängung der Familien auf dem Land zur Entwicklung besonderer Einrichtungen.

Namentlich gilt das für den chinesischen Staat. In der ältesten Zeit, für die noch Berichte vorliegen, war das Staatsoberhaupt auch das Haupt einer herrschenden Familie. Er erwarb sich mit seinen Verwandten und Gehilfen allmählich Geschick in der Regierungskunst. In der frühesten Zeit war er auch der Schamane, der mit den Ahnen und unsichtbaren Naturkräften in Verbindung stand. Unter Darbringung von Tieropfern befragte er die Ahnen in Angelegenheiten des Volkes, wie die gefundenen Orakelknochen belegen. Die Kunst der Schrift erscheint zuerst in den Inschriften auf diesen Knochen, die bezeugen, daß der Herrscher die Auspizien beobachtete und Ratschläge von den Ahnen erhielt. So bestand von Anbeginn eine enge Verbindung zwischen Herrscher und religiösem Glauben – und dem System der Schrift. Die entstehende Staatsmacht umfaßte auch die Kultur und bediente sich ihrer. Die des Lesens und Schreibens kundige Elite, die regieren helfen konnte, gehörte normalerweise zum Staatsapparat. Kurz gesagt, war das Ergebnis der chinesischen Implosion eine Integration von Staat, Gesellschaft und Kultur. Während Konfuzius und die anderen Philosophen der »Hundert Schulen« die Herrscher bei ihrer ordnenden Tätigkeit zu beraten versuchten, hatten sie dabei schon die Einheit der Gesellschaft unter nur einem Herrscher als den besten Weg zur Sicherung des Friedens im Auge. Die Entstehung eines westlichen Typs von Pluralismus hatte in China weniger Aussichten. Keine Kirche war vom Staat zu trennen und keine Grenzprovinzen konnten selbständige Staaten werden.

Aus dieser Lage folgten zwei weitere Unterschiede. Der erste ist, daß das alte chinesische Kaiserreich die bürokratische Administration einführen mußte. Beamte der Han-Dynastie wurden für eine bestimmte Zeit mit der Verwaltung von Gebieten betraut. Sie lebten von einem für sie ausgesetzten Betrag und leiteten den festgelegten Satz an Steuern weiter, unter Aufsicht der Regierung und bei ständiger Berichterstattung in die Hauptstadt. Die Bürokratie ermöglichte den Zentralismus, erforderte aber die Ausbildung einer Elite für die hohen Beamtenstellen. Im siebenten Jahrhundert, als in Europa gerade die Völkerwanderung ausklang, hatte die chinesische Zentralregierung das System der Beamtenprüfungen eingeführt. Bewerber um Beamtenstellen mußten die Klassiker studieren und bei Prüfungen ihre Treue zum kaiserlichen Konfuzianismus nachweisen. Dabei lernten sie, die Bevölkerung mittels »legalistischer« Systeme gegenseitiger Verantwortung und somit gegenseitiger Überwachung zu kontrollieren.

Ein zweites Ergebnis der chinesischen Implosion war die frühe Blüte von Kunst und Technik. Die agrarisch-bürokratische Gesellschaft bildete aus den Begabten eine Elite von Chronisten, Künstlern, Fachleuten, Philosophen und Funktionären. In der Zeit der Dynastien T'ang und Sung vom siebenten bis zum zwölften Jahrhundert war die chinesische Kultur zweifellos der europäischen überlegen. Das beweist nicht nur die Landschaftsmalerei der Sung-Zeit und die neukonfuzianische Philosophie von Chu Hsi und anderen, sondern auch die lange Reihe technischer Erfindungen, welche die Chinesen vor den Europäern machten. Schon Francis Bacon sagte, daß die drei großen Erfindungen, die die Geschichte Europas formten, der Buchdruck, der Kompaß und das Schießpulver waren. Alle drei treten in China zuerst auf. Joseph Needham hat in einem zwölfbändigen Werk dargelegt, wie neuerungsfreudig die chinesische Technik war. Vor allen anderen ostasiatischen Ländern gewann China dadurch einen kulturellen Vorsprung, dessen Nachwirkungen noch heute zu spüren sind. Ein Bewußtsein kultureller Überlegenheit gehört zur chinesischen Tradition. Um so schwieriger wurde es für die Chinesen, in der neueren Zeit das Minderwertigkeitsgefühl ihrer Rückständigkeit zu ertragen.

Der Weg zur Modernisierung ist für China länger und schwieriger gewesen als in den meisten anderen Ländern, einfach deshalb, weil China so lange China gewesen war. Die Macht der Trägheit stand hinter den chinesischen Revolutionen; sie waren anfallsartig, manchmal seltsam gehemmt, manchmal destruktiv. Man stelle sich einmal vor, wie schwierig die Modernisierung Amerikas gewesen wäre, wenn die Neuerer vom Volk verlangt hätten, der Jungfrau Maria und den Gründervätern abzuschwören, alle Werte der Großeltern zu verleugnen und fremde Vorbilder zu akzeptieren.

Natürlich steht die Modernisierung nie allein. Definiert man sie als Entwicklung eines Volkes und dessen Akzeptanz der Technik, so besteht immer eine Wechselwirkung mit überlieferten Werten. Zwar führt die Modernisierung zu einer gewissen Konvergenz aller Länder, weil Wissenschaft und Technik international sind und alle Völker in gleicher Weise beeinflussen, aber jedes Volk wird auf seine eigene Art reagieren, je nach ererbten Umständen, Einrichtungen und Werten. So erklärt es sich, daß die chinesische Revolution zu einer neuen Kultursynthese geführt hat, in der chinesische und ausländische Einflüsse konvergieren. Aber man folgere nicht vorzeitig, daß die Chinesen immer mehr so werden wie wir. Man kann auch der Meinung sein, daß zahlenmäßiges Wachstum und soziale Mißstände uns nötigen werden, mehr so zu werden wie die Chinesen. Gewiß kommen bisher die modernisierenden Einflüsse in China hauptsächlich von außen, aber in der Zukunft, der wir gemeinsam entgegengehen, kann sich das Gleichgewicht verschieben.

China hat auch seinen Platz sicher in dem bisher wenig bearbeiteten Gebiet der vergleichenden Weltgeschichte. Politisch ist China das älteste überlebende Großreich, das eigentlich immer auf der militärischen Unterwerfung der bäuerlichen Gesellschaft beruhte und durch bürokratische Verwaltung und Kaiserkult gefestigt wurde. China war unter den Han ein Zeitgenosse des römischen Weltreichs, mit dem es sich sogar nach Größe und Errungenschaften vergleichen läßt. Man kann ferner die Mandschu-Regierung in China von 1644 bis 1912 mit der Mongolenherrschaft in Indien von 1526 bis 1858 vergleichen, mit dem Tokugawa-Shogunat in Japan von 1600 bis 1868, ebenso aber mit der Zarendynastie von 1613 bis 1917. Auch mit dem türkischen Reich vom vierzehnten bis zum zwanzigsten Jahrhundert läßt sich ein Vergleich ziehen.

Weltwirtschaftlich war die europäische Expansion, mit der die Moderne begann, nicht nur mit dem ostindischen Gewürzhandel verknüpft, sondern auch mit dem Geschäft in Tee, Seide, Keramik, Kunstwerken und Luxusgütern aus dem chinesischen Export. Daß die Europäer mobiler waren und Portugiesen wie Holländer den europäischen Handel mit Indien, dann China und Japan eröffneten, zeigt nur, wieviele Dinge den Europäern fehlten. Die Luxuswaren und Gewürze, die sie suchten, fanden sich nur im Fernen Osten. Als die Europäer kamen, hatte allerdings die chinesische Expansion in den Nan-Yang oder südlichen Pazifik schon begonnen. Das bürokratisch-agrarische chinesische Reich hatte nur in der Zeit der mongolischen Eroberungen einige Expeditionen nach Indonesien geschickt und setzte sie dann nicht fort, nicht einmal in den drei Jahrzehnten der Forschungsreisen unter der Ming-Dynastie von 1405 bis 1433. Der chinesische Staat gründete keine Kolonien in Übersee, so leicht auch die Fahrt nach Südostasien im Monsunwind war. Dagegen entwickelten chinesische Seefahrer und Kaufleute einen lebhaften Handel zwischen China und Südostasien. Nach dem Zusammenbruch der Ming-Dynastie 1644 begannen vertriebene chinesische Kaufleute in dem neuen Staat Siam eine führende Rolle zu spielen. Andere begründeten Kaufmannsdynastien in Malaya und Indien. In den portugiesischen und holländischen Kolonialreichen wurden chinesische Mittler – örtliche Kaufleute, Konzessionäre, Steuereinnehmer – ein wesentlicher Teil der Kolonialgesellschaften. Die Einwanderung billiger chinesischer Arbeitskräfte in Amerika um die Mitte des neunzehnten Jahrhunderts war die zweite Phase dieser Diaspora, welche der chinesische Staat nie förderte oder für seine Ziele ausnutzte. Auf diese Weise kam China in die Weltwirtschaft, lange ehe es sich dazu herabließ, sich der Welt der Diplomatie und der internationalen Beziehungen zu öffnen. Offenkundig bietet vergleichende Weltgeschichte noch ungenutzte Möglichkeiten zur Vervollständigung des Chinabildes.

Die westliche Sinologie hat meist das ganze »China« oder die »chinesische Kultur« ins Auge gefaßt. Dieser vereinfachende Ansatz zum Studium der größten Bevölkerungsgruppe hat mehrere Ursachen: die chinesische Tradition der (zumindest idealen) Reichseinheit und die Homogenität der gelernten konfuzianischen Werte; die Annahme dieser geistig-kulturellen

Einheit durch die jesuitischen Missionare, europäischen Gelehrten und frühen Sinologen; dann das Interesse des Westens für fremde Kulturen, unter denen China hervorragte. Von außen her und in grober Annäherung konnte man die lange gesuchte (wenn auch oberflächliche) Einheit Chinas auf politischem Gebiet auch auf sozio-kulturellem Gebiet vermuten, wenigstens als Vorbild oder Ideal. Ein Vergleich von Kulturen verlangt zunächst generalisierende Einheiten wie »Westen«, »moderne Welt«, »Modernisierung« und »Imperialismus«, zu schweigen von »Nationalismus«. Wir können nur in Verallgemeinerungen denken und sprechen, schon gar im großen Zeitalter der Soziologie.

Wenn man deduktiv vom Allgemeinen zum Besonderen übergeht, vom »Makro« zum »Mikro«, dann muß uns die fehlende Differenzierung in unserem Chinabild nicht überraschen. Es ist schließlich ein riesiges Gebiet, das sich von Nord nach Süd erstreckt, etwa vergleichbar der Entfernung Sibiriens von der Sahara. Dort lebt ein Viertel der Menschheit. Eigentlich vereinfachen wir zu sehr, wenn wir dieses Mikrouniversum »China« nennen und gleichzeitig von Frankreich, Deutschland, Mexiko und den Vereinigten Staaten als selbständigen Gebilden sprechen, obwohl sie doch alle nur Teile der Christenheit sind.

Mit dem Wachsen der historischen Soziologie (oder einer sozialwissenschaftlich orientierten Geschichte) löst sich das vereinfachte Bild Chinas als Einheit auf. Das Studium Chinas wird dadurch immer komplexer, ohne daß sich das Grundproblem ändert: Nämlich wie man von seinem eigenen kulturellen Milieu aus das Leben in einem anderen verstehen kann. Das ist ein altes Problem der Historiker. Man ist sich der Lage heute besser bewußt und geht dazu über, China zu fragmentieren.

Die Chinaforschung stößt dank ihrer vertieften Einsicht bald auf den zentralen Mythos des chinesischen Staates – den Glauben an die naturgegebene Einheit des chinesischen Reiches (*t'ien-hsia,* »alles unter dem Himmel«). Dieser Begriff ist uralt. Seit den frühesten Zeiten waren im Herrscher Chinas die Funktionen von Staat und Kirche vereint. Er war moralischer und militärischer Führer, ein Vorbild in seinem Verhalten und Gerichtsherr. Seine Allkompetenz umfaßte alle wichtigen Funktionen des Staates, einschließlich des Kaiserkults: Der Kaiser vertrat die ganze Menschheit gegenüber den Naturkräften. Er war der Einzige, der Träger, der das ganze soziale und politische Gerüst zusammenhielt. Die Dynastien nährten das Bild des Himmelssohns an der Spitze der Menschheit als Mittel der Zentralisierung und des Einheitsstaates. So sollten Frieden, Ordnung und Wohlstand gesichert werden. Dieses Einheitsideal blieb auch bei wachsender Bevölkerung erhalten. Die Zunahme der Bevölkerung hat vitale Fragen nicht nur hinsichtlich der Ernährung und der Existenz aufgeworfen, sondern auch solche der Organisation und der zentralen Leitung. Die schon schwere Last des chinesischen Einheitsstaats hat damit noch zugenommen.

Man betrachte die Weltkarte. Mehr als eine Milliarde Menschen leben in Europa, Nord- und Südamerika. Diese Milliarde Europäer und Amerikaner leben in etwa fünfzig unabhängigen souveränen Staaten, während die rund eine Milliarde Chinesen nur einen einzigen Staat hat. Diese fast erschreckende Tatsache ist jedem Gymnasiasten in der Welt bekannt, aber fast niemand hat bisher über ihre Bedeutung nachgedacht. Eine Trennung von Kirche und Staat fehlte in China ebenso wie eine Grenze zwischen In- und Ausland innerhalb überschaubarer Gebiete. Der chinesische Staat wurde zu groß und deshalb etwas volksfremd. Die kaiserliche Zentralgewalt mußte mit einer Vielzahl regionaler Unterschiede rechnen, von arktischen bis zu tropischen, von feuchten bis zu trockenen, von übervölkerten bis zu fast menschenleeren Gebieten.

Letztlich lag der Unterschied zwischen China und Europa darin, daß das chinesische Volk sich immer als Einheit fühlte. Denn wirklich vereint war China, wenn auch mehr formell, nur zwei Drittel der geschichtlichen Zeit, aber immer blieb Einheit das Ideal. Europa war durch die christliche Religion und Kultur geeint, wenn man von zeitweisen arabischen und türkischen Eroberungen absieht, aber einzelne Souveränitätsbestrebungen verhinderten immer wieder eine politische Vereinigung.

All das bestätigt die selten anerkannte Binsenweisheit, daß der Versuch, die chinesische Revolution ohne erhebliche Kenntnis der chinesischen Geschichte zu verstehen, einem Blindflug ins Gebirge gleicht.

Die jetzige sozialgeschichtliche Mode, die das Leben der breiten Volksschichten beschreibt, ist gewiß zu begrüßen und für jeden Historiker anregend. Doch wäre es ein großer Irrtum, anzunehmen, daß uns die politischen Ereignisse in der chinesischen Geschichte so bekannt sind wie das entsprechende Geschehen in Europa und Amerika. Die Sozialgeschichte hat unser Interesse derart in Anspruch genommen, daß die dazugehörige politische Geschichte und die Geschichte der Institutionen im Falle Chinas unterbelichtet geblieben sind. Man vergleicht die Bauern von Frankreich und Kiangsu, die Kaufleute von Holland und Szechwan, ohne das größere Drama zu verstehen, in dem sie ihre Rolle spielten. Nichts kann einen Ersatz für das Studium der Geschichte auf Grund der Ereignisse und der führenden Persönlichkeiten bieten, ehe man sich mit dem Leben der Menschen des Volkes beschäftigt. Der Kaiser ordnete die Eintragungen in die Reichsannalen an. Er war in der Tat der wichtigste Mann mit dem größten Einfluß. Wenn wir die moderne Revolution verstehen wollen, müssen wir bei den Herrscherdynastien beginnen und fragen, wie sie zur Macht kamen und wie sie China regierten.

größte Ausdehnung des Reiches
unter den Ch'ing

Grenzen des späten Kaiserreiches
(um 1900)

Grenzen Zentralchinas

Provinzgrenzen

● Kaiserliche Hauptstadt

• Provinzhauptstädte

○ Fünf Vertragshäfen (Verträge von Nanking, 1842)

Große Mauer

Großer Kanal

Das chinesische Kaiserreich zur Zeit der Ch'ing (Mandschu)
Dynastie (1644–1912)

2. Die Mandschukaiser in Peking

Die Mandschu- oder Ch'ing-Dynastie, die China von 1644 bis 1912 beherrschte, bildete den Höhepunkt der langen Beziehungen zwischen den Bauern und Bürokraten innerhalb der Großen Mauer und den erobernden Nomadenstämmen der innerasiatischen Steppe. Die chinesische Außenpolitik hatte sich seit der Han-Dynastie und ihren Kämpfen mit den Hsiung-nu (Hunnen) auf die innerasiatische Grenze konzentriert. Stammeseinfälle in das Agrargebiet Nordchinas begannen bald, lange vor der Vereinigung Chinas im Jahre 221 v. Chr. So wurde der chinesische Staat sozusagen mit einer Grenzfrage geboren.

Der Aufstieg der Mandschu und ihr Erfolg bei der Machtübernahme in China beruhten auf ihrer geographischen Lage und ihrer ethnischen Zusammensetzung. Sie hausten am Rand des großen Reiches der Ming und begannen als Stammesverband von etwa anderthalb Millionen. Sie entwickelten gerade jene Methoden der Kriegführung und Politik, die hier Erfolg bringen mußten.

Zunächst übernahmen sie die großen Traditionen der mongolischen Eroberungen. Die Mongolenstämme der offenen Steppe westlich der Mandschurei waren unter der charismatischen Führung Dschingis Chans um 1200 zu einer einheitlichen Militärmacht geworden. Sie überrannten nicht nur Zentralasien, Persien und Südrußland, sondern drangen bis nach Europa vor, lange bevor sie die südliche Sung-Dynastie in China niederwerfen konnten. Das gelang ihnen erst 1279, als sie Südwestchina eroberten und damit die Befestigungen der Sung am Jangtse umgingen. Der große Kaiser Kubilai Chan (1260–1294) gründete in China eine Dynastie, die allerdings nicht einmal hundert Jahre währte. Die Mongolen waren von den Chinesen zu verschieden, blieben Nomaden der Steppe und waren wenig für ein seßhaftes Leben mit Bürokratie und Handel geeignet. Die Mandschu als ihre Nachfolger hatten eine bessere Strategie und weit bessere Einrichtungen; sie wußten China zu regieren.

Eine besondere Leistung der Mandschu unter dem Gründer Nurhachi zu Beginn des siebzehnten Jahrhunderts war die Einrichtung der Acht Banner als militärische Stütze des Staates. Sie bildeten ein Volk in Waffen. Alle wehrfähigen Mandschukrieger wurden Bannerleute, aber ihre Siedlungen waren nicht in einem einzelnen Gebiet konzentriert. Ihre Anführer ernannte der Kaiser. Die Mandschustämme wurden in chinesische militärische Einheiten eingebaut, die auf diese Weise kontrolliert und am Abfall gehindert wurden. Das Bannersystem kam von den Mongolen, ebenso wie die Mandschuschrift. Die westlichen Mongolen waren die ersten Bundesgenossen der Mandschu vor dem Einfall in China.

Im übrigen waren die Mandschu keine reinen Nomaden, sondern bewohnten eine Gegend nahe der chinesischen Grenze in der Südmandschurei, wo sie Land-, Fischerei- und Jagdwirtschaft betrieben. Nurhachi begann als Vasall der Ming. Mit dem Niedergang der chinesischen Macht konnte Nurhachi seinen Grenzstaat ausbauen, ohne chinesische Kontrolle, aber unter Übernahme chinesischer Verwaltungsfachleute. Im Jahre 1644 gelang es den Mandschu, die Macht in Nordchina zu erobern. Einer der Gründe dafür war, daß die Schwäche der letzten Ming es einem chinesischen Befehlshaber am Berg-Meer-Paß (Shanhai-kuan) gestattete, die Mandschu bei einem gegen die Ming gerichteten Aufstand zu Hilfe zu rufen. In der Folge eroberten die Mandschu ganz China, wobei ihnen die ersten chinesischen Kollaborateure aus der Südmandschurei behilflich waren. Drei von diesen wurden bedeutende Heerführer und erhielten große Satrapien in Süd- und Südwestchina. Die Eroberung Chinas durch die Mandschu war allerdings erst vollständig, als der Kaiser K'ang-hsi, noch ein Knabe, einen großen Aufstand der »Drei Vasallen« (1673–1681) unterdrücken konnte.

Zum dritten waren die Mandschu von Anfang an bereit, eine mandschurisch-chinesische Dynastie in China einzusetzen. Die Mongolen hatten nichtchinesische Ausländer, wie etwa Marco Polo, als privilegierte Gruppe in der Verwaltung verwendet, weil sie den Chinesen nicht recht trauen konnten. Dagegen waren die Mandschukaiser seit K'ang-hsi bereit, begabte Chinesen mit Hilfe des Systems der Beamtenprüfungen für eine konfuzianisch-orientierte Verwaltung zu verwenden. Die mandschurische Eroberung vermied eine soziale Revolution ebenso wie die Beseitigung der Großgrundbesitzer. Die Mandschu ließen sie unangetastet, wenn sie gefügig waren. Sie schufen eine mandschurisch-chinesische Regierung auf den von den Ming geschaffenen Grundlagen. Der große Kaiser Ch'ien-lung*, der wie sein Großvater K'ang-hsi (1662–1722) sechzig Jahre (1736–1795) regierte, förderte großzügig die chinesische Kunst und Dichtung. Er ließ Sammlungen von Dokumenten und Gedichten anlegen.

Der agrarisch-bürokratische Stil des Ch'ing-Regimes war für die fremden Mandschu-Eroberer notwendig, wenn sie, was ihr Hauptanliegen war, an der Macht bleiben wollten. Die großen Feldzüge der Kaiser dienten der Ausrottung von Rebellen und der Ausschaltung von Dissidenten, wo immer sie zu finden waren. Die fiskalischen Methoden waren höchst unmodern. Der Handel wurde kaum besteuert, die leichten Bodensteuern wurden zwischen ertragreichen und defizitären Provinzen geteilt. Sie dienten hauptsächlich dem Unterhalt der Truppen und der Bürokratie. Die Dynastie der Eroberer lebte von dem Land, das sie erobert hatte. Eine wirtschaftliche Entwicklung im heutigen Sinne war unter der Würde (und wohl auch jenseits der Fähigkeiten) der Herrschenden. Sie beschränkte sich auf die Bekämpfung der Überschwemmungen, Anlage von Getreidevorräten und Kupferbergbau für Münzzwecke. Die Beamten konnten von Gebühren reich werden und Geld erpressen. Warum sollten sie mehr tun?

Die chinesischen Geschichtsschreiber haben einen Punkt fast unerwähnt gelassen: Die Mandschu-Macht beruhte teilweise auf einem geheimen Überwachungsdienst. Der Kaiser Yungcheng, der zwischen K'ang-hsi und Ch'ien-lung regierte, arbeitete mit einem »Augensystem«, geheimen Direktberichten einzelner Provinzbeamter, die ihm als Informanten über die anderen Beamten dienten und denen er direkt antwortete. Dieser Briefwechsel wuchs derart an, daß der Kaiser um 1731 sechs hohe Beamte einen Großrat bilden ließ, um ihm dabei zu helfen. Von den Einnahmen aus kaiserlichen Ländereien und Monopolen erfuhren die Beamten nichts. Die gesamte Dokumentation für den Kaiser wurde sowohl chinesisch als auch mandschurisch geschrieben; manche geheime Entscheidungen wurden nur in der Sprache der Herrscher notiert. Chinesen und Mandschu teilten sich in die hohen Ämter in der Hauptstadt,

* A.d.Ü.: Zur Namensgebung der chinesischen Kaiser vgl. die Erläuterung auf S. 360.

während in den Provinzen nur Mandschu die Spitzenstellungen innehatten, mit Chinesen als Untergouverneuren und örtlichen Befehlshabern. Die Ch'ing-Herrscher hatten eine weitere Stütze in den chinesischen Bannerleuten, meist aus der Südmandschurei, die der Dynastie direkt unterstanden und bei der Provinzverwaltung verläßliche Diener waren. Ferner hatte der Hof dienstbare Leibeigene (*pao-i*), eine Art chinesischer Sklaven der mandschurischen Eroberer, die ihren Aufstieg als Beamte ihren Herren verdankten. Im übrigen stand hinter dem Hofritual ein ausgedehntes Spitzelsystem.

Aus Gründen finanzieller Sicherheit hatte die Mandschu-Dynastie eine geheime Schatzkammer, die von den Steuern und sonstigen Einnahmen der Pekinger Steuerverwaltung vollkommen getrennt war. Ein kaiserliches Haushaltsministerium verwaltete die kaiserlichen Güter, kassierte Geldstrafen und Konfiskationen, Tribute und Sondersteuern, verwaltete das Pelzmonopol im Nordosten und das Ginseng-Monopol. Das Haushaltsministerium betrieb auch Seidenfabriken in Hangchow und Soochow, keramische Werke in Chingtechen; ferner war es Zolleinnehmer in Kanton. Das summierte sich zu gewaltigen Einnahmen, die nicht über die reguläre Steuerverwaltung gingen. Das kaiserliche Haushaltsministerium hatte auch ein Büro für geheime Abrechnungen, wo bestechliche Beamte größere Beträge einzuzahlen hatten, um sich durch Teilung ihrer Gewinne mit den Machthabern freizukaufen.

Die Truppen und Beamten in Peking wurden aus Reislieferungen ernährt, die aus der Jangtse-Provinz über den Großen Kanal herangebracht wurden. Sondertruppen, Sonderfonds und eine besondere Nahrungsversorgung befestigten auf diese Weise die Herrschaft der mandschurischen Eroberer. Betrachtet man allerdings die große chinesische Gesellschaft insgesamt, so schrumpft das Ch'ing-Regime auf eine dünne Schicht von Steuereinnehmern, Behörden und Militär zusammen, die zwar zentralisierende und kontrollierende Funktionen ausübte, aber im Leben des Volkes nur eine periphere Rolle spielte.

Auch die heutige Volksrepublik China erscheint uns wie ein Ozean von Menschen mit einer Schaumkrone von Regierungsbürokraten. Die Spitze bildet eine verhältnismäßig kleine Zahl wirklicher Machthaber. Die Zahl der Menschen auf allen Stufen ist gewachsen, moderne Kommunikationsmittel verbinden Oben und Unten enger, aber das alte Bild von den sehr wenigen, die über sehr viele herrschen, ist noch zu erkennen.

Wie die dünne Schicht der mandschurischen Eroberer sich so lange in dem riesigen China halten konnte, ist für den Historiker schon immer eine faszinierende Frage gewesen. Natürlich war eines ihrer Mittel, wie bei den Engländern in Indien, die Zusammenarbeit mit der eingeborenen herrschenden Klasse. Während sie die örtliche chinesische Elite, die Gentry, bestehen ließen, mußten sie dennoch ihre Spitzenstellung wahren und das Ch'ing-Staatsschiff so steuern, daß es nicht im chinesischen Meer kenterte. Als geschickte Wahrer ihrer Macht pflegten sie den chinesischen Konservativismus und verzögerten die Heraufkunft einer modernen Ordnung. China hat noch immer seine Eroberer absorbiert; im Falle der Ch'ing dauerte es 268 Jahre.

Die zentrale Stellung, die man dem kristallenen Sarkophag Mao Tse-tungs in seinem Mausoleum an der Hauptstraße Pekings zuwies, ist kein Zufall. Sie ist nur die Fortsetzung der zentralen Rolle der Himmelssöhne aus den Dynastien Ming und Ch'ing von 1368 bis 1912. Geht man von Maos Grabstätte nordwärts, an dem Denkmal der Märtyrer der Revolution vorbei, kommt man heute auf einen großen Platz, wo 300 000 Menschen numerierte Plätze einnehmen können, und gelangt schließlich zu dem roten T'ien-an-men. In zentraler Stellung auf dem Balkon dieses »Tors des himmlischen Friedens« pflegte der Vorsitzende Mao die Truppenschau abzunehmen, wenn seine Anhänger in den unhimmlischen Klassenkampf marschierten. Man kann noch weiter nördlich bis zu den hohen roten Mauern des »Tors des Mittags« gehen, von dem aus die Ch'ing-Kaiser den Kotau tributbringender Botschafter und die Zerstückelung von Rebellen zu beobachten pflegten. Von den fünf unterirdischen Eingängen unter diesem Tor durfte der mittlere nur vom Kaiser benutzt werden, der östliche von hohen Beamten, der westliche von Militärs und der äußerste nur von Personen minderen Ranges. Ist man einmal in der »Verbotenen Stadt«, erblickt man jenseits des großen Hofes das große gelbe »Tor der höchsten Harmonie«, hinter dem nacheinander die drei Audienzhallen auf ihren dreistufigen Marmor-Terrassen stehen. Die drei Kaiserthrone stehen auf der zentralen Achse.

Die östlichen und westlichen Tore des Palastes nahe beim »Tor des Mittags« und der Südmauer wurden in der Kaiserzeit von Beamten und Offizieren benutzt, die zur Audienz kamen oder anderes zu erledigen hatten. Ihre massiven metallverstärkten Tore waren weniger imposant als die Tore auf der Achse, aber sie genügten, um das Volk auszuschließen. Bei Tag waren sie gewöhnlich offen, aber vor jedem stand eine Mandschu-Wache.

Am 8. Oktober 1813 versammelten sich über hundert tollkühne Dorfbewohner aus der Gegend südlich von Peking in Tee- und Weinstuben nahe dem westlichen und östlichen Tor. Sie gehörten der Geheimsekte der »Acht Dreifachzeichen« an, einer alten Wahrsagungstafel aus dem ›Buch der Veränderungen‹. Sie verehrten die Schöpferin der Menschheit, die Ewige Ungeborene Mutter, und waren von ihren Meistern belehrt worden, daß ein kosmischer Holocaust demnächst die Welt vernichten werde. Hierauf würde die Ewige Mutter den künftigen Maitreya Buddha herabsenden, um die Gläubigen zu retten, angefangen bei den Demonstranten. Sie hatten die in acht Zeichen geschriebene Anrufung »O ewiger Schöpfer unserer Urheimat, der Welt der wahren Leere« zu rezitieren gelernt und hatten das »Große Unternehmen«, den Aufstand, lange vorher besprochen[1]. Sie glaubten, daß einige entschlossene Männer den Palast besetzen könnten, worauf das Volk sich erheben würde. Auf ein Signal hin banden sie sich weiße Tücher um den Leib und setzten weiße Turbane auf, zogen Messer aus ihren Marktkörben mit Kartoffeln und Pfirsichen – und stürmten in den Palast. Die Wache am östlichen Tor konnte die Türe schließen, nachdem nur fünf Aufständische durchgekommen waren, aber etwa siebzig kamen durch das westliche Tor. Sie liefen nicht auf den großen Hof, den man heute vom Mittagstor her betritt, sondern stürmten nordwärts in Richtung des kaiserlichen Wohnbezirks, des »Großen Inneren«.

In dem Palastlabyrinth aus goldenen Dächern, roten Türen und gepflasterten Höfen wurden die unerfahrenen und unwissenden Dörfler bald in die Enge getrieben, erschlagen oder gefangengenommen. Der junge Mandschu-Prinz Mien-ning wurde aus seinen Studien aufgeschreckt, ließ sich sein Jagdgewehr geben und knallte zwei der Eindringlinge ab. Die Regierungstruppen unterdrückten schnell diesen kläglichen Aufstand, der auch einige nordchinesische Dörfer und eine Bezirkshauptstadt ergriffen hatte. In drei Monaten ließ die Regierung »70000« (bedeutet im Chinesischen: eine ungeheure Menge) Menschen hinrichten, viele durch öffentliche Zerstückelung, wie man sie zur Abschreckung von Verrätern eingeführt hatte.

Der Prinz Mien-ning allerdings, der später der Kaiser Tao-kuang wurde, fürchtete seither die chinesischen Volksmassen.

Nicht zu Unrecht. Als er 1850 starb, hatte der große Taiping-Aufstand in Südchina begonnen, den eine andere Sekte mit einer seltsamen Mischung christlicher und chinesischer Glaubenssätze anführte. Die Sekte war in den untersten Volksschichten entstanden. Während der Kaiser seine kosmische Zentralrolle spielte und den Kult um seine Person betreiben ließ, hatte die Dorfbevölkerung den Verkündern eines anderen Glaubens gelauscht, der sich weniger mit der staatlichen Ordnung beschäftigte als mit einem romantischen Kult des persönlichen Seelenheils.

In den ersten Jahren des neunzehnten Jahrhunderts zählte die Bevölkerung Chinas etwa 300 Millionen Bauern, deren althergebrachte Lebensweise sie von den 80 bis 100 Millionen Städtern trennte, die meist Handwerker, Kaufleute, Grundbesitzer, Beamte und Gelehrte waren. Die neuere Zeit seit 1800 hat zwei Typen von Revolutionen in China hervorgebracht, von denen die eine von den Städten, die andere vom Land ausging. Am bekanntesten ist die Revolution zur Erneuerung Chinas, deren Urheber mit Hilfe der Technik eine industrielle Nation aufbauen wollten, die mit den anderen Völkern gleichziehen sollte. Diese Revolution ist von der Oberschicht genau aufgezeichnet worden. Weniger bekannt und nicht nur für uns, sondern auch für viele Chinesen mysteriös ist die soziale Revolution innerhalb der chinesischen bäuerlichen Gesellschaft. Hier wurde Mao Tse-tung der entscheidende Katalysator, ein Steuermann im stürmischen Meer, der bäuerliche Protestkräfte entfesselte, die an 1813 und an die Mitte des vorigen Jahrhunderts erinnerten. Ein Ende des ländlichen Umbaus ist noch nicht zu sehen, eine Lösung der bäuerlichen Fragen, eine Erfüllung der bäuerlichen Wünsche ist noch nicht in Sicht. Es ist jedoch eindeutig, daß Chinas Doppelrevolution konkret von der Oberklasse eingeleitet wurde. Die neuen Gedanken sickerten nur langsam zum Volke hinab. Die Machthaber, die hohen kaiserlichen Beamten und die örtlichen Notabeln machten nicht direkt Geschichte, aber sie schrieben sie auf. Ihre Aufzeichnungen drehen sich um den Kaiser, was er sagte und welche rituellen Handlungen er ausführte. Aber gerade im Zentrum der Macht begann der Zusammenbruch.

Seine Porträts zeigen den Kaiser Tao-kuang (1821–1850) als einen traurig blickenden kleinen Mann mit einem schmalen Gesicht. Zeitgenössische Missionare nannten ihn »mager und klein, mit hagerem Gesicht, reserviertem und ruhigem Benehmen«, ein schweigsamer Mann, der hauptsächlich durch seine Sparsamkeit in Finanzfragen bekannt wurde[2]. Seine Mängel werden durch einen Vergleich mit Mao Tse-tung deutlich, dem modernen, göttlich verehrten und (angeblich) charismatischen Führer Chinas. Selbst nach 150 Jahren kann man sehen, daß Tao-kuang kein Mao Tse-tung war. Der Vergleich läßt verstehen, warum China so lange keine Revolution hatte.

Dem Kaiser Tao-kuang ist vor allem vorgehalten worden, daß er ein Mandschu war und kein Chinese. Aus dem chinesischen Volksgefühl, einer Art Proto-Nationalismus, entwickelte sich in der Oberklasse binnen zweier Generationen ein moderner Patriotismus. Die Tage der Mandschu waren gezählt, wie der Rückblick lehrt. Freilich war ihre Herrschaft über China, wie wir gesehen haben, kein Zufall. Obwohl man nicht gerne darüber sprach, war das chinesische Reich um 1800 durchaus nicht die rein chinesische Schöpfung, für die viele es hielten. Es war ein chinesisch-»barbarisches« Reich, das China und große Teile Innerasiens umfaßte. Es ist bezeichnend, daß die Hauptstadt Peking an der fernen Nordgrenze des Landes lag, während 95 Prozent der Bevölkerung im Süden wohnten. Ungeachtet seiner peripheren Lage war Peking der zentrale strategische Punkt zwischen China, der Mandschurei, der Mongolei und der nordwestlichen Region auf der Straße nach Mittelasien. Peking war nicht einfach die Hauptstadt Chinas, es war die Hauptstadt eines größeren ostasiatischen Reiches.

Die Außenwelt ließ sich dadurch täuschen, daß die Landwirtschaft innerhalb der Großen Mauer lange eine Bevölkerung von etwa 100 Millionen ernährt hatte, die um 1830 auf 400 Millionen angewachsen war. In ganz Innerasien lebten dagegen kaum mehr als 15 bis 20 Millionen Menschen. Dieses Ungleichgewicht konnte politisch und militärisch irreführen. Innerasien lieferte seit langem Pferde und berittene Bogenschützen, die in China die Schlachten gewannen. Es lieferte Eroberer, die zwar nur kleine Stämme vertraten, aber auf deren Treue rechnen konnten. Sie bewahrten ihre Identität, hielten fest zusammen und waren immer auf der Wacht, um ihre Macht zu behalten. Auf dem Thron von Peking saß ein Mandschu als Glied der langen Reihe von Eindringlingen aus Innerasien, die geradezu zur Machtstruktur Chinas gehörten.

Die Mandschu-Kaiser wurden für ihr Amt erzogen. Sie hatten zugleich Chinesen und Mandschu zu sein – so chinesisch, daß die etwa zehn Millionen zählende gebildete Oberschicht sie als konfuzianische Kaiser akzeptieren konnte, andererseits so mandschurisch, daß sie ihren Mandschu-Stamm von zwei oder drei Millionen bei der Stange halten konnten.

Diese doppelte Aufgabe lösten sie so gut, daß die Chinesen sie als Kaiser von China anerkannten. Auch die Europäer taten das. Auch manche Politikwissenschaftler tun das heute, weil sie die chinesische Frühgeschichte nicht kennen. Aber erst die lange Tradition der Fremdherrschaft in China läßt verstehen, warum der chinesische Nationalismus und die moderne chinesische Revolution sich so lange verzögerten. Es handelt sich hier um einen gewichtigen Punkt, eine Tatsache, welche die patriotischen Han-Chinesen von heute nicht auf den Müllhaufen der Geschichte werfen sollten, ohne die Folgen zu bedenken.

Als Prinz lernte der künftige Kaiser Tao-kuang, wie seine Brüder, die Klassiker in der Palastschule auswendig, arbeitete lange und unter strenger Disziplin. Als er 1821 Kaiser wurde, folgte er dem Ritual. Wenn er sich aus der »Verbotenen Stadt« in seinen Sommerpalast nordwestlich von Peking wagte, wo sich heute der Verkehr von Chinesen und Touristen staut, bewegte sich die kaiserliche Sänfte im sanften Trab der sechzehn bis zweiunddreißig Träger. Wachen bildeten Spalier mit dem Gesicht nach außen. Alle Geschäfte, Türen und Fenster mußten wie bei Nacht geschlossen bleiben. Die staubige Straße war mit gelbem Sand bestreut, die Vorhänge der Sänfte waren zugezogen.

Die Mandschu-Kaiser liebten es, im Sommer zum ursprünglichen Lagerleben nördlich der Großen Mauer in Jehol zurückzukehren. In Peking lasteten Arbeit und Zeremonien auf dem Kaiser. »Die Pflichten des Kaisers«, hatte K'ang-hsi geschrieben, »sind furchtbar schwer und er kann ihnen nicht ausweichen … Wenn ein Beamter dienen will, dient er, und wenn er nicht mehr will, hört er auf … Dagegen findet der Monarch in seinem arbeitsreichen Leben keine Ruhe.«[3] Während die Beamten nach Vorschrift arbeiteten, mußte der Kaiser von sich aus Entscheidungen treffen. Die Auswahl der Beamten war für das Ch'ing-Regime wesentlich, besonders die Ernennung oder Maßregelung hoher Beamter, von denen viele bestechlich waren und das Volk aussogen. Der Kaiser mußte unberechenbar und mit seinen Bürokraten streng sein. Er mußte etwas von Mao Tse-tung haben, zänkisch und eigenwillig sein, stets bereit, alte Kameraden zu opfern, wenn es ihm nötig schien. Aber auch hier war Tao-kuang auf dem Drachenthron alles andere als drakonisch.

Er hatte einige Grundpflichten, vor allem die Erhaltung der Dynastie durch Zeugung. Das gehörte zu den Dingen, die er nur persönlich tun konnte. Der Zweck war, genug Prinzen zu erzeugen, um einen begabten Nachfolger unter ihnen zu finden. Im Palast bestand deshalb ein Harem junger Mandschu-Frauen, die nach verschiedenen Kriterien wie Herkunft, Gestalt, Körperbau, Geruch und Persönlichkeit ausgesucht wurden. Die Überlieferung beschreibt die Sexualroutine des Himmelssohns; beim Mittagsmahl wurde dem Kaiser eine Schale mit Namensschildern der Konkubinen vorgelegt, von denen er eine für den Abend auswählte. Sorgfältig gewaschen und gesalbt, wurde sie nackt in eine Decke gewickelt und von einem Eunuchen vor das kaiserliche Bett gelegt, in das sie dann hineinkroch. Inzwischen standen draußen die Eunuchen mit der Uhr und riefen nach einer gewissen Frist: »Die Zeit ist um!« Dies entsprach einer alten Vorschrift, wonach die Gesundheit des Kaisers zu schonen war.

Der große K'ang-hsi hatte in den sechzig Jahren seiner Regierung (1662–1722) zwanzig Söhne und acht Töchter, die das Erwachsenenalter erreichten. (Offenbar wurden weibliche Nachkommen manchmal »ausgejätet« wie zur selben Zeit in Japan. Männliche Nachkommen hatten an sich kein höheres Lebensrecht, sie waren nur nützlicher.) Ch'ien-lung hatte siebzehn Söhne und zehn Töchter, Chia-ch'ing fünf Söhne und neun Töchter. Tao-kuang war der Vater von neun Söhnen und zehn Töchtern.

Im Palast Tao-kuangs gab es, wie von alters her, Eunuchen, die den Harem betreuten, ohne daß lästige Vaterschaftsfragen aufkommen konnten. Den meist aus Nordchina stammenden Eunuchen wurden Hoden und Penis abgeschnitten. Die Wunde wurde mit einem Pfropfen in der Harnröhre verstopft; die Opfer durften drei Tage nichts trinken. Wenn bei der Entfernung des Pfropfens Harn herauskam, war der Eunuch gebrauchsfertig; wenn nicht, starb er bald.

Die Ming hatten in Peking bis zu siebzigtausend Eunuchen, die als Sicherheitskräfte dienten. Sie waren der Schrecken der Beamten des Kaisers. Die Mandschu waren sparsamer; sie hatten weniger Konkubinen und nur zwei- oder dreitausend Eunuchen. Doch hatte Tao-kuang Palasteunuchen als Lehrer, Diener und Spielgefährten. Der Vorteil der Eunuchen war, daß sie zu keiner Familie gehörten und ganz von ihrem Herrn abhängig waren. Nicht selten beteiligten sie sich an finsteren Machtkämpfen im Palast. Die Mandschu benutzten im Gegensatz zu den Ming keine Eunuchen außerhalb des Palastes und verwendeten lieber chinesische Leibeigene und mandschurische oder chinesische Bannersoldaten.

Tao-kuang vermied wie alle Mandschu den chinesischen Fußfetischismus. Die Mandschu folgten nicht dem chinesischen Brauch, die Füße der Frauen durch Einbinden zu verkrüppeln. Ihre Frauen hatten vor der Eroberung stets Lagerdienst geleistet. Tao-kuang kam mit 38 Jahren auf den Thron und nach dem wenigen, was wir über sein Privatleben wissen, verehrte er seine Kaiserin sehr.

Zu den Aufgaben des Kaisers gehörte es, Beamte für die Regierung zu finden. Hier folgte Tao-kuang der zweitausendjährigen chinesischen Erfindungsgabe in Verwaltungssachen. Kein abendländischer Herrscher verfügte über solche Traditionen, ausgenommen vielleicht der Papst, der sich aber in vieler Hinsicht doch nicht mit dem Himmelssohn messen konnte, etwa den Großen Kanal zu bauen, Heere in der Mongolei zu befehligen und Militär durch Zivilbeamte zu kontrollieren. Die Han-Dynastie hatte die Bürokratie zu einer Zeit erfunden, als Rom noch mit Steuerpächtern arbeitete und öffentliche Arbeiten durch Privatunternehmer ausführen ließ. Das chinesische System wurde ständig vervollkommnet. Lange ehe es in Europa Papier und Buchdruck gab, hatten die T'ang das Beamtenprüfungssystem eingeführt, das Selbstschulung der Kandidaten voraussetzte. Man kann das als eine ebenso große Erfindung betrachten wie die repräsentative Demokratie, die anderswo viel später kam und durch das chinesische System praktisch unmöglich gemacht wurde.

Das Prüfungssystem nötigte den Kandidaten dazu, innerhalb von zwanzig bis dreißig Jahren ein Dutzend Hürden zu überspringen. Diejenigen, die das alles überstanden, waren durch das Prüfungsleben so auf die klassische Literatur konzentriert, daß sie geradezu eine Rasse für sich bildeten. Diese Gelehrten waren meist muskelschwache Ästheten; sie sprachen eine Sprache, die nur ihresgleichen verstand. Sie waren eine kleine, für die Zwecke bürokratischer Regierung ausgebildete Elite.

Um 500 v. Chr. hatte Konfuzius der Staatsordnung eine moralische Grundlage zu geben versucht. Auf das Chaos der »Kämpfenden Reiche« (403–221 v. Chr.) folgte das geeinte Kaiserreich. Die Han-Dynastie reihte die Lehren des Konfuzius unter die dreizehn heiligen Schriften ein, die aus der Frühzeit überkommen waren. Zweitausend Jahre später standen sie immer noch da wie ein Monument, gestützt von späteren Denkern und einem Berg von Kommentaren. Nur die Bibel ist damit zu vergleichen, die jedoch einen enger gefaßten Schwerpunkt hat und weniger praktische Erfahrung einschließt. Um ein abendländisches Äquivalent zu den chinesischen Klassikern zu finden, müßte man die heilige Schrift mit den griechisch-römischen Klassikern kombinieren. China hatte auch hier eine einheitlichere Welt.

Die Vorbereitung für die Prüfungen begann früh. Schon mit sieben Jahren begann der Knabe zu studieren und lernte die ›Vier Bücher‹ und die ›Fünf Klassiker‹ mit insgesamt 431000 Schriftzeichen auswendig. Um ein praktisches Vokabular von 8000 bis 12000 Zeichen zu erlernen, mußte er täglich im Durchschnitt eine Buchstelle mit 200 Zeichen seinem Gedächtnis einverleiben. Er lernte auch die Kalligraphie mit dem Pinsel. Dann machte er die Bezirksprüfung, die in zwei von jeweils drei Jahren stattfand. Sie dauerte fünf Tage und diente der Aussonderung unfähiger Schüler. Dann folgten drei Tage der sogenannten Präfekturprüfung, die dem Kandidaten den Zutritt zu der viertägigen Hauptprüfung öffnete. Das Prüfungswesen war streng geregelt. Bürgen und Lehrer hatten mit dem Kandidaten zu erscheinen, seine Personalien wurden sorgfältig geprüft, er wurde durchsucht, seine Prüfungspapiere trugen nur seine Platznummer und alles, was er tat, wurde aufgeschrieben. Er durfte nur einmal täglich auf die Toilette gehen; unter seinem Sessel stand während der Prüfung ein Nachttopf. Die Prüfer saßen tagelang in einer Art Konklave, bis die Prüfungsergebnisse festgestellt waren. Die Zeremonie begann mit Kanonenschüssen und Umzügen, am Ende fand ein Bankett statt. Die Erfolgreichen empfingen Ehren. Sie waren nun Lizenziaten und konnten sich den höheren Prüfungen unterziehen.

Diese untere Lizenziatenschicht umfaßte um 1830 etwa eine Million Menschen. Sie bildete die Basis der sogenannten Gentry-Elite. In Kleidung und Privilegien hoben sie sich von dem übrigen Volk ab. Die Behörden durften sie nicht zu Prügelstrafen verurteilen.

Dieser Elite-Status war so begehrt, daß der Staat daraus eine Geldquelle machte. Ein Drittel der Lizenziaten hatten ihren akademischen Grad für Geld gekauft. Nicht alle Tüchtigen waren literarisch begabt; wenn das Prüfungssystem der Hauptweg zum Aufstieg war, dann war es besser, tüchtige Leute auf diesem Wege aufsteigen zu lassen, statt sie zu Feinden des Systems zu machen. Es war nützlich, einige Söhne von Kaufleuten und Gutsbesitzern gegen Barzahlung in die gebildete Oberklasse aufzunehmen. Die erworbenen Titel wurden ganz offen als gekauft bezeichnet, aber die Hauptsache war die Eingliederung dieser Leute in das System. Tao-kuangs Geldbedarf veranlaßte ihn, den Verkauf unterer Grade so weit wie möglich auszuweiten. Das altehrwürdige System hielt eine gewisse Inflation aus. Die künftigen hohen Beamten allerdings mußten ihre Prüfungen schon richtig bestehen, hier galt nur das Verdienst.

Die höheren Prüfungen fanden auf drei Stufen statt: in den Provinzhauptstädten, in Peking und schließlich im Palast. Alle drei Jahre wurden kaiserlich beauftragte Prüfer in die Provinzen entsandt, um an der Spitze von Prüfungsausschüssen Tausende von Kandidaten zu »verarbeiten«. Die Prüfungen fanden in einer Art Lager statt; jeder Prüfling hatte eine kleine Zelle in einem der aneinandergereihten riesigen Schuppen. Strenge Sicherheitsvorkehrungen, wie man sie heute nicht einmal im Pentagon findet, schlossen Prüfer und Prüflinge voneinander ab. Hunderte von Prüfern wurden mit Nahrungsmitteln für einen Monat versehen und durften ihren Bereich nicht verlassen. Die Zellen enthielten nur drei Bretter, die als Tisch, Sitz und Regal dienten. Die Tausende von Kandidaten brachten Decken, Nahrung, Nachttöpfe, Tinte, Pinsel und amtlich beglaubigtes Papier mit; sie hatten drei Tage und zwei Nächte in der Zelle zu verbringen. Der erste Tag verging mit der Überprüfung der Personalien, zweimaliger Durchsuchung, Numerierung und Einweisung. Die ersten Prüfungsfragen wurden am frühen Morgen des zweiten Tages verteilt; die Antworten wurden eingesammelt, als die Prüflinge am dritten Tag wieder herauskamen. Das Ganze wurde noch zweimal wiederholt.

Hunderte von Schreibern schrieben alle Manuskripte mit roter Tinte ab, andere lasen die Korrekturen und bescheinigten die Richtigkeit. Die Prüfer sahen die Originalpapiere nicht, während sie ihr Urteil bildeten. Die Kandidaten waren nur nach Nummern bekannt, alles wurde mehrfach überprüft, das System war narrensicher und allumfassend. Von zehntausend Prüflingen kamen nie mehr als hundert durch. Wenige Kamele gingen durch dieses Nadelöhr, außer es waren reiche, einflußreiche Kamele.

In jeder Provinz traten 5000 bis 7000 Kandidaten auf, manchmal sogar 10 000 bis 12 000, aber die Zahl der verleihbaren Grade betrug nur 50 bis 90. Deshalb konnte nur diese kleine Zahl durchkommen. Das Quotensystem gestattete der Regierung, den Vorgang zu kontrollieren und eine Vorherrschaft der reichen Provinzen mit höherer Kultur zu verhindern. Die Provinz Kiangsu war in ihren Zentren Soochow und Nanking reich an Talenten, aber ihre Kandidaten konnten die Quote nicht überschreiten. Die Mandschu in Peking konnten auf diese Weise der reichen Gentry am unteren Jangtse die Flügel stutzen, ähnlich wie der amerikanische Kongreß oft den Einfluß des Ostküsten-Establishments zu begrenzen versucht.

Worum handelte es sich bei der Prüfung? Der »achtbeinige Aufsatz« ist eine geistige Zwangsjacke genannt worden. Zur Ming-Zeit im Jahre 1487 eingeführt, verlangte dieser Stil eine ausgeglichene, antithetische Behandlung eines Aufsatzthemas mit nicht mehr als siebenhundert Zeichen in jedem der acht Kapitel. Es kam auf Form und Wortgewandtheit an.

Die späteren Examina zur Ch'ing-Zeit waren kaum weniger substantiell. Geprüft wurde Wissen und moralisches Urteil, z.B. 1738 über den Satz von Konfuzius aus ›Lun yü‹: »Sei gewissenhaft in deinem Verhalten und nur beim Umgang mit dem Volk nachsichtig.« Im Jahre 1870 meldeten sich in Wuchang 8500 Bewerber, von denen nur 61 durchkamen. Sie hatten fünf Aufsätze zu schreiben: 1. Über Feinheiten der Textinterpretation bei den Klassikern; 2. Über organisatorische Einzelheiten in den ›Vierundzwanzig Geschichten‹; 3. Über die verschiedenen Formen der Militärkolonien; 4. Über Varianten in der Methode bei der Beamtenauswahl; 5. Über Einzelheiten der historischen Geographie[4]. Examina in Oxford oder Cambridge erscheinen im Vergleich dazu fast wie ein Kinderspiel.

Die sozusagen eingebaute Zweideutigkeit der chinesischen Schriftzeichen stellte geistige Anforderungen an ihre Benutzer. Es war eine Schwäche, aus der Stärke hervorging, denn das richtige Verständnis des klassischen Chinesisch verlangte viel Lernen, die Erfassung von Zusammenhängen und große Phantasie. Es wurde mehr verlangt als bei Latein büffelnden westlichen Schülern. Es ist gesagt worden, daß der in Europa im frühen Mittelalter herrschende Mangel an Papier und gedruckten Büchern einen Anreiz für Lehrer und frühe Hochschuldozenten bot, wichtige Fragen mündlich zu erklären, zu definieren und zu diskutieren, was zur Betonung der logischen Analyse anstelle bloßer Zitierung von Autoritäten führte. Wenn das zutrifft, können wir uns auch vorstellen, daß gerade der

Mangel der chinesischen Schrift an Spezifität geistige Anforderungen stellte, die hochgradige Intelligenz erforderte und erstklassige Köpfe hervorbrachte. Sie mußten ein Minenfeld von Zweideutigkeiten und schwerverständlichen Anspielungen passieren.

Die Prüfungen in der Hauptstadt und dann im Palast unterlagen noch strengeren Vorkehrungen, um die Anonymität der Prüfungsarbeiten bei der Beurteilung zu sichern und dann doch zu wissen, wer sie geschrieben hatte. Jeder konnte beliebig oft zur Prüfung antreten, und manche machten sich einen Sport fürs Leben daraus. Sie waren ewige Studenten. Manche mußten bis zu fünfmal und noch öfter zu einer Prüfung auf einer einzigen Stufe antreten. Der Vater Tseng Kuo-fans, eines führenden Verteidigers der konfuzianischen Rechtgläubigkeit gegen Kritiker, bekam sein Lizenziat erst beim siebzehnten Versuch, gleichzeitig mit seinem Sohn. Als Chang Chien aus Kiangsu im Jahr 1894 schließlich summa cum laude die Palastprüfung in Peking bestand, hatte er nach seinen Worten 35 Jahre mit der Vorbereitung für Examina und 160 Tage in Prüfungshallen verbracht – und er war keineswegs ein Einzelfall.

Aus diesem Labyrinth von Prüfungen, das ich kaum zu beschreiben begonnen habe, gingen etwa 35 Jahre alte Männer hervor, die mindestens ein Vierteljahrhundert unter der strengen Disziplin des klassischen Studiums verbracht hatten. So wurden sie Meister der konfuzianischen Moral, welche die Ausübung von Macht rechtfertigte. Wurden sie zu Beamten ernannt, wußten sie für jede ihrer Handlungen die vorgeschriebenen Worte und Zeremonien.

Sie kannten aber auch viele Kollegen und hatten ein Netz persönlicher Beziehungen zu Lehrern, Prüfern und Prüflingen aus der eigenen Provinz aufgebaut; überdies hatten sie Schwärme von Verwandten, die von ihrem Erfolg gehört hatten und nun kamen, um von ihnen zu leben. Die an sich objektiven Prüfungen erzeugten tüchtige Beamte, aber der Partikularismus der chinesischen Gesellschaft schuf die Voraussetzungen für Korruption.

Das Prüfungssystem bevorzugte unvermeidlich die Familien, die reich genug waren, um ihren Söhnen eine höhere Bildung zu geben, und schon Akademiker in der Familientradition hatten. Nach 1800 war das System korrupt geworden. Es gab Kandidaten, die für einen anderen die Prüfungsarbeit schrieben, es gab Diener, die verkleidete Lehrer waren, und Prüfer, die Bestechungen annahmen und einzelne Kandidaten begünstigten. Jedes System, in dem Menschen zusammenarbeiten, ist auch durch sie korrumpierbar. Eine öfter angewandte Methode, die Hürden der Prüfungen zu nehmen, war die Spick-Jacke, deren Streifenmuster aus den mikroskopisch verkleinerten Zeichen der ›Vier Bücher‹ bestand.

Zum Nachteil des Volkes beherrschte die elitäre klassische Ausbildung für die Beamtenprüfung das ganze Schulwesen. Wenn Dorfbewohner einen Akademiker holten, um eine Privatschule zu leiten, behandelte er jeden Schüler als potentiellen Kandidaten für die Beamtenprüfung und vernachlässigte die allgemeine Bildung, die praktischen Fächer, das Rechnen und alles andere, was für das tägliche Leben notwendig war. Das Auswendiglernen von Texten ließ wenig Zeit für Erklärungen oder für das Verständnis des Gelernten. Der Missionar Arthur H. Smith nannte das Ganze »geistigen Kindermord«[5]. Es gab im Grunde keine praktische Schulbildung für das Volk.

Tao-kuang stand hohen Idealen und schlechten Leistungen gegenüber. Seine konfuzianische Regierung war nach Ziel und Ton höchst moralisch. Sie glaubte des Himmelssohns wohlwollende Absicht zu vertreten, dem Volk Frieden und Ordnung zu geben und hierdurch das himmlische Mandat zur Regierung zu behalten. Es handelte sich nicht um eine Rechtsfrage. Der Herrscher konnte sein Mandat so lange behalten, als er in der Lage war, einen Aufstand zu unterdrücken. Dieses Prinzip vereinigte etwas vom göttlichen Recht der Könige Europas mit einem Keim von Volkssouveränität. »Der Himmel sieht, was das Volk sieht«, sagte ein klassischer Spruch.

Der Unterschied zur repräsentativen Regierung bestand darin, daß der Amtsinhaber keinen Wählern, sondern nur dem Herrscher verantwortlich war. Der Herrscher mußte vor allem seine Beamten motivieren und kontrollieren; das beste Mittel zur Motivation war die Erwerbung von Reichtum. Ein alter Spruch faßte die Lage in vier Schriftzeichen zusammen, nämlich *tso-kuan fa-ts'ai,* »werde Beamter und werde reich«. Deshalb blieben die Prüfungen der wichtigste Weg für jeden Strebsamen. In schwierigen Zeiten konnte sich freilich ein Konkurrenzkampf zwischen dem Kaiser und seinen Beamten entwickeln, zwischen dem Staat und der Bürokratie, und zwar darüber, wer mehr aus dem Volk herausholen konnte.

Die Regierungskunst bestand in der Kontrolle über die Bürokratie. Tao-kuang bediente sich deshalb all der ausgeklügelten

Mittel, die seine Vorgänger geschaffen hatten. Er verhörte die hohen Beamten zwischen ihren dreijährigen Amtsperioden. Er ließ sich Berichte von seinen Zensoren schicken, die regelmäßig durch die Provinzen reisten, um Klatsch zu sammeln, aber auch um seinen Wahrheitsgehalt zu prüfen. Er ließ die Provinzgouverneure und die zwei Provinzen verwaltenden Generalgouverneure gemeinsam zur Meldung antreten; sie mußten füreinander die Verantwortung übernehmen. Tao-kuangs Großvater hatte ständig die Südprovinzen bereist; diesen Brauch ließ Tao-kuang fallen, weil die besuchten Gebiete dabei finanziell ruiniert wurden. Dagegen bediente er sich der »Palast-Denkschriften« provinzieller Beamter, die versiegelt dem Kaiser persönlich zugestellt wurden. Er schrieb seine Antwort mit roter Tinte und eigenem Pinsel auf das Schriftstück und sandte es dem Autor auf demselben geheimen Weg zurück. Dadurch konnte er alle anderen übergehen. Diese Korrespondenz mit zweitrangigen Beamten sammelte alle Missetaten ihrer Vorgesetzten ohne öffentliches Aufsehen. Hohe und höchste Beamte wurden nicht selten abgesetzt, verhaftet und in Ketten abgeführt, wenn der Kaiser Beweise gegen sie erhalten hatte.

Moderne Philosophen sehen im Konfuzianismus eine ständige innere Spannung, denn er verlangt immer das Rechte zu tun, dies jedoch in einer chaotischen sozialen Umwelt, die gerade das fast unmöglich macht. Die Ch'ing-Beamten lebten in einer zusätzlichen Spannung, weil ihr kaiserlicher Herr sie so streng überwachte.

Tao-kuang begann seine tägliche Arbeit im Morgengrauen mit einem halben Dutzend hoher Beamter, die er als nächste Berater gewählt hatte. Diese Körperschaft traf alle Entscheidungen. Seit 1731 führte sie das Siegel eines »Amtes für militärische Pläne«, aber ihre Zuständigkeit umfaßte alle wichtigen Angelegenheiten jeder Art. Sie wurde der Großrat genannt. Dieses Kabinett war eine inoffizielle Einrichtung, gehörte zum Inneren Hof und hielt seine Sitzungen im Palast ab. Dadurch stand es über dem Äußeren Hof, der aus den Leitern des seit langem bestehenden Großen Sekretariats und sechs Ministerien bestand.

Diese Ministerien datierten noch aus der T'ang Zeit vor mehr als tausend Jahren. Ihre Ressorts waren Personal, Steuern, Zeremonien, Krieg, Strafen und öffentliche Arbeiten. Jeder Provinzgouverneur hatte entsprechende Sektionen in seinem Amt (ya-men). Die sechs Ministerien waren umfangreich und schwerfällig, aber sie boten einen Rahmen für geregelte Arbeitsteilung.

Die Regierungen des Westens erscheinen dagegen als ein Sammelsurium von Improvisationen. Die sechs chinesischen Ministerien waren außerstande, ihre elephantenhafte Routine jemals zu ändern. Kaiser und Großrat mußten sie manchmal umgehen. In wichtigen Dingen verkehrten sie direkt mit den obersten Behörden in den Provinzen und überließen den Ministerien die täglichen laufenden Angelegenheiten.

Die Edikte Tao-kuangs, meist eine Reaktion auf die geheimen Denkschriften, gingen mit der reitenden Post ins Land hinaus. Diese Einrichtung, die aus der T'ang-Zeit stammte und von den Mongolen ausgebaut worden war, unterhielt etwa zweitausend Poststationen in Abständen von fünfzehn bis fünfzig Kilometern entlang den Hauptstraßen in allen Himmelsrichtungen. Die Postreiter legten unter Pferdewechsel dreihundert bis vierhundert Kilometer täglich zurück.

Am Ende des Opiumkriegs 1842 brauchte die kaiserliche Post drei Tage für die 1200 Kilometer von Peking bis Nanking, was sogar den berühmten amerikanischen Pony-Express in den Schatten stellt. Im Jahre 1860 brauchten dessen Reiter 157 Stationen und zehn Tage für die 3000 Kilometer von St. Joseph, Missouri, bis Sacramento.

Für die Beamten, Silbertransporte oder amtliche Gütersendungen gab es die langsamere Fußpost. Dieser staatliche Transportdienst benutzte im Süden auch Esels- und Maultierkarren, im Nordwesten auch Kamele. Die Beamten stiegen unterwegs in staatlichen Gästehäusern ab. Um durch China von der Hauptstadt nach Kanton oder nach Chengtu in Szechwan zu gelangen, brauchten sie einen Monat bis sechs Wochen. Jeden Tag waren Tausende von Schriftstücken auf dem doppelten Verkehrsnetz unterwegs. Tausende Beamte schrieben, kopierten und registrierten diesen Berg von Papier. Wenn noch die innerasiatischen Angelegenheiten zu denen der achtzehn chinesischen Provinzen dazukamen, hatten der Kaiser und seine Räte alle Hände voll zu tun.

Die Geschicklichkeit, welche die Mandschu-Kaiser bei der Manipulation des chinesischen Beamtentums in den achtzehn Provinzen des eigentlichen China entfalteten, zeigte sich auch bei der Beherrschung der äußeren Reichsteile. So war Tibet unter der Regierung des Dalai Lama in Lhasa ein wichtiger Teil der mongolischen Welt geworden, seit die Gelbe Sekte des Lamaismus, eine Reformbewegung, sich nach 1400 unter den Mongolen ausbreitete. Um die Mongolen zu beherrschen, übernahmen die Mandschu-Kaiser die Schirmherrschaft über den Dalai Lama als mongolisches religiöses Oberhaupt. Sie sandten im 18. Jahrhundert dreimal Truppen nach Lhasa, um ihren Einfluß zu sichern. Inzwischen setzten die Mandschu das Ming-System fort, die Mongolen geteilt und damit in Frieden zu erhalten. Sie ernannten alle mongolischen Häuptlinge und Fürsten, oder behielten sich zumindest ihre Bestätigung vor. Die Mongolenstämme wurden in Bünden organisiert, die Grenzen ihrer Gebiete wurden von Peking festgelegt. Die Beziehungen zwischen den Stämmen wurden genau überwacht; die Förderung der lamaistischen Kirche durch die Mandschu lieferte ein Gegengewicht gegen mongolische Stammespolitik. So wurde verhindert, daß ein neuer Dschingis Chan entstand und die mongolischen Völker zu einem Eroberungszug einigte.

Nach der Mandschurei, die im Norden als Jagdgebiet und Reservation für die Bewahrung mandschurischer Stammesbräuche gepflegt wurde, hatten die Kaiser in Peking bald auch die Mongolei und Tibet fest in den Griff bekommen. Es verblieb ihnen noch die Eroberung von Chinesisch-Turkestan, dem Gebiet östlich des Pamir, zu dem die Weidegebiete des Ili-Korridors nördlich der Berge und die Wüstenoasen auf der alten Seidenstraße südlich des Gebirges gehörten, die nach Kaschgar und weiter nach Indien und Afghanistan führte. Das Ili-Gebiet wurde von den Westmongolen bewohnt, die von Ch'ing im Jahre 1696 besiegt wurden; die Eroberung folgte erst um 1750. Das Interesse an diesem Tor zu Mittelasien und dem Westen hatten die Mandschu von den Han und T'ang ererbt, den beiden starken chinesischen Dynastien, die entlang den Karawanenstraßen vorgedrungen waren, die nach Rom und später nach Europa führten. Die strategische Bedeutung dieser Gebiete war den Mandschu-Kaisern in Peking wohlbekannt; sie waren in den Traditionen der mongolischen Eroberung und der vorangegangenen erobernden Dynastien aufgewachsen und suchten ihre Flanken zu sichern. Nach der Niederwerfung der Westmongolen um 1750 festigten sie ihre Herrschaft über Kaschgarien, das Gebiet der oasenartigen Handelsstädte des Tarim-Beckens, umgeben von den höchsten Bergen der Welt.

Hier stießen sie zum erstenmal auf den Islam, der sich östlich nach Asien zu derselben Zeit ausgebreitet hatte, wo er westlich nach Nordafrika und Spanien vordrang, also im siebten und achten Jahrhundert. Kein Volk konnte kulturell von den Mandschu verschiedener sein. Der mohammedanische Glaubenseifer führte zu Sektenbildung und heiligen Kriegen gegen die Ungläubigen oder gegen abweichende Sekten. Die Ch'ing übernahmen die Oberherrschaft über die regierenden Häuptlinge und Begs, die in die administrative Hierarchie eingegliedert und im Amt bestätigt wurden. Sie hatten einen besonderen Status und genossen Privilegien. Die Ch'ing akzeptierten auch die Geltung des islamischen Rechts. Sie unterhielten Mandschu-Garnisonen und boten den Einwohnern gewinnbringenden Karawanenhandel mit China. So konnte Peking seine allerdings etwas unsichere Herrschaft über die große Entfernung hinweg aufrechterhalten. Die Mandschu wußten sich des Lamaismus und des Islam in den verschiedenen Gebieten ebenso geschickt zu bedienen wie des Konfuzianismus.

Die Fremdherrschaft brachte es mit sich, daß die Monarchie stärker wurde. Während die T'ang- und Sung-Kaiser der Zeit von 600 bis 1260 oft nur nominell geherrscht hatten, indes die Minister regierten, herrschten die Kaiser seit der Mongolenzeit persönlich. Nicht nur die Fremdherrschaft war die Ursache, sondern auch die Zunahme der Regierungsprobleme, die zentrale Entscheidungen erforderten.

Die mandschurische Fremdherrschaft führte aber auch zum Konservatismus, denn die Mandschu ließen das von den Ming übernommene Regierungssystem im großen und ganzen unverändert und begnügten sich damit, die Schlüsselstellungen mit Mandschu-Elementen zu besetzen. Ihre Neuerungen waren mehr defensiv; sie ließen alles, wie es war, nur verstärkten sie ihre Kontrolle. Als Fremde hatten sie weniger Gelegenheit, sich mit dem chinesischen Volk zu vermischen, und blieben auf den Verkehr mit den Kollaborateuren in der herrschenden Schicht beschränkt.

Ihre strategische Konzentration auf Mittelasien, wo sie alle denkbaren Rivalen vernichten oder unter ihre Herrschaft bringen mußten, beschäftigte sie auf der Kontinentalseite des Reichs, während sie sich weniger für die Küste und den Seehandel interessierten. Die Metamorphose der Stammeskrieger zu bürokratischen Lenkern eines agrarischen China paßte nicht zu dem aufblühenden Handel des Jangtse-Tales und der südöstlichen Handelshäfen. Seehandel und Seemacht waren ihnen nicht wichtig. Für kaufmännische Unternehmer hatten sie nichts übrig, hielten ihre eigenen Leute vom Handel fern und stellten Auslandsreisen unter Strafe. Im ganzen war ihr Denken rückwärts und nach innen gerichtet, defensiv und fremdenfeindlich.

Peking mußte jedoch Maßnahmen für den Grenzhandel mit dem nahen Ausland treffen. Das geschah durch das Tributsystem. Die Beherrscher fremder Länder wurden als äußere Tributpflichtige angesehen, von den inneren Tributzahlern nur durch die Entfernung unterschieden. Die inneren Tribute kamen aus den Provinzen und einigen Nachbarländern wie Korea und Annam (Vietnam). Das Tributsystem war defensive Diplomatie, die nur funktionierte, weil China als Wirtschaftsmacht so attraktiv geworden war. Benachbarte Herrscher, die einem Einfall chinesischer Heere ausgesetzt waren, sandten regelmäßig Tribut nach Peking oder kamen sogar persönlich. In ihren Mitteilungen übernahmen sie die chinesischen Ausdrücke und den chinesischen Kalender. Sie und ihre Gesandten machten den Kotau und überreichten Geschenke, die der Kaiser erwiderte. Tribut und Handel vermischten sich. Unter der Ming-Dynastie hatten die schlauen islamischen Kaufleute Mittelasiens den Brauch angenommen, beim Geschäft mit Peking Tribute von ihren angeblichen Fürsten mitzubringen. Reiche chinesische Reishändler in Bangkok sandten ihren Reis nach China unter der Maske des Tributs vom König von Siam. Das Tributsystem erschwerte allerdings gleichberechtigte diplomatische Beziehungen im europäischen Sinn. Der englische Gesandte Lord Macartney, der im Jahre 1793 zur Eröffnung der Beziehungen mit China nach Peking kam, verweigerte den Kotau, überreichte aber prächtige Geschenke. Dasselbe tat sein Nachfolger, Lord Amherst, im Jahre 1816.

Das europäische Ausland erschien den Chinesen nach 1800 unheimlich, zumal es politisch nicht im Sinne des Konfuzius dachte. Chinas barbarische Eroberer hatten zwar die Spitze des Landes verändert, aber nicht das System. Die Europäer dachten in den Kategorien gleichberechtigter souveräner Staaten, der Sohn des Himmels jedoch regierte nach dem imperialen Konfuzianismus. China verstand die pluralistische Außenwelt nicht. Die konfuzianische Gesellschaft war eine Hierarchie mit dem Kaiser an der Spitze der Pyramide. Er war der letzte Universalkaiser antiken Stils, der im Zeitalter der Nationalstaaten immer noch seinen Universalanspruch stellte. Er war allerdings vorsichtig genug, ihn nicht allzu heftig zu vertreten. Die konfuzianischen Prinzipien der Form *(li)*, die dem materiellen Weltlauf *(ch'i)* ihre Ordnung aufzwangen, machten den Kaiser zur tragenden Säule der gesellschaftlichen Ordnung.

Die Grundannahme des Konfuzius war gewesen, daß alle

Männer (sich mit den Frauen auseinanderzusetzen, überließ er späteren Zeiten) von Natur gut sind und ihnen die Moral angeboren ist. Die Menschen sind somit erziehbar und können, besonders durch tugendhafte Beispiele, dazu bewogen werden, das Richtige zu tun. Eine zweite Annahme bestand darin, daß das tugendhafte Verhalten des Herrschers die Menschen dazu führt, seiner Autorität zu folgen. Dieses Prinzip der »Regierung durch Tugend« veranlaßte alle Herrscher des konfuzianischen Typs, immer möglichst gut zu erscheinen; jede Kritik brachte sie auf, namentlich wenn sie schriftliche Form annahm, die ja relativ unvergänglich ist. Jeder hatte zu seiner Mannschaft zu gehören und das Image des Herrschers zu pflegen: Hohepriester in der Verehrung des Himmels, getreuer Sohn in der Verehrung der Vorfahren, höchster Verwalter und Gerichtsherr, Oberbefehlshaber, Schutzherr der Künste und der Literatur, wenn er sie nicht gar selbst ausübte. Er war der Einzige, dessen rituelle Handlungen die Menschheit im kosmischen Rhythmus hielten. Es wurde ziemlich viel von ihm verlangt.

Ungeachtet aller Lasten war es einer der gesündesten Berufe der Welt, Kaiser von China zu sein. Der Kaiser K'ang-hsi kam mit acht Jahren auf den Thron und regierte faktisch von 1669 bis 1722. Sein Enkel Ch'ien-lung regierte sechzig Jahre und dankte dann formal ab, um K'ang-hsi nicht zu überbieten; in Wirklichkeit regierte er weiter bis zu seinem Tod im Jahr 1799. Diese beiden je sechzig Jahre langen Regierungen, jede fünfmal so lang wie die viermal erneuerte Präsidentschaft Franklin D. Roosevelts in Amerika, gaben China viel politische Stabilität – vielleicht zuviel.

Der Autokrat Ch'ien-lung ließ die wichtigsten Enzyklopädien auf den damals neuesten Stand bringen und die ganze chinesische Literatur in einer großen Sammlung von 36 000 Bänden vereinigen. Gleichzeitig aber ließ er 2300 Werke, die ihm unpassend erschienen, daraus tilgen. Er setzte sein Siegel auf alle großen Gemälde und schrieb unter anderem 43 000 Gedichte. Alles geschah bei ihm im großen Maßstab. Die Korruption erreichte in seinen letzten Jahren einen neuen Gipfel. Der 65jährige Kaiser entwickelte eine senil-schwachsinnige Neigung zu einem gutaussehenden und über jedes Maß korrupten 25jährigen mandschurischen Leibwächter namens Ho-shen, der bald Ministerpräsident wurde, Ch'ien-lungs jüngste Tochter zur Frau bekam und das Reich systematisch auszubeuten begann. Bis 1800 hatte diese organisierte Korruption durch die ganze Bürokratie

hindurch metastasiert und Ho-shen ein Vermögen von anderthalb Milliarden Dollar eingebracht.

Ch'ien-lung gab ein unnachahmliches Beispiel und hinterließ
unüberwindliche Probleme. Die lange Ära inneren Friedens ließ
die Bevölkerung auf das Doppelte anwachsen, ohne daß die
Verwaltung entsprechend ausgebaut worden wäre. Auf seine
»Zehn großen Feldzüge« zur Unterdrückung von Aufständen
an der Grenze folgte der neunjährige Aufstand des »Weißen
Lotus« (1795–1804). Die Regierung Ch'ien-lungs hinterließ einen großen Bedarf an Säuberung. Sein Sohn, der Kaiser Chia-
ch'ing (1796–1820), hatte es schwer. Unter Tao-kuang schließlich trieb China einer Katastrophe zu.

Um zu verstehen, was unter der Regierung Tao-kuangs nach
1821 geschah, müssen wir einen kurzen Blick darauf werfen,
wie sich frühere westliche Historiker die Ereignisse vorstellten.
Letzten Endes vollzieht sich die Geschichte in unserem Kopf.
Sie ist das, wovon wir glauben, daß es geschehen ist. Wir müssen unsere eigenen Vorurteile überprüfen, das überlieferte Wissen, das wir über unseren Gegenstand mitbringen. Wir wollen
deshalb einige Interpretationen der Chinaspezialisten betrachten.

3. Theorien über China

Seit den ältesten Spekulationen, wonach die Chinesen die verlorenen Stämme des alten Israel seien, hat jede Generation von
Sinologen neue Gedanken über das Wesen der chinesischen Gesellschaft vorgebracht. Die Summe dieser Theorien stellt ein
ganzes Programm von Interpretationen dar. Aus dieser Fund-
grube wollen wir einige Kategorien herausheben.

Zunächst ist da die alte Tradition des »Andersseins«, die vor
allem die Unterschiede zwischen China und der übrigen Welt
betont, so etwa das chinesische Schriftsystem. Diese Theorie
war lange der Tummelplatz der Sinologie.

Die zweite Theorie, die sich auf die vergleichende Soziologie
stützt, wird jetzt viel vertreten. Sie geht davon aus, daß die
chinesische Gesellschaft Züge aufweist, die sich auch in allen
anderen Gesellschaften finden, so etwa das Sippensystem. Eine

Variante dieser Theorie ist der marxistische Versuch einer »Europäisierung« der chinesischen Geschichte, die u. a. die Phasen des Feudalismus und des bürgerlichen Kapitalismus aufweisen soll. Eine weitere Variante ist die chinesische Nationaltheorie der »Äquivalenz«, die in der chinesischen Vergangenheit dem Westen ähnliche Züge entdeckt, zum Beispiel eine chinesische »Renaissance« zu Beginn des zwanzigsten Jahrhunderts. Alle diese Ansätze unterscheiden sich weniger hinsichtlich der herangezogenen Fakten der chinesischen Geschichte als vielmehr durch deren Interpretation und die Frage ihres Einbaus in ein verifizierbares System.

Im ganzen führt der Vergleich der chinesischen mit der europäischen Geschichte zu vielen krassen Unterschieden. Zum Beispiel hat sich Chinas Bevölkerung mit der Industrialisierung nach 1949 verdoppelt, aber dasselbe war in Europa bereits im achtzehnten Jahrhundert lange vor der Industrialisierung geschehen. Ein anderes Beispiel ist die Haltung der gebildeten Schichten. Sie wurde nach der Mitte der Ch'ing-Zeit kritischer und selbständiger, aber im Gegensatz zur europäischen Aufklärung ging sie nicht so weit, die überlieferten Grundwerte in Frage zu stellen und eine neue Weltanschauung zu verkünden. Die Französische Revolution verherrlichte den Nationalstaat und suchte die französische Macht zu erweitern. Dagegen wurde die chinesische Revolution nach 1949 nicht nach außen aggressiv, wie dies von der Außenwelt vielfach erwartet wurde. (Zwar griff China 1950 in den Koreakrieg ein, aber das hatte nur den Zweck, Chinas industrielle Basis im Nordosten zu sichern. Bei Grenzkämpfen mit Indien im Jahre 1962 handelte es sich tatsächlich nur um Fragen der Grenzziehung.) Weder die Sozialpsychologie noch das Gesamtbild der Ereignisse war in den beiden Revolutionen ähnlich. Man vergleicht zwar die russische Revolution oft mit der chinesischen, aber die Unterschiede sind doch groß. Die Bolschewisten bemächtigten sich zuerst der Städte und kollektivierten dann die Landwirtschaft; die Chinesen machten es umgekehrt, indem sie die Städte vom Land her eroberten. Vergleiche mit Europa tragen wenig zum Verständnis der chinesischen Revolution bei. Das hat übrigens Marx schon gesagt; diese Ansicht hätte mehr Publizität verdient und viel Unsinn verhindert.

Man darf voraussagen, daß es einen »Revisionismus« bezüglich der Deutung der chinesischen Geschichte geben wird, eine Neubewertung, wie sie bereits in den weiterentwickelten Bereichen der modernen, außerchinesischen Geschichtsschreibung stattgefunden hat. Zu diesen Tendenzen gehört es, die Ursprünge historischer Tatsachen in früheren Zeiten zu suchen. So wird Chinas »Rückständigkeit« im neunzehnten Jahrhundert von den Vertretern der Theorie des »Andersseins« auf innere Ursachen zurückgeführt, auf die Ablehnung der »Modernisierung« durch den chinesischen Staat. Der Marxismus-Leninismus dagegen sieht hier eine äußere Ursache, den ausbeuterischen »Imperialismus«. Es handelt sich hier freilich nur um graduelle Unterschiede beider Effekte. Der mandschurischen Ch'ing-Dynastie (1644–1912) fehlten sicher die Werte und Institutionen, die zur Modernisierung notwendig gewesen wären. Gleichzeitig aber suchten die Mandschu-Kaiser ihre Herrschaft dadurch zu verlängern, daß sie sich mit dem Imperialismus abfanden, was mit den ungleichen Verträgen von 1842 begann. Der wirtschaftliche Effekt der ausländischen Privilegien in den Vertragshäfen war in mancher Hinsicht für die chinesische Wirtschaftsentwicklung negativ, in anderer aber positiv. Der Imperialismus hatte ein doppeltes Gesicht.

Für alle diese Interpretationen gilt, daß sie zu sehr verallgemeinern. Sie berücksichtigen nicht ausreichend die Unterschiede zwischen Zeiten und Orten in China. Man hat deshalb lokalgeschichtliche Studien über begrenzte Zeiträume versucht, sehr richtig, wenn man es mit einem so großen und vielfältigen Gebiet wie China zu tun hat. Der Historiker als Erzähler, der (vielleicht anachronistisch) versucht, »die chinesische Revolution« zu beschreiben, stößt auf große Widersprüche in Material und Interpretation. Man kann nur sagen: »*Caveat lector*, Vorsicht ist angebracht.«

Die modernen Historiker haben ferner im Falle Chinas die Tendenz entwickelt, von dem besser bekannten Äußeren zu dem weniger bekannten Inneren fortzuschreiten; sie beginnen mit den Einwirkungen auswärtiger Beziehungen und suchen dann nach der chinesischen »Reaktion« auf den westlichen Anstoß. Das marxistische Paradigma zum Beispiel datiert den Beginn der modernen Periode auf den Opiumkrieg (1839 bis 1842). Das ruft den Eindruck hervor, daß die Ausländer das dynamische Element in der chinesischen Szene waren, wogegen die »Revisionisten« eher nach dem Einfluß der chinesischen Vergangenheit suchen, wenn sie die Katastrophen des neunzehnten Jahrhunderts erklären wollen. Der Begriff der chinesischen geschichtlichen Trägheit, einer Art historischer Homöostase, die in gewohnter Weise fortdauert, unterstreicht den andauernden Einfluß einer dreitausendjährigen Geschichte. Den Opiumkrieg versteht man danach am besten, wenn man seine Wurzeln in der Ch'ien-lung-Periode (1736–1796) sucht, in der die Mandschu-Dynastie mit inneren Schwierigkeiten zu kämpfen hatte.

Folgen wir dem jetzigen Stand der Geschichtsforschung, so ist festzustellen: Chinas große Revolution im zwanzigsten Jahrhundert begann mit den Katastrophen des neunzehnten, dessen Wurzeln wiederum im achtzehnten Jahrhundert liegen. Man kann mit dieser retrogressiven Denkweise freilich bald bei der prähistorischen Shang-Dynastie ankommen, was in mancher Hinsicht sogar notwendig ist. Aber wir müssen das große Ungleichgewicht korrigieren, das in der Auffassung liegt, der Schwerpunkt der chinesischen Geschichte habe in den Händen des Auslands gelegen. Ganz im Gegenteil: Die Katastrophe brach über China herein, weil es im Gegensatz zu Japan so wenig auf den Druck der westlichen Zivilisation reagierte.

Die Revolutionen des Abendlandes haben sich im allgemeinen im Rahmen der Kultur abgespielt, die sie hervorbrachte. Anders ausgedrückt waren sie hauptsächlich politischer Natur; sie strebten eine Änderung des politischen Systems an. Das ermöglichte in einigen Fällen eine Änderung des wirtschaftlichen und sozialen Systems. Ich bezweifle, daß man in China von einer »Revolution« sprechen kann, wenn man einen wesentlichen Punkt vernachlässigt, nämlich daß China nicht nur eine politische, soziale und wirtschaftliche Revolution durchgemacht hat, sondern eine Transformation der ganzen Kultur. Dieser Befund wurzelt in der Annahme, daß die chinesische Kultur sich nachweislich von der europäischen unterschieden hat, die einen so großen Teil der Welt beeinflußte. So hat sich in der chinesischen Kultur bis in die jüngste Zeit der »Nationalismus« im Sinne politischer Unabhängigkeit innerhalb einer größeren gemeinsamen Kultur seltener feststellen lassen als der »Kulturalismus« (Beharren auf einer bestimmten Art, zu leben und zu denken). Wie die chinesische Schrift war das chinesische Reich unitär und allumfassend. Auf Grund meiner Zweifel nehme ich an, daß »Transformation« ein besserer Name für die Vorgänge in China ist. Freilich ist dieser Ausdruck, vom Religiösen einmal abgesehen, längst nicht so aufregend wie das Wort »Revolution«. Unter Revolution verstehe ich also den ganzen geschichtlichen Prozeß in China in der modernen Zeit.

Jede Generation von Historikern bevorzugt eine bestimmte Erklärung des chinesischen Verhaltens. Zur Zeit bieten die soziologisch orientierten Historiker folgende Theorie zur Erklärung der politischen Schwäche Chinas an: Die alte chinesische Gesellschaft war streng nach dem Prinzip von »Oben« und »Unten« organisiert, oder im Fachjargon nach Beziehungen zwischen Autorität und Abhängigkeit[6]. Die Menschen hatten mehr vertikale Beziehungen als horizontale. Schon die Erziehung der Kinder betonte die Autorität. Ein kleines Kind wurde verwöhnt und zugleich zu strenger Disziplin angehalten. So wurde es nicht selbständig, sondern abhängig von anderen; die vertikale Beziehung zwischen Vorgesetztem und Untergebenem schuf eine gegenseitige Abhängigkeit zwischen beiden. Die Erziehung des jungen Chinesen lief darauf hinaus, daß er eine untergeordnete Rolle zu spielen hatte, wenn er Untergebener war, und eine autoritäre, wenn er einen Status von Autorität erreicht hatte. Ein Mann in autoritärer Position mußte sich entsprechend verhalten; wenn er es anders machte, nicht herumkommandierte und absoluten Gehorsam verlangte, litt seine Autorität und damit sein Ansehen.

Der Einzelne pflegte Beziehungen nicht nur zu Vorgesetzten und Untergebenen, sondern auch zu Personen mit gleichem Status. Geschenke oder Gefälligkeiten schufen eine Verpflichtung zur Gegenseitigkeit, die in Zukunft nützlich werden konnte. Gegenüber diesen spezifischen Beziehungen traten abstrakte Prinzipien zurück. Das Persönliche war wichtiger als das Prinzipielle.

Das Charakteristikum eines Vorgesetzten war Herrschsucht und Willkür. Dies galt ganz besonders für die Beamten des alten Regimes, in dem der Beamtenstatus ganz oben rangierte. In Verbindung mit dem Tabu für Intellektuelle, körperlich zu arbeiten, bedeutete das für den Beamten alter Schule, möglichst keine technischen Kenntnisse zu erwerben, zu allerletzt mechanische Fertigkeiten. Er sollte die Übersicht und das große Ganze im Auge behalten. Von seinen Untergebenen konnte er die Behandlung technischer Probleme schließlich erwarten. Die höheren Beamten, geschult in Literatur und Philosophie, verfaßten herausragende Schriftstücke, die sie, manchmal in wunderbarer Kalligraphie geschrieben, als Erlasse hinaussandten. Die Durchführung dieser oft von arger Unwissenheit zeugenden Pläne aber lag in anderen Händen. Die Bürokraten dachten mehr an die persönlichen Beziehungen innerhalb ihrer Kaste als an öffentlich wirksame Leistungen. Ein Untergebener vermied Kritik an Vorgesetzten, außer sie würde dessen Autorität wirklich in Frage stellen können.

Korruption im westlichen Sinne war sozusagen in den chinesischen Staat eingebaut. Zu den Amtsrechten gehörte auch der Erwerb von Reichtum durch den höheren Beamten. Das entsprach dem alten chinesischen Brauch der Steuereinhebung. Alle Steuereinnehmer hatten eine bestimmte Quote abzuliefern, den Rest der Steuereinnahmen konnten sie für sich behalten. Wenn jemand im Amt reich wurde, war das nicht mit einem Odium verbunden, wenn er nur seine vorgeschriebene Steuerquote abführte. Da sein Wohlergehen von seinen Vorgesetzten und anderen Personen innerhalb des Kreises seiner persönlichen Beziehungen abhing, mußte er erst gar nicht am Wohlergehen von Untergebenen oder Personen außerhalb seines Kreises interessiert sein.

Diese Form der Politik kannte nur selten Gruppierungen, die sich unter dem Banner eines bestimmten Prinzips zusammenfanden. Fraktionen bildeten sich auf Grund persönlicher Beziehungen mit dem Zweck, die Macht des Mächtigsten und seiner Clique zu stärken. Fraktionskämpfe waren nicht ideologisch und immer sehr persönlich.

Dieses System führte zur Passivität der Untergebenen wie der Volksmassen unterhalb der Beamtenhierarchie. Da nichts gegen Autoritäten gesagt werden durfte, konnten Gegensätze nicht durch Diskussion und Kompromiß gelöst werden, ausgenommen allenfalls unter Gleichen auf Dorfebene. Nationale Einheit verlangte deshalb auch ideologische Einheit. Gedanklicher Pluralismus konnte den Staat gefährden.

Das alte China wurde mehr von der Ethik regiert als vom Gesetz. Nur ein ethischer Konsensus konnte den Staat zusammenhalten. Zum Regieren gehörte ein Gefühl moralischer Gemeinschaft mit einer strengen Ideologie und Untertänigkeit gegenüber einer etablierten Autorität mit einer bestimmten Person an der Spitze.

Man kann dieses System auch in den unteren Verwaltungseinheiten erkennen. Bis etwa 1900 war ein Gefühl von Gegenseitigkeit zwischen Oben und Unten im Verhältnis des Kaisers zu höheren Beamten ebenso sichtbar wie im Verhältnis zwischen dem Kaiser und der höheren Gentry. Die letztere bestand aus höheren Beamten (auch pensionierten), Inhabern höherer Grade und Großgrundbesitzern. Vor Ort bestand ein ähnliches

Verhältnis zwischen der höheren Gentry, deren Wurzeln noch im Dorf oder im Landgut lagen, und der niederen Gentry, d.h. Inhabern niedriger Grade, die zum Teil käuflich waren. Die Käufer waren meist Kaufleute.

Die untere Gentry stand höher als das gewöhnliche Volk. Sie besorgte die örtliche Verwaltung und kümmerte sich um Dinge wie Instandhaltung von Deichen und Tempeln, Fähren, Beschaffung von Nahrungsmitteln in Notzeiten usw., oft unter Anleitung der höheren Gentry. Diese hatte die Aufsicht über die niedere, die ihrerseits das Volk beaufsichtigte. Als Idealbild durchzog dieses System ethischer Verpflichtungen und gegenseitiger Pflichten die ganze Gesellschaft von unten bis oben.

Der Zerfall der alten Ordnung begann mit dem Eindringen der Modernisierung von den Städten her. Die höhere Gentry zog in die Städte und übergab die Verwaltung ihrer Ländereien berufsmäßigen Administratoren, die Pacht und Steuer einzukassieren hatten. Das führte zu einer Spaltung der höheren und der niederen Gentry. Die letztere wurde selbständiger und hatte nun mehr Gelegenheit, die Bauern auszuplündern.

Im zwanzigsten Jahrhundert, besonders nach der Aufhebung des Prüfungssystems im Jahre 1905, nahm der Einfluß der unteren Gentry weiter zu. Ihre Angehörigen wurden Despoten auf dörflicher Stufe und erhoben immer mehr Steuern und Gebühren. Ihre Raubgier entfremdete sie den Volksmassen. Sie waren keine Schirmherren mehr, die Gegenseitigkeit zwischen Oben und Unten pflegten, sondern dachten nur an ihren eigenen Nutzen. Allmählich wurden die Steuern eine immer schwerere Last für die Bauern. Die ethische Gemeinschaft und das von ihr getragene politische System zerfiel. Neue Organisationsformen mußten gefunden werden.

Es sind auch andere Deutungen des Verhaltens der Chinesen versucht worden. Die hier dargelegte Theorie ist zur Zeit die häufigste, aber sie entbindet uns nicht der Untersuchung der Tatsachen. Unsere Schilderung durchläuft nun mehrere Phasen. Zunächst traten schon zu Beginn des neunzehnten Jahrhunderts Spannungen zwischen einer neuen Entwicklung und den alten Einrichtungen auf, zwischen der Zunahme der Bevölkerung und der Wirtschaft einerseits, der Starrheit der Regierung und der Staatstheorie andererseits.

Zweitens führte die alte Kombination von inneren Unruhen und auswärtigen Schwierigkeiten im Verlauf des neunzehnten Jahrhunderts zu einem Kondominium zwischen konservativer dynastischer Regierung und fremden Privilegien in den Vertragshäfen.

Drittens beginnen mit dem Höhepunkt des Imperialismus in den neunziger Jahren in China verschiedene Reform- und Revolutionsbewegungen teils in Wettbewerb miteinander zu treten, teils einander zu beeinflussen. Es kommt zu einer Spannung zwischen der Modernisierung des materiellen und geistigen Lebens und dem langsameren Wechsel sozialer Werte und Einrichtungen. Evolutionismus und Nationalgefühl kennzeichnen dieses Tasten nach einem neuen China.

Viertens sieht man China zwischen all diesen Tendenzen schwanken. Die drei Revolutionen von 1911–1913, 1923–1928 und 1946–1949 sind von einer Wechselwirkung der Kräfte materieller und kultureller Veränderungen, der Werte und der Technik gekennzeichnet. In der Volksrepublik setzt sich dieser Konflikt fort (1949–1985).

In den nächsten Kapiteln soll dargestellt werden, wie das Kaiserreich und seine gesellschaftliche Ordnung unlösbaren Problemen begegnete und angesichts des Wachstums und der Veränderung der chinesischen Gesellschaft zu zerfallen begann.

4. Die Zunahme des Handels vor der Vertragsperiode

Bei etwas näherer Betrachtung sehen wir, wie wenig Verständnis die angelsächsischen Kaufleute des neunzehnten Jahrhunderts für die feinere Struktur des chinesischen Wirtschaftslebens hatten. Die Angelsachsen waren die Apostel des materiellen Fortschritts, der ihnen vor allem am Herzen lag, und diese Leute fanden in China keine Dampfmaschinen und keine Technik vor. Die kaiserliche Regierung konnte keine moderne Statistik bieten. Die Ausländer in den Vertragshäfen verstanden kein Chinesisch und unternahmen auch keine Reisen ins Innere. Sie besuchten keine chinesischen Gasthäuser, um mit den ortsansässigen Kaufleuten Tee zu trinken. Da es den Chinesen an Feuerkraft und Technik mangelte, fühlten sich die Ausländer der viktorianischen Zeit, die in China nichts anderes wahrnahmen, den Chinesen weit überlegen. Ihre Ansicht war, daß das von Menschen wimmelnde und nicht gerade saubere China, das sie sehen, hören und riechen konnten, offenkundig »mittelalterlich« und daher »rückständig« war. Kaufleute, Missionare und Konsuln waren die einzigen Beobachter dieser Zeit; auf ihren Berichten baute die damalige Sinologie auf. Der moderne westliche Sinologe, der mit chinesischen und japanischen Gelehrten zusammenarbeitet, ist jetzt der Vorkämpfer einer neuen rückblickenden Bewertung der Leistungen wie auch der Schwächen des alten China. Wir dürfen freilich nicht annehmen, daß die heutige Sinologie Ewigkeitswert besitzt; sie kann eines Tages ebenso von einer anderen verdrängt werden wie jene unserer Vorgänger im neunzehnten Jahrhundert.

Die neuere Forschung korrigiert zunächst die Bewertung des Imperialismus. Hobson, Lenin und andere waren zu Beginn des Jahrhunderts völlig der materialistischen Geschichtsauffassung verfallen, die das Wirtschaftliche in den Mittelpunkt stellte. Imperialistische finanzielle Ausbeutung war gewiß das Ziel der ausbeutenden Imperialisten. Aber es gab noch andere Auswirkungen des Imperialismus: Modernisierung, technische Entwicklung, Aufbau einer Infrastruktur und die Erweckung des Nationalismus. Man sieht heute den Imperialismus weniger einseitig. Manchmal war der Imperialismus wirklich nichts als Ausbeutung, aber in anderen Fällen war er eine rohe Form der Entwicklung. Manchmal waren seine Auswirkungen durchaus positiv für die betroffenen Völker. Was den Imperialismus verhaßt machte, war ein psychologischer Faktor. Er erniedrigte stolze Völker, die in ihm nichts als politische Unterwerfung sahen.

Es waren die Imperialisten, die den Begriff des Imperialismus nach China gebracht haben. Er führte zu einem eigenartigen Ungleichgewicht in der chinesischen Geschichtsschreibung. Man kann mehrere Phasen unterscheiden:

1. Die aggressiven europäischen Mächte führten erfolgreiche Ausbeuterkriege in China. Da war der englische Opiumkrieg (1839–1842), die englisch-französische Invasion von 1856 bis 1860, der chinesisch-französische Kampf um Vietnam in den achtziger Jahren, die internationale Intervention gegen den Boxeraufstand von 1900. Dazu kam der japanische Sieg von 1895. Darüber gibt es in den Ländern der Aggressoren eine umfangreiche Literatur. Als H. B. Morse nach 1900 die Berichte der englischen »Blaubücher« über China zusammenfaßte, nannte er seine Schrift schlicht ›Die internationalen Beziehungen des chinesischen Reiches‹. Dieses Buch wurde zum wichtigsten mo-

dernen Werk über China; es enthielt sogar ein Kapitel über den Taiping-Aufstand, der in den englisch-französischen Beziehungen zu China eine Rolle spielte.

2. Neuere chinesische Historiker begannen mit Morse und schufen das chinesische Äquivalent der »Blaubuch«-Geschichtsschreibung. Hundert Jahre nach dem Opiumkrieg stellten sie in den dreißiger Jahren die Instruktionen zusammen, die Kaiser Tao-kuang seinem Bevollmächtigten Lin Tse-hsu gegeben hatte, der in Kanton mit Kapitän Charles Elliot verhandelte; dessen Instruktionen von der Regierung der Königin Viktoria waren schon 1840 veröffentlicht worden. Die chinesische Seite holte nur langsam auf.

3. Das Ausland blieb auch weiterhin für die Chinesen wichtiger als die Innenpolitik. Von 1930 bis 1960 und länger ließen die jeweiligen chinesischen Regierungen ganze Bände von Dokumenten zur modernen chinesischen Geschichte erscheinen, in denen die Darstellungen der auswärtigen Beziehungen überwogen. Das schien sie mehr zu interessieren und war leicht zur Veröffentlichung einzurichten. Wie stand es aber um das innere Geschehen der chinesischen Gesellschaft und des chinesischen Staates? Wurde es tatsächlich von den außenpolitischen Beziehungen beherrscht? Oder war das nur in den Augen der Fremden oder der chinesischen Patrioten so?

Wir müssen zunächst aufhören, im China des neunzehnten Jahrhunderts das Europa des achtzehnten Jahrhunderts zu sehen. Gewiß muß man europäische Kategorien hier auf ein anderes Gebiet anwenden, um überhaupt eine Analyse durchführen zu können, aber zu oft finden wir dann nur, was wir gesucht haben, oder überhaupt nichts.

Betrachten wir das China von 1800, so fällt uns eine paradoxe Entwicklung auf. Die institutionelle Struktur der Gesellschaft, insbesondere die Regierung, war wenig zur Veränderung fähig, aber die Bevölkerung und damit die Wirtschaft war in enormem Wachstum begriffen. Man hat bis vor kurzem dieses Paradox nicht bemerkt und kann hier von einem Gegensatz zwischen Unterbau und Überbau sprechen. Die moderne chinesische Geschichte begann mit dem Opiumkrieg von 1840; das ist ebenso die Ansicht der westlichen Mächte, die China im neunzehnten Jahrhundert angriffen, wie jene der marxistischen Revolutionäre, dem letzten Produkt der europäischen Invasionen. Die ausländischen Beobachter beschränkten sich lange darauf, festzustellen, daß die Struktur der Regierung von den Ming bis zu den

Ch'ing sich kaum geändert hatte. Das Tributsystem als Instrument der auswärtigen Beziehungen galt zumindest als Ritual des Ch'ing-Hofes weiter; die Regierung hatte sich gegenüber den Berichten der Jesuiten, die 300 Jahre früher dagewesen waren, nicht merklich verändert. So bildete sich das europäische Bild vom »unveränderlichen« China.

Die neuere Forschung hat gezeigt, daß dieses Urteil oberflächlich war und sich im wesentlichen auf institutionelle Strukturen wie den bürokratischen Staat und das Familiensystem beschränkte. Das wirkliche Leben Chinas war ganz anders. Um 1800 hatte sich die chinesische Bevölkerung gerade verdoppelt. Die Bevölkerungszunahme war noch massiver als der gleichzeitige Bevölkerungszuwachs in Europa und Amerika. Mit den Zahlen kam der Handel. Das riesige chinesische Reich war ein einziges Freihandelsgebiet mit mehr Bevölkerung als ganz Europa. Die Landwirtschaft zeigte bereits eine rationelle Arbeitsteilung: Die unteren Jangtse-Provinzen spezialisierten sich auf Reis, während die angrenzenden nördlichen Provinzen Baumwolle als Tauschobjekt produzierten. Das Handwerk erzeugte in zahlreichen Zentren bekannte Spezialprodukte, die in das ganze Land gingen: Porzellan in Chingtechen, eisernes Geschirr in Kanton, Silberbrokat in Hangchow und Soochow. Große Flotten von Dschunken, den chinesischen Segelbooten, befuhren die großen Wasserstraßen des Jangtse und seiner Nebenflüsse, während weitere Tausende die Küste entlang segelten, um südliche Früchte, Zucker und Handwerksprodukte nach der Mandschurei zu bringen, von wo Sojabohnen und Pelze im Gegenverkehr nach Süden gingen. Ein englischer Beobachter berechnete nach 1840, daß der Warenumsatz Schanghais größer war als jener des Londoner Hafens, der damals als Zentrum des Welthandels galt.

Enormes Wachstum und lethargische Institutionen kennzeichnen das große Rätsel der neueren chinesischen Geschichte: Trotz fortgeschrittener Technik und reichlichen Rohstoffen brachte China den Durchbruch zu der industriellen Revolution nicht fertig, den Europa gerade durchmachte. Man hat auf verschiedene Weise versucht, diesen großen Gegensatz zwischen China und der Atlantischen Welt im vorigen Jahrhundert zu erklären. Besonders oft hörte man die Erklärung, daß China »beraubt« worden sei; der westliche Imperialismus habe aus Konkurrenzgründen den chinesischen Unternehmungsgeist erstickt und Chinas Übergang zum Kapitalismus verhindert. Diese Theorie ist heute als widerlegt anzusehen, wenn sie auch noch gläubige Anhänger hat. Ihr lag die Annahme zugrunde, daß der Außenhandel die Grundlage der chinesischen Wirtschaft sei. Sicher bremste der Imperialismus durch das System der ungleichen Verträge nach 1842 die Entwicklung der chinesischen Wirtschaft, indem eine Schutzzollpolitik verhindert wurde und die Ausländer die Herrschaft in den Häfen ausübten. Eine Liste der imperialistischen Ungerechtigkeiten bietet ausreichend Grundlage für patriotische Empörung. Damit ist aber das wirtschaftliche Problem noch nicht gelöst. Das Nichtauftreten des Kapitalismus in der chinesischen Wirtschaft geht weit hinter den Opiumkrieg und den Imperialismus zurück. China konnte seine Produktivität pro Kopf nicht erhöhen und auf diese Weise der sogenannten Gleichgewichtsfalle entkommen, einer Situation, in der ein hohes Niveau der Vordampfmaschinentechnik im Gleichgewicht mit einem Kreislauf von Produktion und Verbrauch stand, so daß anscheinend kein Bedarf an industriellen Investitionen gegeben war. Zum Inventar der »Falle« gehörte die ungeheure Menge verfügbarer Muskelkraft, die Maschinen überflüssig machte. Außerdem gab es kein Kreditsystem und keine Kapitalbildung für Investitionen. Dynastie und Oberklasse lebten mehr von Steuern als vom Handel.

Das China der Mitte des vorigen Jahrhunderts hatte eine hochgradige Homöostase erreicht, die Fähigkeit, in einem stationären Zustand zu verharren. Es war wie in einem menschlichen Körper, der über Mechanismen verfügt, um Temperatur, Blutdruck, Atmung, Herztätigkeit, Blutzucker usw. innerhalb enger Grenzen stabil zu halten. Chinas sozialer und politischer Körper hatte Bräuche und Einrichtungen entwickelt, die zur Beharrung tendierten: Salzverteilung würzte die Reisnahrung, Fäkalien düngten den Boden, Schweine wurden mit Küchenabfällen gefüttert, Deiche verhinderten Überschwemmungen, staatliche Getreidelager boten Sicherheit gegen Hungersnot. Das System der gegenseitigen Verantwortung war eine Art Nachbarschaftspolizei, die Familienverpflichtung sicherte die Angehörigen ab, die Lehre von den »Drei Bindungen« band den Einzelnen an die Familie und die Familie an den Staat, während das Prüfungswesen den Begabten die alte Orthodoxie einimpfte. Das »Gesetz der Vermeidung« besagte, daß kein höherer Beamter in seiner Geburtsprovinz wirken durfte; das verminderte den Nepotismus. Neue Dynastien wurden gewaltsam gegründet, behielten aber das System bei. Dieses alte China war ein kunstvoller Bau, voller Variationen innerhalb eines Gesamtplans, wirtschaftlich dezentralisiert, aber von einer herrschenden Klasse mit Sinn für Form und einer geschichtlich gewordenen Vorstellung von sich selbst zusammengehalten.

Versuchen wir ein Bild vom chinesischen Dorfleben zu gewinnen. Der durchschnittliche Bauer von 1800 hatte, nach späteren Daten zu schließen, wahrscheinlich eine fünfköpfige Familie, darunter zwei unverheiratete Kinder und einen Großvater bzw. eine Großmutter. Ein großes Haus mit mehreren Höfen, welche die Familien von zwei oder drei Söhnen beherbergten, gab es nur für die Wohlhabenden. Eine Bauernwohnung hatte im Norden einen festgestampften Lehmboden und ein Strohdach, während es im regnerischen Süden Stein und Dachziegel gab. Im Norden schliefen alle auf einem mit Matten bedeckten Ziegelbett, das Röhren für den Zutritt warmer Luft im Winter enthielt. Die Fenster waren nicht aus Glas, sondern mit Papier verkleidet. Die Latrine befand sich nahe am Schweinestall. Wasser wurde in Eimern aus dem Dorfbrunnen geholt; die Eimer wurden an einer Stange über der Schulter getragen. Für die Kleiderwäsche gab es keine Seife; die Kleidungsstücke wurden in Brunnenwasser oder in einem Bach geschlagen.

Der normale Bauer war zum Teil Eigentümer, zum Teil Pächter des Bodens. Er bearbeitete mit seiner Familie drei oder vier kleine Streifen Land, die nicht direkt benachbart waren. Hakken und Sicheln waren die Geräte, die Ernte diente im wesentlichen dem Eigenverbrauch. In der Nähe von Städten oder Straßen konnte auch etwas verkauft werden. Das Leben der Familie spielte sich innerhalb des Dorfes ab, nur manchmal gab es einen Weg zum nächsten Marktflecken, um Feste zu feiern, wandernde Märchenerzähler anzuhören oder ein Wandertheater zu sehen.

Das Seelenleben solcher Bauern können wir uns nur schwer vorstellen. Das Verhältnis des Rationalen zum Aberglauben war wohl anders als in Europa, der Horizont begrenzt. Sonst war der Bauer wohl ähnlich wie wir, aber es gab sicher soziale Vorstellungen und Werte, die wir doch nicht verstehen könnten. Auch wenn die menschliche Natur überall dieselbe ist, können ihre sozialen Manifestationen sehr verschieden sein.

Nachbarschaft spielte eine größere Rolle als in den Städten. Heirat und Begräbnis mit dem anschließenden Schmaus gingen die ganze Gemeinde an. Man half einander auch bei der Bewachung der Felder und gegen Räuberbanden. Die Dörfler bildeten Vereinigungen, schlossen Verträge und organisierten gemeinsame Aktionen, ohne hierzu der Beamten zu bedürfen. Solche Einrichtungen nahmen infolge allgemeiner Akzeptierung mit der Zeit den Charakter gesetzlicher Strukturen an. Familien, die einen gemeinsamen Ahnen zu haben glaubten, bildeten eine Art Clan. Solche Clans hielten Ahnengräber in Ordnung und sorgten für den Ahnenkult. Manchmal unterhielten sie eine Schule für ihre Nachkommen. Bauernwirtschaften konnten sich auch an Bewässerungsprojekten beteiligen und Verträge über Wasserrechte abschließen. Sie konnten Zahlungen für den Tempeldienst übernehmen oder sich an einer Kohlengrube oder einem Zuckerhandelsunternehmen beteiligen. So geschah vieles im Volk ohne Staatseingriff.

Die Dörfer waren recht egoistisch, woraus oft heftige Fehden mit Nachbardörfern erwuchsen. Es ging dabei um Wasserrechte, Grenzen und dergleichen, manchmal auch um Persönliches oder um Sektenkämpfe. Gelegentlich kam es zu örtlichen Kriegen zwischen Gemeinden, Sekten oder Bünden. Dabei handelte es sich immer um örtliche Fragen, die nicht einmal eine Provinz, geschweige denn den Staat erfaßten. In das agrarische Sozialsystem waren Kämpfe sozusagen eingebaut. Man mordete feindliche Dörfler, es kam zu Plünderungen, Vergewaltigungen, barbarischen Folterungen und zur Zerstörung ganzer Orte. Das bukolische Leben war häufig gar nicht so friedlich.

Wie alle menschlichen Gemeinschaften trug die chinesische Gesellschaft Spannungen in sich. Im neunzehnten Jahrhundert war das Gleichgewicht ihrer Teile unsicher geworden. Vor allem litt das Verhältnis zwischen Boden und Bevölkerung unter der Zunahme der letzteren.

Die Gründe für die Verdoppelung der chinesischen Bevölkerung im achtzehnten Jahrhundert sind größtenteils unklar. Der lange innere Frieden mag dazu beigetragen haben. Aus Südostasien wurden schneller reifende Reissorten eingeführt, neue Anbaumöglichkeiten boten Erdnüsse, Mais und amerikanische Süßkartoffeln. Die schnellreifenden Reissorten ermöglichten zwei Ernten im Jahr. Die aus Amerika eingeführten Früchte wuchsen auf Sandböden, die für Reis ungeeignet waren. Aus den östlichen Provinzen erfolgte eine Wanderung nach Nord- und Südwest, die neue Anbaugebiete durch Terrassierung erschloß. Mit der Zunahme der Bevölkerung stieg auch die Menge des Düngers. Vielleicht besserte sich auch die Bekämpfung von Krankheiten; gegen Pocken gab es schon eine Impfung.

Um 1700 gab es etwa 150 Millionen Chinesen. Ihre Zahl stieg bis 1850 auf 430 Millionen. Das Land war schnell überfüllt. Zu den langfristigen Ursachen der Bevölkerungszunahme zählte die chinesische Vorliebe für Kinder, die auch als Altersversicherung galten. Söhne zu haben war eine heilige Pflicht; die Familienlinie mußte fortgesetzt werden, ebenso die Ahnenverehrung im häuslichen Schrein und im Tempel des Clans. Die Wohlhabenden investierten ihre Mittel in Nebenfrauen und zusätzliche Kinder, nicht nach heutigem Muster in Haushaltsmaschinen. Mehr Menschen bedeuteten mehr Arbeitskräfte. Gewissensgründe ebenso wie Nützlichkeitserwägungen förderten die Geburtenzahl. Die ungehemmte Vermehrung erinnerte an das Laichen der Fische. Eheliche Sexualität blieb Privatsache und unterlag (im Gegensatz zu heute) keiner öffentlichen Regelung.

Mit der Bevölkerungszunahme stieg naturgemäß auch der Handel. Der Index der wirtschaftlichen Tätigkeit ging aufwärts. Mehr Dschunken fuhren die Küste entlang; die reichen Familien aus Ningpo gründeten Banken in dem neuen Hafen Schanghai; die Umsätze der Überweisungsbanken in Shansi, die nahezu das Monopol auf die Überweisung öffentlicher Gelder besaßen, nahmen zu. Über Kanton ging mehr Tee aus Fukien und Seide aus Chekiang oder Kiangsu hinaus. Doch stieg auch die Opiumeinfuhr; die Sucht nach diesem Rauschgift deutete eher auf Demoralisierung. Das wirtschaftliche Wachstum konnte jedoch nicht die Politik der Erteilung von Handelsmonopolen durch die Regierung ändern, ebensowenig das System der Steuerquoten und den fehlenden Sinn für Investitionen.

Das Salz war für die Chinesen so wichtig wie heute das Benzin für die Amerikaner: eine Ware, die jeder brauchte. Ein Volk, das selten Fleisch sah und sich von Reis und Gemüse ernährte, mußte Salz bekommen. Das Gegenstück der heutigen Ölbarone von Dallas waren, wenn der Vergleich erlaubt ist, die Salzhändler von Yangchow im achtzehnten Jahrhundert, deren opulenter Lebensstil den Neid des Zeitalters hervorrief. Da diese Händler der Regierung unterstanden, ist ihre Geschichte besonders lehrreich.

Das Staatsmonopol für Salz war von alters her überliefert. Zu Beginn des neunzehnten Jahrhunderts wurde Salz teils durch Verdunstung von Meerwasser an der Küste gewonnen, teils durch Eindampfen einer Salzlösung, die aus den tiefen Salzquellen Szechwans kam. Manche dieser Quellen lagen in 300 Metern Tiefe und förderten das salzige Wasser in Leitungen aus Bambusröhren nach oben. Es gab auch noch Salzbergwerke und Salzseen. Die Salzindustrie lag in den Händen von Monopolinhabern, deren Rechte erblich waren; die betreffenden Familien waren sehr reich. Das Monopol hieß *kang*. Die Monopolinhaber verkauften das Salz an Händler, die eine Lizenz zur Versendung des Salzes hatten. Jede lizenzierte Lieferung wurde registriert und durfte nur an einen bestimmten Ort gebracht werden; die Verteilung unter der Bevölkerung besorgten die staatlichen Salzlager. In jeder Provinz gab es einen Salzintendanten, der mit Hilfe einer eigenen Bürokratie die Lizenzgebühren und Verkaufssteuern am Erzeugungs- und Verbrauchsort kassierte. Das Finanzministerium in Peking bezog ein Sechstel seiner Einnahmen aus dem Salzmonopol. Noch in den neunziger Jahren wurden die staatlichen Einnahmen aus Salz auf 13 Millionen Tael jährlich geschätzt, während Bodensteuern und Zölle 32 Millionen Tael erbrachten.

Mit dem Salzmonopol blühte das Handelskapital und nicht minder die Korruption. Der hohe Beamte Wei Yuan setzte 1832 seine Reform in der salzerzeugenden Region Nord-Kiangsu durch. Zu den großen Monopolen der *Kang*-Kaufleute kam ein Kartensystem *(p'iao)*, das kleineren Kaufleuten den Verkauf beschränkter Salzmengen ermöglichte. Das änderte nichts daran, daß der Preis des Salzes, ehe es den Verbraucher erreichte, durch eine Reihe von Provisionen, Transport- und Handelskosten sowie durch die obligaten Bestechungen erheblich verteuert wurde. Das mußte den Schwarzhandel anregen. Vermutlich die Hälfte des gesamten Salzes wurde von Schwarzhändlern in gesetzwidriger Weise erzeugt und auf Umwegen verkauft. Die Kosten einer Unterbindung des Schwarzhandels hätten die gesamten Einnahmen des Staates aus dem Salzgeschäft aufgezehrt. Andererseits verblieben dem Staat immer noch die Einnahmen aus seiner Hälfte des Salzhandels. So kam es zu einer Koexistenz von Schwarzhändlern und Beamten.

Zur Zeit ihrer Blüte waren die Salzhändler, die eine eigene Gilde und einen eigenen Tempel hatten, die herrschende Klasse in Städten wie Yangchow und Hankow. Als die reichste Schicht waren sie auch Philanthropen; ferner wurden sie um Beiträge zur Verteidigung, Hochwasserbekämpfung und andere öffentliche Dienstleistungen gebeten. Die Reform durch Einführung des Kartensystems öffnete kleineren Kaufleuten die Tür, die nun neben die erblichen Monopolisten traten. Während des Taiping-Krieges wurde die bürokratische Kontrolle schwächer;

dann wurde der Salzhandel privatisiert, was übrigens einer allgemeinen Tendenz entsprach.

Nehmen wir einen Familienbetrieb *(hang)* aus der Ningpo-Teegilde im zweiten Viertel des neunzehnten Jahrhunderts. Der beste Tee kam aus den Bohea-Bergen am Oberlauf des Min oberhalb des Hafens Foochow. Tee wurde natürlich in vielen Gegenden Chinas angebaut. Bauernhöfe konnten ihre eigenen Teepflanzungen haben. Aber die Bohea-Gegend bot besondere Vorteile. Boden und Klima waren dort dem Teeanbau günstig, junge Frauen mit geschickten Fingern pflückten, sortierten und rösteten schwarzen und grünen Tee nach verschiedenen Verfahren. Der so erzeugte Tee ging nicht nur an anspruchsvolle Kunden in China, sondern auch an die Ostindische Handelsgesellschaft in Kanton. Wandernde Händler, sogenannte Gastkaufleute *(k'o-shang)*, kauften Partien von den Erzeugern und sorgten für den Weiterverkauf. Zur Erntezeit sah man lange Reihen von Teeträgern, die Teepackungen an über die Schulter gelegten Stäben trugen, wobei der Tee nie den Boden berühren durfte, auch wenn die Träger sich setzten. In den 1850er Jahren beobachtete der englische Botaniker Robert Fortune verkleidet diese Szenen und sammelte Teepflanzen für Britisch-Indien. Staatliche Qualitätskontrolle führte dazu, daß der indische Tee den chinesischen auf dem Weltmarkt überholte.

Nehmen wir an, die Teefirma aus Ningpo hatte ihren Hauptsitz in der schnell wachsenden Hafenstadt Schanghai. Ningpo war ein älterer Ort, ein Hafen für den Tributhandel mit Japan im Mittelalter. Wie Kanton, Foochow, Schanghai und Tientsin lag Ningpo einige Kilometer stromaufwärts vom Meer, was Schutz vor Piratenüberfällen gewährte. Mit dem Anwachsen des Handels gewannen die Teehändler von Ningpo ebenso wie die Bankiers des Ortes im Binnenhandel Schanghais große Bedeutung.

Um eine Ladung Tee 800 Kilometer den Jangtse hinauf bis zu einem Handelszentrum wie Hankow zu bringen, mietete man Laderaum auf einer der Handelsdschunken von dem Typ, der auf dem unteren Jangtse verkehrte. Nach mehrtägiger Reise kam man in Hankow an, wo man einen sehr lebhaften Hafen auf einer Halbinsel vorfand, die vom Jangtse und seinem von Nordwesten kommenden Nebenfluß Han gebildet wird. Auf der Südseite des Jangtse stand die ummauerte Provinzhauptstadt Wuchang, von der ein Teil jetzt Wuhan heißt. In Hankow ließ man den Tee durch Händler oder Makler verkaufen. Der

Tee-Export über Kanton wuchs gegen Ende des Monopols der Ostindien-Kompanie auf 20 Millionen Pfund jährlich an. Aber das war nur ein Teil des wirtschaftlichen Wachstums. Wenn man den Verbrauch der bessergestellten Leute auf ein Pfund Tee im Jahr ansetzt, so ergibt sich, daß der chinesische Binnenmarkt sicher mehr als zwanzig Millionen Abnehmer für den Bohea-Tee hatte.

Die Wasserstraßen waren für den chinesischen Binnenhandel im achtzehnten Jahrhundert besonders wichtig. Die Wasserwege nördlich von Kanton reichten bis zu zwei Pässen, über die dann die Boote oder Ladungen eine kurze Strecke bis zu den Flußsystemen von Kiangsi und Hunan getragen wurden. Selbst im trockenen Norden ging die Wasserstraße des Han einige hundert Kilometer weit bis Sian. Im Osten war der Große Kanal die Verkehrsader für Handel und staatliche Reistransporte. Chinas Reserven an Muskelkraft fanden beim Wassertransport rentablere Verwendung als beim Transport über Land, der viel teurer gewesen wäre.

An Hankow, dem größten Handelsplatz unter den drei Wuhan-Städten, läßt sich die Entwicklung des Handels ablesen, denn Hankow war ein Schnittpunkt der Handelsstraßen aus ganz China. Da war erstens der Wasserweg des Hsiang in Hunan. Auf ihm kamen Gewürze und andere tropische Produkte aus Kanton, außerdem vertragsmäßig abzunehmende englische Wollstoffe, für die man allerdings wegen der Hitze wenig Verwendung hatte. Den Fluß hinunter ging Reis aus Mittelchina. Der zweite Wasserweg war der obere Jangtse oberhalb von Hankow, auf dem eine andere Art von Schiffen verkehrte. Deshalb mußte der Reis aus Szechwan für den Weitertransport auf dem unteren Jangtse in Hankow umgeladen werden. Die Stelle der Holzlieferungen aus Szechwan nahmen im späteren neunzehnten Jahrhundert die nach Schanghai gehenden Ladungen von Opium aus Szechwan ein. Die dritte Wasserstraße war der Han, auf dem gepreßter Tee nach Rußland verschifft wurde; an seinen unteren Ausläufern wurde Baumwolle gepflanzt. Der größte Teil des Handels von Hankow ging jedoch über die große Schiffahrtsstraße des unteren Jangtse. Hier wurde Reis aus Hupei und Hunan in die großen Städte am unteren Jangtse verschifft; ein Teil davon ging dann den Großen Kanal hinauf nach Peking. Vom unteren Jangtse kamen Salzladungen herauf, die in Yangchow aus den Salzproduktionsstätten der Küste zusammengestellt wurden. Reis und

Salz waren bekanntlich die Hauptbestandteile der chinesischen Nahrung.

Der umfangreiche Warenumschlag in Hankow spricht für die Annahme, daß um die Mitte des achtzehnten Jahrhunderts, oder noch früher, China über einen großen Binnenmarkt verfügte, auf dem die einzelnen Landesteile ihre Produkte austauschten. Das galt freilich nur für bestimmte Waren. Die Autarkie einzelner Gegenden war immer noch das Kennzeichen der Wirtschaft. Ob es sich um die Anfänge der Renaissance in Europa oder die wirtschaftliche Revolution in China handelt, die Datierung des Entstehens eines Binnenmarktes hängt immer davon ab, welche Kriterien man anwendet. Die Entstehung des chinesischen Binnenmarktes läßt sich am Wachstum besonderer Kaufmannstypen erkennen, darunter Großhändler, Einzelhändler und Wanderhändler, überlagert von einer Schicht von Agenten und Maklern, die weit entfernte Auftraggeber bedienten.

Das Wachstum des Handels kam im achtzehnten Jahrhundert auch durch die Zunahme örtlicher Gilden zum Ausdruck, die zur Förderung des Geschäfts gegründet wurden. Die Gilden erstreckten sich meist über Landkreise oder Präfekturen (Gruppen von Landkreisen), nicht über ganze Provinzen. Manche Gilden spezialisierten sich auf bestimmte Handelszweige. Ein Beispiel ist die Teegilde von Ningpo. Die Gilde sorgte für Gasthöfe, Versammlungsräume, Lagerhäuser und Vertretung der Gruppeninteressen nach außen; sie nahm Beschwerden entgegen und organisierte gegebenenfalls einen Boykott. Die Mitgliedschaft mußte registriert werden. Die Gilde konnte Schiedssprüche fällen. Obwohl amtlich anerkannt, waren die Gilden Privatvereine.

Eine Gildenhalle bestand aus einer Reihe von Häusern, die wie ein *yamen* von einer Mauer umgeben waren. Vom Haupteingang kam man in die Versammlungshalle. Kleinere Wohnungen und Werkstätten zogen sich an den Seiten entlang. Zu den kulturellen Funktionen der Gilden gehörte der Kult der Schutzgottheit oder einer geschichtlichen Gestalt, die von den Gildenangehörigen verehrt wurde. Die Hui-chou-Gilde in Hankow hatte Chu Hsi zum Schutzpatron, die Shaohsing-Gilde dagegen Wang Yang-ming. So ehrten die Kaufleute die Heiligen der gelehrten Klasse.

Die Gilden boten nicht nur Übernachtungsmöglichkeiten für Durchreisende, sondern auch Schulen zur Vorbereitung auf höhere Prüfungen, manchmal sogar eine Opernbühne. Die Gilden übernahmen die Regelung des örtlichen Handels, um den sich die örtlichen Behörden nicht zu kümmern brauchten. Die Gilde konnte Vorschriften erlassen oder einen Boykott verhängen. Die Gilden betrieben alles, ausgenommen industrielle Produktion.

Die Finanzierung der Gilden lief über die Mitgliedsbeiträge. Sie kauften auch Grundstücke und gaben Schuldverschreibungen aus. Die Mieteinnahmen aus Läden und Grundbesitz waren oft beträchtlich. Die Shensi-Shansi-Gilde in Hankow besaß einen schönen Tempel und einen Gasthof; sie baute einen ganzen Teil der Stadt um und bezog hohe Mieteinnahmen.

Die Gilden übernahmen auch öffentliche Dienste. Ihre philanthropische Tätigkeit war umfangreich. Sie verteilten Nahrung unter den Armen, sorgten für die Erhaltung von Straßen und Brücken, verbesserten die Wasserversorgung und förderten die Feuerwehr. Für sie wurden Anfahrtsstraßen unter Abriß von Gebäuden gebaut; die Feuerwehr benutzte bereits Pumpen. In Notzeiten beteiligten sich die Gilden an der örtlichen Verteidigung. All das gehörte zu der konfuzianischen »öffentlichen Gesinnung«. Die Gilden übernahmen zunehmend die Verantwortung für Dienste, die sonst von der Gemeinde besorgt werden mußten. Auch daraus war die starke Stellung der privaten Kaufmannschaft ersichtlich.

Die Gilde konnte örtlich oder nach der Berufsgruppe organisiert sein. Das Gildensystem war komplex und innerlich differenziert. Die überörtliche Fachgilde wuchs im neunzehnten Jahrhundert stark. Die örtlichen Gilden schlossen sich über größere Bereiche zusammen und schufen dadurch größere gesellschaftliche Strukturen. Damit trat, beispielsweise in Hankow, eine schon lange bemerkbare Entwicklung in eine neue Phase ein.

Das Gildensystem strebte naturgemäß nach amtlicher Anerkennung und Förderung. Die Pflege von Beziehungen zu den Behörden war für die Gilden wichtig. Viele Kaufleute erwarben einen Gentry-Status durch Kauf von akademischen Titeln, manchmal sogar durch Prüfung. Die größeren Gilden einer Stadt schlossen sich in Bünden zusammen und nahmen Einfluß auf die Wirtschaftspolitik. So wurde aus der Gildentätigkeit allmählich eine Art Staatsverwaltung, namentlich in so schwierigen Zeiten wie beim Taiping-Aufstand (1850–1864).

Nach 1900 wurden chinesische Handelskammern geschaffen,

die eine Fortsetzung der Gildenpolitik waren. Man kann feststellen, daß es auch vor dem westlichen Druck, der nach 1890 bedrohlich wurde, in China eine natürlich gewachsene kommerzielle Gesellschaft gab. Mit dieser Tendenz ging eine zunehmende Abhängigkeit des Staates von den Steuern des Handels und eine weniger strenge amtliche Regulierung des letzteren einher, zumal die Provinzialregierungen bestrebt waren, aus dem wachsenden Handel größere Steuerleistungen herauszuholen.

Im neunzehnten Jahrhundert wuchs der Handel über die Familienfirma hinaus; es bildeten sich Kompanien, die schon Aktiengesellschaften ähnelten. Sie mußten bei ihren Geschäften die Vielfalt des chinesischen Währungssystems berücksichtigen. Jeder Ort und jedes Gewerbe konnte seine eigene Rechnungseinheit haben, die differenzierte Silberunze (Tael), was die Buchhaltung erschwerte. Gesamtdaten, wie sie den Volkswirten erwünscht wären, fehlen für die Zeit um 1800. Wir finden zwar Beweise für eine Tendenz in Richtung eines nationalen Marktes, aber es fehlt uns an Statistiken, die eine Einordnung zwischen mittelalterlichen und modernen Methoden gestatten würden.

Die englischen und amerikanischen Kaufleute in den Vertragshäfen, die ihre Blüte nach der Unterdrückung des Taiping-Aufstandes im Jahre 1864 erlebten, schrieben die Zunahme des chinesischen Handels ihrem eigenen Einfluß zu. Für sie wurde China ein Teil des Weltmarktes. Das paßte zu dem Bild, das man sich damals von China machte. In Wirklichkeit war die Zunahme des Handels in den Vertragshäfen gegen Ende des neunzehnten Jahrhunderts zum großen Teil eine Fortsetzung des lebhaften Handels, der schon vorher in China bestanden hatte.

Der Teehandel mit Rußland in neuerer Zeit war nur die Fortsetzung des Tauschhandels von Tee gegen Pferde mit den Mongolen, der schon in der Sung-Zeit begonnen hatte. Tee war ein Hauptartikel des Exports zu den »Barbaren« gewesen, lange bevor die Ostindien-Kompanie in den Häfen erschien. Tee wurde nur in einigen Regionen produziert, aber im ganzen Land konsumiert. Er war eine für ein Monopol geeignete Ware. Die Beamten der späten Kaiserzeit stellten Tee unter Lizenz. Sie bestellten Monopolkaufleute, die eine Teesteuer einheben konnten. Solche Lizenz- und Monopolwirtschaft war natürlich den ausländischen Kaufleuten der Freihandelszeit ein Dorn im

Auge. Es gab darum viel Korrespondenz zwischen den Konsulaten und den chinesischen Beamten. Die eigentliche Regelung des Teehandels lag in den Händen der Teegilden. Die Lieferungen entsprachen oft nicht den vorher gesandten Proben und so wurde eine Qualitätskontrolle notwendig. Die Gilden suchten einen gewissen Standard aufrechtzuerhalten und Handelsregeln zu beachten, während die westlichen Unternehmer mit dem Handel schnell reich werden wollten. Die chinesische Regierung griff nicht ein und sorgte nicht für Handelsnormen. Das führte dazu, daß im zwanzigsten Jahrhundert Japan und Indien anstelle Chinas den Weltmarkt für Tee beherrschten. Rückblickend hatte das seine Ursachen in der Dezentralisierung der chinesischen Wirtschaft, der Beherrschung des Marktes durch private Händler und ihre Gilden. Sicher ist, daß aus den Gilden auch keine Unternehmer hervorgingen, die etwas in industrielle Produktion investieren wollten. Vielmehr stand das ganze System einem Kapitalismus europäischer Prägung entgegen.

Zur industriellen Entwicklung gehört Kredit. Auf diesem Gebiet hatte China noch kaum Fortschritte gemacht. Die Kreditstruktur für den Binnenhandel begann ganz unten mit dem Pfandleiher und Wucherer, manchmal in einer Person, die kleine Summen verlieh. Ganz oben arbeiteten dagegen, ehe die Fremden kamen, die Überweisungsbanken im Fen-Tal im mittleren Shansi. Sie transferierten amtliche Gelder und Kredite von einer Region in die andere. Durch Filialen im ganzen Land, oft von Verwandten geleitet, konnte eine Shansi-Bank Überweisungen von einer Filiale in einer anderen Region vornehmen oder Wechsel auf sie ausschreiben. Es wurde nur ein geringer Diskont berechnet.

Zwischen der untersten und der obersten Stufe gab es größere und kleinere Banken (ch'ien-chang), »eingeborene Banken«, wie die Europäer sie nannten. Die Tätigkeit der kleinen Banken dieser Art beschränkte sich meist auf die örtliche Wirtschaft, während die größeren Banken ganze Ketten entlang der Handelsstraßen oder zwischen den großen Städten bildeten. Ein Beispiel sind Ningpo oder Shaohsing in Nord-Chekiang, deren Bankverbindungen sich von Schanghai den Jangtse aufwärts und über die ganze Küste erstreckten. Diese Banken-Netze wuchsen mit dem Handel. In Konkurrenz miteinander konnten sie Banknoten ausgeben, wenn nicht genügend offizielle Münzen vorhanden waren. Mit anderen Worten betrieben die Banken Geld- und Kreditschöpfung durch Ausgabe von Banknoten an die Kaufleute, manchmal sogar an die Behörden. Sie hielten natürlich Reserven von Münzen, aber die Banknoten für einen Kunden konnten weit mehr betragen als sein Münzendepot. Die Banknoten trugen eine Wertangabe in Silber- oder Kupfergeld; sie waren an den Überbringer zahlbar. Das System konnte freilich zu Spekulationen und Bankrotten führen. Ein bankrott gegangener Bankier konnte einfach verschwinden. Die Regierung versuchte eine gewisse Bankkontrolle, nachdem die Bürger sich über unredliche Bankiers beschwert hatten. Zum Beispiel wurden vermögende Leute als Bürgen für Bankiers und Kaufleute verlangt. Auch die Bankiergilden versuchten betrügerischen Manipulationen entgegenzuarbeiten. Sie übten auch eine Art Kreditkontrolle aus. Ferner setzten sie örtliche Umtauschraten für die diversen Münzeinheiten fest.

So wurde in den ersten Jahrzehnten des neunzehnten Jahrhunderts der chinesische Handel durch neue Methoden gefördert: Wechsel, Spareinlagen, Überweisungen, Kredite und handelbare Kreditinstrumente[7]. Auch das Bankwesen befand sich also schon vor der Ära der Vertragshäfen im Umbruch.

Trotz des Zuwachses von Erzeugung und Verbrauch änderte sich die Produktivität pro Kopf, deren Anwachsen der Schlüssel zur Weiterentwicklung ist, so gut wie gar nicht. Der Abzug von Kapital aus dem Verbrauch und seine Verwendung für Zwecke, welche die Produktivität steigern konnten, hätte bei der Infrastruktur beginnen können, beim Ausbau von Nachrichtenwesen, Straßen und schließlich Eisenbahnen. Das Kapital hätte auch direkte Verwendung bei der Errichtung einer Schwerindustrie gefunden, die große Anfangsinvestitionen erfordert. Das gelang den Leuten, die zur Zeit des Kaisers Meiji das benachbarte Japan auf Fortschrittskurs brachten, aber dem Ch'ing-Regime in China gelang es nicht, auch nicht den Provinzgouverneuren, von denen sich manche darum bemühten. China blieb in seinen alten Bräuchen stecken. Bevölkerung, Produktion und Warenaustausch stiegen, aber die Leistung pro Arbeiter stieg nicht. Doch nur aus einer solchen konnte Kapital für die Entwicklung einer modernen technischen Wirtschaft gebildet werden. Das Wirtschaftswachstum bestand einfach darin, daß immer mehr von denselben Produkten auf dieselbe Weise erzeugt wurde. Gewiß regte sich der private Sektor in der Wirtschaft und ein Kreditsystem begann sich zu entwickeln, das später einer Investitionspolitik dienstbar gemacht werden konnte. Aber vorderhand bedeuteten mehr Menschen mehr

Muskeln. Immer noch ersetzte die billige Arbeitskraft die Maschine und man sah keinen Grund für radikale Neuerungen. Zu dem Angebot an billiger Arbeitskraft kamen noch weitere Faktoren hinzu: die vielen Monopole, die Korruption und der luxuriöse Konsum anstelle produktiver Investitionen.

Ein Vergleich Chinas mit Europa in den ersten Jahrzehnten des neunzehnten Jahrhunderts läßt die starken Gegensätze sofort hervortreten. Gewiß hatte im achtzehnten Jahrhundert in beiden Gebieten eine große Bevölkerungszunahme und Handelswachstum stattgefunden. Aber da war ein politischer Unterschied. Um 1790 lag Europa in den Wehen der Französischen Revolution und deren gewaltsam Erneuerung bringenden Nachwehen. Das chinesische Reich hatte in dieser Zeit hauptsächlich mit dem Aufstand des »Weißen Lotus« (1795–1804) zu tun, einem Bauernaufstand mit ganz traditionellen Zielen. Diese Revolution kündete zwar den Niedergang der Dynastie an, sonst aber nichts Neues. Europa war inzwischen durch die Maschinentechnik für die industrielle Revolution reif geworden, es begann eine Zeit des schnellen Wachstums der Produktivität von Kapital und Arbeit. Manche Historiker haben in China eine Art »Proto-Industrialisierung« finden wollen, die sich mit Europa vergleichen ließe. Dafür gibt es aber keine Beweise. Eine Art Heimindustrie, deren Produkte ein Kaufmann übernahm, bedeutete noch keine Modernisierung und konnte nicht zu einem höheren Grad der wirtschaftlichen Organisation, nämlich dem Kapitalismus, führen. Vielmehr blieb China in seiner arbeitsintensiven Kreislaufwirtschaft mit einer prämodernen, auf menschliche Muskelkraft beruhenden Technik stecken. Im Verlauf der Zeit hätte die Kommerzialisierung vielleicht zu einer Industrialisierung führen können, aber davon war noch nichts zu spüren.

Dennoch ist es eine sehr bedeutsame Feststellung, daß Handel und Privatwirtschaft in China schon vor dem fremden Eingriff durch die ungleichen Verträge der Mitte des neunzehnten Jahrhunderts im Wachsen begriffen waren. Die »Öffnung« Chinas nach Westen erscheint in einem neuen Licht. Das Profil der fremden Eindringlinge schrumpft, die Bedeutung des »Anstoßes von Westen her« wird geringer; das China der späten Kaiserzeit erscheint nicht länger als eine statische Gesellschaft, es ist schon in Bewegung. Das Wirtschaftswachstum lag, und das ist ein primäres Faktum, fast ganz im privaten Sektor, die Staatswirtschaft blieb zurück, die Rolle der Regierung wurde immer geringer. Wie wir schon immer vermutet haben, lag Chinas Schwerpunkt im Innern, beim chinesischen Volk – und hier sammelten sich die Elemente der Revolution.

5. Innere Probleme der chinesischen Gesellschaft

Das wirtschaftliche Wachstum hatte naheliegende soziale und politische Wirkungen. Sie waren in der Zunahme beschäftigungsloser Intellektueller zu bemerken, in der Abwanderung von Bauern, in Korruption, militärischer Schwäche und sozialen Gegensätzen im Volke. Aus diesen Erscheinungen entstand eine Generation der Rebellion.

Einer der Gründe für den Sturz des Ch'ing-Regimes lag in dessen Unfähigkeit, zu Anfang des neunzehnten Jahrhunderts den Staatsapparat parallel mit der Zunahme der Bevölkerung und dem wirtschaftlichen Wachstum zu vergrößern. Beispielsweise unterließ es die Regierung, die Provinzquoten für erfolgreiche Erwerber eines Grades beim Prüfungssystem zu erhöhen. Die Quoten waren ursprünglich zur Wahrung eines geographischen Gleichgewichts festgelegt worden, damit nicht der größte Teil der Graduierten aus den Provinzen am unteren Jangtse kam. Die Zahl begabter junger Männer, die einen Grad erreichen konnten, stieg an, die Quoten blieben aber starr. Sie verschlossen vielen jungen Leuten die Möglichkeit zu einer Beamtenlaufbahn. Man versuchte, solche Begabte in anderer Form in den Staatsdienst zu bringen, als Berater *(mu-yu)*, Stellvertreter *(wei-yuan)* und Beamtenanwärter *(hou-pu,* »der auf Ernennung Wartende«). Das wirkte sich nur in verstärktem Drängen nach Bevorzugung aus, ohne die Verwaltung zu verbessern. Erst später im vorigen Jahrhundert wurde der Staatsapparat vergrößert.

Diese Beschränkung der Aufstiegsmöglichkeiten führte dazu, daß Massen gebildeter junger Leute die Ämter belagerten, die schon große Beamtenstäbe hatten. Der Kampf um die Stellen führte zu immer mehr Bestechung und Korruption. Günstlingswirtschaft erschwerte die Verwaltungstätigkeit und setzte das konfuzianische Ideal von Prinzipientreue außer Kraft. Es bildeten sich persönliche Cliquen und ganze Netze von Protektion, bis die Unparteilichkeit bei Steuern, Prüfungen und der Rechtsprechung erschüttert war. Man preßte immer mehr Geld aus dem Volk heraus. Die höheren Beamten in den Provinzen hatten, wie schon beschrieben, bestimmte Steuerquoten abzuliefern; den Rest des Steueraufkommens durften sie behalten. Mit dem Sinken der Beamtenmoral stieg der Steuerdruck. Die Raubgier der Beamten machte das Volk rebellisch.

Die Zunahme des Handels besserte die wirtschaftliche Lage der Bauern nicht. Im Gegenteil wanderten Verarmte und Arbeitslose aus den überfüllten Gebieten nach dem gebirgigen Westen und Südwesten ab, wo es nur schlechten Boden gab. Dort war aber weniger von der Regierung zu spüren. Der bekannte, jedoch wenig untersuchte Aufstand des »Weißen Lotus« ist ein Beispiel für diese Vorgänge. Die chinesische Bevölkerungsexplosion hatte viele Bauern veranlaßt, in Gebiete mit ärmeren Böden wie auch in neue Anbaugebiete in der Mandschurei zu ziehen. In den gebirgigen Gebieten, wo Hupei, Shensi und Szechwan zusammentreffen, hatten sich Siedler aus Mittelchina niedergelassen und den Reisanbau in eine verhältnismäßig unproduktive Region getragen. Der Aufstand des »Weißen Lotus«, der in diesem Gebiet entstand, hatte klassische Züge. Er beruhte auf einer geheimen buddhistischen Volksreligion, die an eine Ewige Mutter glaubte. Die Rebellen verbanden sich zu Volksvertretungen und Armeen, deren Führer (darunter einige Frauen) jedoch uneinig waren. Sie stritten über einen buddhistischen Erlöser oder die Inkarnation von Maitreya, der eine Wiederbelebung der Ming-Dynastie herbeiführen sollte. Die Sekte des »Weißen Lotus« blieb so uneinig und dezentralisiert; sie bildete nur ein dünnes Netz von Gemeinden. Die Rebellen errichteten Barrikaden um ihre Bergdörfer und wiesen die Steuereinnehmer des Ch'ing-Regimes ab. Eines ihrer Schlagworte war: »Die Beamten zwingen das Volk zum Aufstand.« Der Aufstand war national gefärbt und lehnte die Mandschu ab. Doch scheint der »Weiße Lotus« nicht nur ein Aufstand gepreßter Bauern gewesen zu sein, die unter dem Steuerdruck seufzten. Der behördliche Apparat war schwach und in gewissem Grade scheint der »Weiße Lotus« den Zweck verfolgt zu haben, seine Leute an die Stelle einer unbrauchbaren Regierung zu setzen, die in dem Grenzgebiet noch nicht ihre üblichen Funktionen übernommen hatte: öffentliche Arbeiten, Lagerhäuser und das Prüfungssystem. Bis 1800 konnten die mandschurischen Bannerabteilungen den Aufstand nicht unterdrücken, zum Teil weil die Befehlshaber sich die ihnen zur Verfügung gestellten Mittel aneigneten. Erst nachdem der neue Kaiser Chia-ch'ing unbestechliche Mandschu-Befehlshaber gefunden hatte, konnte der Aufstand liquidiert werden. Der Kaiser setzte auch chinesische Milizen ein, die sich als militärisch erfolgreicher erwiesen als die berühmten mandschurischen Banner. Kenner der chinesischen Geschichte sahen darin den Anfang vom Ende der Ch'ing-Dynastie.

Die ungeheure Korruption in den kaiserlichen Institutionen ist viel beschrieben worden. Ein Beispiel ist der Reistransport durch den Großen Kanal vom unteren Jangtse bis zur Hauptstadt Peking. Kubilai Chan hatte den Kanal gegen Ende des dreizehnten Jahrhunderts nach Norden ausbauen lassen, nachdem er seine neue Hauptstadt Peking gegründet hatte. Die Ming und Ch'ing hatten den Kanal seither als Verkehrsader zwischen Nord und Süd benützt. Die Strecke war sicherer vor Stürmen und Piraten als der Seeweg um die Halbinsel Shantung. Die Verwaltung des Reistransports unterstand zwei Generaldirektoren. Tausende von Reisbooten hatten jedes Jahr die Kanalschleusen (eine chinesische Erfindung) in Shantung auf der Nordfahrt zu passieren. Die Reiskähne waren zehn Meter lang und hatten eine Besatzung von zehn Mann. Sie hatten etwa 1800 Kilometer mit Treideln und Stochern zurückzulegen, wobei sie einen Punkt von fast 50 Metern über Meereshöhe passieren mußten. Der Reistransport zu den Pekinger Lagerhäusern umfaßte 400 000 Tonnen jährlich. Die Kähne beförderten auch private Frachten.

Eines der Probleme des Kanalverkehrs lag darin, daß er den Gelben Fluß überschreiten mußte. Der zuständige Generaldirektor hatte im Laufe der Jahrhunderte eine Bürokratie aufgebaut, die sich mit jener der beiden Generaldirektoren des Reistransports vergleichen ließ. Die Deiche am Flußufer wurden von Ingenieuren instand gehalten, die große kaiserliche Mittel erhielten. Sie bauten gut aussehende Deiche, die allerdings nur wenige Jahre hielten. Worauf es hier ankommt, ist die Tatsache, daß die Beamtenschaft viel Geld für sich aus diesen kaiserlichen Zuwendungen abschöpfte.

Der Kanaltransport beschäftigte eine große Bürokratie und Tausende von Schiffern. Die Funktion der Schiffer war seit Generationen erblich, aber sie hatten mit einer Art von privatem Feudalsystem die tatsächliche Arbeit an nichterbliche Schiffer abzugeben verstanden. Aus all diesen Mitarbeitern zogen die kaiserlichen Beamten große Profite, auf die sie nicht gern verzichtet hätten. Im ersten Teil des neunzehnten Jahrhunderts wurde der Kanal durch Versumpfung und Vernachlässigung weniger brauchbar; man griff auf den alten Gedanken zurück, daß Reistransport um das Kap Shantung billiger und leistungsfähiger wäre. Im Jahre 1826 wurden tatsächlich Handelsschiffe für diesen Zweck gemietet, aber die Interessenten am Großen Kanal waren stärker. Der Seetransport wurde wieder aufgegeben. Man blieb bei dem weniger leistungsfähigen System.

Die Bevölkerungsexplosion hatte noch andere Folgen als die Schwächung der Regierung. In der Wirtschaft wurden angesichts des Überangebots an menschlicher Arbeitskraft arbeitsparende Methoden unrentabel. Warum sollte man Staudämme für die Gewinnung von Wasserkraft bauen, wie es die Europäer taten, wenn Arbeit spottbillig war? Warum sollte man Karren und Maultiere benutzen, wenn Träger billig waren? Ein Träger brauchte nur einen Fußpfad, während Straßen schon wegen der Terrassenbewirtschaftung schwierig zu bauen waren. Der Sampan nützte mit seinem Heckruder (yu-lo) die Muskelkraft wirksam aus; dasselbe tat der chinesische Schubkarren mit seinem zentrierten Rad. Zu Lande und zu Wasser stieß mechanischer Transport mit Dampfkraft auf die Konkurrenz menschlicher Muskelkraft.

Auch Arbeitstiere waren nicht notwendig. Die Hacke war immer noch billiger als der gezogene Pflug. Für den im Westen offenbar problemlosen Übergang vom Zugtier zum Traktor fehlten in China die Voraussetzungen. Landmaschinen, Kultivatoren, Sä- und Erntemaschinen oder die Transporttraupe kamen nicht in Frage; es ist noch heute so. Die Produktion beruhte ausschließlich auf einer Technologie der Muskelkraft.

Die Bevölkerungsflut führte dazu, daß das Leben immer mehr auf einen wilden Kampf ums Überleben reduziert wurde. Die Familien mußten auf jedes Reiskorn achten. Manche umgingen die Steuern, indem sie sich als Klienten mächtigerer Grundbesitzer registrieren ließen; sie sanken zu Knechten herab, die Mädchen, Arbeiter und Flurhüter für ihre Herren zu liefern hatten. Der selbständige Bauer hatte es schwer. Er brauchte Schutz gegen die hohen Beamten, gegen die Schutzleute der Großen und gegen die Räuber, die sich aus den Arbeitslosen und den Armen rekrutierten.

Nicht nur die Ordnung, sondern auch die persönliche Moral

sank mit der Bevölkerungszunahme. Naturkatastrophen wie Überschwemmungen, Dürre, Hungersnot und Pest erfaßten immer größere Zahlen von Menschen. Die Leute verloren das Vertrauen in die Zukunft, die Arbeitsmoral sank. Anständigkeit machte sich nicht immer bezahlt, der Schlaue hatte bessere Aussichten zu überleben. Schmeichelei, Betrug, Prostitution von Knaben und Frauen, Schmuggel, Gewalttaten waren Waffen im Kampf ums Dasein. Konfuzianisches Verhalten wurde fast zur Schande. Die allgemeine Demoralisierung durch Opiumrauchen begann nach 1800 erst unter den kleineren Beamten und Soldaten; mit der Ausdehnung des Mohnanbaus verfielen auch die bäuerlichen Produzenten dieser Gewohnheit.

Alle diese Übel kamen von dem Bevölkerungswachstum und beeinträchtigten auch die Lebensqualität. Die Leute verrohten. Redliche Beamte, die arm starben, wurden fast berühmt, weil es so wenige von ihnen gab. Einer Gesellschaft, die in Sung- und noch in Ming-Zeiten die Menschen nach ihrem sittlichen Wert beurteilte, wurden nun alle scheinbar anständigen Motive verdächtig; man mißtraute Fremden und wurde geizig. Der Kampf ums Überleben ließ alle Ideale riskant erscheinen und das tägliche Leben war gefährlich. Schwankungen in Wohlfahrt und Moral hatte es auch früher gegeben, aber jetzt in der späten Ch'ing-Zeit ergab ein Vergleich mit dem Westen tiefgehende Schwächen des ganzen Systems.

Ein Beispiel ist das Schriftsystem. Die chinesische Schrift ermöglichte den Gelehrten Chinas, Japans, Koreas und Vietnams den Verkehr miteinander und war ein großes Verbindungsmittel – für die, die sie kannten. Auch Kaufleute in Kanton, Schanghai und Shansi, die untereinander unverständliche Arten des Chinesischen sprachen, konnten sich mittels der Schrift gut verständigen. Nach neueren Forschungen konnten immerhin 35 bis 45 Prozent der Männer und 2 bis 10 Prozent der Frauen lesen und schreiben. Im England des siebzehnten Jahrhunderts war es nicht anders. Die Leute brauchten die Kenntnis zumindest der einfachen Schriftzeichen und mußten auch rechnen können. Zur klassischen Bildung war es freilich noch ein weiter Weg.

Es war gerade die klassische Bildung, die den Höhergebildeten im alten China vom Volke schied. Sie umfaßte nicht nur viele Tausende komplizierter Zeichen, sondern auch die Kenntnis der verschiedenen Bedeutungen, die ein Zeichen haben konnte. Diese verschiedenen Bedeutungen hatten sich im Laufe der Jahrhunderte herausgebildet. Ferner mußte der Höhergebildete viele Texte und Kommentare kennen. Dieses Wissen trennte den klassisch Gebildeten vom gewöhnlichen Menschen, auch wenn dieser lesen und schreiben konnte, und noch mehr vom Analphabeten. Gerade das, was den Höhergebildeten in seinen höheren Status erhob, trennte ihn vom Leben seiner Mitmenschen. Anwärter auf Beamtenposten sprachen die Lingua franca des Pekinger Dialekts (*kuan-hua*, Amtssprache). Das Kennzeichen des Höhergebildeten war der häufige Gebrauch klassischer Zitate und Anspielungen, die der Bauer, auch wenn er kein Analphabet war, nicht verstehen konnte. Die Kluft vertiefte sich durch die strenge Tradition, wonach Höhergebildete ihre Muskeln nicht benutzen durften, nicht einmal die Hände, außer für Kalligraphie. Diese Teilung der chinesischen Kultur in Höhergebildete und fast Ungebildete stärkte die Position der herrschenden Klasse. Das Ritual der Prüfungen erhielt die große soziale Trennung aufrecht.

Auch die Trennung der Geschlechter war charakteristisch. Die Chinesen erfanden eine besondere Ideologie, um die Frauen niederzuhalten. Dieses System gehört zu den vielen unerforschten Tatsachen der chinesischen Frühgeschichte. Die Frauen wurden der ewigen sozialen und kosmischen Ordnung durch Anrufung der Prinzipien Yang und Yin eingegliedert. Alles Helle, Warme, Aktive, Männliche und Dominierende war Yang. Dagegen war alles Dunkle, Passive, Kalte, Weibliche und Nachgiebige Yin. Dieser Dualismus, den man auch im Gegensatz von Tag und Nacht oder von Sonne und Mond erblickte, war eine Schablone für die untergeordnete Stellung der Frauen. Es handelte sich nicht einfach um einen Effekt des männlichen Bizeps oder der weiblichen Kindesgeburt, wie man dies bei primitiven Stämmen findet. Die Ungleichheit der Geschlechter wurde philosophisch untermauert und war ein alter Brauch. Kennzeichnend für die sekundäre Rolle der Frau war die Hochzeitsnacht: sie wurde von einem fremden Mann entjungfert, den sie nie zuvor gesehen hatte. Ihre Familie hatte ihn für sie ausgesucht. Es war nicht immer ganz so, aber die Theorie verlangte es.

Zu dem Komplex von Theorie und Brauch, der für eine dauernde und stabile Ordnung in der chinesischen Welt sorgte, gehört der am wenigsten untersuchte Aspekt der Fußeinbindung der Frauen. Dieser Brauch entstand im zehnten Jahrhundert am Hofe der T'ang und breitete sich in der folgenden Sung-

Zeit über die ganze Oberklasse aus. In der Zeit der Ming und Ch'ing nach 1386 durchdrang er das ganze chinesische Volk. Westliche Beobachter berichteten im neunzehnten Jahrhundert, daß das Fußeinbinden allgemein gebräuchlich war, auch unter den Bauern.

Das Fußeinbinden verbreitete sich, als es zu einem Zeichen der Vornehmheit und der Zugehörigkeit zur oberen Klasse wurde. Kleine Füße waren so sehr eine Sache des Prestiges, daß ein Mädchen ohne sie keine gute Heirat erwarten konnte und sich der Mißachtung und dem Spott der Gesellschaft aussetzte. Eingebundene Füße waren obligat, jede Mutter, die ihrer Tochter wohlwollte, sah darauf. Nur bestimmte Gruppen durften das Fußeinbinden unterlassen: die Mandschu, die Hakka-Chinesen im Süden, ferner die ganz arme Unterschicht.

Der kleine Fuß wurde der »goldene Lotus« oder die »goldene Lilie« *(chin-lien)* genannt und in vielen Gedichten aus männlicher Feder verherrlicht. So dichtete der Poet Tung-p'o in der ersten Sung-Zeit (1036–1101):

> Mit duftendem Öl gesalbt, schreitet sie lotusgleich dahin;
> Ob auch oft traurig, geht sie schnell und leicht.
> Sie tanzt wie der Wind, läßt keine Spur zurück.
> Eine andere versucht verstohlen den Palaststil,
> Aber kommt in Not wenn sie zu gehen versucht.
> Betrachte sie in deiner Hand, so wunderbar klein,
> Daß man es gar nicht beschreiben kann.

Die Sung-Philosophen sahen in der Minderwertigkeit der Frau ein Grundelement der Gesellschaftsordnung. Der große Chu Hsi (1130–1200) kodifizierte die chinesische Kosmologie so meisterhaft wie sein Beinahe-Zeitgenosse Thomas von Aquin (gest. 1274) die christlich-abendländische. Als hoher Beamter in der Provinz Fukien empfahl Chu Hsi das Fußeinbinden zur Bewahrung der weiblichen Keuschheit und als »Mittel zur Verbreitung der chinesischen Kultur und der Trennung von Männern und Frauen«!

Zur Ming-Zeit hatte die Mehrheit der chinesischen Frauen künstlich verkleinerte Füße. Die Mandschu-Kaiser wetterten in vielen Erlässen dagegen, hatten aber keinen Erfolg. Die männliche Romantisierung des Brauches dauerte unvermindert fort, wie folgendes Gedicht aus dem vierzehnten Jahrhundert zeigt:

Vom zarten Wind ergriffen
Faltet sich und wellt ihr Seidenrock.
Lotusblumen in allerengsten Schuhen,
Als ob sie auf den Herbstwassern stehen könnte!
Ihre Schuhspitzen lugen nicht unter dem Rock hervor,
Sie fürchten, man könnte die winzigen Stickereien sehen.[8]

Das Fußeinbinden bezog seinen Antrieb aus sexuellem Fetischismus. Die chinesischen Liebeshandbücher beschäftigen sich eingehend mit der Behandlung eingebundener Füße als erogene Zonen. Man findet ganze Kataloge über die Art, den Fuß zu halten, ihn mit den Händen zu reiben und mit Mund, Zunge und Lippen zu küssen. Viele Fälle werden im Stil erstklassiger Pornographie dargestellt. Die Literatur pries den ästhetischen Reiz der kleinen Schuhe mit ihrer farbigen Stickerei, während man den unsicheren Gang einer Frau mit eingebundenen Füßen als Symbol weiblicher Schwäche anziehend fand. Eingebundene Füße verbürgten die weibliche Keuschheit, denn die Frauen konnten nicht weit gehen und mußten im Hause bleiben. Die Lilienfüße konnten allerdings nicht aufgesperrt werden wie ein Keuschheitsgürtel. Sie sicherten die männliche Vorherrschaft, weil nur Männer unverkrüppelt blieben.

Erst in den neunziger Jahren begann eine Bewegung gegen das Fußeinbinden, das bis in die zwanziger Jahre dieses Jahrhunderts vorherrschend blieb. Man kann dies als Index für das Tempo und die Breite der chinesischen Revolution der Gesellschaft nehmen. Das Fußeinbinden wird in vielen Büchern über China erwähnt, aber meist nur als Kuriosität. Ich glaube nicht, daß es nur das war. Es war eine große erotische Erfindung, eine weitere Leistung der chinesischen Sozialtechnik. Die Mädchen verkrüppeln sich mit Schmerzen während ihres Heranwachsens, um einen geeigneten Gatten anzuziehen. Die Männer wieder glaubten an eine Menge Folklore hinsichtlich des Fußeinbindens. Dazu gehörte die Sage, daß Fußeinbinden die weibliche Scheide verengte und muskulös machte, oder daß Lotusfüße wichtige Zentren erotischer Sensitivität waren, echte erogene Zonen, eine Zugabe von fünfzig Prozent zu den weiblichen Reizen. Moderne Sexologen halten normale Füße für sinnlich unterentwickelt; ihre Handhabung zu erotischen Zwecken ist etwas schwierig. Die kleinen Lotusfüße konnten berührt, gerieben, geleckt und gebissen werden. Der geschwätzige Jesuitenpater Ripa, der zu Beginn des achtzehnten Jahrhunderts zehn

Jahre am Hofe K'ang-hsis verbrachte, berichtete: »Ihr Geschmack ist vollkommen pervertiert. Ich habe einen Arzt gekannt, der mit einer Frau lebte, mit der er keinen anderen Verkehr hatte, als ihre Füße zu betrachten und zu liebkosen.«[9] Weil alle ihre Nervenenden in einem kleinen Raum zusammengedrängt waren, waren die goldenen Lilien empfindlicher als beispielsweise die Rückseite des weiblichen Halses, von der sich die japanischen Samurais bezaubern ließen. Schließlich hatte man sie für die Männer erfunden. Eine Braut ohne kleine Füße war im alten China nicht akzeptabel. Noch in den dreißiger und vierziger Jahren unseres Jahrhunderts konnte man Bauersfrauen auf den Absätzen über ihre Felder humpeln sehen. Sie waren Opfer des alten Brauches.

Ein Mädchenfuß wurde auf etwa zehn Zentimeter gekürzt, indem man die vier kleineren Zehen unter die Fußsohle preßte. Die große Zehe und die Ferse wurden zusammengezwungen, so daß eine gebogene Form entstand. Der so gebildete Bogen brach und der Fuß konnte kein Gewicht mehr tragen, ausgenommen auf der Ferse. Wenn man mit dieser Behandlung schon beim fünfjährigen Mädchen begann, war sie weniger schmerzhaft, als wenn man, etwa in Bauernfamilien, mit der Prozedur bis zum achten oder zehnten Jahr wartete, damit das Kind noch im Haushalt helfen konnte.

Der von Ida Pruitt herausgegebenen Autobiographie einer Chinesin ist folgendes Zitat entnommen: »Als ich sieben Jahre alt war, wusch mir die Mutter die Füße, bedeckte sie mit Alaun und schnitt mir die Zehennägel. Dann bog sie mir die Zehen zur Sohle, wobei sie ein Bindetuch von drei Meter Länge und 60 cm Breite verwendete. Sie befahl mir, zu gehen, aber der Schmerz war unerträglich. In der Nacht brannten meine Füße wie Feuer, und ich konnte nicht schlafen; meine Mutter schlug mich, weil ich weinte. Die folgenden Tage versuchte ich mich zu verstekken, wurde aber zum Gehen gezwungen. Nach einigen Monaten waren alle Zehen außer der großen an die Sohle gepreßt. Die Mutter entfernte die Bänder und wusch das Blut und den Eiter ab, die von meinen Füßen tropften. Sie sagte, daß nur durch Entfernung des Fleisches die Füße schlank werden konnten. Alle zwei Wochen bekam ich neue Schuhe. Jedes neue Paar war kleiner als das vorangehende. Im Sommer rochen meine Füße nach Eiter und Blut, im Winter froren sie wegen mangelnder Zirkulation. Vier Zehen waren wellig und sahen aus wie tote Raupen. Ich brauchte zwei Jahre, um das Zehn-Zentimeter-

Modell zu erreichen. Meine Beine wurden dünn, meine Füße wurden bucklig, häßlich und übelriechend.«[10]

Nach zwei Jahren ließ der Schmerz nach. Aber das war nur der Anfang. Man konnte die Füße nicht mehr zeigen, die erforderten tägliche Pflege, Waschen und Pediküre, zugleich blieben sie Tag und Nacht eingebunden und beschuht. Nicht pedikürte Nägel konnten Verletzungen verursachen, die Bindungen hielten den Blutkreislauf auf, Blutvergiftung und Gangräne konnten entstehen. Massage und Heiß- und Kaltwasserverbände milderten die Qual etwas, aber Gehen blieb schwierig. Es entstanden auch Hühneraugen an den verbogenen Zehen, die mit dem Messer entfernt werden mußten. Nach Erreichung des Ziels waren die Füße kaum noch zum Stehen geeignet. Da die Fersen das ganze Gewicht trugen, mußte der Körper ständig vor- und rückwärts geschoben werden. Da den eingebundenen Füßen die Elastizität des normalen Fußes fehlte, waren sie eine schlechte Stütze.

Das Fußeinbinden hatte als eine Art Luxus begonnen; es machte das Mädchen für Haushaltszwecke weniger brauchbar und von der Hilfe anderer Leute abhängig. Doch seit der Brauch sich im Volke verbreitet hatte, hielt man »Lotusfüße« für notwendig, um einen guten Mann zu bekommen. Heiraten wurden selbstredend zwischen den Familien vereinbart, oft mit Hilfe berufsmäßiger Heiratsvermittler, in deren Branche die Länge des Lilienfußes wichtiger war als Gesicht und Gestalt. Als die Bewegung gegen das Fußeinbinden zu Ende des vorigen Jahrhunderts einsetzte, hielten viele Mütter und Töchter hartnäckig daran fest; sie hätten es für eine Schande gehalten, große Füße zu haben. Die Kleinheit des Fußes war eine Quelle sozialen Stolzes für die Familie wie für das Opfer. Während der tausendjährigen Geltung dieses Systems mußte mindestens eine Milliarde chinesischer Mädchen die Qual des Fußeinbindens durchmachen, wofür sie Stolz und Bewunderung ernteten.

Drei Merkwürdigkeiten sind noch zum Fußeinbinden zu nennen: Erstens, daß man es überhaupt erfunden hat, zweitens, daß es sich derart ausbreitete und inmitten einer sonst humanen und praktischen bäuerlichen Bevölkerung so lange Anklang fand. Wir beginnen die Sache erst jetzt zu verstehen. Daß eine erotische Luxusgewohnheit der Oberklasse die Bauernschaft zu durchdringen vermochte, für die es nur eine Minderung der Produktivität bedeutete, läßt auf eine ungewöhnliche Homogenität der alten chinesischen Gesellschaft schließen. Drittens war es eine ingeniöse Leistung der Männer, die Frauen zur Selbstverkrüppelung für einen scheinbar erotischen Zweck zu veranlassen, während in Wirklichkeit die männliche Vorherrschaft gefestigt wurde. Die Bräute verließen ihr Heim und traten in die Familie des Gatten im niedrigsten Stande ein, als Dienerinnen der Schwiegermutter. Die Gatten wurden für sie ausgesucht, ohne die Frau je gesehen zu haben; vielleicht fanden sie einen Ausgleich in außerehelichen Abenteuern oder, wenn sie es sich leisten konnten, durch Anschaffung von Nebenfrauen. Eine verheiratete Frau mußte eine keusche Witwe bleiben, wenn ihr Mann starb; das galt sogar, wenn der ihr bestimmte Mann im Kindesalter starb. Mao sagte, daß die Frauen »den halben Himmel halten«, aber im alten China hatten sie nichts zu sagen. Es gab sicher nicht weniger Begabungen unter ihnen als bei den heutigen Chinesinnen, aber sie hatten keine Möglichkeit, irgendwelche Talente zu entwickeln. Für eine moderne Gesellschaft bot das eine ungenügende Grundlage.

So gab es in China zur Zeit des zunehmenden Kontakts mit dem Westen um die Mitte des neunzehnten Jahrhunderts noch mehr Mißstände als Bevölkerungsdruck und Korruption. Wenn vier Fünftel der Frauen das Fußeinbinden ungeachtet ihrer Behinderung als sozusagen natürlich akzeptierten, so standen vier Fünftel der Landwirte der Ungleichheit, der sie unterworfen waren, kritischer gegenüber.

Das Pachtwesen überwog in Südchina, wo der Boden unter der Einwirkung von Hitze und Wasser fruchtbarer war. Die Bauern des Nordens waren größtenteils Kleineigentümer. Überall jedoch trieb der Bevölkerungsdruck die Bodenpreise hoch und machte den Grundbesitz zur idealen Investition. Die zunehmende Zahl der Armen neigte immer mehr zu einem Klassenkampf gegen die Reichen, die ihrerseits von der Regierung die Aufrechterhaltung der bestehenden Ordnung erwarteten. Wenn die Regierung schwach wurde, folgte gewöhnlich ein Aufstand; eine neue Dynastie, einheimisch oder fremd, stellte das Gleichgewicht zwischen Staat und Gesellschaft wieder her. Doch nach 1840 breiteten sich in China neue Ideen aus: das Nationalgefühl und das Streben nach Gleichheit. Das eine wandte sich gegen die Fremdherrschaft der Mandschu, das andere wandte sich gegen die herrschende konfuzianische Klasse. Beides fand sein Ventil im Taiping-Aufstand.

Die Taiping-Bewegung folgte im wesentlichen dem klassischen Muster der Bauernaufstände. Sie gewann Anhänger als religiöse Sekte, organisierte sie zu einer Armee, hißte die Fahne des neuen Regimes und breitete sich dann über weite Gebiete aus. Der Gründer gewann zunächst einen Kreis von Anhängern durch die Kraft seiner Persönlichkeit. Schon im vierzehnten Jahrhundert war Chu Yuan-chang ein solcher Mann gewesen. Als Führer einer Truppe von Kriegern schlug er die Rivalen am oberen und unteren Jangtse und gründete die Ming-Dynastie. Auf Nanking gestützt eroberte er den Süden, vertrieb die Mongolen im Norden, bildete sein Regime nach dem Vorbild der siebenhundert Jahre zurückliegenden T'ang und wurde nur schrittweise größenwahnsinnig.

Der Gründer der Taiping war Hung Hsiu-ch'uan. Die Religion, die er predigte, war seine persönliche Variante des alttestamentarischen protestantischen Christentums. Sein »Himmlisches Königreich des Großen Friedens« existierte mit Regierungssitz in Nanking von 1853 bis 1864. Die Bewegung hatte von Anfang an wenig Aussichten; es war, als wäre die Zeit für eine neue Dynastie reif, und gleichzeitig, als würden die fremden Einflüsse des neunzehnten Jahrhunderts eine neue Entwicklung verhindern. Die Gelegenheit für die Schaffung eines neuen nationalen Lebens war verpaßt.

Nachdem Hung zum viertenmal bei der Kantoner Prüfung im Jahre 1843 durchgefallen war, ergriff ihn wütender Haß gegen die Mandschu-Herrschaft. Er las einige Traktätchen von Missionaren, die ihm die Visionen zu erklären schienen, die er während einer frühen Geisteskrankheit gehabt hatte: Gottvater hatte ihn zur Rettung der Menschheit berufen und Jesus war sein älterer Bruder. Zunächst wurde Hung ein militanter Evangelist und predigte ein sittliches Leben im Dienste des einen wahren Gottes. Er verbrachte 1847 einen Monat bei einem baptistischen Missionar mit dem denkwürdigen Namen Issachar Jacox Roberts und lernte bei ihm, wie man betet, predigt, fromme Lieder singt, katechisiert, seine Sünden bekennt und tauft, also den praktischen fundamentalistischen Protestantismus. Die Traktätchen, die Hungs wichtigste Quelle der christlichen Lehre blieben, hatte ein früherer Kantoner Konvertit namens Liang Fa geschrieben. Er sah im Alten Testament die Geschichte der wenigen Auserwählten, die sich mit Gottes Hilfe gegen Unterdrückung erhoben hatten. Liang betonte den gerechten Zorn Jehovas mehr als die Liebe und Güte Jesu. Die Verbindung mit der christlichen Theologie, die er Hung lieferte, war recht dünn. Jedoch schuf Hung mit seinen ersten zwei Proselyten einen bilderstürmenden Monotheismus, der stark genug war, die Taiping-Theokratie zu errichten; aber das christliche Ausland sah in ihm nichts als Blasphemie, so daß Hung von dort keine Unterstützung erwarten konnte. Die Betonung des einen wahren Gottes verhinderte die Zusammenarbeit mit Geheimgesellschaften wie den Triaden; die gebildete Schicht, ohne die man keine neue Verwaltung schaffen konnte, fand die Lehre bizarr und irrational.

Die »Gesellschaft der Gottverehrer«, wie sich die Sekte anfangs nannte, entstand in einem gebirgigen Bezirk von Kwangsi, westlich von Kanton. Dort lebten ursprünglich die Yao und Chuang neben den chinesischen Hakkas, die, wie Hungs Familie, einige Jahrhunderte zuvor von Nordchina eingewandert waren. Sie behielten ihren nördlichen Dialekt und auch andere ethnische Besonderheiten bei, beispielsweise die Ablehnung des Fußeinbindens. Die Hakka-Minderheit in Südchina war, obwohl verstreut lebend, ungewöhnlich kämpferisch, hartnäckig und neuerungswillig.

Wie Hung der Rebellenkönig von halb China wurde, ist eine dramatische Geschichte, über deren persönliche und soziale Seite schon viel geschrieben worden ist. Seine Anhänger glaubten, Gott habe ihnen befohlen, die Mandschu-Herrschaft zu beseitigen und eine neue brüderliche Ordnung unter Gottes Kindern zu errichten. Die Führung hatten sechs Aktivisten inne, unter denen Hung nur der Primus inter pares war. Der oberste militärische Führer war ein analphabetischer Köhler namens Yang Hsiu ch'ing. Seine Schläue ließ ihn über Erscheinungen Gottes berichten und mit Gottes Stimme sprechen, was Hung offenbar die Sprache verschlagen haben mußte. Unter den anderen Führern waren einige Gebildete niedrigsten Grades. Keiner war wirklich ein Bauer. Ihr politisch-militärisches System bezogen sie aus einem alten klassischen Buch: ›Das Ritual von Chu‹. Ihre Bewegung zeigte hohe Motivation, gute Organisation und strengen Puritanismus. Am Anfang forderten sie sogar die Trennung von Männern und Frauen.

Das Taiping-Christentum hatte ein komplettes Repertoire von Gebeten, Kirchenliedern und Ritualen, die teils direkt vom Christentum entlehnt, teils für chinesische Zwecke umgearbeitet waren. Statt der Jenseitigkeit des Buddhismus und der Passivität des Taoismus hörte ein kriegerisches Volk aus dem Alten Testament die Trompetensignale zum Marsch gegen die Unterdrücker. Das erste Korps der gläubigen Hakka aus Kwangsi war das tapferste in der Schlacht. Zum Volk verhielten sie sich höchst rücksichtsvoll. Hungs für den Krieg organisierte Sekte benutzte erprobte Methoden aus 1800 Jahren christlicher Geschichte, um jedem Anhänger den neuen Glauben einzuimpfen und ihn zu höchstem Einsatz anzuspornen. Das Taiping-Christentum war ein einmaliges Amalgam östlicher und westlicher Ideen in Verbindung mit militärischem Geist. Dergleichen sah man nicht wieder, bis China sich hundert Jahre später den Marxismus-Leninismus borgte und ihn sinifizierte.

Hung hat wahrscheinlich nie gesagt: »Ein Funke kann ein Waldfeuer auslösen.« Aber Mao Tse-tung kann den Spruch aus der Geschichte der Gottverehrer bezogen haben. Kwangsi war weit von Peking entfernt und hatte 1850 nur eine kleine Garnison von Mandschu-Truppen. Es wimmelte von Opiumschmugglern und Piraten, die von englischen Kriegsschiffen die Flüsse hinauf getrieben worden waren. Die zunehmende Unordnung führte zur Bildung örtlicher Einwohnerwehren, sowohl Milizen als auch Banditen, die sich wenig unterschieden, da beide von der Bevölkerung lebten. Die kleine Gemeinde der Gottverehrer bewaffnete sich wie die anderen Gruppen zur Selbstverteidigung, aber im geheimen und für einen größeren Zweck. Gegen Ende der fünfziger Jahre folgten schon zwanzigtausend Gläubige dem Mobilisierungsbefehl Hungs und begannen sich mit den kaiserlichen Truppen zu schlagen, die gegen sie ausgesandt worden waren. Am 11. Januar 1851, seinem 38. Geburtstag, proklamierte sich Hung zum Himmelskönig. Seine neue Dynastie sollte das »Himmlische Reich des Großen Friedens« regieren.

Die vom kämpferischen Taiping-Glauben beseelte Armee tapferer Krieger, die sich in den ersten Jahren einer strengen Disziplin befleißigten, freundlich mit dem Volk umgingen und neue Rekruten warben, wurden zum Schrecken ihrer Gegner. Sie trugen viele Flaggen und Banner, teilweise zur Kennzeichnung ihrer Einheiten. Sie trugen nicht den Zopf, den die Mandschu als Zeichen der Loyalität verlangten, sondern ließen sich die Haare wachsen und wurden als die »langhaarigen Rebellen« bekannt. Für das alte Establishment waren sie ungefähr dasselbe wie ein Jahrhundert später die Studentenunruhen für uns.

Der Bürgerkrieg dauerte von 1850 bis 1864 und brachte ungeheure Verluste und Zerstörungen mit sich. Sechshundert ummauerte Städte wechselten den Besitzer, oft unter Massakern. Während der amerikanische Bürgerkrieg der sechziger Jahre der erste größere Krieg des Industriezeitalters war, mit Eisenbahn, Dampfschiff und Präzisionswaffen geführt, war der Krieg zwischen den Taiping und den Kaiserlichen in China der letzte Krieg prämoderner Art. Die Armeen marschierten zu Fuß und lebten vom Lande. Es gab kein Sanitätskorps, kein Telephon, keine modernen Landkarten. Artillerie wurde manchmal bei Belagerungen eingesetzt, aber die Unterminierung von Mauern war die vorherrschende Taktik. Flotten von Dschunken und Sampans kämpften auf dem Jangtse und den großen Seen, aber Dampfschiffe waren selten. Man benutzte Gewehre, aber der Nahkampf mit Schwert, Messer, Pike und Dolch überwog bei weitem. Motivation war hier wichtiger als Ausbildung. Eine gegen die Aufständischen gesandte Armee konnte ihre Verluste durch Aushebungen vor Ort oder durch Überläufer ersetzen, aber solche Truppen waren oft unzuverlässig. Die kaiserlichen Feldherren führten mandschurische und mongolische Berufsheere heran, aber diese Truppen vertrugen den feuchten Süden nicht und ihre Kavallerie war in den Reisfeldern unbrauchbar. Im allgemeinen kämpften Chinesen gegen Chinesen. Die amtlichen Berichte sprachen von Armeen von 20000 bis 30000 Mann, manchmal sogar von 200000 bis 300000. Man fragt sich, wie solche Heere ernährt werden konnten und wie sie sich in einem straßenlosen Land bewegten. Die angegebenen Truppenzahlen sind wahrscheinlich zu hoch.

Im Jahre 1851 stieß das Taiping-Heer nach Norden vor und eroberte die Städte von Wuhan. Zu Anfang des Jahres 1853 marschierten die Taiping-Truppen den Jangtse hinunter und nahmen Nanking ein, das zu ihrer »himmlischen Hauptstadt« wurde. Ihre Strategie war die eines analphabetischen Köhlers: sie kannten die Außenwelt nicht, ließen Schanghai in den Händen der Kaiserlichen und strengten keine auswärtigen Beziehungen an. Schwindlig vor Erfolg schickten sie ungenügende Kräfte gleichzeitig nach Norden zur Eroberung Pekings und nach Westen zur Besetzung Mittelchinas. Beide Expeditionen scheiterten. Die Befehlshaber operierten jeder für sich, sie hatten keinen Nachrichtendienst, keine Verbindung untereinander, keine Koordination.

Die Taiping hatten keine geschulte Verwaltung und wußten das besetzte Land nicht als Ernährungs- und Ergänzungsbasis zu nutzen. Sie marschierten von Stadt zu Stadt, lebten von Requisitionen und Beute wie die kaiserlichen Heere. Sie hatten nichts als ihre strenge Religiosität, die ihnen die gebildete

Schicht, die ihnen eine Verwaltung hätte aufbauen können, zum Feind machte. Die grundbesitzende Elite blieb, wo sie war; es kam zu keiner sozialen Revolution. Inzwischen begann die Bewegung durch eine Verwässerung ihres Glaubens und das Nachlassen ihrer moralischen Strenge Schaden zu nehmen.

In Nanking hatte bald jeder der Führer seine eigene Armee, seinen Palast, seinen Harem und seine eigene Anhängerschaft. Die Taiping entwickelten komplizierte Systeme von Adel, Ehren und Zeremonien. Hung ernannte Unterkönige für alle vier Himmelsrichtungen. Als Missionare den Premierminister der Taiping im Jahre 1860 besuchten, trug er eine goldene Krone und wie seine Beamten eine Robe aus roter und gelber Seide. Die Idee der Gleichheit war den Fußsoldaten überlassen worden.

Schon 1856 hatte die ursprüngliche Führung sich selbst ein Ende bereitet. Der Ostkönig Yang, Oberbefehlshaber und höchster Beamter, zettelte ein Komplott gegen den Himmelskönig Hung an, um sich an dessen Stelle zu setzen. Hung veranlaßte darauf den Nordkönig Wei, den Ostkönig Yang und seinen Anhang zu ermorden, nur um feststellen zu müssen, daß nun Wei und sein Anhang nach der Macht strebten und durch den Hilfskönig Shih ermordet werden mußten. Schih fühlte sich dann so bedroht, daß er mit einem Großteil der Armee nach Westen verschwand. Hung saß nun auf einem Rumpfthron inmitten von übriggebliebenen unfähigen Anhängern.

Nationalisten wie Kommunisten haben später versucht, aus der Taiping-Bewegung so etwas wie eine nationale Bewegung gegen die Mandschu und für soziale Reform zu machen. Die Taiping waren gegen viele soziale Übel: Glücksspiel, Opium, Tabak, Götzendienst, Ehebruch, Prostitution, Fußeinbinden. Den Frauen gaben sie mehr Freiheit; die Frauen halfen der Armee, wurden manchmal Soldaten und verwalteten die Paläste anstelle der Eunuchen. Aber Kalender und Prüfungssystem der Taiping, gestützt auf Traktätchen und Hungs Schriften, waren nicht besser als das frühere System. Das soziale Ideal waren Gemeinden von 25 Familien mit einer gemeinsamen Kasse; dieses System fand keine Verbreitung. Der letzte Ministerpräsident, Hungs Vetter Hung Jen-kan, entwarf ein Modernisierungsprogramm, nachdem er einige Jahre bei Missionaren gewesen war; das Programm kam nie in Gang. Inzwischen führte die Unwissenheit und der Ausschließlichkeitsanspruch der Taiping-Führung zu immer neuen Katastrophen. Der Taiping-

Aufstand ist in der Geschichte mit Massenmord und Verelendung des Volkes verbunden geblieben. Der Massenaufstand war im alten China nie beliebt gewesen. Er schändete nun auch den Namen des Christentums.

Hungs Aneignung und Benutzung des Christentums war sicher Chinas größte Anleihe beim Westen vor den neunziger Jahren. Der Taiping-Protestantismus stellte die Verletzung der zehn Gebote unter Todesstrafe. Als der englische Konsul Thomas Taylor Meadows im Jahre 1853 Wei, den Nordkönig der Taiping, traf, rezitierte er die zehn Gebote. Wei war verblüfft. »Dasselbe wie bei uns«, schrie er, »dasselbe wie bei uns!«[11]

Die protestantischen Missionare waren natürlich gegen die Verletzung ihres Monopols der Auslegung von Gottes Wort. Besonders empörte sie die Behauptung Hungs, der jüngere Bruder von Jesus zu sein und seine Übertragung des chinesischen Familiensystems in den Himmel, in dem Gottvater und Jesus mehrere Frauen hatten. Hungs Adaptierungen scheinen aus heutiger Sicht jedoch noch die beste Chance gehabt zu haben, das Christentum zum Teil der chinesischen Kultur zu machen. Welcher fremde Glaube konnte China ohne einen chinesischen Propheten erobern?

Doch die wenigen Missionare, die sich nach Nanking wagten, hatten ungeachtet des freundlichen Empfangs nicht den Eindruck, daß das Taiping-Christentum bei ihnen Unterweisung suchte. Auch die Taiping-Chinesen hielten sich für den Mittelpunkt der Welt und allen anderen überlegen, wenn sie auch zu allen »fremden Brüdern« *(wai hsiung-ti)* höflich waren. Zum sechsten Gebot (Du sollst nicht töten) fügten sie die traditionelle chinesische Anmerkung hinzu: »Die ganze Welt ist eine Familie und alle Menschen sind Brüder.« Die Kinder mußten die Taiping-Bibel auswendig lernen. Darin wurde Gottes Hilfe für Moses und die Israeliten erzählt, Jesu Leben und Tod als Erlöser, schließlich die alte chinesische Gottesverehrung (Shang und Chou). Hier folgte Hung unbewußt der jesuitischen Linie. Doch die Herrscher der Dynastien Ch'in, Han und Sung waren Irrgläubige, bis Hung 1837 im Himmel empfangen wurde und den Auftrag erhielt, die (chinesische) Welt durch Austreibung der Mandschu-Dämonen zu retten. Diesen kulturellen Synkretismus konnten die Missionare nicht verdauen. So versäumten sie den Anschluß. Inzwischen hatte sich das katholische Frankreich gegen den Taiping-Protestantismus gestellt, weil es ihn als neuesten Auswuchs des von Martin Luther entfesselten Unheils ansah.

Das himmlische Reich von Taiping ging unter wie Karthago; nur der Name blieb übrig. Das Geschichtsbild ist schief, weil die Kaiserlichen alle Taiping-Schriften vernichteten. Nur wenige wurden von Ausländern gerettet; manche fanden sich erst in unserem Jahrhundert in französischen und englischen Bibliotheken. In den letzten Jahren der Taiping traten fähigere Führer auf, aber es war zu spät. Eine Sache, für die so viele ihr Leben opferten, muß vielen manches geboten haben, wenn auch nur im Vergleich mit dem verfallenden Mandschu-System.

Die Unterdrückung der unfähigen und schlecht geführten Taiping-Bewegung hing nur davon ab, ob das Kaisertum die notwendige Energie aufbringen würde, was nicht so leicht war. Obwohl fast jede Provinz den Einfall der Taiping erlebte, konnten sie nur wenige Provinzen länger halten. Der Kaiser hatte immer noch seinen bürokratischen Apparat, der mancherorts weiter Steuern einhob und sogar nach Peking überwies. Eine neue Umsatzsteuer von »einem Tausendstel« (*li-chin* oder *li-kin*) wurde eingeführt und auch der auf englisches Verlangen 1858 legalisierte Opiumhandel wurde mit einer Steuer belegt.

Zehn Jahre Bekämpfung der Finanzkrise hatten die Staatskasse geleert und die Dynastie wußte kaum noch weiter. Im Jahre 1860 kam ein neuer Kaiser im Knabenalter auf den Thron; ein Jahr später folgte ein Staatsstreich in Peking. Die radikalen Fremdenfeinde, die seit 1856 erfolglos gegen Engländer und Franzosen gekämpft hatten, wurden abgelöst. Das neue Mandschu-System verfolgte eine zweigleisige Politik: Es akzeptierte das Vertragssystem, um die fremden Mächte zu beschwichtigen, während es im Innern chinesische Befehlshaber mit der Niederwerfung des Aufstands betraute.

Der neue Befehlshaber gegen die Taiping war ein konfuzianischer Gelehrter aus Hunan, Tseng Kuo-fan, der streng nach dem Kodex des Konfuzius lebte und die Ch'ing-Macht restaurierte, wenn auch mit einigen Änderungen. Von Peking 1852 nach Hunan zur Organisierung einer Miliz entsandt, war Tseng über das Treiben der Taiping entsetzt und beeilte sich, eine Armee auf die Beine zu stellen. Traditionsgemäß suchte er Unterbefehlshaber nach persönlichem Geschmack aus, auf deren Treue er rechnen konnte. Die Unterbefehlshaber wählten sich ihre Offiziere aus, die dann ihre Soldaten Mann für Mann rekrutierten. Dieses System von Führern und Gefolgschaften beruhte auf persönlichen Beziehungen, was dem Verhalten im Kriege günstig war. Es entsprach dem konfuzianischen System gegenseitiger Verantwortung wie in der Familie. Und es funktionierte. Die Soldaten wurden aus ordentlichen Familien ausgewählt, gut bezahlt und gut ausgebildet.

Tseng baute eine Binnenflotte auf dem Jangtse, legte Waffenplätze an und ging sparsam mit seinen Mitteln um. Mit dem Dahinschmelzen der Hakka-Soldaten aus Südchina gewann Tsengs Hunan-Armee die Oberhand. Sobald die argwöhnischen Mandschu erkannten, daß sie gar keine andere Chance hatten und es wagen mußten, loyalen Chinesen zu vertrauen, erhielt Tseng freie Hand. Er setzte seine Offiziere als Provinzgouverneure ein und mobilisierte ganz Mittelchina. Er kesselte die Taiping systematisch ein, vom Oberlauf des Flusses her, wo die Provinzhauptstadt Wuchang sechsmal den Besitzer gewechselt hatte, und ebenso vom Unterlauf her, wo englische und französische Truppen, die durch den Marsch auf Peking 1860 die Anerkennung der Verträge erzwungen hatten, nun ihre Neutralität aufgaben und bei der Verteidigung des Gebiets von Schanghai und Ningpo mitwirkten.

Die Unterdrückung des Aufstands verlief sehr blutig. Es gab nicht genug Nahrungsmittel, um Kriegsgefangene zu ernähren. Als die wichtige Jangtse-Stadt Anking sich nach einjähriger Belagerung ergab, waren die Taiping fast verhungert. Der kaiserliche Offizier, der die Kapitulation entgegennahm, meldete sie seinem Kommandanten Tseng Kuo-ch'uan, dem Bruder Tsengs. In seinem Tagebuch berichtet der Offizier: »Tseng sagte, es seien zu viele Rebellen. Was sollen wir mit ihnen machen? Ich sagte, man müsse sie alle umbringen. Tseng sagte, daß man auch hierfür eine Methode brauche. Ich erwiderte: Das Tor wird nur langsam geöffnet und von den aufständischen Banditen werden nur zehn auf einmal herausgelassen. Dann braucht man nur einen halben Tag, um sie alle umzubringen. Tseng sagte, sein Herz würde das nicht aushalten; er gebe mir aber die Vollmacht, die Sache durchzuführen. Ich tat ... dann das Notwendige. Von 7 Uhr früh bis 7 Uhr abends wurden mehr als 10 000 Rebellen getötet; dann erstattete ich Bericht.« (»10 000« (*i-wan*) bedeutet im Chinesischen »eine große Menge«. Selbst wenn man, was unwahrscheinlich ist, zehn Aufständische in der Minute umbrachte, alle von Hand, denn moderne Mittel wie Maschinengewehre gab es noch nicht, dann können nur 7200 Rebellen in zwölf Stunden hingerichtet worden sein.)

Tseng Kuo-ch'uan schrieb seinem Bruder, dem Oberbefehlshaber, daß er Gewissensbisse habe. Darauf antwortete Tseng Kuo-fan, der Anwalt konfuzianischer Rechtschaffenheit: »Wenn du Truppen befehligst, mußt du natürlich das Töten von Rebellen für deinen Zweck ansehen. Warum solltest du die Tötung vieler Menschen bedauern?«[12]

Das war nur eine von vielen routinemäßigen Operationen. Man schätzt, daß der Taiping-Aufstand zwanzig Millionen Todesopfer kostete, aber das ist eher noch zu wenig. Nachdem die »himmlische Hauptstadt« Nanking 1864 schließlich genommen und geplündert worden war (Hung war kurz vorher an einer Krankheit gestorben), brauchten die Provinzen am unteren Jangtse eine ganze Generation, um sich zu erholen.

Dabei war der Taiping-Aufstand unter den Rebellionen dieser Zeit nur der größte und bekannteste. Es gab viele Nebenaufstände. Geheimgesellschaften entstanden in Amoy (Hsiamen) und Schanghai. Andere griffen Kanton an. Nien-Banditen terrorisierten Nordchina. Chinesische Mohammedaner revoltierten in Yünnan und Shensi-Kansu. Miao-Eingeborene erhoben sich in Kweichow. So viele Menschen kamen ums Leben, daß die Kämpfe schließlich aus Mangel an Kämpfern aufhörten. Nach heutigen Schätzungen hatte China um 1850 eine Bevölkerung von 410 Millionen; nach den Aufständen war sie auf 350 Millionen im Jahre 1873 gesunken.

Die westliche Kanonenbootpolitik und auch die anglo-französische Besetzung Pekings im Jahre 1860 waren kleine und kurze Zwischenfälle, verglichen mit den inneren Kämpfen, die um die Jahrhundertmitte in den wichtigsten Provinzen tobten. Die Europäer und Amerikaner, die sich Privilegien in den chinesischen Vertragshäfen sicherten, waren nur Zuschauer dieser großen gesellschaftlichen Umwälzungen, nicht ihre Urheber. Nur wenige Chinesen blickten auf sie als Träger einer erhofften neuen Ordnung; für die große Mehrzahl waren die Ausländer unwichtig.

Die Taiping konnten China auch mit ihrer grotesken Religion nicht christianisieren. Daraus sollte man aber nicht die Platitüde folgern, daß die Chinesen auswärtigen Religionen unzugänglich waren. Ganz im Gegenteil. Die Eroberung Chinas durch den Buddhismus, die im ersten und zweiten Jahrhundert begann, war zeitlich parallel zu dem Aufstieg des Christentums im Abendland. Beide Entwicklungen waren Kombinationen von »Barbarei und Religion«, wie Edward Gibbon es genannt hat, die dem alten chinesischen und dem frühen römischen Reich nachfolgten. Das buddhistische Zeitalter in China vom vierten bis zum achten Jahrhundert sah eine Vorherrschaft des Buddhismus am Hofe und eine allgemeine Sinifizierung der indischen buddhistischen Lehre, so daß sich ein sino-buddhistisches Amalgam ergab. Ein halbes Dutzend chinesischer buddhistischer Sekten breitete sich aus, überall entstanden Klöster, die große Bodenbesitzer wurden und ein fiskalisches Problem bildeten. Während jedoch Europa in neue Staaten wie Frankreich, Spanien und England zerfiel, konnte in China die T'ang-Dynastie (618–907) ein einiges Reich wiederherstellen, dessen Bürokratie die buddhistische Kirche mit ihren Mönchen und Einnahmen bald im Griff hatte.

Eine Parallele zur Wirkung des Christentums auf China bietet die chinesische Absorption des Islam. Die ersten Kontakte mit dem Islam wurden auf dem Seeweg hergestellt, hauptsächlich in den südlichen Häfen der T'ang und Sung. In Ch'üanchou in Fukien und in Kanton entstanden arabische Niederlassungen mit Moscheen, ein Teil der großen mohammedanischen Diaspora nach dem siebten Jahrhundert. Das Christentum dagegen hatte China zuerst auf dem Landweg in Gestalt des Nestorianismus erreicht. Dieser verbreitete sich unter den Mongolen, noch bevor der Franziskaner Wilhelm von Rubruk in den Jahren 1253 bis 1255 an den Hof des Großchans kam. Um diese Zeit hatte der Islam in Mittelasien Fuß gefaßt und spielte auch im Leben der Mongolen eine Rolle. Unter der Dynastie Yuan verwalteten mohammedanische Kaufleute, *ortaqu* genannt, die Monopole für die mongolischen Oberherren. Auf dem Seeweg kam das Christentum erst im sechzehnten Jahrhundert nach China.

Entsprechend dem Verlauf der Handelsstraßen von Westasien nach China bürgerte sich der Islam frühzeitig unter den Bauern Nordwestchinas in Kansu und Shensi ein. Vermutlich hat er sich von dort im Zuge der militärischen Operation, mit der die Mongolen über Südwestchina das Reich der Sung umgingen, nach Yünnan und Kweichow ausgebreitet. Die Beziehungen der mohammedanischen Sekten untereinander waren oft so feindselig wie zwischen Katholiken und Protestanten in Europa. Später kam eine islamische Erneuerungsbewegung, die Parallelen zu der amerikanischen »Erweckungsbewegung« aufwies, die Scharen von protestantischen Missionaren in die Welt sandte. Die islamische Bewegung war fundamentalistisch; ihre strenggläubigen Führer waren in Mekka gewesen und fühlten sich berufen, Egoismus und Korruption unter den Gläubigen auszurotten. Die Sekte der Nacqshbandiyya zum Beispiel führte zu Anfang des neunzehnten Jahrhunderts einen heiligen Krieg Kotans gegen Kaschgar.

Während die Taiping in den fünfziger Jahren eine Travestie des Protestantismus hervorgebracht hatten, die bald verschwand, wurzelten die mohammedanischen Aufstände der siebziger und achtziger Jahre in Südwest- und Nordwestchina in einem auch unter den Chinesen festgegründeten Glauben.

Vom chinesischen Standpunkt aus lag der größte Unterschied zwischen Christentum und Islam vielleicht darin, daß die aus Westasien kommenden Mohammedaner mit ihren Fähigkeiten in Handel und Wissenschaft die Ordnung des kaiserlichen Konfuzianismus kaum bedrohten, während im neunzehnten Jahrhundert das Christentum untrennbar mit der industriellen und militärischen Macht des modernen Europa verbunden schien. Die chinesische Oberklasse fühlte sich bedroht und lehnte deshalb auch die fremde Religion ab. Gerade die westliche Expansion, die das Christentum nach China brachte, machte es dort weniger erwünscht.

Die gängige Auffassung von China ging früher dahin, daß Chinas moderne Geschichte mit dem englischen Sieg im Opiumkrieg von 1839 begann, der solchen Katastrophen wie dem Taiping-Aufstand die Tür öffnete. Dieser Aufstand war das nächste, was die Generation von Karl Marx seit dem Opiumkrieg über China hörte. Die heutige Auffassung ist anders. Die innere Entwicklung hatte schon begonnen, die alte kaiserliche Ordnung zu erschüttern. Neue soziale Kräfte tauchten auf, die Chinas Leben schließlich revolutionieren sollten.

Das Christentum des Westens wurde in den Händen der Taiping-Zeloten zur Karikatur. Der westliche Handelsgeist sollte bald die chinesische Wirtschaft durchdringen, sobald einmal die Vertragshäfen geöffnet waren.

6. Das Eindringen des Westens

Im vorhergehenden Kapitel ist gezeigt worden, wie die alten Institutionen des Kaiserreichs ihre Aufgaben nicht mehr erfüllen konnten: Die Mandschu-Banner, das Salzmonopol, der Große Kanal, das Prüfungssystem, alles zeigte ein Nachlassen der Kräfte. Besonders deutlich ließ sich das an dem Tributsystem in Chinas auswärtigen Beziehungen beobachten.

Für die Machthaber begann die große chinesische Revolution um 1830. Die Weltsituation hatte sich für China verändert. Zwei Jahrtausende lang hatte das Sicherheitsproblem des Reiches an der innerasiatischen Grenze gelegen. Schlagkräftige Nomadenreiterei brach immer wieder aus der trockenen Steppe jenseits der Großen Mauer hervor, wo Chinas arbeitsintensive Landwirtschaft nie an die Stelle der Herden- und Jagdwirtschaft der Stämme treten konnte. Jedesmal, wenn die Stämme von einem großen Führer wie Dschingis Chan geeint wurden, kam China in Schwierigkeiten. Jeder Staatsmann in Peking kannte die lange Geschichte der innerasiatischen Gefahr und die vielen chinesischen Abwehrversuche.

Nach 1830 kam die Wende. Seit 250 Jahren hatten die übers Meer kommenden Europäer Chinas kunstvolle Handwerksprodukte gekauft, Seide, Porzellan, Lack, außerdem selbstredend Tee. Der Handel mit Europa war friedlich, aber die Handelsbilanz war schwer auszugleichen. Der Import jesuitischer Missionare gehörte kaum zum Außenhandel; der Bedarf nach ihnen war schon um die Mitte des achtzehnten Jahrhunderts auf Null gesunken. Die Ausfuhr nach England wurde mit der Einfuhr schwerverkäuflicher Wollwaren und indischer Rohbaumwolle bezahlt, der Rest in Bargeld. Nach 1830 wurde Opium aus Indien schnell zum Hauptartikel der Einfuhr. Es beruhigte, machte oft hörig und war das Marihuana oder Heroin seiner Zeit. Noch schlimmer, in Kanton tauchten zum erstenmal englische Gesandte auf, die diplomatische Beziehungen verlangten. Ihr Land forderte gleichen Status mit dem »Sohn des Himmels«. Am schlimmsten war, daß hinter dieser unerhörten Anmaßung die Kanonen einer Flotte standen. Pekings strategischer Schwerpunkt verschob sich um 180 Grad, von Innerasien nach der Küste. Die ausländische Drohung kam nun von der anderen Seite.

Die Weigerung Chinas, der Familie der Völker im Rahmen

diplomatischer Gleichberechtigung und gegenseitigen Handels beizutreten, führte zur Gewaltanwendung seitens der Engländer. Darin lag die Bedeutung des Opiumkriegs. Der englische Sieg verkehrte den internationalen Status des chinesischen Kaisers ins Gegenteil. Aus dem Weltherrscher an der Spitze der Zivilisation wurde ein halbkolonialer Anachronismus.

Eine Flottenpolitik war China unbekannt. Seine maritime Tätigkeit hatte sich auf Piratenbekämpfung durch Provinzgouverneure beschränkt. Die Piratenabwehr wurde durch das Eingreifen der Japaner kompliziert. Im sechzehnten Jahrhundert hatten japanische Piraten aus Kyushu die Küsten um den unteren Jangtse und Chekiang heimgesucht, wobei viele chinesische Küstenpiraten mitmachten. Doch waren diese Einfälle kein zwischenstaatliches Problem, sondern eine Polizeifrage. Als die Japaner unter Hideyoshi gegen Ende des sechzehnten Jahrhunderts Korea angriffen, leistete der Kaiser von China den Koreanern Beistand unter dem Titel des Schutzes eines tributpflichtigen Nachbarn. Der Krieg erschöpfte das Ming-Regime, führte aber zu keinem Frieden mit Japan. Im Jahre 1601 einigten die Tokugawa ganz Japan und schlossen das Land ab. Es gab keine Beziehungen zwischen China und Japan, obwohl der Handel mit China in Nagasaki fortdauerte. Nach der mandschurischen Eroberung im Jahre 1644 hielt der chinesische Widerstandskämpfer Koxinga (und sein Sohn und Nachfolger) die Insel Formosa bis 1683, aber das war wieder nur eine Grenzfrage. Die Politik der Ch'ing bestand darin, die Grenze zu schließen, die Küste zu entvölkern und den Außenhandel zu verbieten. Inzwischen wurden die Holländer als tributpflichtige Kaufleute behandelt. So blieb auch der Kantoner Handel im Rahmen des Tributsystems.

Diplomatische Beziehungen von Land zu Land unterhielten die Ch'ing nur mit den Russen, sowohl an der innerasiatischen Grenze als auch in Peking. Zweihundert Jahre lang wurden die Beziehungen mit Rußland als zum Tributsystem gehörig angesehen. Sie waren für die Ch'ing wichtiger als die nur auf Provinzebene bestehenden Beziehungen Kantons zu England und anderen Seemächten. Rußland bedeutete in der Ch'ing-Strategie Innerasien. Für England galt das nicht.

Die Außenpolitik der Mandschu und die Mandschu selbst sind noch wenig untersucht worden, obwohl das ein sehr interessantes Thema ist. In Erinnerung an ihre eigene Eroberung Chinas waren die Ch'ing immer auf der Hut gegen Rivalen an der Grenze. In den dreißiger Jahren des vorigen Jahrhunderts war Tao-kuangs hauptsächliches Grenzproblem nicht Kanton, sondern Innerasien, vor allem Chinesisch-Turkestan, die Grenzregion, die in der Geschichte Chinas so oft eine Rolle gespielt hatte. Seit Jahrhunderten hatte hier ein Schwerpunkt der chinesischen Politik gelegen, wichtiger als Korea oder Vietnam. Die Pekinger Strategen blickten naturgemäß eher nach Westen und wandten dem Meer den Rücken zu. Mit Ausnahme der Küstenpiraten bot das Meer keine Probleme.

Die innerasiatischen Beziehungen begannen mit den Mongolen, deren Stämme von den Ming-Eroberern nach willkürlicher Territorialeinteilung zu Bünden organisiert waren. Ihre Fürsten wurden hoch geehrt, streng überwacht und beobachtet. Der große K'ang-hsi sagte zu den Mongolenfürsten im Jahre 1687: »Ihr seid respektvoll, ehrerbietig und gehorsam gewesen, als wäre ich euer Vater ... Ihr müßt nur achtungsvoll emporblicken, um das große Konzept des Kaisers zu erkennen, alle Menschen mit gleichem Wohlwollen zu behandeln.«[13]

Der konfuzianische Begriff der väterlichen Herrschaft wurde 1839 in psalmähnliche Rhetorik gekleidet, die den Neid des Vatikans erregen konnte. Wir lassen den Geographen Li Chao-lo die Behandlung der Mongolen durch den Kaiser besingen: »Er umfaßte sie wie Himmel und Erde. Er nährte sie wie Vater und Mutter. Er gab ihnen Licht wie Sonne und Mond. Er war für sie Blitz und Donner. Wenn sie Hunger hatten, nährte er sie. Wenn sie froren, kleidete er sie ... Wenn sie in Schwierigkeiten kamen, rettete er sie. Er schätzte ihre Fähigkeiten und gab ihnen Ämter. Er gab ihnen Unterschiede durch Adelstitel und Boden ... Er lehrte sie lesen und schreiben und gab ihnen Kultur. Er festigte seine Herrschaft über sie durch klare Regeln. Der Himmelssohn verzichtete aber auf Gewinn aus dem kleinen Grundstück eines Bauern ... Er hob ihre Bildung, änderte jedoch ihre Bräuche nicht. Er regelte ihre Staaten, änderte aber nicht ihre Werte ... Wenn sie rebellierten, warf sie der Kaiser nieder. Wenn sie sich verbargen, vergab er ihnen. Wenn sie zur Treue zurückkehrten, übersah er ihre Mängel.«[14]

Die einzige Schwierigkeit war, daß Chinesisch-Turkestan weiter entfernt war als die Mongolei, weniger auf die konfuzianischen Lehren von Wohlwollen und Gegenseitigkeit eingestellt und den Leidenschaften des Islam zugänglicher war. Erst kürzlich erobert, war es den neuen Mandschu-Herrschern so fremd wie Indien im Süden, jenseits des Karakorum-Kunlun-Massivs, den englischen Eroberern war. Zu der Zeit, in der die Engländer nach Indien kamen, um Reichtümer zu erwerben, eroberten die Mandschu gerade Innerasien aus strategischen Gründen.

Wie bekannt, sahen die Engländer in ihrem Chinahandel nur eine Ausdehnung ihres Indienhandels. Wenn wir aber die neuere Geschichte Chinas vom chinesischen Standpunkt aus verstehen wollen, müssen wir uns an Tao-kuangs Stelle versetzen. Von Peking aus erschienen ihm die Europäer an der Grenze bei Kanton strategisch wenig verschieden von den exotischen Moslems, die an der fernen Westgrenze Chinas in Kaschgar Handel trieben. Aber mit der britischen Ostindien-Kompanie kam man leichter zu Rande. Tao wußte, daß berechnende Kaufleute durch Handelsbeschränkungen leicht im Zaum zu halten waren (*wei li shih shih* stand stets in den Berichten über sie, »sie denken nur an den Profit«), wogegen die Mohammedaner, wenn man ihnen religiös auf die Zehen trat, wilde Fanatiker werden konnten. Hätte Tao-kuang Gelegenheit gehabt, mit seinem Zeitgenossen Lord William Bentinck, der Indien von 1828 bis 1835 regierte, zu sprechen, so hätte einer beim anderen wahrscheinlich die gleichen Ansichten über das Problem, islamische Völker zu regieren, festgestellt.

Für die Mandschu-Herrschaft in Turkestan war die Entfernung das Hauptproblem. Zwischen Tibet im Südosten und der Mongolei im Nordosten gelegen, wird die Region von den T'ien-shan, den »Himmelsbergen«, in zwei Teile geschnitten. Nördlich lagen die Weideländer des Ili-Tals. Die Region war und ist bis heute Chinas Wilder Westen. Wie im amerikanischen Westen gab es Cowboys, weite offene Flächen und Stämme, von denen manche entfernt mit den Indianern verwandt waren. Turkestan lag 5600 Kilometer von Peking entfernt und war nur durch Karawanen erreichbar, die durch Steppen und Wüsten ziehen mußten, um die schneebedeckten Berge zu erreichen. Die Rückverbindung besorgte ein Pony-Express, der sechs Wochen brauchte.

Auf der anderen Seite war Turkestan keineswegs ein unbekanntes Grenzland. Seit Römerzeiten waren chinesische Heere durch die turkestanische Wüste gezogen. Das chinesische Reich hatte schon in seiner Glanzzeit unter den Han und T'ang in Turkestan eine wichtige strategische Flanke erkannt. Sie diente auch als Basis gegen die Nomaden, die den grünen Gürtel bewohnten, der von der Mongolei nach Westen durch das »Tor der Völker« führte. Das »Tor« lag im Ili-Gebiet nördlich der Berge von T'ien-schan. Für das Mongolenreich Dschingis Chans war die Region ein wichtiges Verbindungsgebiet gewesen und hatte zum Chanat von Dschaghatai, einem Sohn von Dschingis, gehört. Den Mandschu war es als Schlüsselstellung zur Beherrschung der Mongolen wichtig. Im achtzehnten Jahrhundert führten die Heere der Ch'ing hier eine große strategische Operation durch. Sie eroberten Ili um 1750 und sicherten damit Chinesisch-Turkestan, in das eine Garnison von 13 000 Mandschu-Truppen gelegt wurde.

Südlich des T'ien-shan-Gebirges lag das nach dem gleichnamigen Fluß benannte Tarim-Becken. Seine Bewohner lebten in Oasen zwischen dem Vorgebirge und der Wüste in einem Gebiet, in dem die kleinen Gebirgsflüsse sich noch nicht im Sand verlaufen hatten. In jeder Oase lag eine Handelsstadt; hier verliefen die Handelsstraßen nach China, Indien und Westasien. Turfan, Karashahr, Kuschan, Aksu, Kaschgar, Khotan und andere alte Zentren bildeten im Tarim-Becken eine Kette, die sich im Bogen von den Bergen von T'ien-shan und Kun-lun bis zum Pamir zog. Die Gegend wurde oft nach ihrer größten Stadt Kaschgarien genannt. Über diese Oasenstraßen war die Seide von Han-China nach Rom gegangen. Reisende des Mittelalters wie Marco Polo waren hier nach Kubilai Chans Sommerresidenz gezogen.

Bis 1830 hatte Peking ein militärisch-politisches Netz über diese große, trockene Region geworfen. In den Oasen lebten nur rund 300 000 Menschen. Aus wirtschaftlichen Gründen unterhielt China hier nur kleine Garnisonen. Der Nationalität nach waren die Bewohner Usbeken, Kasachen und Kirgisen. Sie gehörten zu der türkisch-persischen Zivilisation und waren Mohammedaner. Sie bildeten die östliche Spitze der großen Moslemkultur des Mittleren Ostens und waren in ihrer tiefen islamischen Religiosität von den Chinesen Welten entfernt.

China hatte bis zum Jahr 1000 den aus Indien kommenden Buddhismus absorbiert und chinisiert. Im Mittelalter übernahm es einiges von christlichen Missionaren, ebenso im siebzehnten Jahrhundert und wieder im neunzehnten und zwanzigsten Jahrhundert. Dem Islam gelang es, große Teile der chinesischen Bevölkerung zu gewinnen. Die sich gegen Mekka verneigenden Moslems im Süd- und Nordwesten blieben ein Fremdkörper im konfuzianischen Reich. Es erwies sich als schwierig für die Chinesen, mit den fanatischen Fremdgläubigen Mittelasiens fertig zu werden.

Früherem Brauch folgend, lösten die Mandschu die Frage dadurch, daß sie örtliche Gouverneure (Begs) ernannten. In Turkestan hielten sich jedoch die Begs wie die islamische Bevölkerung an das islamische Recht, wie es von den Mullahs vertreten wurde. Das Volk lebte nach dem mohammedanischen Kalender und wurde in allen religiösen und kulturellen Fragen sowie im Erziehungswesen von den Mullahs beherrscht. Die Ch'ing-Kaiser hoben Steuern ein, namentlich Handelssteuern, und versuchten die Ordnung aufrechtzuerhalten. Aber der kaiserliche Konfuzianismus vertrug sich nicht mit dem allumfassenden Islam, der ein Staat im Staate war. Es gab deshalb religiöse Aufstände.

Großen Einfluß auf die Bevölkerung hatten die Chojas, angesehene Familien, die angaben, vom Propheten oder von frühen Kalifen abzustammen. Eine dieser Familien hatte in der Tat Turkestan vor dem Einmarsch der Mandschu regiert. Sie lebte nun im Exil in Kokand westlich des Pamir, erhielt ihre Ansprüche aufrecht und unternahm manchmal Raubzüge in Kaschgarien. Ein Abkömmling dieser Choja Familie war Jahangir, der Tao-kuang bald nach dessen Thronbesteigung viel zu schaffen machte.

Jahangirs heiliger Krieg gegen die Ch'ing hatte seine Gründe sowohl im Glauben als auch im Geschäft. Der Westhandel von Kaschgar lag in den Händen der Kaufleute von Kokand, dessen Regent dem Mandschu-Kaiser Tribut zahlte. Das war an den chinesischen Grenzen üblich und erleichterte den Außenhandel. Die chinesischen Machthaber fanden es zweckmäßig, geschäftshungrigen auswärtigen Herrschern zu sagen: Wenn ihr in China kaufen und verkaufen wollt, dann schickt Gesandte zum Kotau nach Peking. Es war ganz einfach: kein Tribut, kein Geschäft.

Kokand hatte sich daher in die Liste der Tributzahler eintragen lassen, Jahangir eingesperrt und dafür ein großes jährliches Geschenk aus Peking bekommen. Als jedoch die Kaufleute von Kokand einen Großteil des Marktes in Kaschgar an sich gezogen hatten, verlangte Kokand besondere Privilegien: niedrigere Handelssteuern und Bestellung eines kokandischen Residenten in Kaschgar, der den dortigen Kokander Kaufleuten vorgesetzt sein sollte. Sie verfolgten den bekannten englischen Grundsatz:

»Die Flagge folgt dem Handel.« Die Engländer machten es bald ebenso in Kanton.

Als die kokandischen Forderungen 1817 abgelehnt wurden, ließ Kokand den feurigen Jahangir frei, der sogleich einen heiligen Krieg zur Eroberung von Kaschgar verkündete. Im Jahre 1826 fiel er in Chinesisch-Turkestan ein. Der Kaiser in Peking schickte ein Heer von 22000 Mann, das von einer Oase zur anderen durch die Wüste zog und Kaschgar im Jahre 1827 zurückeroberte. Einer der Befehlshaber war Yang Fang (1770–1846) aus Kweichow. Er war schon mit fünfzehn Jahren Soldat geworden und hatte sich beim Kampf gegen den Aufstand des »Weißen Lotus« (1801–1804) und die »Acht Dreifachzeichen«-Rebellion (1813) so bewährt, daß er zum Markgrafen und Oberbefehlshaber in drei Provinzen ernannt worden war. Mit List, Bestechung und Verrat wußte er sich Jahangirs zu bemächtigen. Im Jahre 1828 wurde Jahangir nach Peking geschickt, wo Tao-kuang ihn zunächst ritualgemäß im kaiserlichen Ahnentempel vorführen und dann vierteilen ließ.

Durch verstärkten Druck versuchten die Ch'ing nun, Kokand zum Verzicht auf seine Privilegienforderungen zu bewegen. Sie legten allen Handel mit Kokand still und beschlagnahmten den Tee und den Medizinal-Rhabarber der Kokander Kaufleute. Kokand erwiderte dies mit einem neuen Einfall in Turkestan im Jahre 1830. Zwar leisteten die chinesischen Garnisonen Widerstand und ihr Befehlshaber Pi-ch'ang, ein Mongole, schlug vier Angriffe zurück. Aber Kokand hatte sich wirtschaftlich und militärisch als so stark erwiesen, daß China zum Friedensschluß bereit war. Die Übereinkunft von 1835 gewährte Kokand das Recht, einen ständigen Vertreter in Kaschgar zu stationieren, mit fünf ihm unterstehenden Handelsvertretern in anderen Städten. Diese Vertreter erhielten konsularische, juristische und polizeiliche Befugnisse gegenüber Ausländern in Kaschgarien. (Die meisten Ausländer waren ohnehin Kokander.) Auch durften sie Zölle auf Waren der Ausländer erheben. Die Kokander Händler, deren Waren die Chinesen beschlagnahmt hatten, erhielten Entschädigung.

Tao-kuang wandte seine Erfahrungen in den Grenzkämpfen in Turkestan auf seine Beziehungen zu England an. Nach Ausbruch des Opiumkriegs im Jahre 1839 wurden die chinesischen Sieger des vorigen Grenzkrieges in den Kampf geschickt. Tao-kuang betraute Yang Fang, nun 70 Jahre alt und taub, mit der Verteidigung von Kanton, aber er kam gegen die britischen

Kanonenboote nicht auf. Pi-ch'ang, der mongolische Verteidiger Kaschgariens im Jahre 1830, hatte Bücher über Grenzschutz geschrieben, die man nun eifrig studierte. Im Jahre 1843 wurde Pi-ch'ang zum Generalgouverneur von Nanking ernannt, mit der Aufgabe, Schanghai dem ausländischen Handel zu öffnen.

Es war ganz natürlich, daß die Ch'ing-Politik gegenüber England auf den Erfahrungen des innerasiatischen Kriegs von 1826 bis 1835 beruhte. Der letztere war im Westen lange unbekannt, so daß man die Ereignisse von Kanton für einmalig hielt. Aber heute wissen wir es besser. Für Tao-kuang war der Turkestan-Vertrag mit Kokand von 1835 eine Übung in der Zähmung der Barbaren nach dem Prinzip, eine stabile Grenze mit der Gewährung örtlicher Handelsrechte zu erkaufen. Der Friedensschluß mit England nach dem Opiumkrieg (1842/43) war dem Kokander Frieden ganz ähnlich.

Diese Auffassung der »Öffnung Chinas« ist eine völlig andere, als sie der westliche Liberalismus, der Marxismus und der Maoismus gelehrt haben, die den Opiumkrieg mit der industriellen Ausdehnung Englands in Zusammenhang bringen. Das Anwachsen des europäischen Handels in Kanton zwischen 1760 und 1834, namentlich die Befriedigung des englischen Teedurstes, mußte damit erkauft werden, daß man China Waren aufnötigte, die es nicht brauchte. Außer Silber und indischer Rohbaumwolle gab es nur eine Ware, die nach 1800 immer gefragter war: das Opium.

Anfangs hatte man Opium wie Tabak geraucht. Man tränkte zerschnittene Blätter mit einer Opiumlösung und zündete die *madak* genannte Mischung in einer Pfeife an. Der Rauch enthielt ungefähr 0,2 Prozent Morphium, war also mild. Gegen Ende des achtzehnten Jahrhunderts rauchte man stärker. Man brachte ein Kügelchen reines Opium über einer Flamme in die Pfeife und atmete den aus Wasser und Opium gemischten Dampf ein. Dieses Gemisch enthielt 9 bis 10 Prozent Morphium, war also ein starkes Narkotikum. So stieg die Opiumeinfuhr nach 1820 rasch an; sie stammte hauptsächlich aus staatlicher Produktion in Britisch-Indien. Englische und amerikanische Schiffe brachten das Opium legal (nach ihren eigenen Gesetzen) an die chinesische Küste, wo chinesische Schmuggler es (entgegen dem chinesischen Gesetz) übernahmen. Sie gehörten zu einem nicht sehr geheimen Schmuggelsystem, bestachen örtliche Beamte und zahlten sogar erhebliche Summen an den kaiserlichen Haushalt. (Anders als die spätere Tabakindustrie brauchte der Opiumhandel keine Werbung.)

Tao-kuangs Verbote blieben ohne Wirkung. In den dreißiger Jahren hatte das Rauschgift schon die hohe Bürokratie durchdrungen, einschließlich der Pekinger Palasteunuchen und der hohen Offiziere, von denen einige deshalb dienstunfähig wurden. Im Jahre 1836 merkte man, daß die Opiumeinfuhr zu einem Silberabfluß ins Ausland führte, was eine Finanzkrise in Peking hervorrief. Der Umrechnungskurs für in Silber zahlbare Steuern stieg gegenüber der volkstümlichen Kupferwährung. Zu der moralischen Pflicht des Kaisers kamen wirtschaftliche und politische Schwierigkeiten hinzu, so daß eine Anti-Opium-Kampagne in Gang gesetzt wurde. Ihr Führer wurde Lin Tse-hsu.

Lin war der Prototyp des guten Beamten, loyal und von strengen Grundsätzen, aber ohne jede Kenntnis der Welt außerhalb Chinas. Er hatte mit Tatkraft und Einsatzbereitschaft eine große Karriere in der Verwaltung gemacht und so sandte ihn Tao-kuang im Jahre 1839 nach Kanton, um das Opiumübel auszurotten. Der Sonderkommissar Lin ging in die Weltgeschichte ein als der chinesische Patriot, der sich der ausländischen Gefahr entgegenstellte. Er zwang die englischen Händler in Kanton, ihre Opiumvorräte herauszugeben, ließ das Rauschgift öffentlich mit Kalk vermischen und ins Meer werfen. Im Juni 1839 warnte ihn der erste amerikanische Missionar in China, Eliah Bridgman aus Belcherton, Massachusetts, vor englischer Vergeltung. Lin erwiderte: »Wir fürchten den Krieg nicht, wir fürchten den Krieg nicht!« Als der Krieg kam, stellte sich Tao-kuang zunächst hinter Lin[15].

Wenn etwas ungerecht war, dann war es nach allgemeinem Urteil der Opiumkrieg von 1839 bis 1842. England mußte Opium in China verkaufen, um den Dreieckshandel zwischen London, Kanton und Indien im Gleichgewicht zu halten. Kantoner Tee ging nach London, während Londoner Waren und Maschinen nach Indien gingen. An dem Krieg hatten die englischen Opiumhändler wesentlichen Anteil. Die führende Firma war Jardine, Matheson & Co., deren Inhaber Dr. William Jardine dem Ministerpräsidenten Palmerston bei der Kriegführung behilflich war. Er verpachtete Schiffe samt Lotsen und Dolmetschern an die englische Flotte und beschaffte durch den Opiumhandel das Silber, das die englische Flotte für den Krieg in China brauchte. Es ging demonstrativ um das Opium, aber in

Wirklichkeit handelte es sich darum, China zur Aufnahme diplomatischer Beziehungen zu England auf der Grundlage zweier gleichberechtigter Staaten zu zwingen.

Was stimmt an diesem Bild nicht? Es ist eine nachträgliche Deutung etwas schuldbewußter Liberaler (die erst 1917 den indischen Opiumverkauf einstellen konnten) oder marxistischer Patrioten (die mit der Tatsache leben müssen, daß die Opiumverkäufer in China doch Chinesen waren und diese bald die wichtigsten Opiumproduzenten wurden). Für den Kenner der historischen Vergangenheit ist das Bild anders, wenn er versucht, die wirklichen Gedanken Tao-kuangs und seiner Mandarine zu rekonstruieren. Er kann sich darauf stützen, daß die den Engländern nach dem Küstenkrieg gemachten Konzessionen denen nach dem Kokand-Krieg in Innerasien bemerkenswert ähneln.

Der bekannte Mittelasienforscher Joseph Fletcher zählt die Punkte des englisch-chinesischen Abkommens von Nanking (dem noch ähnliche folgten) wie folgt auf: 1. Extraterritorialität, d.h. ausländische Konsularjurisdiktion über Ausländer, in China nicht mehr ganz neu; 2. eine Entschädigung; 3. ein mäßiger Zolltarif und direkter ausländischer Verkehr mit den Zolleinnehmern; 4. die Meistbegünstigungsklausel, von China als »unparteiisches Entgegenkommen« an das ganze Ausland bezeichnet; 5. freier Handel mit jedermann, kein Monopol (wie schon lange in Kaschgar). All das folgte dem Beispiel von Kokand im Jahre 1835. Vertragshäfen für den Außenhandel hatte es in China schon früher gegeben und Beziehungen auf gleichem Fuße ohne Kotau waren gegenüber Kokand und Rußland schon lange üblich[16].

Die Politik der Mandschu war an beiden Grenzen dieselbe, aber es gab zwei Unterschiede. England, Amerika und Frankreich waren expansive Seemächte aus einer anderen Welt, die sich auf Flotten, Gewalt und Verträge stützten. Für sie waren die Verträge von 1842 bis 1844 nur der Anfang weiterer Übergriffe. Ferner konnten die Konzessionen, die von den Ch'ing zur Stabilisierung der Beziehungen zwischen Kaschgar und Kokand im fernen Innerasien bewilligt wurden, dem Prestige der Ch'ing nur schaden, wenn sie im eigentlichen China angewendet wurden. Die Mandschu hatten die Tradition der grundsätzlichen Überlegenheit Chinas geerbt, als sie die Macht in Peking übernahmen. Wer hier regierte, hatte Tribut und Gehorsam von allen Außenseitern zu fordern; das war ein Teil seiner Aufgaben als »Sohn des Himmels«. Deshalb waren die ungleichen Verträge eine Niederlage, die mit der Zeit immer größer wurde. Die Niederlage der Ch'ing höhlte das Prestige der Mandschu aus und regte Kritik innerhalb der Eliten an, die auf das chinesische nationale Interesse hinwiesen. Die Mandschu hatten dagegen ihr dynastisches Interesse über das Nationalinteresse gestellt, als sie das Opiumübel für das chinesische Volk akzeptierten.

Der realistische Opportunismus der Mandschu wurde in der Behandlung des Patrioten Lin durch Tao-kuang deutlich. Der Kaiser hatte den Kommissar Lin zunächst unterstützt. Aber als der Krieg nur englische Siege brachte und die unbesiegbare englische Flotte vor Tientsin kreuzte, änderte Tao-kuang seinen Kurs. Er sagte sich von Lins Politik los und setzte ihn ab. An seiner Stelle schickte er prominente Mandschu-Unterhändler, um Frieden zu machen und den englischen Zorn zu beschwichtigen. Zunächst verhinderte der hochrangige Mandschu Ch'i-shan einen weiteren englischen Angriff auf Kanton, indem er den Engländern Hongkong überließ. (Er war auf eigene Faust zu weit gegangen, wurde abgesetzt und in Ketten von Kanton zurückgebracht. Sein Privatvermögen wurde konfisziert.) Dann handelte ein Verwandter des Kaisers, Ch'i-ying, nicht nur den englischen Vertrag aus, sondern auch die Verträge mit Frankreich und den Vereinigten Staaten vom Jahre 1844.

Während der sechs Jahre (1842–1848), in denen er die Beziehungen zum Westen betreute, verfolgte Ch'i-ying eine Politik persönlicher Freundschaft und wurde ein großer »Barbarenzähmer«. Die englische Herrschaft in Indien war ebenso historische Tatsache wie die Mandschu-Herrschaft in China. Der verschmitzte Ch'i-ying und der englische Gesandte Sir Henry Pottinger, der sich als Gouverneur von Sind einen Namen gemacht hatte, verstanden einander. Von Sir Henry sagte man, er sei allen Tricks und Schikanen der einheimischen Machthaber gewachsen und würde sich nicht hereinlegen lassen[17]. Ch'i-ying ging mit ihm um wie mit einem etwas barbarischen Bruder. Im Briefwechsel mit dem englischen Vertreter bezeichnete sich Ch'i-ying ausdrücklich als sein »intimer« Freund, wobei er das englische Wort chinesisch buchstabierte *yin-t'i-mi-t'e*. Als kaiserlicher Kommissar fuhr er im Juli 1843 auf einem englischen Kriegsschiff in die neue englische Kolonie Hongkong. Er umarmte Pottinger nach dessen Bericht »mit aller Wärme eines alten Freundes und war über die Stärke seiner Gefühle bei dem Wiedersehen selbst gerührt«. Ch'i-ying blieb fünf Tage in

Hongkong, tauschte Ratifikationsurkunden aus und sang Arien beim Bankett. Pottinger hatte so etwas in seiner dreißigjährigen indischen Dienstzeit noch nicht erlebt. Ch'i-ying wollte sogar Pottingers Sohn adoptieren, zumal er keinen eigenen hatte, und tauschte mit Pottinger die Bilder ihrer Ehefrauen aus. Zum Kaiser Tao-kuang sagte er: »Die englischen Barbaren denken viel an Frauen und wenig an Männer.«

Auf der Höhe seines Erfolgs bei der Beschwichtigung der Eindringlinge aus dem Westen schrieb Ch'i-ying 1844 für den Kaiser eine Zusammenfassung der anzuwendenden Methoden. »Sicher müssen wir sie durch Aufrichtigkeit zähmen, aber noch notwendiger ist es, sie mit geschickten Methoden zu beherrschen ... Mit diesem Typ von Leuten, die außerhalb der Zivilisation stehen, die blind und ungebildet in Anredeformen und Zeremonien sind ... brächte es keinen Vorteil, bei dem Versuch, sie gefügig zu machen und zu versöhnen, über leere Worte zu streiten, wobei nichts herauskäme.«

Tao-kuang kommentierte: »Das ist der einzige Weg, mit ihnen fertig zu werden.« Als Ch'i-ying jedoch vierzehn Jahre später zu den Vertragsverhandlungen in Tientsin kam, lasen ihm die englischen Dolmetscher häßlicherweise das gesamte Memorandum vor, das sie in seinen in Kanton beschlagnahmten Akten gefunden hatten. Der alte Mann verlor das Gesicht und der Kaiser schickte ihm die seidene Schnur mit der Aufforderung, sich zu erdrosseln. Seine Pionierarbeit im Kulturaustausch hatte sich als undankbares Geschäft erwiesen.

Im Rückblick scheint es, daß das Opiumverbot eine Mandschu-Politik zur Rettung des Volkes war, aber nach dem englischen Sieg wurde die Beschwichtigung zur notwendigen Mandschu-Politik, um die Dynastie zu retten. Von da ab lockerte sich der Griff der Mandschu, aber sie waren klug genug, sich ausländische Unterstützung zu sichern und noch siebzig Jahre bis 1911 zu regieren. Inzwischen blühte das anglo-indische und chinesische Opiumgeschäft und beide Seiten freuten sich über die Einkünfte.

Was tut man, wenn man in China Geschäfte machen will, aber die Sprache nicht spricht und das komplizierte Währungssystem nicht versteht? Man wirbt einheimische Helfer an, wie es alle Außenseiter getan haben, die peripher in China zu tun hatten, ob in konsularischen, geschäftlichen oder christlichen Angelegenheiten.

Compradore (aus dem portugiesischen Wort für »Einkäufer«,

chinesisch *mai-pan*) waren zuerst in Kanton aufgetreten; sie besorgten Schiffsvorräte für die Ostindien-Kompanie. Die Ladungen von Tee und Seide für die Flotte der Ostindien-Kompanie waren hauptsächlich durch die lizenzierte Gilde (Cohong) der sogenannten Hong-Kaufleute besorgt worden. Nach Einführung des freien Handels im Jahre 1834 und der Entstehung privater Firmen hatte man mit einem Wirrwarr von Gilden, Banken und Marketing-Methoden zu tun. Die von ausländischen Firmen beschäftigten Vermittler wurden immer noch Compradore genannt, aber sie besorgten nun das ganze ausländische Geschäft und wurden unentbehrliche chinesische Partner. Sie waren vertraglich den westlichen Auftraggebern unterstellt, durften aber nicht denselben Klubs angehören. Vermutlich wären jedoch die Ausländer im »Schanghai-Klub«, der die längste Bar der Welt hatte, über die Noblesse des gesellschaftlichen Lebens der chinesischen Kaufmannsgilden überrascht gewesen. Dank ihren ausländischen Verbindungen wurden die Compradore die ersten modernen Unternehmer Chinas. Sie gründeten alle Arten von neuen Firmen in den Vertragshäfen und wurden manchmal reicher als ihre Auftraggeber.

Der ausländische Handel in den neuen Vertragshäfen Kanton, Amoy, Foochow, Ningpo und Schanghai sah sich vor viele Probleme gestellt. Die Verträge versuchten das freie Unternehmertum und das europäische Handelsrecht einer Wirtschaft aufzupfropfen, die aus kollektiven Gruppen lizenzierter Kaufleute mit bestimmten Bräuchen bestand.

Die Ausländer mußten feststellen, daß der Handel über die Vertragshäfen, der nach ihrer Ansicht im Dienst der Zivilisation ins finstere China kam, für die chinesische Wirtschaft zunächst nicht besonders wichtig war. Die Ausländer des neunzehnten Jahrhunderts wußten nichts von der Größe des innerchinesischen Handels. Die Statistik der Seezölle war nach 1864 hauptsächlich dem Außenhandel gewidmet; der einheimische Handel über Dschunken war zwar ein Beobachtungsobjekt, es gab aber darüber keine Statistik. Die Engländer waren zunächst Apostel des Freihandels, wie er damals in England vertreten wurde. Sie gaben Transitpässe an ausländische Kaufleute aus, deren Waren nach der Verzollung nicht weiter versteuert wurden. Ein ausländischer Kaufmann, der seine Ware nicht im ersten Hafen absetzen konnte, konnte sie ohne Steuerzuschlag in einen anderen Hafen bringen. Diese Methoden, es dem ausländischen Kaufmann zu erleichtern, den chinesischen Markt zu erreichen, brachten auch den Chinesen Vorteile. Chinesische Kaufleute legten ihr Geld in großem Maße in ausländischen Firmen an; bei der Dampfschiffreederei Russell & Co. zum Beispiel besaßen die Chinesen ein Drittel des Kapitals. Sie gründeten in den Vertragshäfen auch Scheinfirmen mit ausländischen Strohmännern, die Transitpässe für ein im wesentlichen chinesisches Geschäft ausstellten. Die anglo-amerikanischen Mitglieder des »Schanghai-Klubs« wußten nicht viel davon, daß sie auf diese Weise in den schon großen innerchinesischen Handel eingespannt wurden.

Damit kommen wir zu der Frage der Langsamkeit der Modernisierung des chinesischen Handels im westlichen Sinne. Sie ging zu einem guten Teil darauf zurück, daß der chinesische Handel dem Marktgeschehen ziemlich adäquat war. Wie das Prüfungssystem und die Staatsbürokratie funktionierte das überkommene Handelssystem gut genug, um eine »Modernisierung« zumindest zu verzögern. Man kann wieder nur folgern, daß China so »rückständig« war, weil es schon so fortgeschritten war.

Die herkömmliche Anschauung, daß der chinesische bürokratische Staat kein Interesse am Handel hatte oder ihm sogar feindlich gegenüberstand, wird jetzt revidiert. Im neunzehnten Jahrhundert tat die chinesische Bürokratie viel für den Handel, aus dem einfachen Grund, weil er Steuern einbrachte. Man schätzt, daß 1753 noch 74 Prozent aller Steuern aus der Landwirtschaft kamen, während 1908 dieser Anteil auf 35 Prozent gesunken war. Auch hier bietet die Revision herkömmlicher Begriffe ein realistischeres Bild der Kommerzialisierung Chinas im neunzehnten Jahrhundert und davor.

Gleich nach ihrer Ankunft in den Vertragshäfen kam es zu einem Streit zwischen den englischen Konsuln und den chinesischen Behörden über die »Transitsteuern«. Diese wurden in kleinen Beträgen auf Güter im Transit erhoben. Die Zollverwaltung, die dem Finanzamt und dem Amt für öffentliche Arbeiten unterstand, unterhielt 29 Zollämter an wichtigen Handelspunkten Chinas. Jedes mußte eine bestimmte Summe an Peking abliefern, insgesamt 4,3 Millionen Tael, ein erheblicher Betrag. Jedes Zollamt konnte Außenstellen an den Handelsstraßen unterhalten, welch letztere bei einem größeren Handelsplatz zusammenliefen, beispielsweise Hangchow, Nanking, und andere Jangtse-Häfen, von denen die meisten später Vertragshäfen wurden. Nach Einführung der Seezölle im Jahre

1854 wurden sie im Ausland die »Eingeborenenzölle« genannt. Ab 1901 wurden sie einschließlich aller Seezölle zur Bezahlung der Entschädigung für den Boxerkrieg verwendet. Vor 1854 sicherte sich die Verwaltung in Peking Steuereinnahmen durch Besteuerung des Güter- und Fahrzeugverkehrs nach dem »Eingeborenentarif«. Die Seezollverwaltung besteuerte den Außenhandel nach dem Vertragstarif, aber das Verhältnis zwischen chinesischem und ausländischem Handel wurde nach den Verträgen der vierziger Jahre problematisch. Wenn ausländische Schiffe sich am chinesischen Küstenhandel beteiligten, waren die Auftraggeber oft chinesische Kaufleute. Im allgemeinen waren sie nach dem »Eingeborenentarif« zu besteuern, aber die Situation wurde undurchsichtig, wenn ausländische und chinesische Händler sich zusammentaten, um die Frage, wem die Waren eigentlich gehörten, zu verschleiern. Die chinesischen Beamten hatten Seezölle zur Gänze nach Peking zu überweisen, während für die »Eingeborenenzölle« dasselbe galt wie für die Steuern: eine Quote war abzuführen, den Rest konnten die Beamten behalten. Die chinesischen Behörden wollten den Handel unter dem »Eingeborenentarif« halten, während die Engländer chinesische Kaufleute veranlaßten, ihre Ware auf ausländischen Schiffen zu transportieren, womit der niedrigere Vertragszoll zur Anwendung kam.

Während der Handelsexpansion des achtzehnten Jahrhunderts kamen Tausende von Segeldschunken vieler Typen zu den Flotten der Küste, der Flüsse, Kanäle und Seen hinzu. Ein häufiger Typ in den Küstengewässern des Jangtse-Deltas hieß »Kiangsu-Kaufmann«. Es war ein seefähiges Schiff mit einem hohen Heck, oft bunt bemalt. Wie alle Dschunken hatte es achtern ein Steuerruder, wie es die Chinesen tausend Jahre vor den Europäern eingeführt hatten. Der Schiffsrumpf war in sechs wasserdichte Abteile gegliedert, gleichfalls eine alte chinesische Erfindung. Die beiden Masten trugen Rahsegel, die nach dem Wind gerichtet werden konnten. Andere Typen von Dschunken wurden speziell für die Binnenschiffahrt konstruiert. Ihr Zweck war nicht Geschwindigkeit. Sie waren dauerhafte, wirtschaftliche und leistungsfähige Lastfahrzeuge.

Als gegen Ende des neunzehnten Jahrhunderts Dampfschiffe die Flüsse Chinas zu befahren begannen, verdrängten sie die Dschunken nicht. Vielmehr nahm die Dschunkenflotte noch zu, um den zunehmenden örtlichen Handel auf den zahllosen Wasserstraßen Mittel- und Südchinas zu bewältigen. Das auf

Wind- und Menschenkraft gegründete Wasserverkehrssystem Chinas wuchs eher noch, weil Muskelkraft so billig war.

Die unternehmerischen chinesischen Kaufleute betrieben bald ihre eigenen Dampfschiffe. Die Flaggen der englischen Reedereien Jardine und Butterfield beherrschten noch den auswärtigen Handel, aber in einem noch nicht genau gesicherten Umfang verkehrten kleine, rein chinesische Dampfschiffe verschiedener Art im Dienst des Binnenhandels. Diese Tatsache trug zur Verzögerung des Eisenbahnbaus in Südchina bei. Die Anwendung der Dampfkraft im Wasserverkehr des Hinterlands war billiger als der Bau von Eisenbahnen. Transport auf Dampfschiffen wurde in das bestehende Handelsnetz eingebaut. In dieser Hinsicht, wie auch in anderen Fällen, brachten die ungleichen Verträge weniger drastische Veränderungen in China mit sich, als die Ausländer annahmen.

7. Bemühungen um eine Modernisierung

Wenn wir zur Bewertung der Auswirkungen der Vertragshäfen nach 1842 auf die frühere wirtschaftliche Entwicklung Chinas zurückgeblickt haben, ist dasselbe auch hinsichtlich der ersten Versuche zur Verwestlichung Chinas zu tun. Was waren die tradierten Ansichten der akademisch gebildeten Beamten, die zuerst eine Modernisierung versuchten? Was konnten sie und was konnten sie nicht? Ihr geistiges Erbe wies Mängel auf: die überlieferte Art der Verwaltung, ihr Beharren auf den klassischen Lehren und nur erste Anfänge von Studien über den Westen.

Chinas Bemühungen um Verwestlichung nannte man »Selbststärkung«, um Chinas Autonomie und Initiative zu betonen. Anregungen kamen aus verschiedenen Quellen. Die traditionelle Verwaltungswissenschaft zielte auf Wissen von »praktischem Nutzen für die Gesellschaft«. Man befaßte sich mit Problemen wie dem Transport des Tributreises auf dem Großen Kanal nach Peking. Wie schon bemerkt, war der Kanal verschlammt, der Gelbe Fluß und der Huai überfluteten ihn manchmal, die Verwaltung war bürokratisch und lethargisch geworden, die Mannschaften der Reisdschunken waren korrupt und aufsässig. Die Lösung fand sich in den zwanziger Jahren durch Wahl des Seewegs um die Halbinsel Shantung. Das ging zwar, mußte aber wegen der Opposition alteingesessener Nutznießer wieder eingestellt werden. Nach 1872 errichtete man eine chinesische Dampfschiffahrtslinie, die das Monopol des Reistransports bekam.

Politischer Pragmatismus hatte Lin geleitet, als er 1839 vergeblich versuchte, den Opiumhandel zu unterdrücken. Seine mangelnde Kenntnis der Außenwelt hatte ihn dazu verleitet, das britische Weltreich gerade zu Beginn der Ära Palmerston herauszufordern. Zu spät suchte Lin nach den Gründen für seine Fehler. Sein Freund Wei Yuan konstruierte auf Grund der Daten, die Lin gesammelt hatte, eine Art Weltgeographie der Seemächte, die Chinas Horizont durchbrochen hatten.

Die Staatskunst Wei Yuans, wenn man es so nennen darf, hatte Vorläufer in der Ming-Ch'ing-Zeit. Ein Blick auf diese Tradition wird die Stärken und Schwächen der späten chinesischen Kaiserzeit erkennen lassen. Die Außenpolitiker mußten sich mit *yang-wu* herumschlagen, den »überseeischen Angelegenheiten«. Wie fähig waren sie zur Neuerung?

Mit dem wirtschaftlichen Wachstum Chinas im achtzehnten Jahrhundert gingen geistige Entwicklungen einher, die im Gegensatz zur zeitgenössischen Aufklärung in Europa standen. Die klassische chinesische Gelehrsamkeit war für westliche Leser meist so undurchsichtig wie die Kirchenväter. Neuere Forschungen lassen jedoch erkennen, wie die chinesischen Akademiker aus ihrem Elfenbeinturm herauskamen und, wenn auch spät, die wirklichen Probleme Chinas in Angriff nahmen. (Soll man das eine »Proto-Aufklärung« nennen? Meiner Meinung nach eigentlich nicht.)

Diese Entwicklung fand in den Akademien *(shu-yuan)* statt, die sich im achtzehnten Jahrhundert vermehrten. Die typische Akademie war eine Art Internat, das in einer ländlichen Idylle mit alten Bäumen und Hügeln lag, den Blick auf die »Berge und Gewässer« *(shan-shui)* freigebend, die in der chinesischen Landschaftsmalerei eine so große Rolle spielen. Die klassische akademische Ausbildung ging mit einem naturnahen, einfachen, konfuzianischen Leben einher. Auf einem vielleicht idealisierten Gemälde sieht man die Fu-wen-Akademie in Hangchow. Sie besteht aus einem Komplex einstöckiger Häuser, die eine Reihe von Höfen umgeben, die zu einem bewaldeten Tal führen. Fu-wen stand unter der Leitung bekannter Gelehrter. Der

Kaiser K'ang-hsi (1685) und Ch'ien-lung (1754) schenkten der Akademie ausgewählte Bücher. Die Mandschu-Kaiser ließen es sich, wie man sieht, angelegen sein, die chinesischen Akademiker unter ihre Fittiche zu nehmen.

Von den Ming hatten die Mandschu ein System sogenannter Schulen übernommen, die auf Kreis-, Präfektur- und Provinzstufe standen. Diese »Schulen« bestanden aus Examenskandidaten, die hier zur Vorbereitung auf das nächste Examen eine Art autodidaktische Schulung betrieben. Sie wurden faktisch von der Regierung überwacht. Ihr offizieller Charakter und eine Reihe von Stipendien sorgten für Orthodoxie und suchten die Bildung von Fraktionen zu verhindern, wie sie sich in der späten Ming-Zeit störend bemerkbar gemacht hatten.

Da die chinesischen Akademiker der Eroberung durch die Mandschu lange ablehnend gegenüberstanden, verboten die Ch'ing zunächst die Gründung von Akademien und überhaupt jede politische Diskussion. Literarische Gesellschaften und Dichterzirkel waren nicht so leicht zu unterdrücken. Zu Beginn des achtzehnten Jahrhunderts wurden »wohltätige« Schulen (i-hsueh) erlaubt, die aus privaten Geldern bezahlt wurden, aber unter staatlicher Aufsicht standen[18]. Im Jahre 1733 begann Peking die Akademien wieder zuzulassen, damit sich die Akademiker auf die Prüfungen vorbereiten konnten. Auch diese Schulen standen unter der Aufsicht des Staates. Im Jahre 1750 begannen halbamtliche, halbautonome Akademien zu arbeiten, die unter der Schirmherrschaft hoher Beamter standen. Hier wurden Philologie und Textstudien zum Selbstzweck. Bis 1800 gab es schon einige Dutzend solcher Akademien, namentlich im unteren Jangtse-Gebiet. Sie ermöglichten durch Stipendien, Bibliotheken und Unterkünfte das wissenschaftliche Studium der chinesischen Geschichte und der Klassiker ohne direkte Staatsaufsicht.

Der Schlüssel zur Gründung dieser Hochschulen war wieder die Protektion hoher Beamter, deren Reichtum es ihnen ermöglichte, begabte junge Akademiker in ihr Gefolge zu ziehen (mu-fu), mit der Aufgabe, gelehrte Werke zu schreiben oder herauszugeben. Ein Beispiel ist Juan Yuan, ein hoher Beamter in Chekiang und anderen Provinzen. Er war ein Bücherliebhaber, der als Gouverneur von Kanton (1817–1826) die Akademie Hsueh-hai T'ang gründete und viele wichtige Veröffentlichungen förderte. So brachte er in dem Sammelwerk (›Huang Ch'ing ching-chieh‹) in 360 Bänden nicht weniger als 180 Werke von 75 Autoren als Neudruck heraus. Es handelte sich um Kommentare zu den Klassikern aus der Mandschu-Zeit. Juan Yuans Produktion solcher Sammelwerke, Anthologien, Kataloge, Wörterbücher usw. beschäftigte eine große Zahl von Gelehrten. Die Mittel kamen zum Teil von einem im Außenhandel führenden Kaufmann, der unter dem Namen Hauqua bekannt ist.

Welche neuen Gedanken hatte diese Flut von gelehrten Arbeiten zu bieten? Im achtzehnten Jahrhundert griff man auf die frühesten Texte der Klassiker zurück, um dem unfruchtbaren philosophischen Moralismus der Neokonfuzianer entgegenzutreten, der China seit den Sung beherrscht hatte. Man sprach jetzt von der Han-Lehre im Gegensatz zu der Sung-Lehre. Ihre Besonderheit war die philologische Kritik der Klassiker auf Grund empirischer wissenschaftlicher Untersuchung *(k'ao-cheng)*. Die Überprüfung der klassischen Texte ergab, daß einige Stellen im ›Buch der Dokumente‹ (›Shang-shu‹) Fälschungen waren; man hatte Stellen aus anderen Werken unterschoben. Das war neu; moderne Gegenstücke dazu sind die Entdeckung der Schriftrollen vom Toten Meer und die gnostischen Evangelien. Die Kruste der Orthodoxie war durchbrochen. Besonders die Han-Gelehrten verwendeten die neuen Texte der Klassiker *(chin-wen)*, die eigentlich die älteren waren, und die man im späteren Han-Zeitalter entdeckt hatte.

Die Betonung der philologischen Forschung *(k'ao-cheng)* auf Grund empirischer Studien bewirkte auch eine Wiederkehr der Betonung der moralischen Prinzipien der Sung-Lehre. Manchmal war das Ergebnis ein Han-Sung-Eklektizismus der Forscher, die sich nach der Mitte des neunzehnten Jahrhunderts mit den Problemen beschäftigten, die nicht nur durch die Berührung mit dem Ausland entstanden waren, sondern noch mehr im Zusammenhang mit dem Abstieg der Dynastie.

Wei Yuan war das Beispiel eines politischen Gelehrten, der den Westen vor dem Hintergrund einer Han-Schulung sah. Seine Laufbahn ist lehrreich. In den acht Jahren von 1813 bis 1821 studierte er in Peking mit Hilfe eines staatlichen Stipendiums. Er schloß sich der neuen Textschule an, welche die Klassiker durch empirische Textforschung neu interpretierte. Gleichzeitig machte er sich die Sung-Lehre zu eigen, wonach die Geschichte von tugendhaften Führern abhängt, die eine hohe Auffassung von der Sittlichkeit haben. Bis 1825 war er der Herausgeber einer großen Sammlung von Ch'ing-Schriften über Staatswissenschaft geworden. Diese Aufsätze von Ch'ing-Beamten oder Beamtenberatern *(mu-yu)* befaßten sich mit praktischen Einzelheiten der Verwaltung, namentlich in finanzieller Hinsicht. Dazu gehörte die Salz- und die Bodensteuer, ferner das System des Großen Kanals. In einer Periode des Niedergangs waren administrative Mittel ebenso wichtig wie moralische Führungsqualitäten. Auf Grund seiner Ansichten nahm Wei Yuan an den Versuchen teil, den Tributreis nach Peking über die Shantung-Halbinsel herum zu leiten, da das Transportsystem des Großen Kanals versagte. Wei trug auch zur Reform des Salzmonopols bei, das Salz von der Küste nördlich des Jangtse ins Inland beförderte. Um dem Schmuggel entgegenzutreten, wurde der Salzpreis gesenkt.

Nach 1829 schrieb er eine Militärgeschichte der Ch'ing, die sich mit den zehn großen Feldzügen des Kaisers Ch'ien-lung befaßte. Das brachte ihn darauf, über die Küstenverteidigung nachzudenken. Das Ergebnis dieser Studien war das geographische Werk ›Illustrierter Kurier über die überseeischen Länder‹, das weite Verbreitung fand und strategische Erwägungen auslöste. Der Außenhandel und der Umgang mit den ausländischen Kaufleuten zog die Aufmerksamkeit der Strategen auf sich, die bisher nur Innerasien gegolten hatte. Wei wurde ein Verbündeter des Kommissars Lin, der den Opiumhandel in Kanton unterdrücken wollte. Wei Yuans Buch über die Seemächte vermerkte kritisch das europäische Vordringen in Südostasien mit Vertragshäfen und Kanonen, doch scheint er sich mit der Abtretung Hongkongs an England im Jahre 1842 abgefunden zu haben. Er sah es als eine erfolgreiche Beschwichtigung der Engländer an und nicht als die Spitze des Keils, den England in den Osten trieb. Seestrategisches Denken scheint ihm noch immer schwergefallen zu sein.

Noch bedeutender war die Arbeit von Hsu Chi-yü, dem Gouverneur von Fukien. Auf Grund von Daten und Landkarten, die er von Missionaren erhalten hatte, verfaßte er 1848 eine systematische Darstellung aller Länder und ihrer Geschichte. Er erzählte, wie England in der mittleren Ming-Zeit Amerika kolonisiert hatte, die Kolonien dann wegen zu hoher Besteuerung verlor, aber Indien behalten hatte und in Südostasien im Vordringen war. »Die Bevölkerung Englands ist dicht und es gibt nicht genug Nahrung. Sie müssen importieren ... Mehr als 490 000 Menschen sind mit Weben beschäftigt. Die Webmaschine ist aus Eisen und wird von einer Dampfmaschine angetrieben, sodaß sie sich automatisch bewegt.«[19] Von Englands sechshundert Kriegsschiffen waren 1850 hundert Dampfschiffe. Dampfmaschinen, sagte der Gouverneur, werden in Amerika sogar dazu verwendet, Karren auf eisernen Schienen zu ziehen.

Für den normalen chinesischen Gebildeten war Hsus Bericht über die Erde neuartiger, als es die Kernphysik für uns ist, und sicher ebenso beunruhigend. Die Kluft zwischen den Angehörigen der herrschenden Klasse, die etwas vom Ausland wußten, und der großen Mehrheit, die nichts als Klassiker und Prüfungen kannte, wurde immer tiefer. Einige hohe Beamte sammelten junge Leute um sich, von denen einige ins Ausland gingen, um Sprachen und Wissenschaft kennenzulernen.

Diese Bemühungen begannen im Zeichen einer katastrophalen Entwicklung. Die vierzig Jahre nach 1860 waren eine Zeit der Vorbereitung für die chinesische Revolution. Das alte System schien zwar wieder zu funktionieren und einiges aus dem Westen wurde übernommen, aber China machte so langsame Fortschritte, daß es eine immer größere Aggression des Auslandes richtiggehend ermunterte. Die imperialistische Rivalität der Mächte erreichte 1898 im Wettlauf um Konzessionen einen Höhepunkt. Das Ergebnis war die Besetzung Pekings durch Truppen von acht Ländern im Jahre 1900. In diesen vier Jahrzehnten hatte China den Anschluß versäumt. Während Japan seine Abgeschlossenheit aufgab, sich geschickt modernisierte, ungleiche Verträge abschüttelte und offenkundig auf dem Wege war, eine Weltmacht zu werden, tat China nichts dergleichen. Warum?

Diese Frage beschäftigt die chinesischen Patrioten des zwanzigsten Jahrhunderts. Zunächst suchte man die Sache sozialdarwinistisch zu erklären. China war einfach im Kampf ums Dasein gegenüber den anderen Völkern im Nachteil. Der Fehler lag im Inneren. China hörte zu langsam auf, ein Reich alten Typs zu sein und zögerte mit der Modernisierung. Teilweise ist das richtig.

Der Marxismus-Leninismus bot um 1920 eine bessere Erklärung an. Der Fehler lag im kapitalistischen Imperialismus der Mächte, die in China einfielen, sich Vorrechte durch ungleiche Verträge sicherten, die chinesischen Märkte und Rohstoffquellen ausbeuteten und den beginnenden chinesischen Kapitalismus unterdrückten. Das Ausland machte gar kein Hehl daraus. Zur gleichen Zeit triumphierte der Kolonialismus an Chinas Peripherie. England nahm Burma und Malaya, Frankreich eignete sich Vietnam an.

Nach einem zwei Generationen währenden Streit über diese Theorien einigte man sich nach 1980 auf eine »Sowohl als auch«-Formel. Innere Schwäche hatte ausländische Angriffe herausgefordert, wie Konfuzius schon vor 2500 Jahren gesagt hatte. Der Streit geht nur noch um das Verhältnis der beiden Faktoren zueinander und die Datierung ihres Einflusses. Der Fortschritt der Forschung über Chinas innere Entwicklung wird wohl die Behauptungen des Marxismus-Leninismus verwässern, aber in manchen wichtigen Punkten sind sie immer noch gültig.

Wie sah es zwischen 1861 und 1894 aus? Diese Periode begann mit einer gemeinsamen Politik der Mandschu und Chinesen in Peking wie in den Provinzen. Sie stimmten hinsichtlich des allgemeinen Programms überein, das die Beschwichtigung der anglo-französischen Eindringlinge und zugleich die Unterdrückung chinesischer Aufstände vorsah. Hier bietet sich ein Beispiel dafür, wie Schwäche sich in Stärke verwandeln kann, wenn auch mitunter auf Kosten des chinesischen Volkes.

Um die Mitte der sechziger Jahre waren die Taiping im Zuge einer neuen Offensive in das Jangtse-Delta eingedrungen, hatten die großen Städte Hangchow und Soochow erobert und bedrohten Schanghai. Zugleich erschien eine englisch-französische Armee auf zweihundert Schiffen vor Tientsin und kämpfte sich bis Peking durch. Angesichts der doppelten Katastrophe griffen die Mandschu zur doppelten Beschwichtigung. Sie gaben Tseng Kuo-fan den Oberbefehl gegen die Taiping unter Aufgabe des alten Prinzips, daß Zivilisten in den Provinzen keine Armeen befehligen sollten, und sie akzeptierten die englisch-französische Forderung nach weiterer Öffnung Chinas für den ausländischen Handel und ausländische Missionare. Im Rat der Dynastie waren die Taiping ein »organisches Leiden«, während die Ausländer »nur ein Leiden an den Gliedern« waren. (So ähnlich formulierte Tschiang Kai-schek in den dreißiger und vierziger Jahren unseres Jahrhunderts seine Ansicht über das Doppelproblem des japanischen Angriffs und des Kommunistenaufstands.) Die Engländer wollten nur Handel. Daher legalisierte man ihr Opiumgeschäft und versprach ihnen Handel auf dem Jangtse, sobald die Taiping, die hartnäckig am Opiumverbot festhielten, vernichtet wären.

Amerikanische und englische Söldner wie F. T. Ward aus Salem, Massachusetts, wurden von der Regierung angeworben, um Dampfschiffe und Artillerie in den Krieg um Schanghai einzusetzen. Nachdem Peking ihre Forderungen bewilligt hatte, gaben die Engländer und Franzosen ihre Neutralität auf und ließen Offiziere wie C. G. Gordon, der den Beinamen »China-Gordon« erhielt, das Kommando im Krieg gegen die Taiping übernehmen. Noch wichtiger war es, daß ausländische Händler Gewehre und Kanonen an die kaiserliche Armee lieferten. Die englisch-französischen Truppen, die eben Peking niedergeworfen hatten, marschierten zurück, um Schanghai und das Jangtse-Delta zu verteidigen, womit sie halfen, die Dynastie zu retten.

So sicherte sich die Ch'ing-Restauration von 1860 fremde Hilfe, indes sie weiter die klassische Ideologie der Regierung der Tugend verkündete. Tseng Kuo-fan, dessen Gefühlskälte bei der Abschlachtung von Taiping-Gefangenen wir schon vermerkt haben, war hier tonangebend. Seine Charakterstärke war übrigens bewundernswert, ebenso sein simpler Glaube an die konfuzianischen Ideale des richtigen Verhaltens.

»Der Umgang mit Barbaren ist schwierig«, schrieb er an seinen Vertreter Li Hung-chang im Jahre 1862, »aber die Grundsätze sind nicht mehr als die vier Worte des Konfuzius: *chung, hsin, tu* und *ching* – Treue, Aufrichtigkeit, Ernst und Achtung... *Hsin* bedeutet nur, nicht zu lügen, aber Lügen sind schwer zu vermeiden... Konfuzius sagt: Wenn Du Dein Land regieren kannst, wer wird es dann wagen, Dich zu beleidigen? Wenn wir einig, streng und nüchtern sind, und wenn Hunderte von Maßnahmen ergriffen werden, werden die Fremden uns nicht ohne Grund beleidigen oder angreifen.« (Einem so den konfuzianischen Tugenden ergebenen Mann konnte man wohl das Geschick der Dynastie anvertrauen.)

»Wenn Du mit Fremden zu tun hast«, fuhr Tseng in seinem Brief an Li fort, »solltest Du Dich von oben herab benehmen und Du solltest immer etwas unklar erscheinen. Verstehe zwar ihre Beschimpfungen, Täuschungen und ihre Verachtung, aber tue gleichzeitig so, als ob Du sie nicht verstündest. Du solltest einen etwas dummen Eindruck machen.«[20]

Man konnte kein besseres Rezept finden, als den eigenen Stolz zu vergessen und den Eindringling zu beschwichtigen. Die Mandschu am Hofe hatten das alte Sprichwort zitiert: »Sei friedlich und freundlich, wenn Du das zeitweise sein mußt, aber Deine wirkliche Politik sei Krieg und Abwehr.« Die Dynastie und die chinesische Oberklasse waren gleicher Ansicht.

Nach dem Tode Tseng Kuo-fans im Jahre 1872 ging die Aufgabe, mit den Ausländern zu verhandeln, für die nächsten dreißig Jahre an Li Hung-chang über. Li war 1,80 Meter groß, energisch, ein ungewöhnlich intelligenter Realist, der gerne die Verantwortung übernahm und seine Macht meisterhaft zu bewahren wußte. Er war auf die Kunst des Möglichen eingestellt und wurde innerhalb der Grenzen dieses Prinzips der führende Modernisierer seiner Zeit. Eine Weltreise unternahm Li erst gegen Ende seiner Laufbahn im Jahre 1896, aber ihm war von dem Augenblick an, als seine Soldaten amerikanische Remington-Gewehre bekamen, völlig klar, daß ausländische Produkte der Schlüssel zu Chinas Verteidigung und Chinas Überleben waren. Er wurde der Anwalt der Politik, die Deng Hsiao-p'ing ein Jahrhundert später »Modernisierung« nennen sollte.

Li kam es zugute, daß sein Vater ein Mitschüler Tseng Kuo-fans gewesen war; sie hatten im Jahre 1838 zusammen die oberste Prüfung abgelegt. Nach Erwerb des Provinzgrades studierte Li unter Tseng in Peking. Die höchste Prüfung legte er 1847 ab. Anfang der fünfziger Jahre ging er in seine Geburtsstadt Hofei in Anhwei zurück, um eine Miliz gegen die Aufständischen aufzustellen, ähnlich wie Tseng es in Hunan getan hatte. Er war die rechte Hand des Provinzgouverneurs bei Feldzügen und trat 1859 dem Stab Tseng Kuo-fans bei, wo er Tsengs Sekretär wurde und seine Briefe aufsetzte. Als der Pekinger Hof schließlich Tseng das Oberkommando übergeben mußte (1860), kam Lis großer Tag.

Tseng ließ ihn die Armee von Anhwei nach dem Muster von Tsengs Armee von Hunan reorganisieren. Im April 1862 brachte Li seine Truppen den Jangtse hinab nach Schanghai, wozu er sieben ausländische Dampfer benutzte, die von geflohenen Gutsbesitzern gemietet wurden. Mit 39 Jahren wurde Li Gouverneur von Kiangsu, dem Brennpunkt der chinesischen Beziehungen zum Ausland. Schanghai fand er als einen anglo-französischen militärischen Stützpunkt vor und stellte fest, daß die ausländischen Truppen weit besser bewaffnet und ausgebildet waren als die chinesischen. Solche Truppen konnten ganz China übernehmen. Li fürchtete, daß Beamte und Volk im Herzen längst zu den Ausländern übergegangen waren. Er stand auf schwankendem Boden. Konnte Schanghai vor fremder Inbesitznahme bewahrt werden? Li beeilte sich, westliche Waffen zu kaufen und seine Armee zu verbessern. Binnen zwei Jahren hatte er 40000 Mann mit 10000 Gewehren und schwerer Artillerie. Er erlangte westliche Hilfe gegen die Taiping, hielt sie aber in Grenzen.

So wurde Li eine hervorragende Stütze der Ch'ing-Dynastie. Erst war er Akademiker, nun gewann er das Vertrauen des Kaisers als Heerführer. Seine Armee aus Anhwei war an der Umzingelung der Taiping-Truppen am unteren Jangtse beteiligt. Gegen Ende der sechziger Jahre erledigte er noch die Nien-Rebellen, deren Reiterei ganz Nordchina durchstreift hatte. Der Ankauf ausländischer Gewehre, die Anlage von Arsenalen und bessere Ausbildung der Truppen sicherte der Dynastie den Sieg über die aufständischen Bauern. Die Engländer mit ihren Truppen und Kanonenbooten in Hongkong, in den Vertragshäfen und am Jangtse wurden nun ein integraler Bestandteil der chinesischen Machtstruktur. Sie halfen bei der Aufrechterhaltung der Ordnung, weil dies im Interesse des ausländischen Handels lag.

Tseng Kuo-fan empfahl dem Hof neue Provinzgouverneure für die Jangtse-Provinzen. Sie stellten die neue Generation loyaler Beamter dar, die in den sechziger Jahren Armeen führten und dann westliche Methoden, vor allem westliche Waffen, zur Stärkung des chinesischen Staates und der Verhinderung weiterer Aufstände benutzten. Die Periode nach den großen Aufständen war gekennzeichnet durch ein neues Gleichgewicht zwischen Mandschu und Chinesen, zwischen der Zentrale und den Provinzen. Chinesische Initiativen fanden verständnisvolle Förderung, aber die Mandschu behielten die Kontrolle durch Ernennungen, Beförderungen, Entlassungen und Verteilung der Staatsmittel.

Zu dieser Zeit wurden auch die Interessen der Ch'ing-Dynastie und des britischen Empire in Ostasien enger verknüpft. Da war ein Ire, Robert Hart, ebenso tüchtig wie unauffällig, der den kaiserlichen Seezolldienst für den auswärtigen Handel Chinas errichtete. Nach 1842 hatten die ausländischen Kaufleute Extraterritorialität gegenüber den chinesischen Gesetzen genossen. Alsbald fanden die chinesischen Zolleinnehmer, daß das Zusammenspiel mit den Ausländern von gegenseitigem Nutzen war. Es war besser, als Zwang zur Erhöhung der kaiserlichen Einnahmen auszuüben. Der Vertragstarif wurde ein Fetzen Papier, der Außenhandel war der chinesisch-ausländischen Korruption ausgeliefert. Im Jahre 1854 jedoch setzten die ausländischen Konsuln in Schanghai die Einstellung ausländischer Inspektoren im chinesischen Zollwesen durch. Diese Inspektoren sorgten für die Einhaltung der Zölle; das System wurde auf alle Vertragshäfen erweitert, und das waren immerhin vierzig. Hart war von 1863 bis 1908 Generalinspektor und sorgte für Ordnung im Zollwesen. Er stellte internationales, hauptsächlich englisches Personal für jeden Hafen an. Damit konnte er Peking ein verläßliches und wachsendes Zollaufkommen sichern. Die chinesischen Zöllner mußten das Zollgeld übernehmen und Rechnung darüber legen.

Robert Hart war ein schlanker junger Mann von lebhaftem Geist und kulturellen Interessen. Chinesisch lernte er – wie den Umgang mit chinesischen Beamten – während einer Lehrzeit von vier Jahren (1854–1858) als englischer Dolmetscher und Vizekonsul in dem verschlafenen Hafen von Ningpo südlich von Schanghai. Dann ging er für ein Jahr nach Kanton als Sekretär der anglo-französischen Kommission, die Kanton regierte. Sie bediente sich hierbei der unglückseligen chinesischen Beamten, die 1858 zuerst gefangengesetzt und dann in ihren Ämtern belassen wurden. Als Hart den englischen Staatsdienst quittierte und sich 1863 als Generalinspektor des chinesischen Zollwesens in Peking anstellen ließ, fand er sich mit achtundzwanzig Jahren innerhalb der höchsten Räte der Ch'ing-Regierung. Der Kaiser war noch minderjährig; die Regierung besorgte indessen Prinz Kung, sein Onkel. Er war erst dreißig Jahre alt. So sahen sich zwei junge Nichtchinesen aus verschiedenen Welten vor die Probleme der chinesischen Politik gestellt. Im Gegensatz zu dem imperialistisch gesinnten Gesandten Harry Parkes, der den Eingeborenen mit Kanonenbootdiplomatie entgegentrat und deshalb bei den Ausländern in Schanghai sehr beliebt war, war Hart ein aufrichtiger Vertreter der chinesischen Interessen, wie er sie sah. Im Zolldienst war er Diktator, aber er wußte, wohin er als Angestellter der Ch'ing gehörte und verhielt sich entsprechend, was Tseng Kuo-fans ausdrückliches Lob fand – vor allem Harts Meisterschaft in Pekings schwierigster Tugend: den Mund zu halten.

Er wurde zum Vermittler in allen möglichen diplomatischen Krisen. So erreichte im Jahre 1864 der »China-Gordon« die Kapitulation von acht Taiping-Heerführern in Soochow, indem er ihnen das Leben versprach. Aber sein chinesischer Vorgesetzter Li Hung-chang ließ sie vorsichtshalber sofort köpfen. Gordon sah sich in seiner Ehre verletzt. Es gab großen Krach, bis Hart mit jedem gesondert sprach und sowohl die viktorianische Ehre als auch das chinesische Gesicht wahrte. Die »Ewige siegreiche Armee« ging wieder ins Gefecht.

Am 11. Mai 1864 bombardierte Gordon Changchou den ganzen Morgen. Er sagte, das »Gesindel drinnen« würde wohl annehmen, sein Tagwerk sei vollbracht, und setzte um 1 Uhr zum Sturm an[21]. Hart und Li sahen von einem Hügel aus zu. Gordon führte persönlich eine der drei Sturmkolonnen und war der erste in der Bresche. Changchou fiel, aber Li und Tseng erlaubten ihren europäischen Verbündeten nicht, sich an der anschließenden Einnahme und Plünderung von Nanking zu beteiligen, die den Krieg beendete.

Von 1870 bis 1895 war Li Hung-chang Generalgouverneur von Tientsin, aber noch immer Befehlshaber moderner Einheiten seiner Armee aus Anhwei. Auf Weisung des Hofes bewältigte er eine auswärtige Krise nach der anderen, etwa die Ermordung von Nonnen in Tientsin oder die japanische Annexion eines Inselkönigreiches, das Peking lange tributpflichtig gewesen war und nun Okinawa hieß. Ein anderes Tributkönigreich, Korea, nahm auf Lis Vorschlag Vertragsbeziehungen mit den Westmächten auf, um den territorialen Ansprüchen Japans und Rußlands zu begegnen. Es gab lange Auseinandersetzungen und Kämpfe mit Frankreich wegen dessen Annexion eines anderen Tributlandes, Vietnam. Die Verhandlungen komplizierten sich dadurch, daß auch Peking und der chinesische Gesandte in Paris eingriffen; inzwischen kamen und gingen vier französische Regierungen, und die französische Marine mischte sich ein. Robert Hart stellte schließlich den Frieden her, indem er seinen Londoner Vertreter im Jahre 1885 heimlich in Paris verhandeln ließ. Die Verhandlungen über den Krieg Frankreichs gegen China um Vietnam dauerten so lange wie in neuester Zeit die Verhandlungen von Nixon und Kissinger über die Beendigung des amerikanischen Vietnamkriegs. Doch hatte der nicht sehr intensiv geführte franko-chinesische Krieg viel weniger Opfer gefordert.

Daß Li faktisch als Außenminister Chinas fungierte, war für die Rückständigkeit der chinesischen Einrichtungen kennzeichnend. Auswärtige Angelegenheiten waren immer noch Grenzfragen, nicht Angelegenheiten der Zentralregierung. Es gab immer noch kein Außenministerium, nur einen Ausschuß des Großen Rats, der unter dem Namen Tsungli Yamen auswärtige Angelegenheiten besprach, soweit sie Peking erreichten. Li hatte die Aufgabe, auswärtige Angelegenheiten soweit wie möglich von der Hauptstadt fernzuhalten.

Seine Diplomatie bestand in dem zweitausend Jahre alten

Spiel »Barbaren gegen Barbaren«. Das gab es, wenn auch nicht so eigenartig ausgedrückt, überall in der Welt. Die Amerikaner schienen brauchbare Barbaren zu sein[22], weil sie viel von Frieden und Freundschaft redeten und kein chinesisches Gebiet verlangten. Sie boten bei Schwierigkeiten ihre »guten Dienste« an. Im Jahre 1879 kam der frühere Präsident Grant auf einer Weltreise nach China. Li ersuchte um seine guten Dienste, weil Japan den kleinen Tributstaat Liu-ch'iu (Okinawa) annektiert hatte. Der listige alte General verlangte dafür den Verzicht Chinas auf seine Einwände gegen das Verbot der chinesischen Einwanderung nach Amerika, während Grant in Tokio nichts ausrichten konnte. Später ersuchte Li auch um amerikanische Vermittlung in Korea und Indochina, schließlich beim Friedensschluß mit Japan im Jahre 1895. Auch diese Versuche blieben erfolglos.

Li Hung-changs diplomatische Bemühungen verschafften ihm Publizität. Europäische Journalisten nannten ihn gelegentlich den »Bismarck des Ostens«. Der Vergleich stimmt nicht ganz. Zwar hatte Li zum Teil dieselben Eigenschaften wie Bismarck; er war groß, ein geschickter Diplomat und ein realistischer, energischer Politiker, der vierzig Jahre lang eine Hauptrolle in China spielte. Aber während Bismarck von 1864 bis 1870 drei Kriege auslöste und gewann, um das Deutsche Reich zu gründen und Mitteleuropa zu beherrschen, hatte Li mit Aufständen im Inneren und ausländischer Aggression an Chinas Grenzen zu kämpfen, die das Ch'ing-Reich immer weiter in den Abgrund führten. Während Bismarck ein neues Gleichgewicht in Europa schuf, sah sich Li dem Zusammenbruch des Tributsystems der Ch'ing gegenüber, das lange eine Art internationaler Ordnung in Ostasien gesichert hatte. Der »Eiserne Kanzler« hatte die Exekutivgewalt in einem Lande inne, das schon in moderner Wissenschaft, industrieller Technik und militärischer Tüchtigkeit führend war. Li Hung-chang hatte nie die Zentralgewalt inne und war für Peking nur der Generalgouverneur einer Provinz. Sein Einfluß hing an dem dünnen Faden seines Verhältnisses zu zwei Kaisern im Knabenalter und der Kaiserinwitwe Tz'u-hsi, einer schlauen, aber unwissenden Frau, die das Mandschu-Regime um jeden Preis erhalten wollte. Lis Treue zu den Regenten mußte sich in großen Geschenken und grenzenloser Schmeichelei ausdrücken; das ging so weit, daß in den Jahren 1888 bis 1894 Lis nordchinesische Flotte, die im Wettlauf mit dem japanischen Flottenbau stand, ihre Mittel für den Bau des neuen Sommerpalastes der Kaiserinwitwe abgeben mußte.

Im Gegensatz zu Bismarck mußte Li Hung-chang sich seine Mittel dadurch beschaffen, daß er nach altem Brauch stattliche Gelder beiseite brachte. Nach Abschluß des russisch-chinesischen Geheimvertrags von 1896 bekam er eine persönliche Zuwendung von einer Million Rubel. Sein Vermögen wurde auf 40 Millionen Dollar geschätzt. Er brachte zwar einiges zustande, aber bei der Durchsetzung der späten Versuche der Ch'ing zur Modernisierung hatte er ständig mit einer verständnislosen Umgebung zu kämpfen.

Er sah sich vor zwei Aufgaben gestellt. Zunächst mußte er das Geheimnis der westlichen Macht erforschen, dann mußte er seine in alten Doktrinen befangenen Kollegen überzeugen, daß es notwendig war, den Westen nachzuahmen. So unterstützte Tseng Kuo-fan zwar das Arsenal in Schanghai, wo ein Dampfer gebaut wurde, auf dem er selber fuhr. Aber er war weiter gegen Eisenbahnen, Telegraphen und andere Errungenschaften der Technik, weil sie das chinesische Leben beeinträchtigen und dem Ausland zuviel Einfluß geben würden. Tseng verwies Li auf die alte konfuzianische Weisheit, wonach es in der Kriegführung auf Menschen, nicht auf Waffen ankomme. (Mao Tsetung hat diesen Gedanken in modifizierter Form wieder aufgenommen.) Li antwortete auf den konfuzianischen Unsinn, indem er die englischen und französischen Kriegsschiffe beschrieb, die er besucht hatte. »Ich schäme mich«, sagte er, »der chinesischen Rückständigkeit auf dem Gebiet der Waffen. Ich sage meinen Offizieren täglich, sich unterwürfig zu gebärden, um eine oder zwei geheime Methoden von den Ausländern zu lernen.«

Im Jahre 1863 schrieb Li Hung-chang an den Hof in Peking: »Alles in Chinas zivilem und militärischem System ist dem Westen weit überlegen. Nur auf dem Gebiet der Feuerwaffen ist es absolut unmöglich, die Fremden einzuholen. Warum? Weil in China die Gelehrten die Prinzipien des Maschinenbaus zu verstehen, die Handwerker sie praktisch durchzuführen haben ... Die beiden befragen einander nicht ... Die Ausländer sind anders ... Ich habe erfahren, daß die Gelehrten des Westens, wenn sie Waffen machen, sich der Mathematik bedienen.« Li verwies auch auf den Erfolg der Japaner, die gelernt hatten, mit Dampfschiffen zu fahren und Kanonen zu bauen. Wenn China militärisch auf eigenen Füßen stünde, prophezeite er, »würden sich die Japaner uns anschließen«. Anderenfalls würden die Japaner es »den Westmächten gleichtun und sich an deren Profitmacherei beteiligen«[23].

Im Jahre 1864 wagte Li den Vorschlag, Wissenschaft und Technik zum Prüfungsgegenstand bei den Beamtenprüfungen zu machen. Das wäre gewiß ein Anfang der Annäherung Chinas an die moderne Welt gewesen. Aber der Vorschlag hatte keine Aussichten. Nicht einmal der Gedanke, die Inhaber akademischer Grade an der Dolmetscherschule Harts in Peking die westliche Wissenschaft studieren zu lassen oder an vergleichbaren kleinen staatlichen Schulen in Schanghai und Kanton, drang durch.

Der kaiserliche Lehrer Wo-jen, ein Mongole, der in der Pekinger literarischen Bürokratie maßgebend war, sprach für die orthodoxe Mehrheit: »Der richtige Weg zur Festigung einer Nation ist die Betonung der Wohlanständigkeit und Gerechtigkeit, nicht Macht und Komplott ... wir brauchen die Seele des Volkes, keine Technik ... Die Barbaren sind unsere Feinde. Im Jahre 1860 haben sie gegen uns rebelliert.« Sie sind in Peking einmarschiert, fuhr er fort, brannten den kaiserlichen Sommerpalast nieder und brachten viele Chinesen um. »Wie könnten wir diese Erniedrigung auch nur einen Tag lang vergessen?« Warum, fragte er, ist es nötig, »belanglose Künste zu lernen und Barbaren als Lehrer zu respektieren? ... Seit dem Friedensschluß von 1860 hat das Christentum die Vorherrschaft erlangt und die Hälfte unseres unwissenden Volks (die Taiping) hereingelegt ... Wenn begabte Gelehrte nun ihren normalen Weg verlassen sollen, um den Barbaren zu folgen ... wird das die Mehrheit des chinesischen Volkes den Barbaren in die Arme treiben ... Sollen wir ihren Einfluß noch weiter ausdehnen und ihre Flamme gar noch anfachen?«[24]

Diese Ansichten deckten sich mit dem praktischen Interesse jedes Gelehrten, der die Klassiker lernte, und jedes jungen Mannes, der sie studierte. Modernes Wissen blieb auch weiter von den Prüfungen ausgeschlossen, bis das Prüfungswesen im Jahre 1905 aufgehoben wurde.

Die Modernisierung Chinas wurde ein Spiel, dessen Notwendigkeit nur ein paar hohe Beamte einsahen. Sie versuchten Geld aufzutreiben, Fachleute zu finden und Projekte durchzubringen, indes ihre Umwelt lethargisch und meist mißgünstig blieb. Natürlich hegten sie Hoffnungen auf persönliche Macht und persönlichen Gewinn, aber der Hof der Kaiserinwitwe gab ihnen nicht die Unterstützung, die Kaiser Meiji in Japan den Neuerern geboten hatte. Tz'u-hsi fand es ganz in Ordnung, wenn konservative Ideologen wie Wo-jen die Neuerer bekämpften, so daß sie das Züngelein an der Waage waren. Südchina war wie gewöhnlich voll neuerungsfreudiger Intellektueller, namentlich in den schnell wachsenden Vertragshäfen, doch gegen Ende des neunzehnten Jahrhunderts gab es zwar wagemutige Pioniere, aber wenig wirkliche Veränderungen. Die Modernisierung blieb einigen hohen Provinzbeamten überlassen, einmal wegen des Gleichgewichts zwischen Zentrum und Provinzen (der Hof vermied gern Kosten und Verantwortung), dann aber auch, weil nur Beamte in Vertragshäfen im Kontakt mit dem Ausland etwas tun und fremde Hilfe beschaffen konnten.

Schritt für Schritt gewann Li Hung-chang Bundesgenossen in Kantoner Unternehmen, denen der lange Kontakt mit dem Ausland neue Perspektiven eröffnete. Da gab es einen T'ang-Clan nicht weit von Macao, der durch die Herstellung von Krabbensauce reich geworden war. Der Einfluß dieses Clans stieg im neunzehnten Jahrhundert dadurch, daß seine Angehörigen örtliche und Provinzprüfungen ablegten. Tong King-sing (T'ang T'ing-shu), der von 1832 bis 1892 lebte, wurde Großunternehmer auf vielen Gebieten. Er lernte Englisch in einer Missionsschule, wurde Dolmetscher am Hongkonger Polizeigericht und beim Zollamt in Schanghai, und nach 1863 wurde er reich. Er war nämlich der wichtigste Comprador der Firma Jardine. Er investierte sein Geld zunächst in Pfandleihanstalten und örtliche Banken, dann beteiligte er sich an Schiffahrtsgesellschaften und Versicherungen, schließlich sogar an einer Zeitung. Inzwischen kaufte er sich den Akademiker-Status und einen Amtstitel, der vom Hof gegen Barzahlung zu haben war. Ab 1873 genoß Li Hung-chang die Hilfe Tongs bei industriellen Projekten.

Li fand es leichter, mit den ausländischen Unternehmern in China zu konkurrieren, als sich mit seinen konfuzianischen Glaubensgenossen an der geistigen Front herumzuschlagen. Der private chinesische Binnenhandel war in Ausdehnung begriffen. Li folgte der Tradition, mit dem Kapital chinesischer Kaufleute Unternehmen zu gründen, die von Beamten überwacht, aber von Kaufleuten betrieben wurden, wie das beim Salzhandel der Fall gewesen war. Der Teil des Nationaleinkommens, der durch die klebrigen Finger der Regierung ging, war noch gering.

Im Jahre 1872 errichtete Li eine Dampfschiffahrts-AG und nannte sie die »Dampfschiffahrtsgesellschaft chinesischer Kaufleute«. Tong King-sing wurde Direktor. Kaufmännisches Kapital jedoch war nur in kleinen Summen aufzubringen. Ein Krach von 1877 ermöglichte es Li, die Flotte von Russell & Co. aufzukaufen, der Bostoner Firma, die mit Hilfe chinesischer Kaufleute die Dampfschiffahrt auf dem Jangtse eröffnet hatte. Hier mußte aber der Großteil des Kapitals vom Staat kommen. Im Jahre 1885 lieh Robert Hart der Gesellschaft einen seiner jüngeren Assistenten, einen Harvard-Absolventen namens H. B. Morse. Dieser stellte fest, daß die Gesellschaft viel zu viel Personal hatte und daß ihre Gewinne auf unbekannten Wegen verschwanden. Die Gesellschaft hielt sich nur durch den Transport von Reis nach Tientsin und durch Tarifabmachungen mit den englischen Firmen Jardine, Matheson & Co. und Butterfield & Swire. Diese Firmen beherrschten noch ein halbes Jahrhundert mit Hilfe der ungleichen Verträge die chinesische Binnenschifffahrt.

Als Li Hung-chang im Jahre 1876 das Kohlenbergwerk Kaiping nördlich von Tientsin gründete, um Kohle für seine Dampfer und zugleich eine Rückfracht nach Schanghai zu gewinnen, machte er Tong zum Direktor der Grube. Tong holte ein Dutzend westlicher Ingenieure und stellte moderne Pumpen, Ventilatoren und Fördereinrichtungen auf. Kaiping hatte bald eine Maschinenwerkstätte, Telephon und Telegraph, dazu eine kleine Eisenbahn. Die Förderung betrug 250 000 Tonnen im Jahr. Angesichts dieses Erfolgs konnte sich Peking nicht zurückhalten. Ein Steuerkünstler vom Hof wurde Tongs Nachfolger, der die Gesellschaft bis zur Erschöpfung auspreßte. Sie konnte nur noch mit ausländischen Anleihen aufrechterhalten werden.

In der Boxerkrise von 1900 erwarb eine englische Gesellschaft, vertreten durch einen vielversprechenden amerikanischen Bergwerksingenieur namens Herbert C. Hoover, die Kohlengrube. Chinas Anwalt in London sagte, dieser Wechsel wäre von Raub kaum noch zu unterscheiden. Nach 1912 betrieb die anglo-chinesische Kailan-Grubenverwaltung das Bergwerk.

Nicht ganz fleckenlos war auch Lis erster Versuch, chinesische Studenten ins Ausland zu schicken. Der Vorschlag stammte von einem anderen Kantoner, einem Schulkollegen Tongs namens Yung Wing. Dieser war so weit gegangen, die Hilfe der

Missionare zu akzeptieren und in Yale zu studieren. Im Jahre 1854 absolvierte er als erster Chinese Yale. Nach seiner Rückkehr nach China suchte er sich nützlich zu machen und wurde schließlich ins Ausland geschickt, um Maschinen für das Arsenal von Schanghai zu kaufen. Im Jahre 1872 übertrug man ihm die Leitung der chinesischen Bildungsmission, die im nächsten Jahrzehnt 120 langgewandete chinesische Jünglinge nach Amerika brachte. Die erste Gruppe, von Tong King-sing zusammengestellt, umfaßte sieben Verwandte Tongs. In der dritten Gruppe war Tongs Neffe T'ang Shao-i.

Auf den Rat des Schulreferenten des Staates Connecticut siedelte Yung Wing seine Leute in Hartford an, aber der Universitätspräsident Porter meinte, die Studenten sollten sich lieber bei Familien im Tal von Connecticut einmieten. Sie lernten schnell, ihre Zöpfe unter ihren Mützen zu verstecken und Baseball zu spielen. Yung Wing selbst heiratete Mary Louise Kellogg aus Avon, Connecticut. Wings Kollege in der Leitung der Gruppe, ein Akademiker alten Stils in langem Gewande, war entsetzt. Die jungen Leute würden ja barbarisiert! Sie unterließen es, die Klassiker zwecks Vorbereitung für die Prüfungen nach ihrer Heimkehr zu studieren. Im Jahre 1881 wurde das Projekt wieder aufgegeben. Chinesische Studenten kamen erst dreißig Jahre später wieder nach Amerika, nach dem Ende der Dynastie. Sie waren nicht mehr so jung, hatten keine Zöpfe mehr und lasen nicht mehr die Klassiker.

Die 120 Studenten des Hartford-Projekts machten sich in China nach 1900 bei der Industrialisierung und den auswärtigen Beziehungen bemerkbar. Wenn man das Projekt fortgesetzt hätte, wäre Chinas moderne Geschichte vielleicht anders verlaufen.

Mit der Zeit wurden einige der Schützlinge Li Hung-changs ebenso wie einige seiner Rivalen industrielle Unternehmer als »bürokratische Kapitalisten«. Sie benutzten weiter die Formel »amtliche Aufsicht und kaufmännische Leitung« oder »gemeinsame staatliche und kaufmännische Leitung«. Sie gründeten Textilwerke, Telegraphengesellschaften, schwerindustrielle Konzerne und neuzeitliche Banken. Staatliche und persönliche Interessen waren bis zur Unkenntlichkeit verflochten. Die industrielle Führung war mehr bürokratisch und auf ein Monopol orientiert als risikobereit und neuerungsfreudig. Das Kapital war nicht groß, die Leitung war nicht immer gut. In der großen Entwicklung des Weltkapitalismus um das Ende des neunzehnten Jahrhunderts blieb China zurück. Es war kein Ziel für Investitionen, wie es die Kolonien waren, und entwickelte keinen Massenexport. Indien und Japan überholten China mit Tee und Seide auf dem Weltmarkt durch die Standardisierung ihrer Produkte. In China fehlte es an Leuten, die die Wichtigkeit dieser Maßnahmen erkannt hätten.

Li Hung-chang hatte zwei Rivalen, einen zu Anfang seiner Laufbahn, den anderen später. Tso Tsung-t'ang (1812–1885) kam aus Hunan und hatte sich bis zu seinem vierzigsten Lebensjahr als Akademiker für Landwirtschaft und Geographie interessiert. Bei der Prüfung für den obersten Rat in Peking fiel er dreimal durch und gab schließlich auf. Nach 1852 zeichnete er sich als Militärbefehlshaber aus. Von Tseng Kuo-fan vorgeschlagen, wurde er erst Gouverneur, dann Generalgouverneur von Chekiang und Fukien mit der Aufgabe, die Taiping von Süden zu umfassen. Tso wurde auch gegen die Nien-Bewegung in Nordchina und dann gegen die Moslem-Aufstände im Nordwesten und in Chinesisch-Turkestan eingesetzt.

Es war kaum eine Generation her, daß Jahangir in Kaschgar eingefallen war, worauf Krieg und Frieden mit Kokand gefolgt war. Die Schwäche der Mandschu-Dynastie gegenüber den Aufständischen in Mittelchina hatte immer wieder mohammedanische Aufstände in Westchina und Kaschgarien zur Folge. Um 1870 schüttelte ein General aus Kokand namens Yakub Beg die Ch'ing-Herrschaft südlich der »Himmelsberge« ab, und die Russen besetzten die strategisch wichtige Ili-Gegend nördlich davon. Das ganze Randgebiet schien verloren.

Li Hung-chang erlebte inzwischen den Aufstieg Japans und sah die Gefahr für Korea. Er verlangte Mittel für eine Flotte und für die Küstenverteidigung. Er war dagegen, die knappen Mittel auf die wahrscheinlich vergeblichen Bemühungen zur Rückgewinnung der mittelasiatischen Wüsten und Steppen zu verschwenden. Der hartnäckige Tso Tsung-t'ang jedoch bewog den Hof zu einem langen Feldzug zur Rückeroberung Mittelasiens. Er verwies darauf, daß drei große Kaiser des achtzehnten Jahrhunderts großes Gewicht auf Mittelasien gelegt hatten, das immer noch von strategischem Interesse war. Es gelang ihm bis 1873, den Nordwesten zu befrieden. Mit dem Einverständnis Pekings baute er seine vorgeschobene Basis aus und bildete eine Armee von 60000 Mann mit mehreren Generalen. Im Jahre 1876 stieß diese Armee durch die Wüste nach Turkestan vor und eroberte die zukünftige Provinz Sinkiang zurück. Im Jahre

1881 räumten die Russen die Ili-Gegend. Am Hof in Peking empfand man Genugtuung über die erwiesene Fähigkeit Chinas, mohammedanische Aufständische abzuschlachten und den russischen Imperialismus abzuwehren.

Li Hung-changs späterer Rivale stieg in dieser euphorischen Periode auf. Chang Chih-tung (1837–1909) war ein hochgebildeter Akademiker, der kriegerische Reden gegen Rußland und gegen den französischen Eingriff in Indochina führte. Er gehörte zu den »puristischen« Schreibtischstrategen, die unablässig nach der Bestrafung sämtlicher Barbaren riefen. Als Li Hung-chang 1884 ein Projekt für eine Verständigung mit Frankreich vorlegte, verdammte ihn die Kriegspartei in 47 Denkschriften als »Weichling«. Sie waren streng gegen alle, die vom rechten Wege abwichen, ausgenommen die Kaiserinwitwe, die ihnen zu mächtig war. Im Amte waren die Leistungen der »Puristen« schlecht, ausgenommen Chang Chih-tung, der sich als redlich und frei von Korruption erwies. Er war ein Ideologe des Konfuzianismus, aber gleichzeitig tatkräftig und energisch bei der Verfolgung von Modernisierungsprojekten.

Chang gründete eine Münzstätte in Kanton und war dann achtzehn Jahre Generalgouverneur von Wuhan, wo er Eisenbahnprojekte und Chinas erstes Stahlwerk förderte. Die Kohle und das Eisen dazu bezog er aus Mittelchina. An der Bildung aber war ihm besonders gelegen. Er gründete in Kanton eine Akademie und eine Druckerei für klassische Studien der Ch'ing-Zeit. In Wuhan errichtete er eine Reihe neuer Schulen, außerdem bildete er eine moderne Armee aus. Chang war ein eifriger konservativer Reformer, der Kaiserinwitwe treu ergeben und der Urheber der Losung »Chinesisches Wissen für die Grundprinzipien, westliches Wissen für die praktische Anwendung«. Er redete sich selbst und anderen ein, man könne neuen Wein in alte Schläuche gießen, den Konfuzianismus erneuern, um modern zu werden, gleichzeitig vorwärtsgehen und auf der Stelle treten. Er stand vor demselben Problem wie alle Bürokraten, die für den Thron arbeiteten: Nämlich Neuerungen durchzusetzen, die Chinas institutionelles Gefüge ändern mußten, ohne daß die nörgelnde Regentin mißtrauisch wurde. Die Quittung kam mit dem chinesisch-japanischen Krieg von 1894/95. Im Hinblick auf seine Größe standen die Wetten auf China, aber Li wußte es besser und versuchte den Krieg zu verhindern. China hatte mit dem Flottenbau in den siebziger Jahren begonnen. Robert Hart baute eine Flotte von Zollkuttern und kaufte im Ausland Kanonenboote. Er hoffte Generalinspektor der Küstenverteidigung zu werden. Doch blieb die Aufgabe zwischen den hohen Provinzbeamten aufgeteilt, darunter insbesondere Li Hung-chang. In den achtziger Jahren kaufte Li in England Panzerkreuzer und ließ sich von dort Berater und Ausbilder schicken; bald unterbot Krupp die englische Rüstungsfirma Armstrong und es kamen zwei größere Kriegsschiffe aus Deutschland hinzu. Dann gelang es aber einer intriganten Gruppe hoher Beamter, die Flottengelder ihrem Zweck zu entfremden und zum Bau des neuen Sommerpalastes der Kaiserinwitwe zu verwenden. Nach Harts Schätzung hätte die Flotte 36 Millionen Tael (50 Millionen Dollar) in ihrer Kasse haben müssen, aber sie hatte keinen Pfennig. Im September 1894 stellte er fest, daß die Flotte keine Granaten für die Krupp- und kein Pulver für die Armstrong-Geschütze hatte[25]. An dem Krieg mit Japan waren nur Li Hung-changs nördliche Armee und Flotte beteiligt (nicht die Streitkräfte in Mittel- und Südchina). Es stellte sich heraus, daß manche Granaten der Kriegsschiffe mit Sand statt mit Schießpulver gefüllt waren.

Als die chinesische Restauration der Ch'ing nach dreißig Jahren der japanischen Restauration unter Meiji auf dem Schlachtfeld begegnete, waren die wirklichen Gegner Li Hung-chang und Ito Hirobumi, einer der japanischen Gründerväter. Sie waren zuerst 1885 in der Korea-Frage zusammengestoßen und hatten vereinbart, daß sich beide aus Korea heraushalten sollten, wo sie verschiedene Parteien unterstützten. Li vermerkte allerdings: »In etwa zehn Jahren wird Japan sehr reich und stark sein ... eine weitere Quelle von Schwierigkeiten für China.«

Im Jahre 1894 kamen die Japaner herüber, angeblich um einen koreanischen Aufstand zu unterdrücken. Sie jagten Lis nordchinesische Armee in die Flucht und versenkten in einer der ersten modernen Seeschlachten an der Yalu-Mündung die chinesische Flotte, soweit sie nicht flüchtete. Den Befehl über die chinesische Flotte hatte ein alter Kavalleriegeneral, der seine Schiffe in der Form einer Kavallerieattacke auffahren ließ, indes die Japaner sie in zwei Geschwadern feuernd umkreisten. Das Marmorboot im Teich des Sommerpalastes bei Peking sieht aus wie das Grabmal der ersten chinesischen Flotte.

Im Jahre 1895 wurde Li nach Shimonoseki entsandt, um Frieden zu erbitten. Er hatte ein höfliches Gespräch mit Ito, von dem eine englische Niederschrift besteht. Li sagte: »China und Japan sind nächste Nachbarn und haben das gleiche Schriftsystem. Wie können wir Feinde sein? ... Wir sollten ewigen Frieden und Harmonie zwischen uns herstellen, sonst wird die weiße Rasse der Europäer die gelbe asiatische Rasse unterwerfen.« Ito sagte: »Vor zehn Jahren habe ich mit Ihnen über Reformen gesprochen. Wie kommt es, daß sich bis heute nichts bei Euch geändert hat oder reformiert worden ist?« Li konnte nur erwidern: »In meinem Land ist man so durch die Tradition beschränkt, daß ich nicht durchsetzen konnte, was ich wollte ... Es bedrückt mich, große Wünsche zu haben und nicht die Macht, sie zu erfüllen.«[26]

Aus heutiger Sicht ist das Merkwürdigste, daß China seinen ersten modernen Krieg einem Provinzgouverneur überließ, als würde es sich nur um den Schutz eines Grenzabschnitts handeln. Der Mandschu-Dynastie wurde ihre nicht-nationale Haltung vorgeworfen, aber der Fehler lag tiefer als der nichtchinesische Charakter der Dynastie. Er lag in der Struktur der Monarchie selbst, ihrer mangelhaften Verwaltung und ihrer wesensmäßigen Unfähigkeit, eine moderne Zentralregierung zu bilden.

Die Dynastie hatte viele Aufstände des chinesischen Volkes überlebt, aber die auswärtigen Angelegenheiten waren nun zuviel für sie. Der japanische Sieg über China eröffnete ein Jahrzehnt imperialistischer Rivalitäten in Ostasien. Um die Kriegsentschädigung bezahlen zu können, mußte China in Europa Anleihen auf den Markt bringen. Um Japan aufzuhalten, rief China Rußland in die Mandschurei – bis der russisch-japanische Krieg von 1905 die Russen auf den Norden beschränkte und Japan in Korea und der Südmandschurei triumphierte. Inzwischen sicherten sich Rußland, Deutschland, England und Frankreich im Jahre 1898 Einflußsphären in China. Diese bestanden aus einem größeren Hafen als Flottenstützpunkt und einer Eisenbahn durch sein Hinterland. Entlang dieser Bahn wurden Bergwerke angelegt. Im ganzen schien China dem Untergang geweiht. Eine neue Generation mußte die Rettung versuchen.

Die fünfundfünfzig Jahre von 1840 bis 1895 waren im Zeichen des alten Syndroms »innere Unruhen, äußere Katastrophen« (nei-luan, wai-huan) gestanden. Die Dynastie rettete sich auf Kosten des Volkes durch Konzessionen an das Ausland und durch Bezug ausländischer Waffen zur Unterdrückung von Aufständen. Fremde Mächte knabberten an den tributpflichtigen Randstaaten, von Ili bis Okinawa, Vietnam, Korea und Burma. Abgesehen von den Kriegen mit Frankreich und Japan, gab es auch im Frieden eine zunehmende Durchdringung durch den Westen. Dampfschiff und Telegraph beschleunigten Verkehr und Kommunikation. Die größeren Vertragshäfen modernisierten sich und wurden Brennpunkte kulturellen Wandels. Von 1850 bis 1860 hatte die Bevölkerung abgenommen, aber jetzt nahm sie wieder zu, was neue Probleme brachte. Die Dynastie suchte ihre Position zu stärken, doch kam es zu großen Veränderungen. Beamte mit ihnen persönlich ergebenen Armeen übernahmen die Macht in den Provinzen. Peking begann in Zusammenarbeit mit England und anderen Ländern seine Streitkräfte zu mobilisieren und den Außenhandel wie die diplomatischen Beziehungen auf eine neue Grundlage zu stellen. Die wachsende Oberklasse differenzierte sich, und das war vielleicht die wichtigste Veränderung. In den Städten gab es mehr freie Berufe ohne amtliche Aufsicht, namentlich in den Vertragshäfen. Grundbesitzer, Akademiker aus der Gentry und Kaufleute verschmolzen immer mehr, indes die Landwirtschaft kommerzialisiert wurde.

Man studierte den Westen und sandte Studenten ins Ausland, aber das Ch'ing-Regime trieb die Modernisierung nicht energisch voran, sondern blieb im Rahmen der allgemeinen Schwäche Chinas vorsichtig. Missionare und Auslandsverbindungen nahmen zu und von außen kamen modernisierende Einflüsse. Aber das institutionelle Gefüge des dynastischen Monopols an der Spitze einer dezentralisierten Verwaltung änderte sich nur langsam.

War die Ch'ing-Restauration am Ende der sechziger Jahre ein Erfolg? Die Antwort muß etwas gemischt ausfallen. Vom dynastischen Standpunkt aus gesehen, überlebte das Kaisertum die Aufstände. Der Thron konnte noch auf die Treue der hohen Beamtenschaft rechnen. Er war die Quelle ihrer akademischen Grade, ernannte sie bis hinunter zu den Kreisen *(hsien)*, dirigierte sie durch kaiserliche Erlasse, durch Beförderung, Belohnung und Bestrafung. Das System funktionierte weiter. In diesem Rahmen jedoch glitt die Macht aus den Händen der Mandschu in die Hände von Chinesen, verschob sich von Peking in die Provinzen, und in den Provinzen von der oberen Gentry (Inhaber von Provinzgraden, Beamte, Großgrundbesitzer) zu der niederen Gentry (Inhaber niedriger Grade, die sie zum Teil gekauft hatten, Kaufleute und Manager). Um 1895 war die Synthese von Staat und Gesellschaft auf konfuzianisch-mandschurischer Basis brüchig geworden. Die obersten Provinzbeamten waren jetzt Chinesen, die ihre regionalen Armeen aus örtlichen Handelssteuern finanzierten. Die ewigen inneren Kriege hatten die Leute an Gewalt und regionale Militarisierung gewöhnt, eine Tendenz, die im zwanzigsten Jahrhundert drastisch anwachsen sollte. Die hohen regionalen Beamten regierten mit Hilfe privater Fachleute *(mu-yu)* und unterhielten sogar direkte Beziehungen zu den ausländischen Konsuln, wobei ihnen ihre Kollegen vom Seezolldienst behilflich waren. Nominell lag die Souveränität noch in Peking, aber die Vertragshäfen, die inzwischen zu den wichtigsten Städten Chinas geworden waren, unterstanden nicht der Macht Pekings. Die Modernisierungsprojekte lagen in den Händen der *mu-yu*, die das ihnen anvertraute Geld oft veruntreuten. »Amtliche Aufsicht und kaufmännische Leitung«, wie das Schlagwort hieß, bahnte nicht dem privaten Unternehmertum den Weg, sondern führte zu einem neuen Gipfel der Korruption und einem »bürokratischen Kapitalismus«.

Diese eher negative Bewertung der ersten zögernden Versuche Chinas zur Modernisierung war auch in den Vertragshäfen zu hören, wo man auf Chinas Rückständigkeit im Vergleich mit der schnellen Entwicklung Japans und des Westens hinwies. Doch wird nähere Betrachtung zeigen, daß in der Tiefe immer stärker ein Wille zum Wandel brodelte.

8. Reform und Reaktion

Die Geschichte jeder Nation ist von Natur aus national. Sie trachtet die Wirkung von Fremden innerhalb des Landes wegzufiltrieren. Im Falle Chinas ist das allerdings nicht durchführbar. Gewiß ist die chinesische Geschichte hauptsächlich von Chinesen gemacht worden. Aber Außenseiter wie die mongolischen oder mandschurischen Eroberer spielen in ihr eine Rolle, und auch christliche Missionen haben ihren Einfluß gehabt, namentlich während des Jahrhunderts der ungleichen Verträge von 1842 bis 1943. Eine Debatte über die Reformbewegung kann deshalb gut mit dem christlichen Beitrag dazu beginnen. Missionare waren berufsmäßige Reformer; ihre Tätigkeit brachte sie alsbald in Konflikt mit der herkömmlichen chinesischen Ordnung.

Protestantische Missionare und die chinesischen Eliten waren natürliche Feinde wie Hund und Katz. Beide waren privilegiert, keinem behördlichen Zwang unterworfen. Beide lehrten Weltanschauungen. Rivalität war unvermeidlich. In den Augen der lokalen Akademiker-Elite waren Missionare in China ausländische Umsturzprediger, deren unmoralisches Verhalten wie ihre Lehre von Kanonenbooten gedeckt wurde. Konservative Patrioten haßten und fürchteten diese fremden Eindringlinge, aber mit dem Anbruch moderner Zeiten verloren sie immer mehr an Einfluß. Die verfügbaren Berichte handeln hauptsächlich von erfolgreichen Missionaren. Zwar sind nicht viele Chinesen zum christlichen Glauben übergetreten, aber die guten Werke der Mission taten ihre Wirkung. Man kann verstehen, warum nichts so umstritten ist wie der Beitrag der Mission im Leben Chinas. Tausende junger Christen aus Amerika und Europa widmeten ihr Leben der Tätigkeit in China; sie versuchten, manchmal auf seltsame Weise, den Leuten dort zu helfen. Ihre umfangreichen Berichte fanden im Westen großes Interesse. Weniger klar ist ihre Rolle im Leben Chinas. Die neue marxistische Elite in China ist über die Missionare ebensowenig begeistert, wie es ihre konfuzianischen Vorgänger waren.

Der Bekehrten waren aus verständlichen Gründen nicht viele. Da ist die Innere China-Mission, die 1866 von einem 34jährigen Engländer namens Hudson Taylor gegründet wurde. Taylor fand, daß monatlich eine Million Menschen in China »ohne Gott starben« und deshalb ins ewige Höllenfeuer mußten. Nach Taylors Ansicht war der Ahnenkult »von Anfang bis Ende nichts als Götzendienst«. Das Schicksal aller Götzendiener war, so sagte er, das »ewige Höllenfeuer«. Um 1890 hatte diese Mission schon 600 Missionare, die im Inneren Chinas tätig waren. Mit ihnen konkurrierten katholische Priester. G.E. Morgan weist auf die Problematik der Mission hin: »Sie sagen dem Chinesen, daß sein unbekehrter Vater, der nie das Evangelium gehört hat, ebenso in Ewigkeit verdammt ist wie Konfuzius.«[27] Wenn sich also jemand bekehren läßt, bedeutet das, daß sein Vater und alle seine Vorfahren ewig in der Hölle brennen werden. Der Vorschlag war schwer verkäuflich.

Die amtlichen chinesischen Aufzeichnungen beschäftigen sich meist mit dem Einschreiten ausländischer Konsuln wegen der Behandlung von Missionaren bei Unruhen. Die protestantische Missionstätigkeit in China machte mehrere Phasen durch. Eine Erkundungsphase begann mit der Ankunft des Engländers Robert Morrison in Kanton im Jahre 1807 als Angehöriger des Personals der britischen Ostindien-Kompanie. Anders wäre er nicht ins Land gekommen. Einige andere Engländer folgten nach und arbeiteten vornehmlich unter den Auslandschinesen in Südostasien. Amerikaner kamen um 1830 erstmals ins Land und waren bis 1860 gleichfalls auf die Vertragshäfen und deren unmittelbares Hinterland beschränkt, in welches sie nur so weit gehen durften, daß sie abends zurück sein konnten. Bald fanden die Missionare, daß die konfuzianisch erzogene Gentry ihr Feind war, während die weniger gebildeten Leute auf dem Lande der Bekehrung etwas zugänglicher waren. Aber auch diese waren nicht leicht zu bekehren. Jahrzehntelange Missionsarbeit brachte oft weniger als hundert Bekehrte.

In einer zweiten Periode von 1860 bis 1900 verbreitete sich die Mission in alle Provinzen und genoß dabei Exterritorialität. Auch die Daueraufenthaltsgenehmigung für das Binnenland brachte ein frommer französischer Übersetzer in einem Vertrag unter. Bei der »christlichen Besetzung Chinas«, wie man es unklugerweise 1907 nannte, gründeten die Missionare kleine Schulen in den größeren Städten, wo sie den Prüfungskandidaten manchmal Flugblätter in die Hand drückten. Meist fanden jedoch die Amerikaner, die selbst bäuerlicher Herkunft waren, das Leben auf dem Lande angenehmer; die Konkurrenz mit Konfuzius war hier leichter. Die protestantische Kirche wuchs langsam, aber stetig. Die Zahl der chinesischen Konvertiten und praktizierenden Christen hatte 1900 etwa 100 000 erreicht, was freilich nur ein Tropfen im chinesischen Meer war. Doch schufen die protestantischen Missionare vorbildliche Einrichtungen. Sie bauten die Häuser ihrer Niederlassungen in europäischem Stil, beschäftigten chinesisches Hauspersonal und gründeten Schulen, Apotheken und Krankenhäuser. Die ersten chinesischen Konvertiten waren Leute wie Köche und Lebensmittelhändler, aber bald kamen auch begabte Idealisten, denen das ausländische Wesen gefiel und die gerne die westliche Religion annahmen. Im neunzehnten Jahrhundert traten viele chinesische Reformer zum Christentum über, weil sie in der Dreieinigkeit von Industrie, Christentum und Demokratie das Geheimnis westlicher Macht sahen – und den besten Weg zur Rettung Chinas.

Den Chinesen die christliche Botschaft beizubringen, blieb ein schwieriges Problem. Auf den ersten Blick erschienen die Protestanten den Chinesen nur als eine andere buddhistische Sekte, mit einem Glaubenssystem, einem Erlöser, moralischer Schuld und einem Weg zur Buße – den Elementen, die fast alle großen Religionen gemein haben. Man glaubte, das Christentum wäre ein westlicher Sproß des Buddhismus. Da die meisten religiösen Sekten in China schon lange verboten waren, so wie die Religion vom »Weißen Lotus« *(Pai-lien chiao),* waren sie im allgemeinen Geheimbünde. Nach dem Kontakt mit den Jesuiten im siebzehnten Jahrhundert verbot der Kaiser Yung-cheng 1724 das Christentum. Er erklärte es für falsch und eine Gefahr für die gesellschaftliche Ordnung.

Die Missionare hatten viel zu tun, um die chinesische Sprache zu erlernen und die Terminologie zu entwickeln, die sie für ihre Botschaft brauchten. Eines ihrer Mittel bestand in der Schaffung nachgeahmter Klassiker. Eine Nachahmung der chinesischen Fibel der Dreimaßklassik (›San-tzu ching‹) bot eine vereinfachte christliche Kosmologie, die der im Original propagierten konfuzianischen Lehre ähnelte. Noch nach 1870 nannten die Missionare ihre Ersatzklassiker die »heilige Lehre« *(sheng-chiao),* was den Christen gut in den Ohren klang, aber für Nichtchristen den Konfuzianismus bedeutete[28]. China hatte seine religiösen Ideen so weit entwickelt, daß es ein großes

Vokabular für Begriffe wie Gott, Seele, Sünde, Reue und Erlösung gab. Die Missionare stießen hier auf Schwierigkeiten; wenn sie die üblichen buddhistischen Ausdrücke benutzten, konnten sie den Unterschied zum Christentum nicht herausarbeiten. Benutzten sie dagegen neue Ausdrücke, so konnten sie sich nicht verständlich machen. Das Problem wurde besonders bei dem Zentralbegriff des Christentums schwierig, dem Ausdruck für Gott. Nach langer Diskussion einigten sich die Katholiken auf den »Herrn des Himmels«, die Protestanten teils auf den »Herrn in der Höhe«, teils auf den »göttlichen Geist«. Eine offizielle chinesische Übersetzung der Bibel kam nicht zustande, weil die Missionare sich über die chinesischen Grundbegriffe ihrer Religion nicht einigen konnten.

Als ob die terminologische Zweideutigkeit und Ähnlichkeit mit Buddhismus und Taoismus nicht genug gewesen wäre, kam durch ein historisches Ereignis ein neues Problem hinzu. Die Taiping-Sekte, die halb China zwischen 1850 und 1860 verwüstete, begann als ketzerische christliche Sekte von Gottesanbetern und braute einen Kult zusammen, der eine Bibelübersetzung als Bindemittel für eine revolutionäre Bewegung benutzte. Manche Missionare glaubten, als sie zuerst von den Taiping hörten, daß Christus China zu gewinnen im Begriff wäre. Nähere Informationen zeigten ihnen jedoch, daß die Taiping doktrinär verwirrt und in ihrem Verhalten so unchristlich waren, daß die christliche Mission sie nicht unterstützen konnte. Aus ähnlichen Gründen mißfielen die Taiping der konfuzianischen Gentry, sie wurden schließlich von den kaiserlichen Truppen in den Provinzen vernichtet. Aber nicht nur die Jangtse-Provinzen waren verwüstet, sondern auch das Image der protestantischen Mission war zerstört. Nach 1864 war es sehr schwer, einen gebildeten konfuzianischen Chinesen davon zu überzeugen, daß das Christentum ein neues Leben für ihn bedeutete.

Mit der Zunahme der christlichen Konvertiten, namentlich in den Vertragshäfen, bildete sich eine dezentralisierte Christengemeinde. Young J. Allen gab 1868 ein Kirchenblatt in chinesischer Sprache heraus, das Leserbriefe von Konvertiten enthielt. Die frühen Missionare hatten schon lange festgestellt, daß chinesische Leser sich sehr für die Geographie und Gebräuche des Westens interessierten. Allen gab gemeinsam mit anderen eine Zeitschrift heraus, die sich ›Revue der Zeit‹ (›Wan-kuo kungpao‹) nannte und über die internationalen Vorgänge berichtete. Als Wochenschrift von 1875 bis 1883 und als Monatsschrift von

1889 bis 1907 informierte das Blatt die gebildete chinesische Klasse über die Weltpolitik. Von chinesischen Redakteuren in klassischem Chinesisch geschrieben, war die Zeitschrift die erste ihrer Art und bot den Missionaren eine direkte Verbindung zu den Beamten und Akademikern, die sich mit den Fragen der Außenwelt auseinanderzusetzen versuchten. In den neunziger Jahren starteten tüchtige Missionare (wie der Waliser Timothy Richard) ein Programm, um die Akademikerklasse zu erreichen, wodurch sie erheblichen Einfluß auf die Reformbewegung gewannen.

Im Gegensatz zu den Protestanten trugen die katholischen Geistlichen chinesische Kleidung und hatten weniger Interesse an einer Modernisierung. Die amerikanischen Katholiken wurden erst 1915 durch die Maryknoll-Mission aktiv. Bis dahin waren die Franzosen die Schirmherren des Katholizismus in China. Die Handelsinteressen Frankreichs in China waren gering.

Katholiken wie Protestanten hatten unter dem Erbe der christenfeindlichen Bewegung des siebzehnten Jahrhunderts zu leiden. Strenge Konfuzianer hatten sich gleich gegen das Christentum gewandt und Legenden über mangelnde Sittlichkeit und schwarze Magie der Fremden ausgestreut. Noch im neunzehnten Jahrhundert bedienten sich orthodoxe Konfuzianer dieser Literatur, um städtische Massen aufzuhetzen und Angriffe auf christliche Zentren zu organisieren. Namentlich in den neunziger Jahren nahmen die Angriffe auf die Missionare als Reaktion auf die ausländische Gefahr zu. Erst nach 1901 flaute diese Bewegung ab.

Was bedeutete es, im Jahre 1895 ein Spitzenakademiker in Peking zu sein? War man ein solcher (*chin-shih*, »in der Metropole graduiert«), ein Sieger in der alten chinesischen Form demokratischen Wettbewerbs durch Prüfungen, kam das nach heutigen Begriffen einer Professur und einem Parlamentsmandat gleich, und zwar beides gleichzeitig. Man würde in die Geschichte eingehen und hatte Verantwortung für die Zukunft des Landes. Man war jemand.

China war soeben von einer ausländischen Macht besiegt worden, die bisher für minderwertig gegolten hatte und in den Augen des alten China eine Inkarnation allen Übels darstellte. Es war nicht einfach eine Niederlage, sondern ein Triumph der Mächte der Finsternis. Dazu kamen die westlichen Mächte. Sie hatten die Moral von Tieren. Männer und Frauen hielten einander öffentlich bei den Händen und küßten sich sogar. Es fehlte nur noch, daß sie sich öffentlich begattet hätten. Diese Außenwelt hatte mächtige Maschinen erfunden und die menschliche wie natürliche Ordnung umgestürzt. Das Chaos war da.

Der japanische Sieg von 1895 war ein schwerer Schock für die Elite, die sich für die Geschicke der Gesellschaft verantwortlich fühlte. Als Hochgraduierte und Ämterträger waren sie vor allem verpflichtet, den Kaiser zu beraten und die Situation zu retten. Im Jahre 1895 konvergierten plötzlich drei Faktoren. Da war zunächst die auswärtige Gefahr, die drei Kriege und drei Niederlagen durch Schiffsgeschütze gebracht hatte. Zu der ausländischen Macht kam die unleugbare Tatsache des ausländischen Könnens hinzu, nicht nur im Krieg, sondern auch in der Technik. Die Dampfmaschine auf Bahn und Schiff hatte den Verkehr unvergleichlich beschleunigt. In Schanghai und anderen Häfen sah man Dinge wie gepflasterte Straßen, Gaslicht, Wasserleitungen und Polizei.

Ferner waren viele der Meinung, daß die Technik und alles sonstige Können ein Ausdruck grundlegender geistiger und moralischer Eigenschaften des Auslands war, die dem alten China offenbar fehlten. Gewiß hatte der Westen angeblich seine Mathematik vom alten China gelernt und sicher hatte er ihm mehrere Dinge entliehen, so Porzellan, Seide, Papier, Druck, Schießpulver und Kompaß; alles war aus China gekommen. Aber offensichtlich waren diese Westmenschen mehr als nur Nachahmer. Sie hatten die Mathematik und andere Künste so entwickelt, daß sie ihnen überwältigende Macht verliehen. Solche Überlegungen riefen in den Chinesen ein Gefühl der Krise wie der Erniedrigung hervor. Die unausweichliche Folgerung war, daß sich in China viel ändern mußte. Etwas in China war von Grund auf falsch. Da das chinesische Volk an der Regierung nicht beteiligt war und die Eliten größtenteils zu fest am Alten klebten, um eine Führung bei Neuerungen übernehmen zu können, mußte eine moderne Generation von Akademikern antreten.

»Unter dem Eindruck der Aufklärung hielt ich mich für einen Weisen«, schrieb K'ang Yu-wei. Er war einundzwanzig Jahre alt, ein frühreifer Akademiker aus einer guten Familie in Kanton. Er hatte sich nicht nur in die konfuzianischen Klassiker vertieft, sondern auch in den Buddhismus und das in Übersetzung vorliegende westliche Wissen. Sein Lehrer hatte ihn vor einem »unberechtigten Überlegenheitsgefühl« gewarnt. Einer seiner nächsten Kollegen, der ihn gut kannte, sagte aber von K'ang, er habe »ein übertriebenes Selbstbewußtsein«. Er lehne es ab, seine Meinungen den Tatsachen anzupassen, vielmehr verändere er oft die Tatsachen so, daß sie seine Meinung stützen[29]. Eine Kombination von Synkretismus und Sendungsbewußtsein ließ K'ang mehrere Elemente des chinesischen Denkens miteinander verknüpfen, um ein Rezept für die Anpassung des Konfuzianismus an die Bedürfnisse Chinas zu präsentieren.

Seit 1895 war Chinas militärische und technische Rückständigkeit eine Tatsache, die kein informierter Angehöriger der Oberklasse leugnen konnte. Noch weniger konnten das die Tausende von klassischen Akademikern, die sich in Peking für die Dreijahresprüfung versammelt hatten. Die Nachricht, daß Li Hung-chang am 17. April 1895 den Vertrag von Shimonoseki unterzeichnet hatte, der Taiwan und die Südmandschurei an Japan abtrat, rief einen Sturm der Entrüstung hervor. Zwar mußte Japan auf den »Vorschlag« Rußlands, Frankreichs und Deutschlands hin auf die Südmandschurei für dieses Mal verzichten, aber für China war die Nachricht von dieser europäischen Intervention wieder erniedrigend.

K'ang übernahm die Führung und verfaßte eine Denkschrift an den Thron, die mehr als zwölfhundert Prüfungskandidaten unterschrieben – ein fast einmaliger Ausdruck einheitlicher politischer Meinung, wie er sonst nicht einmal den hohen Beamten gestattet war. Die Denkschrift war vom Nationalgefühl getragen; ihr Ton gerechter Empörung und hoher moralischer Grundsätze erinnerte an den schneidenden *Ch'ing-i*-Stil (»reine Diskussion«), in dem Akademiker, die nicht an der Macht waren, bei passender Gelegenheit über die Politik jener, die an der Macht waren, zu schimpfen pflegten.

Die Denkschrift verlangte die Ablehnung des Friedensvertrags, die Fortsetzung des Krieges unter Verlegung der Hauptstadt ins Landesinnere, ferner zahlreiche Reformen wie Aufstieg der Begabten, Unterdrückung der Korruption, Förderung modernen Wissens und Umgestaltung der Staatswirtschaft.

Die Liste der gewünschten Reformen war sehr lang. Sie hatte sich in mehr als fünfzig Jahren angesammelt; eine ganze Reihe von Autoren hatte dazu beigetragen, beginnend mit Wei Yuan zur Zeit des Opiumkriegs. Mehrere Mitarbeiter Li Hungchangs hatten Beiträge geliefert, ebenso Missionare, Taiping-Aufständische, Diplomaten, die im Ausland gewesen waren, ferner chinesische Journalisten in Hongkong und Schanghai.

Eine Reform war im späten Ch'ing-Zeitalter sehr angebracht. Die akademisch gebildeten Politiker waren in den Begriffen der Staatsämter und der Vorschriften der Ch'ing-Gesetze aufgewachsen: neun Beamtenränge, viele Arten von Steuern, eine Flut von Papier, das Salzmonopol, der Reistribut und viele andere Eigenheiten der Verwaltung. Nun boten die westlichen Länder und auch Japan eine Vielfalt neuer Wege für China. Die breiteste Basis hätte ein Parlament geboten, um eine festere Verbindung zwischen Herrscher und Volk zu schaffen. Staatliche Patente und Prämien konnten die Erfindungstätigkeit fördern, die Reparatur der Straßen dem Handel nützen, die Wissenschaft konnte den Bergbau modernisieren, landwirtschaftliche Schulen konnten dasselbe für die Landwirtschaft tun, Übersetzungen konnten die Bildung erweitern – die Liste war endlos. Jeder Akademiker konnte seine Lieblingsvorschläge nennen, um die Machthaber zu beraten und China zu retten.

Bevor jedoch die Reformbewegung breitere Unterstützung finden konnte, mußte eine weltanschauliche Formel für Chinas geistige Anleihen beim Ausland und die Änderung der alten Lebensweise gefunden werden. Diese Formel mußte im Rahmen des Konfuzianismus bleiben, denn dieser war immer noch der Glaube der herrschenden Klasse Chinas. Man mußte im Dienste des »Himmelssohns« staatsmännisch vorgehen. Nur ein erfahrener Kenner der inneren Lage konnte die Lehre des Konfuzius auf einen neuen Stand bringen. Hierin lag K'ang Yuweis größter Beitrag. Er war Spezialist in der Entdeckung von Präzedenzfällen in der klassischen Tradition, die den Schritt in die Gegenwart rechtfertigen konnten.

K'ang ging von der Neutextbewegung aus. Akademiker der Ch'ing-Zeit hatten die Authentizität der alten Texte der Klassiker angezweifelt, auf die sich die neukonfuzianische Orthodoxie seit der Sung-Zeit stützte. Die Fragen waren so kompliziert wie die christlichen Doktrinen über die Dreieinigkeit oder die Prädestination. Man kann sie nicht kurz darstellen. Uns kommt es darauf an, daß die Neutextversion aus der frühen Han-Zeit (v. Chr.) stammte, während die Alttextfassung in der späten Han-Zeit (n. Chr.) zur Norm wurde. Das war sie auch für die Philosophen der Sung-Zeit geblieben, die jene Synthese konstruierten, die man Neukonfuzianismus nennt (chinesisch die Sung-Lehre). Den alten Text zugunsten des neuen, der in Wirklichkeit der ältere war, zu verwerfen, bot eine Möglichkeit, sich dem Würgegriff des Neukonfuzianismus zu entziehen und die Tradition neu zu interpretieren.

Im Jahre 1891 erschien K'angs ›Studie über die Fälschung der Klassiker in der Hsin-Periode (9 bis 23 n. Chr.)‹. Er kam zu dem Schluß, daß die von den Sung-Gelehrten verehrten und kommentierten Klassiker größtenteils gefälscht waren und nicht von Konfuzius stammten. Das war eine Bombe. Die Schrift war geschickt gemacht und sehr einleuchtend (obwohl sie heute nicht allgemein akzeptiert wird). Im Jahre 1897 veröffentlichte K'ang ein weiteres sensationelles Werk, die ›Studie zur Reform der Einrichtungen durch Konfuzius‹. Dort wurde behauptet, daß Konfuzius die wichtigsten Klassiker verfaßt und nicht nur redigiert hatte, und zwar als ein Mittel, im Altertum eine Sanktion für Reformen zu finden. K'ang zitierte auch klassische Quellen aus dem neuen Text zur Stützung seiner Theorie der »Drei Zeitalter«. Diese waren erstens »Unordnung«, zweitens »nahender Friede« und die »kleine Ruhe«, drittens »allgemeiner Friede« und »Große Einheit«. Die Welt trat eben in die zweite Phase ein – was einen Fortschrittsglauben beinhaltete. K'ang hatte seine Ideen größtenteils von früheren Autoren wie Wei Yuan und dem Journalisten Wang T'ao bezogen, sie aber selbständig ausgestaltet. So konnte er die Ideen der Entwicklung und des Fortschritts in Chinas klassische Traditionen einschmuggeln, gerade in dem Augenblick, wo diese Gedanken die Welt erobert hatten.

Auch den Sozialdarwinismus der neunziger Jahre akzeptierte K'ang Yu-wei ebenso schnell wie sein bester Schüler, der aus Kanton stammende Liang Ch'i-ch'ao (1873–1929). Sie schrieben Bücher über das traurige Schicksal rückständiger Völker wie der Türkei und Indiens, ebenso die Erfolgsgeschichten Peters des Großen in Rußland und Meijis in Japan, die ihnen als Erfolg im Kampf ums Überleben des Tüchtigsten erschienen. Die radikalen Reformer waren glühend national gesinnt, hofften aber immer noch, daß die Ch'ing-Monarchie China zum Heil führen könnte. Im Jahre 1895 schrieb K'ang: »Chinas Prinzipien, Einrichtungen und Kultur sind die höchsten der Welt... Nur weil es an veralteten Bräuchen hängt und es ihm an fähigen Männern mangelt, nimmt es Angriffe und Beleidigungen passiv hin... China ist in unmittelbarer Gefahr... die Seele des Volkes ist gestört... Wenn wir uneinig sind... dann wird leider das Geschick unserer heiligen Rasse unaussprechlich schrecklich, ganz unaussprechlich schrecklich sein!«[30]

Dem Beispiel der protestantischen Mission folgend, die sich nun besonders an die akademische Beamtenklasse wandte, begannen K'ang und Liang sich der modernen Mittel der Presse und der Studiengesellschaften zu bedienen. Politische Probleme wurden nun in Zeitungen und Versammlungen diskutiert. K'ang war sogar dafür, den Kult des Konfuzius zu einer organisierten chinesischen Nationalreligion zu machen. Seine größte Hoffnung blieb jedoch im Rahmen der Tradition: das Ohr des Herrschers zu gewinnen und China von oben nach unten zu reformieren.

Im Jahre 1898 hatte K'ang seine Chance. Jede imperialistische Macht wollte und erhielt eine Einflußsphäre in China, das vor der Aufteilung zu stehen schien. Seit 1889 hatte man den idealistischen jungen Kaiser Kuang-hsu nominell regieren lassen, während seine Tante, die Kaiserinwitwe (im Volke der »alte Buddha« oder der »alte Drache« genannt), ihn von ihrem neuen Sommerpalast aus überwachte. Der mittlerweile siebenundzwanzigjährige Kaiser hatte Bücher gelesen, was man von einer bloßen Figur nicht erwartet hätte, und sein alter Erzieher, ein Rivale Li Hung-changs, empfahl ihm K'ang Yu-wei.

Als K'ang im Jahre 1898 mit hohen Beamten zusammentraf, erklärte einer von ihnen feierlich: »Die von unseren Ahnen ererbten Institutionen können nicht geändert werden.« K'ang erwiderte: »Wir können das Reich der Vorfahren nicht weiter erhalten. Wozu sind ihre Institutionen heute gut?« Li Hung-chang fragte: »Sollen wir die sechs Ministerien aufgeben und alle bestehenden Institutionen und Regeln wegwerfen?« K'ang antwortete: »Die Gesetze und das Regierungssystem haben China schwach gemacht und werden es ruinieren. Sie sollten unbedingt beseitigt werden.« K'ang erschien nun als der »wilde Mann«.

Mit der Vertiefung der Krise im Jahre 1898 schenkte ihm der Kaiser sein Vertrauen. Die erste Audienz dauerte fünf Stunden. K'ang sagte, China werde bald untergehen. Der Kaiser sagte, das komme alles von den Konservativen. »Wenn Eure Majestät sich auf sie hinsichtlich einer Reform verlassen«, sagte K'ang, »dann ist das, wie wenn man auf einen Baum klettert, um Fische zu fangen.« K'ang kritisierte dann das Prüfungssystem, das die Beamten am Verständnis anderer Länder hindere. Der Kaiser erwiderte: »So ist es. Die Leute des Westens studieren nützliche Dinge, während wir Chinesen Nutzloses studieren.«[31]

Zwischen dem 11. Juni und 21. September 1898, also in genau

hundert Tagen, erließ Kuang-hsu 40 Dekrete zu dem Zweck, den chinesischen Staat zu reformieren. Sie bezogen sich auf Verwaltung, Schulwesen, Gesetze, Wirtschaft, Technik, Militär und Polizei. Nur blieben die Reformen der hundert Tage auf dem Papier, indes die hohe Beamtenschaft abwartete, was der »alte Buddha« tun würde. Die Kaiserinwitwe scharte die Konservativen um sich und schritt im September zum militärischen Staatsstreich. Sie verbannte Kuang-hsu auf die südliche Insel im Palastsee, wo siebzig Jahre später ein anderes Staatsoberhaupt, Liu Shao-ch'i, einsitzen sollte, und ließ alle Radikalen, deren sie habhaft werden konnte, hinrichten. K'ang und Liang konnten nach Japan fliehen. Das Jahr 1898 machte klar, daß China keine Reform von oben zu erwarten hatte, zumindest nicht bald.

Nach der kurzen Periode nahe dem Zentrum der Macht wurde K'ang ein politischer Organisator. Er gründete Zeitungen für die Auslandschinesen und verfocht die Sache des Kaisers Kuang-hsu in der erhofften Rolle eines konstitutionellen Monarchen. Da er in er Politik kein Glück hatte, entwickelte er andere Interessen. Er machte Weltreisen mit der einen oder anderen seiner Töchter, interessierte sich für Astronomie und die Stellung der Erde unter den Himmelskörpern, ferner ganz besonders für das, was wir heute Science fiction nennen. Weiter entwarf er eine egalitäre Utopie, die der Schrecken der chinesischen Oberklasse geworden wäre, wenn sie davon erfahren hätte. In seinem posthum veröffentlichten Buch ›Ta-t'ung shu‹ (›Das große Reich der Einen Welt‹), empfahl er die Beseitigung aller Unterschiede zwischen den Menschen und besonders der konfuzianischen Verhaltensregeln. In seinem Utopia waren die Frauen gleichberechtigt. Heirat war ein einfacher Vertrag, ebenso einfach wie die Scheidung, Grenzen und andere Schranken in der Welt würden fallen, jeder hätte Zugang zu allem. Eigentum, Staat und Familie würden verschwinden, technische Verbesserungen würden irgendwie von der Regierung gesetzlich geregelt. Diese Utopie sollte bald zum Programm der chinesischen Anarchisten werden, aber zu Beginn des Jahrhunderts wirkte sie so alarmierend, daß man zunächst nicht wagte, sie zu veröffentlichen.

Zu K'ang Yu-weis Idee von der »Einen Welt« ist zu bemerken, daß sie kosmopolitisch war und die ganze Menschheit im Rahmen einer neuen sozialen und kulturellen Ordnung vereinigen sollte. Während K'ang in der Politik ein Vertreter des Nationalgedankens war, gingen seine Zukunftsideen über den Nationalstaat hinaus und schilderten eine Utopie, die noch heute zu den großen Idealvorstellungen der Welt zählt.

Der Utopismus K'ang Yu-weis war revolutionär. Er hatte zunächst den Konfuzianismus neu interpretiert und dann in seiner großen Utopie, die 1902 geschrieben wurde, praktisch den ganzen Konfuzianismus mit seiner ständischen Gliederung und seinem statusgebundenen Verhalten angegriffen. Ein Vergleich des ›Großen Reichs‹ und des ›Kommunistischen Manifests‹ zeigt die Übereinstimmung der beiden Dokumente hinsichtlich der Aufhebung des Privateigentums und der auf ihm beruhenden bürgerlichen Familie, allgemeiner öffentlicher Schulen, der Frauenemanzipation, der Einschränkung oder gar Beseitigung des Nationalstaats und der Zentralisierung der Wirtschaft unter staatlicher Lenkung. Es gibt keinen Anhaltspunkt dafür, daß K'ang jemals Marx gelesen hat; auch unterscheiden sie sich hinsichtlich der zu wählenden Mittel – bei Marx ist es der Klassenkampf, bei K'ang die Reform. Aber der Utopismus lag in der Luft.

Die Gedanken K'ang Yu-weis wurden nicht zur Hauptströmung der Reformbewegung. Die Verwestlichungsbewegung hatte seit 1860 den Dualismus von Geist und Materie zur Grundlage, verkörpert in Chang Chi-tungs bekanntem Schlagwort »chinesisches Wissen für die Werte, westliches Wissen für praktische Zwecke«. Es gab noch andere, ähnliche Sprüche, aber der Grundgedanke war einfach, daß die chinesische Kultur ihre eigene Lebensweise und ihr eigenes Wertesystem hatte, während die westliche Technik nur praktisch und mechanisch war. Dieser Dualismus hatte viele Anhänger unter verschiedenen Formulierungen. Der Konflikt zwischen Kultur und Technik schwelt auch heute noch.

Der Reformbewegung von 1898 folgte eine Reaktion. Die Kaiserinwitwe ließ örtliche Milizen aufstellen und lehnte Italiens Ansinnen auf eine Einflußsphäre ab, nachdem dieses Land einen Wir-auch-Anspruch angemeldet hatte. Sie hörte auf die konservativsten Mandschu-Prinzen, deren Palasterziehung sie ohne Wissen um die Welt gelassen hatte, worauf sie noch stolz waren. Einige von ihnen förderten eine bäuerliche Geheimgesellschaft, die »Boxer«. Da Geheimgesellschaften stets gegen die Dynastie gerichtet waren – eben deshalb waren sie geheim –, kann diese Hinwendung des Mandschu-Hofes zu den abergläubischen Boxern nur als ein Akt der Verzweiflung angesehen werden. Auch offenbarte sie einen Mangel an gesundem Menschenverstand.

Die Boxerbewegung kam direkt aus der chinesischen Vergangenheit. Sie stammte von dem »Acht Dreifachezeichen«-Aufstand von 1813 ab, und ignorierte alles, was seither geschehen war. Sie brachte die Verzweiflung leichtgläubiger Bauernmassen zum Ausdruck. Die Boxerbewegung tauchte Ende der neunziger Jahre in Nordchina unter dem Namen *I-ho ch'üan* auf. Sie knüpfte an die vornehme alte Faustkampfart *(ch'üan)* an, die hier der Gerechtigkeit und Harmonie geweiht sein sollte *(i-ho)*. Ihre Getreuen waren angeblich von Geistern bewohnt, die sie für Geschosse unverwundbar machten.

Dürre, Hunger und Armut waren in Nordchina immer ärger geworden, während die ausländische Gefahr, in Shantung beispielsweise von deutschen Erz- und Kohlesuchern verkörpert, die »Geister von Wind und Wasser« erzürnt hatte. Eisenbahnen drohten Ahnengräber zu verletzen und Fuhrleute wie Ruderer arbeitslos zu machen. Am ärgsten waren die chinesischen Christen: »Katholiken und Protestanten haben unsere Götter und Weisen geschmäht . . . mit den Fremden konspiriert, buddhistische Denkmäler zerstört, unsere Friedhöfe weggenommen. Das hat den Himmel empört.« So stand es auf den Boxerplakaten[32].

Zu Anfang 1899 hatten die Boxer in herkömmlicher Weise »Stürzt die Ch'ing, vernichtet die Fremden« gerufen. Ende des Jahres wurde daraus »Unterstützt die Ch'ing, vernichtet die Fremden«. Die Mandschu-Prinzen, eine Zeit lang sogar der »alte Buddha«, glaubten die Stimme des Volkes zu hören, die des Himmels Stimme war. Sie waren für Zusammenarbeit mit dem Volk und hofften damit auch das Problem des fremden Imperialismus zu lösen.

Soziale Katastrophen sind gewöhnlich komplex und mysteriös, aber hier sind einige Punkte deutlich zu erkennen. Die Ausländer hatten die chinesische herrschende Klasse, Mandschu wie Chinesen, seit 1830 provoziert, und es war immer schlimmer geworden. Von der Mandschu-Dynastie ging sturer Widerstand gegen jede Änderung aus; sie hatte sich dem chinesischen Konservatismus und xenophobem Stolz verschrieben. Eine Explosion war unvermeidlich.

Im Zuge der Ereignisse reizte jede Seite die andere immer mehr. Gesandtschaftswachen kamen heraus, um Boxer auf der Straße niederzuschießen, wovon sie sich eine Einschüchterung der Bewegung erhofften. Jedoch am 13. Juni 1900 drangen die

Boxerscharen in Peking und Tientsin ein, mordeten Christen und plünderten. Am 10. Juni waren 2100 Mann ausländischer Truppen in Tientsin aufgebrochen, um die Gesandtschaften in Peking zu schützen, aber sie wurden auf dem halben Weg von überlegenen chinesischen Kräften aufgehalten. Am 17. Juni griff eine ausländische Flotte die Küstenforts vor Tientsin an. Am 21. Juni erklärte die Kaiserinwitwe allen Mächten offiziell den Krieg*. Sie sagte: »China ist schwach. Nur auf die Herzen des Volkes können wir uns verlassen. Wenn wir sie verlieren – wie können wir unser Land behalten?« (Unter »Land« verstand sie die Dynastie.)

Der Boxeraufstand in dem langen, heißen Sommer von 1900 ist allen Beteiligten im Gedächtnis geblieben. Ausländische Diplomaten, Missionare und Journalisten wurden acht Wochen lang (vom 20. Juni bis zum 14. August 1900) in den Gesandtschaften in Peking belagert; sie standen unter ständigem Gewehrfeuer. Im Gesandtschaftsviertel befanden sich 475 ausländische Zivilisten, 450 Mann ausländischer Gesandtschaftswachen aus acht Ländern, dazu 3000 chinesische Christen. Von 150 Rennpferden mußten viele geschlachtet werden, um für Fleisch zu sorgen. Eine internationale Armee, nicht ohne innere Reibereien, entsetzte die Belagerer schließlich, nachdem sich schon das Gerücht verbreitet hatte, alle wären tot. Die Kaiserinwitwe begab sich im Wagen mit dem wohlverwahrten Kaiser nach Sian. Die alliierten Truppen plünderten Peking gründlich. Kaiser Wilhelm II. schickte einen Feldmarschall, der die umliegenden Städte terrorisierte**, in denen viele Tausende chinesische Christen ermordet worden waren.

Die chinesischen Provinzgouverneure, die sich bei den Versuchen zur Stärkung Chinas hervorgetan hatten, überwanden diese Krise. Li Hung-chang in Kanton, Chang Chih-tung in Wuhan und andere hatten sich im Juni sofort dafür entschieden, die Pekinger Kriegserklärung zu ignorieren. Sie erklärten die ganze

---

* A. d. Ü.: Am 20. Juni wurde der deutsche Gesandte v. Ketteler auf dem Weg ins Außenministerium ermordet. Die Kaiserinwitwe forderte zur Tötung aller Ausländer auf.

** A. d. Ü.: Gemeint sind die Expeditionen der internationalen Truppen in den weiteren Umkreis von Peking, die der Befreiung belagerter Missionen und christlicher Siedlungen galten. Die Kämpfe dauerten bis November an. Am 27. September war der mit zwei Divisionen eingetroffene deutsche Feldmarschall Graf Waldersee von den Mächten einvernehmlich zum Oberbefehlshaber der internationalen Truppen bestellt worden.

Sache für einen »Boxeraufstand« und verbürgten sich für den Frieden in Mittel- und Südchina, wenn die Fremden ihre Truppen und Kanonenboote draußen ließen. Die Komödie wirkte. Die Mächte zogen es vor, das Vertragssystem intakt zu halten, ebenso wie Chinas Zahlungen an ausländische Gläubiger. So blieb der Krieg von 1900, der vierte und größte, den die Ch'ing gegen die Westmächte geführt hatten, auf Nordchina beschränkt.

Das Boxer-Protokoll, das im September 1901 vom obersten Mandschu-Prinzen und Li-Hung-chang auf chinesischer, von den Vertretern von elf Staaten auf internationaler Seite unterzeichnet wurde, enthielt hauptsächlich Strafbestimmungen. Zehn hohe Beamte wurden hingerichtet, hundert andere zu hohen Strafen verurteilt, die Prüfungen wurden in 45 Städten suspendiert, das Gesandtschaftsviertel in Peking wurde erweitert, befestigt und mit einer Garnison versehen wie auch die Eisenbahn. Fünfundzwanzig Ch'ing-Forts wurden zerstört. Die Entschädigung betrug 333 Millionen Dollar, zahlbar im Laufe von 40 Jahren mit einer Verzinsung, die den Betrag verdoppelte. Der einzige auch nur einigermaßen konstruktive Punkt war, daß der vertragliche Einfuhrzolltarif auf 5 Prozent angehoben wurde. Ein wirklicher Schutzzoll war nie bewilligt worden.

Diese Katastrophe auszuhandeln, war Li Hung-changs letzter Dienst an der alten Ordnung; wenige Wochen später starb er. Sir Robert Hart, noch Generalinspektor in Peking, hatte die Belagerung überlebt. Er schrieb seinem Londoner Agenten: »Der arme alte Li arbeitete noch dreißig Stunden vor seinem Tod: fabelhafte Vitalität, fabelhafter Wille, nicht nachzugeben und niemanden mitreden zu lassen, solange er da war.«

Im Januar 1902 kehrte die Kaiserinwitwe nach Peking zurück. Nach Harts Berichten war sie »sehr gnädig, lächelte unter Verbeugungen den Ausländern zu, die sich an der Mauer des Chien-Men (vorderes Tor) drängten, um den Einzug zu sehen«. Später vermerkte Hart: »Der Hof übertreibt seine Höflichkeit; nicht nur will die Kaiserinwitwe die Gattinnen der Gesandten empfangen, sondern sogar die Gesandtenkinder!«[33] Ein Photo von 1903 zeigt den »alten Buddha« sitzend, Hand in Hand mit der Gattin des amerikanischen Gesandten (Sarah Pike Conger), der die Belagerung überlebt hatte und nun daneben stand.

Wie soll man dieses blutige Drama beurteilen? Brachte es dem chinesischen Volk etwas? Die schnellsten Antworten sind immer die einfachsten. Die Revolutionäre späterer Zeiten haben die Ereignisse von 1895 bis 1900 als das Ende der Partnerschaft in Unterdrückung und Ausbeutung angesehen, die 1860 zwischen der Ch'ing-Dynastie und den ausländischen Mächten vereinbart worden war. Man muß nicht alle Formulierungen des Marxismus-Leninismus über die Zusammenarbeit des einheimischen Feudalismus mit dem ausländischen Imperialismus übernehmen, um diesem Interpretationsmuster einigen Wahrheitsgehalt zuzuerkennen. Nachdem Peking das Vertragssystem mit ausländischen Privilegien für Aufenthalt, Handel und Missionare akzeptiert hatte, wurden die ausländischen Mächte zu Stützen der bestehenden Ordnung. Ihre Waffen trugen zur Unterdrückung des Taiping-Aufstands und anderer Aufstände bei. Ihre Technik förderte die »Selbststärkungs«-Bewegung Chinas.

Bei näherer Betrachtung ist das Bild weniger einheitlich. Die Fremden förderten und die Fremden behinderten den Fortschritt Chinas. Eine richtige Partnerschaft bestand nicht, noch weniger eine Verschwörung. War Li der Verbündete des britischen Imperialismus? Nicht nennenswert. Einmal im Jahre 1893 geriet die erste chinesische Textilfabrik in Brand. Sie wurde von Li in Schanghai protegiert und lag außerhalb der Ausländersiedlung. Die englischen Geschäftsleute, die den Stadtrat von Schanghai beherrschten, lehnten es den ganzen Tag ab, ihre Feuerwehr über die Siedlungsgrenze zu schicken, und so brannte die Fabrik nieder.

Als die Reformbewegung kam, waren ausländische Kontakte und ausländische Einflüsse gewiß daran beteiligt. Aber das war nur eine stückweise Zusammenarbeit auf eine Vielzahl verschiedener Arten – sie war nicht das Ergebnis systematischer Politik. Der bahnbrechende Hongkonger Journalist Wang T'ao zum Beispiel verdankte seine Reformideen zum Teil seinem Aufenthalt in Schottland, wo er zwei Jahre lang lebte (1868/69) und dem Missionar James Legge bei der Übersetzung der chinesischen Klassiker half. Reisen in Schottland, nach London und Paris machten ihn zu einem der ersten Westfachleute Chinas. Von seinen Ideen wurden viele später von K'ang Yu-wei aufgegriffen.

Doch war die Reformbewegung ein Kapitel der chinesischen und nicht der abendländischen Geistesgeschichte. Sie behandelte chinesische Probleme in chinesischer Sprache. Ehe wir sie einfach als Reaktion auf ausländische Anreize betrachten, müssen wir die dynamische Vitalität der chinesischen Tradition bewundern, deren letzte Phase sie war. Die lange Geschichte des konfuzianischen Reformismus beginnt man erst zu untersuchen. In den letzten Jahren war Deng Hsiao-p'ing dieser Quelle verpflichtet.

9. Die Entstehung der Revolution von 1911

China wurde nach 1900 ein anderes Land. Missionslehrer wie Calvin Mateer verglichen 1860 mit 1900: »Damals war alles tot und stagnierte; jetzt ist überall Leben und Bewegung.«[34] Die Journalisten schrieben von »Jungchina« und vom »Neuen China«. Die Historikerin Mary Wright sprach von der »steigenden Flut der Veränderung«. Das Nationalgefühl stieg und äußerte sich im antiimperialistischen Kampf für Vertragsrevision und Rückforderung von Rechten, in dem Ruf nach dem zentralisierten Nationalstaat und, weniger dringend, dem Bestreben, die Mandschu loszuwerden. Die Dynastie war schon nahe daran, das »Mandat des Himmels« (die Zustimmung des Volkes) zu verlieren, aber eine Nachfolge war noch nicht in Sicht. Das politische Leben Chinas intensivierte sich nach 1900 und brachte eine Menge gleichzeitig wirkender Bewegungen hervor. Die moderne Zeit war da; unsere Analyse der Ereignisse wird vieles durcheinandermischen müssen.

Beginnen wir mit dem Wachstum der Kommunikationsmittel. Nach 1901 nahm China am weltweiten Aufstieg der Presse teil, an der internationalen Berichterstattung und der Massenproduktion von Büchern und Zeitschriften. Doch ehe wir China für die schnelle Entwicklung moderner Medien im zwanzigsten Jahrhundert anerkennend auf die Schulter klopfen, müssen wir uns an die lange Tradition der chinesischen Bücherproduktion erinnern, die der europäischen um Jahrhunderte vorausging.

Um 1750 dürfte es in China mehr gedruckte Bücher gegeben haben als in Europa. Die modernen Medien hatten tiefe einheimische Wurzeln; sie mußten mehr angepaßt als neu erfunden werden. Historische Studien haben hier begonnen: altchinesische Bibliotheken, kaiserliche Sammlungen, Zensurdokumente,

Dichtung und Belletristik, volkstümliche Romane verschiedener Art, Verteilung amtlicher Dokumente, örtliche Wandzeitungen eröffnen ein großes Forschungsgebiet. Um 1900 standen den gebildeten Städtern schon Hunderte von Unterhaltungsromanen zur Verfügung. Neu war die Verbreitung westlicher Werke in chinesischer Übersetzung, die regelmäßige Verbreitung von Nachrichten und politischen Kommentaren. Man begann die oberen bäuerlichen Schichten zu erreichen, die lesen und schreiben konnten.

Mit der Reformbewegung war die Zunahme des Journalismus und des Verlagswesens verbunden, die in den städtischen Zentren die Ausbreitung von Ideen beschleunigte. Auch dafür gibt es chinesische Vorläufer, auch die Missionspresse des neunzehnten Jahrhunderts hatte vorgearbeitet. Noch vor ihrer Zulassung in den Vertragshäfen (1842) hatten protestantische Missionare chinesische Traktate herausgegeben, um das Volk zu erreichen. Im Jahre 1897 gründete Liang Ch'i-ch'ao in Schanghai die Zeitung ›Shih-wu-pao‹ zur Verbreitung der Gedanken der Reformbewegung. In demselben Jahr wurde der Verlag Commercial Press gegründet, um Literatur für den Massenbedarf herzustellen. Er veröffentlichte Lehrbücher und religiöse Werke, baute eine moderne Bibliothek und eine Forschungsabteilung auf. Er war in der modernen Drucktechnik führend und brachte 1915 ein neues chinesisches Wörterbuch heraus, das ›Tz'u Yuan‹. Der Verlag hatte eine Konkurrenz, die Chung-hua (China)-Buchgesellschaft, die 1911 gegründet wurde.

Die ausländische Presse in Schanghai hatte 1850 mit dem ›North China Herald‹ begonnen. Später erschien eine chinesische Ausgabe. Im Jahre 1872 gründete ein Engländer die ›Schen-pao‹. Das erfolgreiche Unternehmen ließ in den achtziger Jahren eine Illustrierte ›Tien-shih-chai hua-pao‹ entstehen, die noch mit Holzblockdruck arbeitete. Mit dem Anwachsen der Presse in Schanghai wuchsen die Auflagen der früheren Blätter auf 50000 an; in den dreißiger Jahren waren es schon 150000. Sie hatten Korrespondenten in Peking, die täglich die neuesten Nachrichten durchtelephonierten.

Das schnelle Wachstum der Presse ging mit einer zunehmenden Diskussion über politische Reformen einher, namentlich was die Mandschu-Dynastie betraf. Außerdem nahmen moderne Romane zu. Liang Ch'i-ch'ao, der im Exil in Tokio einige Zeitschriften herausgab, schrieb dem Roman eine zentrale Rolle bei der Erweckung des Volkes zu. Den ersten politischen Roman schrieb Liang während seiner Kampagne zur Rettung Chinas. Die Zeitungen in Schanghai richteten Rubriken für Bildung, Wissenschaft und die Frauenfrage ein. Sie stellten fest, daß der Fortsetzungsroman ihren Leserkreis erweiterte. Mit der Zunahme der städtischen Leserschaft waren in der Reformpresse und sogar in den revolutionären Blättern immer mehr Unterhaltungsromane zu finden[35]. Einer bürgerlichen Leserschaft bot man Liebesgeschichten, Kriminalromane, Rittergeschichten und utopische Wissenschaftsromane.

Zu vermerken ist noch, daß 1901 die dritte und einflußreichste Phase der christlichen Mission begann. Nach der Niederlage der Boxer, mit deren Hilfe die Dynastie versucht hatte, alle Ausländer, besonders aber die Missionare zu vertreiben, bildete sich infolge der begangenen Greueltaten eine Missionar-Martyrologie. Protestantische Missionare spielten eine immer größere Rolle im chinesischen Leben. Die Tür war endlich offen für den Zustrom westlicher Ideen und Gebräuche; die Missionare, die schon lange hier waren und ihre Position gefestigt hatten, konnten nun ihre Tätigkeit ausdehnen, zum Beispiel höhere Schulen gründen.

Die Missionare, die den Boxeraufstand überlebt hatten, gehörten nun sozusagen zur Landschaft. Sie arbeiteten in jeder Provinz, verbreiteten die abendländische Medizin und Chirurgie, nahmen Mädchen in ihre Volks- und Mittelschulen auf, förderten die Bewegung gegen Opium und Fußeinbinden, zeigten jungen Leuten, wie man Versammlungen und Diskussionen abhält, und erweiterten durch ihre bloße Anwesenheit den Horizont der Chinesen. Die beste Zeit hatten die Missionen von 1900 bis 1930. Obwohl sie eine recht lebendige chinesische Kirche gründeten, glaube ich doch, daß ihr sozialer und institutioneller Einfluß sich schließlich als wichtiger erweisen wird als ihre christliche Lehre.

Chinas moderne Geschichte ist in China gemacht worden, nicht im Ausland, obwohl der ausländische Einfluß positive wie negative Wirkungen hatte. Negativ waren die fremden Angriffe, positiv war die Einführung ausländischen Wissens und neuer Institutionen. Nach 1900 war das Anwachsen des Nationalgefühls das wichtigste politische Faktum. Es kam spät, aber es wurzelte letztlich im chinesischen Kulturbewußtsein und in chinesischer Tradition. Es hatte die Mandschu-Dynastie akzeptiert. Es mußte die Anwesenheit des Westens in den Häfen akzeptieren. Auf die »Selbststärkung« waren Reformbewegung und Boxeraufstand gefolgt. Doch waren weder die bürokratischen Administratoren noch die radikalen Akademiker in der Lage gewesen, eine neue Ordnung für China zu schaffen; die bäuerlichen Aufständischen hatten es nicht einmal versucht. Vielen war nach 1900 klar, daß revolutionäre Zerstörung der alten Ordnung die einzige Alternative war.

Die Triebkraft der Revolution war zunächst das Nationalgefühl, das Streben, China als politische Größe in der Welt der Nationen zu erhalten, die es nun bedrängten. Aber dieses neue Nationalgefühl bedeutete noch mehr – die Bereitschaft, nach außen zu blicken und auf auswärtige Anregungen zu reagieren. Die see- und handelsbewußten Chinesen der Südostküste hatten das seit dem Mittelalter getan, aber sie waren eine Minderheit in dem großen agrarisch-bürokratischen Reich geblieben. Nur in Zeiten der Schwäche wie zur südlichen Sung-Zeit, als die Hauptstadt mit Hangchow im Süden lag, hatte das seewärts schauende China sein Interesse am Außenhandel geltend machen können. Die verschiedenen Dynastien wie Yüan, Ming und Ch'ing hatten meist strategisch nur nach Innerasien geblickt, von wo sie den Einbruch von Rivalen befürchteten. Nun im zwanzigsten Jahrhundert kam die Hauptgefahr eindeutig von der Seeseite. Die Küstenchinesen, die hier an der Front standen, brachten eine Führung hervor, die ihr entgegentreten konnte.

Das seeorientierte China umfaßte die Vertragshäfen und die chinesischen Auslandskolonien in Südostasien. Nach dem Sturz der Ming im siebzehnten Jahrhundert hatte Vietnam chinesische Flüchtlinge aufgenommen. Zugleich schufen sich auslandschinesische Kaufleute eine führende Stellung im Außenhandel Siams, der Südchina unter dem Titel des Tributs mit Reis versorgte. Als die Europäer Batavia, Manila und Singapur gegründet hatten, entwickelten sich dort schnell chinesische Kolonien. Besonders in Indonesien wurden die Chinesen zu einer Zwischenschicht zwischen den holländischen Kolonialherren und der Masse der javanischen Bevölkerung. Der indisch-chinesische Opiumhandel wird gewöhnlich mit dem englischen Opiumkrieg in Zusammenhang gebracht, doch gab es auch einen indischen Opiumhandel mit Südostasien, der zum Teil in chinesischen Händen lag.

Später als nach Südostasien kamen die Chinesen nach Nordamerika. Dort konnten sie nicht Kaufleute und Angehörige höherer Berufe sein wie in Südostasien, sondern waren auf niedrigere Arbeiten angewiesen. Sie halfen als Arbeiter beim Eisenbahnbau, eröffneten Wäschereien und Gaststätten im ganzen Land. Es gibt heute noch »Chinatowns« in San Francisco, Vancouver und auch an der amerikanischen Ostküste. Ihre Lage als exponierte Minderheiten in der Fremde stärkte ihr chinesisches Nationalgefühl; die chinesischen Revolutionäre fanden bei ihnen sogleich moralische und finanzielle Hilfe.

In allen Häfen Südostasiens hatten die chinesischen Kaufleute um die Jahrhundertwende Handelskammern gegründet; sie hatten ihre eigenen Schulen und Geheimgesellschaften, die dem Zusammenhalt dienten. So suchten zu Beginn des Jahrhunderts die revolutionären Bewegungen unter Sun Yat-sen und K'ang Yu-wei eifrig Hilfe bei den Auslandschinesen. Dem Ch'ing-Regime begann es zu dämmern, daß die Auslandschinesen, wenn sie heimkehrten, nicht mehr hingerichtet werden sollten, sondern im chinesischen Nationalinteresse Förderung verdienten. Man sandte Konsuln und manchmal besondere Delegationen ins Ausland, die mit den Revolutionären um die Sympathien der Auslandschinesen konkurrierten.

Der Auslandschinesen Südostasiens hat sich die Forschung erst neuerdings angenommen. Um die Jahrhundertwende hatten sie eine chinesische Presse und es gab so etwas wie eine chinesische öffentliche Meinung, die sich über autonome kommerzielle Institutionen bemerkbar machte. Auslandschinesen kamen nach China zurück und wurden führend in Industriegründungen, so etwa zum Beispiel mit der Nanyang-Tabak-Gesellschaft. Im Zuge der Entfaltung der Revolution im zwanzigsten Jahrhundert waren englischsprechende Auslandschinesen willkommen. Ein Beispiel ist der Außenminister der Wuhan-Regierung im Jahre 1926, Eugene Chen aus Trinidad. In den Vertragshäfen konnte sich die Unternehmertätigkeit heimkehrender Auslandschinesen entfalten. So kam Charlie Jones Soong aus Amerika nach Schanghai zurück, um als Missionar tätig zu sein, was er aber bald mit einer erfolgreichen verlegerischen und unternehmerischen Tätigkeit eintauschte. Seine Kinder ließ er in den Vereinigten Staaten erziehen.

Sun Yat-sen (1866–1925) wurde der bedeutendste der Revolutionäre gegen das Ch'ing-Regime, gerade fünfzig Jahre, nachdem die ersten Jünger Hung Hsiu-ch'uans die »Gottverehrer« zu organisieren begonnen hatten. Die Zeiten hatten sich geändert, aber ausländische, besonders christliche Einflüsse waren beim Start des neuen Führers immer noch wesentlich. Sun wuchs im Kreis Hsiang-shan zwischen Macao und Kanton auf, der Gegend, die am längsten im Kontakt mit den Ausländern stand. Von dort stammten viele Auslandschinesen und begabte Leute in den Vertragshäfen, so etwa Tong King-sing, der Manager von Li.

Man war in dieser Gegend traditionell gegen die Mandschu. Die Tapferkeit der Taiping war während der Kindheit Suns schon Folklore geworden. Nach Suns Ansicht hätte Hung, wenn nicht die Engländer gewesen wären, die Mandschu vertreiben können. Sun wurde Christ, ein Teil seiner Verwestlichung, die an der Iolonai-Schule in Honolulu begann, wohin Sun mit 13 Jahren im Jahre 1879 zu seinem älteren Bruder gekommen war. An der anglikanischen Schule war man für die Unabhängigkeit Hawaiis und gegen die Annexion durch Amerika. Sun machte ein gutes Abitur in englischer Grammatik und kam dann an das Oahu College, wo er studierte, bis ihn sein Bruder heimschickte, damit er dem Chinesentum nicht völlig entfremdet werde. In der Heimat jedoch entehrte Sun die Dorfgötter und wurde nach Hongkong verbannt. Dort ließ er sich 1884 in der Kongregationskirche taufen und studierte Medizin an einem von Dr. Ho Kai gegründeten College, der seine medizinische und juristische Ausbildung in England erhalten hatte und mit einer Engländerin verheiratet war. Er setzte sich frühzeitig für Reformen in China ein.

Gerade die ausländische Erziehung weckte in Sun den chinesischen Patriotismus. Während seines Medizinstudiums beschäftigte er sich auch mit den chinesischen Klassikern. Er war aber bäuerlicher Herkunft und verwestlicht. Bei seiner revolutionären Tätigkeit benutzte er mehr, was er im Ausland gelernt hatte, und hatte demzufolge bei den klassisch Gebildeten wenig Erfolg. Seine Zugehörigkeit zum Christentum nützte seiner Sache, ähnlich wie bei Hung Hsiu-ch'uan, aber sein Grundmotiv war das Nationale.

Das China der neunziger Jahre war, im Vergleich zu den fünfziger Jahren, nicht wiederzuerkennen. (Das galt natürlich für die ganze Welt, besonders Japan und Amerika.) Die chinesischen Hafenstädte waren gewachsen, ihre Straßen waren voll Rikschas (jin-riki-sha, »menschgezogene Karren«), eine japanische Erfindung, die das Kugellager mit der billigen Muskelkraft des Menschen verband. Die Dampfmaschinen der Eisenbahn, der Dampfer und Fabriken waren oft noch importiert. Überall waren Ausländer mit ihren Einrichtungen, wie in einer europäischen Kolonie. Die großen Häuser mit englischem Rasen und englischem Garten, die Pferdekutschen und Rennpferde, die ausländischen Banken, Firmen und Klubs überlagerten eine breite Schicht chinesischen Personals und chinesischer Dienstleistungen. Das chinesische Personal sah die neue Aristokratie als niedergelassen, aber nicht zu China gehörig an. Die Ausländer, zu denen nun auch die Japaner gehörten, hatten sich offenkundig auf Dauer eingerichtet. In Hongkong hatten sie ihre Häuser schon oben im kühlen Bergnebel gebaut, wohin man mit einer Bergtrambahn gelangte.

Für Sun Yat-sens revolutionäre Ziele spielte die Fragmentierung der chinesischen Gesellschaft eine Rolle. Es gab neue Berufe und alternative Aufstiegsmöglichkeiten. Da war zunächst die Möglichkeit, für die Ausländer als Diener oder Comprador zu arbeiten, in Läden in den Vertragshäfen, als Rikscha-Kuli, »chit«-Kuli (eine Art menschliches Telephon) oder Hunde-Kuli. Die letzteren könnten die Ursache der vielzitierten, aber nie photographierten Aufschrift im Park am Schanghaier »Bund«, der Prunkstraße am Kai, gewesen sein, wo angeblich stand »Hunden und Chinesen ist der Zutritt verboten«. Vielleicht sollten nur die Hunde der Europäer an der Verunreinigung des europäischen Parks gehindert werden.

In der sozialen Struktur des alten China waren neue Berufszweige aufgetaucht, die über die alte Klassifizierung Akademiker-Handwerker-Bauer-Kaufmann hinausgingen. Die Armee genoß mehr Achtung, die Absolventen der Offiziersschulen hatten fast dasselbe Prestige wie die Akademiker. Die Grenze zwischen der grundbesitzenden Gentry und den Kaufleuten verblaßte, die wohlhabende Kaufmannsschicht wurde den Inhabern akademischer Grade gleichwertig, bürokratische Unternehmer vereinigten die Funktionen von Kaufleuten und Beamten auf sich. Billige bäuerliche Arbeitskräfte strömten in die Städte, um in der Baumwoll- oder Tabakindustrie zu arbeiten; eine Arbeiterklasse begann sich zu bilden. Bedeutsam war es, daß die Abschaffung der klassischen Prüfungen, das neue Schulsystem, das Wirken der Missionare und das städtische Leben als Ganzes eine neue Intelligenz entstehen ließen, die nicht mehr an das frühere System gebunden war. Manche wurden Journalisten und arbeiteten daran, eine öffentliche Meinung zu schaffen. Dr. Sun selbst spielte eine neue Rolle, die des Berufsrevolutionärs, ein Vorläufer des Parteiorganisators.

Sun Yat-sen zeigte die Flexibilität, die für seine bahnbrechende Aufgabe notwendig war. Er arbeitete mit Leuten der alten Triadengesellschaft zusammen, mit japanischen Imperialisten, amerikanischen Missionaren, chinesischen Studenten, auslandschinesischen Kaufleuten, Kominternagenten, Militärs, kurz mit allen, die bereit waren, ihn anzuhören. Er war zu aufrichtig, um ein Opportunist zu sein, und zu praktisch, um sich an eine Ideologie zu klammern. Oft verstellte er sich oder schloß Kompromisse. Seine hinterlassenen Schriften sind banal. Es gab auch bessere Redner. Wodurch wirkte er?

Die Antwort ist überraschend einfach. Von mittlerer Größe und schmaler Gestalt, arbeitete er für eine Sache, die größer war als er; die Leute bewunderten ihn dafür, daß er es trotzdem tat. Er hatte Charisma, persönliche Anziehungskraft und warf sich immer voll in die Waagschale. Trotz einiger Mißerfolge stellte ihn später die Kuo-min-tang, die Nationalpartei, als Kultfigur heraus. Sie brauchte einen Gründervater, einen chinesischen Lenin, dessen Nachfolge Tschiang Kai-schek antreten konnte. Aus Suns Vorträgen über die ›Drei Prinzipien des Volkes‹ machte man eine Ideologie. Sun war quasi der Senior der chinesischen Revolution, mit all dem Ansehen, das ihm eine solche Position in China einbringen konnte. Er lernte sein Leben lang. Im Jahre 1894 fuhr er nach Tientsin, um Li Hung-chang eine Liste ziemlich einfacher Reformen vorzulegen, aber Li hatte keine Zeit ihn zu empfangen und Sun wurde Revolutionär.

Suns erste Geheimgesellschaft war die »Gesellschaft zur Wiederbelebung Chinas«, die er 1894 in Hawaii mit hundert Auslandschinesen gründete. Hawaii war gerade Republik geworden; es wurde erst vier Jahre später von Amerika annektiert. Das Programm der Gesellschaft Suns war »Sturz der Mandschu, Rückgabe Chinas an die Chinesen und Einsetzung einer republikanischen Regierung«. In Hongkong gründete Sun 1895 eine Filiale seiner Gesellschaft, um die Unruhe auszunützen, die durch Japans Sieg im Krieg von 1895 im ganzen chinesischen Reich entstanden war.

Zur Tarnung gründete er in Kanton eine »Landwirtschaftliche Studiengesellschaft« und benützte einen christlichen Buchladen als Stützpunkt. Sein erstes Komplott bestand darin, daß eine Abteilung der Triaden-Gesellschaft mit als Zementsendung deklarierten Waffen am 26. Oktober 1895 mit der Fähre von Hongkong nach Kanton fahren, die Behörden besetzen und die Beamten erschießen sollte. Weitere Gruppen sollten auf anderen Wegen dazustoßen. Durch Dr. Ho Kai gelangte die Sache vorzeitig, wenn auch nur andeutungsweise, in die englische Presse in Hongkong. Die chinesischen Behörden waren gewarnt. Die Abteilung kam einen Tag zu spät und wurde von der Polizei erwartet. Der Plan war gescheitert; wer nicht verhaftet wurde, floh. Daß gebildete Christen einen Massenaufstand planten, erinnerte zu sehr an die Taiping. Sun floh nach Japan, war aber nun ein bekannter Führer, auf dessen Kopf ein Preis stand.

Als Sun 1896 nach London kam, wurde er von Chinesen beobachtet, ergriffen und zwölf Tage in der chinesischen Gesandtschaft gefangengehalten. Ehe man ihn als »Irren« nach China zurückschicken konnte, gelang es ihm, eine Nachricht an seinen früheren Medizinprofessor nach Hongkong hinauszuschmuggeln, der die englische Polizei, die ›Times‹ und das Auswärtige Amt in London verständigte. Daraufhin wurde Sun befreit. Der Zwischenfall machte Sun berühmt und bestärkte ihn in seinem Glauben an seine revolutionäre Bestimmung. Er blieb neun Monate in England, las wie Karl Marx den ganzen Tag in der Bibliothek des Britischen Museums, schrieb Briefe und Artikel für die Presse, außerdem ein Buch ›Entführt in London‹. Sein Aufenthalt in England war ein großes Plus für ihn, obwohl die Regierung in Hongkong, damals wie heute gegen die Benutzung Hongkongs als Basis für Umtriebe in China, ihm ein fünfjähriges Aufenthaltsverbot erteilte. Er konnte über Hongkong reisen, aber nicht dort bleiben.

Als Sun im Jahre 1897 nach Japan zurückkam, eilte ihm sein Ruhm schon voraus. Eifrige japanische Panasiaten suchten einen chinesischen Führer, dem sie bei der Erneuerung und Modernisierung Chinas helfen konnten. Sun war der idealistische Verschwörer, den sie brauchten. Er nahm den japanischen Namen Nakayama (*Chung-shan*, »zentraler Berg«) an und kleidete sich wie ein Japaner, sogar mit einem Schnurrbart. Zu den Panasiaten gehörten Vertreter der japanischen Expansionspolitik, die sehr aktiv waren. Im Jahre 1898 begrüßten sie die aus Peking kommenden K'ang und Liang. Sun und Liang wollten zusammenarbeiten, aber K'ang Yu-wei sagte nein. Im Vergleich mit diesen angesehenen Akademikern, die hinter des Kaisers »Hundert Tagen« gestanden hatten, war Sun ein Möchtegern. Die Bewegung K'angs und Liangs »zum Schutz des Kaisers« konkurrierte mit Suns Bewegung und brachte unter den Auslandschinesen mehr Geld für eine Revolution auf als Sun. Als die Ereignisse von 1900 das ganze Land erschütterten, planten die

Anhänger K'angs und Liangs mit Hilfe von Geheimgesellschaften einen Aufstand in Hankow, aber der Plan wurde von Chang Chih-tung entdeckt und verhindert.

Sun und seine japanischen Helfer versuchten es mit Südchina. Sie wählten ein Küstendorf nahe Hongkong, zu Wasser und zu Lande erreichbar, und stellten eine Truppe von Angehörigen der Triaden-Gesellschaft auf, die der Nationalität nach Hakka und im übrigen berufsmäßige Banditen waren. Dann geschah das Übliche. Die Waffen aus Japan kamen nicht. Regierungstruppen umstellten das Dorf. Der Waichow-Aufstand, auch der Huichou-Aufstand genannt, dauerte vierzehn Tage. Bauern schlossen sich an, halfen den Rebellen und überfielen die kaiserlichen Truppen aus dem Hinterhalt. Dann brach das Unternehmen zusammen. Sun Yat-sen mußte sich bald erneut nach Japan zurückziehen. Die Methode, eine Geheimgesellschaft mit importierten Waffen einzusetzen, hatte sich nicht bewährt.

Auf andere Weise kam ein stärkerer Impuls aus Japan. Die Führer der neuen chinesischen Beamten- und Akademikergeneration versammelten sich meist in Tokio, wo es Tausende chinesischer Studenten gab, zum Teil von den Provinzgouverneuren mit Stipendien versehen. Im Ausland lernten sie ihr Nationalgefühl schnell. Die japanischen Kinder verspotteten sie wegen ihrer Zöpfe und langen Gewänder; sie fühlten sich durch Chinas Schwäche und Rückständigkeit erniedrigt. Als Akademiker sollten sie eigentlich den Staat regieren. Alle wollten aufsteigen und alle waren durch provinzielle Heimatgefühle gespalten, wie dies in Peking nicht anders gewesen wäre. Dennoch bildeten sie eine feste Gemeinschaft, der sehr an Chinas Geschick gelegen war. Es ging nicht mehr nur darum, ausländische Methoden zu entleihen. Es ging darum, einen Nationalstaat zu begründen, und das war im Grunde eine Frage der politischen Philosophie.

Die Anleihen, die hier bei westlichen und auch japanischen Ideen gemacht wurden, waren nicht zufällig. Man suchte bewußt aus, was für China passen und sich seiner Tradition einfügen würde. Als beispielsweise die Klassiker des europäischen Liberalismus (Adam Smith, J. S. Mill, T. H. Huxley usw.) ins Chinesische übersetzt wurden, sah der Übersetzer Yen Fu den Wert liberaler Grundsätze nicht in der Sicherung persönlicher Freiheit, sondern in der Möglichkeit des Aufbaus nationaler Macht und nationalen Wohlstands durch die Bemühungen jedes Einzelnen um Selbstverwirklichung.

Dieser kollektivistische Zug kam auch in den Werken von

Liang Ch'i-ch'ao zum Ausdruck, der als Lehrer der jungen Generation in Tokio am richtigen Platz war. Er gab eine Reihe chinesischer Zeitschriften heraus, in denen er westliches Wissen zusammenfaßte, allerdings durch japanische Übersetzungen filtriert. Er informierte seine eifrigen Leser über westliche politische Gedanken und Einrichtungen. Er förderte den chinesischen Roman und die chinesische Novelle, alles zum Zweck der »politischen Erneuerung« des chinesischen Volkes. Dieser Ausdruck (*hsin-min,* »ein neues Volk«, »die Erneuerung des Volkes«) stammte aus der klassischen konfuzianischen Schrift ›Die große Lehre‹. Darunter verstand Liang 1898 die Integration von einzelnen in ihre Gruppe und der Gruppen in größere Gemeinschaften, mit dem Endziel einer organischen Nation: »Zehntausend Augen, die dasselbe sehen, zehntausend Hände und Füße, aber nur ein Geist, zehntausend Ohren, die dasselbe hören ... dann ist der Staat zehntausendmal stärker.«[36] Dieser Ruf nach Stärke durch Einheit war eher kollektivistisch als liberal, aber es wurden Volkssouveränität und demokratische Teilnahme verlangt.

Mit der Erweiterung seines Horizonts in Japan erweiterte Liang die Bedeutung von *hsin min* auf »neuer Bürger«. Er sagte, das alte China habe in der Familienethik eine hohe private Sittlichkeit entwickelt. Aber es hätte an öffentlicher Moral und Bürgertugend gefehlt: Die Sozialpolitik war mangelhaft. Er kritisierte die enge Familienloyalität und den familienzentrierten Egoismus des konfuzianischen China; er wollte die kollektive Demokratie und eine starke Nation. Liang ist manchmal der Vater des modernen chinesischen Liberalismus genannt worden, aber sein Ziel war etwas anderes als die individuelle Freiheit durch bürgerliche Rechte.

Im Jahre 1903 machte Liang eine Reise durch die Vereinigten Staaten. In fünf Monaten besuchte er mehr als ein Dutzend größerer Städte. Die chinesischen Gemeinden begrüßten ihn überall als bekannten Reformer. Er konnte die amerikanischen Verhältnisse studieren. Auch Präsident Theodore Roosevelt und der Bankier J. P. Morgan[37] empfingen ihn. Jedoch kehrte er nach Tokio ganz desillusioniert über die amerikanische Demokratie zurück. Er hatte in ihr mittelmäßige Politiker, Korruption, Unordnung, Rassismus, Imperialismus und andere Fehler gefunden. Besser gefielen ihm die etatistischen Ideen Japans und Deutschlands. Seine Folgerung war, daß China die USA nicht nachahmen sollte. Er wünschte, daß die Chinesen aktive und selbständige Bürger würden. Dazu schien ihm aber eine lange Periode der »Vormundschaft« notwendig, die nur von einem aufgeklärten Despotismus kommen konnte.

Die politische Wissenschaft hat die Auffassung von »Demokratie« untersucht, wie sie von Chinas ganzer Reformgeneration von Liang Ch'i-ch'ao und Yen Fu bis Mao und Deng vertreten wurde. Diese Auffassung war vom optimistischen Konfuzianismus (der Mensch ist erziehbar) ererbt und sah die Grundlage guter Regierung in der natürlichen Harmonie der Interessen zwischen den Regierenden und dem Volk. Beide streben das Wohl des Staates an (nationaler Reichtum, militärische Stärke), denn das aufgeklärte, konfuzianisch erzogene Individuum erkennt, daß gesellschaftliche Ordnung sein Leben lebenswert macht, während Unordnung ihm Gefahr bringt. Nach dieser staatszentrierten Auffassung soll jeder einzelne seine Fähigkeiten entwickeln und dadurch mehr zum Gemeinwohl beitragen. Der richtige Mensch geht mit, paßt sich an und tut sein Teil. Das ist »Demokratie«. Asoziale Antikollektivisten sind nach Mao kein Teil des Volkes. Ein Auftreten gegen die Obrigkeit mit der Losung »Ich will gehört werden« ist zutiefst unmoralisch.

Liangs Ansichten über das Verhältnis der Rechte des einzelnen zum Recht des Staates beeinflußten Mao und die ganze chinesische kommunistische Partei. Der japanische Einfall in den dreißiger und vierziger Jahren führte wieder zur Streichung individueller Rechte, wie es nach 1900 im Namen der Rettung Chinas vor der imperialistischen Gefahr geschehen war. Während Liang und Mao gegen den Bürokratismus wetterten, stellten sie nicht die Frage, die der bekannte politische Philosoph Huang Tsung-hsi im siebzehnten Jahrhundert gestellt hatte, die Frage der Tyrannei an der Spitze und ihrer Verhinderung durch Verteilung der Macht an die von Eliten geführten Institutionen. Hier gab es keine Erklärung der Menschenrechte. Zu Beginn des zwanzigsten Jahrhunderts kam die Nation vor dem einzelnen.

Noch Konfuzianer in der Familie und in strenger Selbstzucht, noch am Buddhismus interessiert, endete Liang als Reformer und Gegner einer gewaltsamen Revolution. Mit einer solchen käme China vom Regen in die Traufe. Er verwies auf die Instabilität der französischen Regierung nach 1789. Er war für eine konstitutionelle Monarchie in China als den besten Weg zur Modernität.

Wahrscheinlich hätte die Mehrheit der 5000 bis 15 000 chinesischen Studenten, die jährlich nach Japan kamen, Liangs Ansichten akzeptiert, aber sie befriedigten nicht die ein- bis zweitausend Aktivisten, die unbedingt die Mandschu-Dynastie stürzen wollten. Liangs wohlbegründete Auffassung vom Imperialismus als Chinas langfristigem Feind stellte die Aktivisten vor unlösbare Probleme. Wie konnte man dem Ausland widerstehen, solange man in China nicht an der Regierung war? Eine Revolution mußte ein deutliches Ziel haben. Die Mandschu eigneten sich gut dazu, denn sie waren Nichtchinesen, zwar auf dem Thron, aber schwach, und hatten keine Verbündeten. Da sie gegen die Mandschu war, war die Revolution antimonarchistisch: Sie war republikanisch.

Der vielseitige Sun Yat-sen hatte inzwischen erkannt, daß zur Anwerbung von Intellektuellen eine Theorie der Revolution erforderlich war, eine Vision dessen, was sie bringen sollte. Im Jahre 1903 begann er Artikel zu schreiben. Seine Losung war die »Drei Prinzipien des Volkes« *(San-min-chu-i)*, in westlicher Ausdrucksweise Nationalgefühl, Demokratie und Sozialismus. Im Chinesischen lauteten sie etwas anders. Das erste Prinzip *(min-tsu-chu-i)* meinte Volk und Rasse zur Nation kombiniert. Das zweite *(min-ch'uan)* bedeutete Rechte und Macht des Volkes. Das dritte war ein klassischer Ausdruck *(min-sheng)* und bedeutete soviel wie »genug Nahrung für das Volk«. Diese Ausdrücke konnten zu verschiedenen Zeiten und an verschiedenen Orten mit verschiedenen Inhalten gefüllt werden. Statt vom Marxismus war Sun von dem Bodenreformer Henry George begeistert, dessen Theorie von nur einer Steuer, der Bodensteuer, damals populär war. Der Wertzuwachs des Bodens sollte weggesteuert werden; das sollte die Bodenspekulation verhindern. (Dieses Allheilmittel ist längst auf dem Kehrichthaufen der Geschichte gelandet.) Sun nannte diese Einheitssteuer »Gleichmachung des Bodenrechts«, aber sie hatte nichts mit landwirtschaftlichem Boden oder Pacht zu tun. Sun erfand auch eine Verfassung mit fünf Gewalten, indem er der Dreiheit von legislativer, exekutiver und gerichtlicher Gewalt noch Prüfungs- und Zensurgewalt hinzufügte. Wenn die westlichen Länder drei Instanzen hatten, so konnte China ruhig fünf haben. Im Jahre 1904 probierte Dr. Sun seine neue Ideologie (die natürlich noch etwas mehr beinhaltete) unter den aktivistischen chinesischen Studenten in Europa aus. Das Jahr darauf kehrte er im Triumph nach Tokio zurück.

Die Aktivisten unter den chinesischen Studenten in Japan kamen hauptsächlich aus vier Gebieten: den zentralchinesischen Provinzen Hunan und Hupei, Kanton, Schanghai und Szechwan. Sie gaben Zeitschriften heraus, hielten Versammlungen ab und bildeten auf ihre jeweilige Heimatprovinz begrenzte revolutionäre Geheimgesellschaften. Es bedurfte der Mühe der japanischen Expansionisten, die schon lange hinter Sun standen, um alle diese konkurrierenden Gruppen im August 1905 in einem Raum zu versammeln und die »Revolutionäre Allianz« (T'ung-meng-hui) zu gründen, welche die chinesischen Revolutionäre unter der Führung Suns vereinigte. Mit 39 Jahren war er 10 bis 20 Jahre älter als die meisten, war erfahren und kannte die Welt, hatte ausländische Freunde und Kontakt mit auslandschinesischen Finanzleuten; auch verfügte er über Kämpfer aus Geheimgesellschaften. Er war schon sehr bekannt und hatte ein beträchtliches Selbstbewußtsein. Er versuchte es zunächst mit einer Abkürzung, China das moderne Regierungsmodell zu bringen, den Westen einzuholen und sogar bald zu überholen. Er hatte nicht die Bedenken Liangs wegen Chinas Geschichte und mangelnder Vorbereitung; so riskierte er den Sprung. Die Studenten waren begeistert, schwuren den Eid, lernten die geheimen Losungsworte und Händedrücke, und billigten ein kompliziertes Gebäude von Amtsträgern, Zweigstellen, Publikationen und Programmen. Bald waren tausend Mitglieder da. Die Strategie bestand darin, den Imperialismus zunächst zu umgehen und imperialistische Hilfe zur Schaffung einer chinesischen Republik zu gewinnen.

Aus der »Revolutionären Allianz« entstand 1912 die Kuomin-tang (Nationale Volkspartei); deshalb ist die Allianz historisch interessant. Die Allianz von 1905 war eine von den Japanern vermittelte Verbindung provinzieller chinesischer Gruppen, unter denen Mittelchina den Großteil der Führer und Mitglieder stellte. Dazu gehörte der militärische Leiter Huang Hsing und der oberste Organisator Sung Chiao-jen. An zweiter Stelle kam das Kontingent von Kanton. Doch Suns bäuerlicher und ausländischer Hintergrund trennte ihn von den jungen Akademikern aus Gentry-Familien, die den Großteil der Mitglieder stellten. Sie hatten wenig Motivation für eine soziale Revolution zur Hebung der Lage der Bauernmassen. Sie waren nie für diesen Zweck unters Volk gegangen. Sie kamen aus der herrschenden Klasse und akzeptierten die Führung Suns nur mit Vorbehalt. Er war immerhin ein Aktivist, der ausländische

Hilfe beschaffen konnte, auslandschinesisches Geld und Soldaten aus der Triaden-Gesellschaft.

Selbst eifrige Patrioten und Aktivisten, verkündeten die jungen Mitglieder große Ziele, die im wesentlichen nur Schlagworte waren. Dazu gehörte der den Stolz befriedigende Gedanke, daß Chinas Revolution schnell und einfach sein werde; sie würde China bald wieder an die Spitze der Welt stellen. In ihrer Zeitschrift ›Volksbericht‹ (›Min-pao‹) spotteten sie über Liangs Gradualismus als »zu wenig und zu spät«. China mußte nach ihrer Ansicht sofort das Modernste werden, eine Republik. Die Allianz versuchte sieben oder acht Aufstände vor 1908. Alle schlugen fehl. Im Jahre 1907 wurde Sun aus Japan verbannt, ein Jahr später aus Französisch-Indochina. Die Allianz begann zu zerfallen und lehnte die Führung durch Sun ab. Ihre Leistung hatte sich darauf beschränkt, ein Symbol der Revolution zu sein und eine Bruderschaft junger Revolutionäre zu schaffen, von denen einige später Führer der Republik werden sollten.

Die Einigung der rebellischen Studenten im Jahre 1905 fiel zeitlich mit der Zustimmung der Mandschu zu Reformen zusammen. Sie wollten Staat und Dynastie stärken. Die Kaiserinwitwe war noch elastisch genug, im Jahre 1901 den Großteil des Reformpakets zu akzeptieren, das der junge Kaiser 1898 ergebnislos verkündet hatte. Die Mehrzahl der Machthaber stimmte nun der Reform als unvermeidlich zu. Das Reformprogramm der Dynastie begann mit der Gründung moderner Schulen und der Entsendung von Studenten ins Ausland, namentlich nach Japan. Die Ergebnisse haben wir schon vermerkt: Viele von ihnen wurden eifrige Gegner der Ch'ing und riefen nach der Republik, was immer sie sich darunter vorstellen mochten. Die Schulgründung in China ging ziemlich schnell, zum Teil einfach durch Umbenennung der zweitausend alten klassischen Akademien. Aber es war nicht leicht, Lehrer für den neuen gemischt westlich-chinesischen Lehrplan zu finden. Das Ziel war eben nicht allgemeine Bildung, sondern eine bessere Ausbildung für künftige Beamte. Nachdem man den Sprung gewagt hatte, mußte Peking bald feststellen, daß die neuen Schulen und das alte Prüfungssystem nicht nebeneinander bestehen konnten, wie man es gehofft hatte. Der alte private Unterricht in den Klassikern war billiger und leichter. Um das neue Schulsystem zu festigen, wurde 1905 das dreizehnhundert Jahre alte Prüfungssystem ganz aufgehoben. Chang Chih-tung, einer der leitenden Männer bei der Schulreform, suchte die Würde der neuen Schulen zu heben. Er schrieb hellblaue Kleidung für die Studenten vor, Hüte mit roten Quasten und eine erbauliche Hymne. »Der heilige Sohn des Himmels plant Selbststärkung... Hygiene macht das Volk stark und gesund... Ehrt Eure Eltern, achtet die Regierenden.«[38]

Bei der Heeresreform trat eine neue Figur auf, einer der Günstlinge Li Hung-changs, der dessen Nachfolger als Gouverneur von Tientsin wurde. Es war der General Yuan Shih-k'ai. Seine Laufbahn war mehr militärisch als zivil gewesen. Seit 1903 war er bei der militärischen Modernisierung führend; er hatte sechs Divisionen einer neuen nordchinesischen Armee aufgebaut. Er rief deutsche und später billigere japanische Instrukteure ins Land; er gründete Schulen für die einzelnen Waffengattungen, auch das moderne Signalwesen. Seine Offiziere wurden Gentlemen; mindestens fünf von ihnen sollten Präsidenten oder Ministerpräsidenten der chinesischen Republik werden.

Aber diese nordchinesische (Peiyang) Armee war noch eine Provinzarmee, auf der gleichen Ebene wie ähnliche, aber weniger starke Armeen in anderen Provinzen. In China beruhte das Regierungssystem immer noch auf dem Gleichgewicht zwischen Zentrum und Provinzen. Das Militär war seit den fünfziger Jahren immer wichtiger geworden, aber eine zentral befehligte Nationalarmee war immer noch unmöglich. Weder eine zentrale Finanzierung noch ein zentraler Generalstab in Peking war bisher vorhanden. Die eigentliche Exekutive lag immer noch in den Händen der Provinzen, während die Edikte des »Himmelssohns« mehr legislativer Natur waren. Er autorisierte, mahnte, prüfte und strafte, griff aber nicht direkt ein. Mit dem Anwachsen des sozialen Prestiges des Militärs unterzogen sich die chinesischen Studenten in Tokio einer militärischen Ausbildung. Unter ihnen war der junge Chiang Kai-schek aus Ningpo. Bald war das neue chinesische Offizierskorps mit heimlichen Revolutionären durchsetzt, deren Ziel der Sturz der Ch'ing war. Solche Leute konnten leicht das bezahlte Gesindel ersetzen, das die alten Geheimgesellschaften so erfolglos ins Feld geschickt hatten.

Eine Verwaltungsreform mit dem Ziel eines einheitlichen Staates stieß auf ähnliche Probleme. In den größeren Provinzen entfaltete sich immer mehr die Tätigkeit der neuen aus Gentry und Kaufleuten gemischten Eliten. Private Initiative und Privatunternehmertum waren seit dem achtzehnten Jahrhundert gewachsen, doch fehlte ihnen noch der Ausdruck in institutionellen Strukturen. Diesem Bedarf kamen Provinzialregierungen, manchmal auch Staatsverwaltungen entgegen, indem sie Büros für Außenpolitik, Polizei (Inneres), Schulwesen, Handel, Landwirtschaft, Nachrichtenwesen und Industrie einrichteten. Peking schuf neue Ministerien, um diese Stellen zu überwachen. Die provinziellen Handelsbüros waren die ersten, die örtliche Handelskammern, Wirtschaftszeitschriften und Handelsschulen in den Provinzen schufen. Erst 1903 wurde ein Handelsministerium in Peking errichtet, das mehr dem Austausch von Informationen diente und keine Quelle von Neuerungen war. Die provinzielle Administration in Zentren wie Schanghai, Tientsin, Kanton und Wuhan, hatte die Führung. Peking hatte nicht viel zu sagen.

Die alte Dezentralisation hemmte auch die Bemühungen um eine Steuerreform. China hatte kein Finanzministerium, das alle Steuereinnahmen empfing und verwaltete. Statt dessen gab es eine Liste zahlloser fester Steuerquoten aus zahllosen Quellen, die bestimmten Zwecken zugewiesen wurden. Nach heutigen Begriffen war die Steuerlast Chinas gering, aber die Korruption, besonders die Steuerhinterziehungen der Reichen und Mächtigen, wälzte die Last auf die Kleinen ab. Die Steuereinnahmen wurden für den Unterhalt der Beamten und Soldaten verwendet. Die sieben Millionen Unzen Silber für den Unterhalt der Mandschu in Peking stammten aus 52 verschiedenen Quellen. Infolge des Steuerquotensystems war die Steuereinhebung europäischen Stils unbekannt, es gab weder einen Voranschlag noch eine Rechnungslegung. Im Jahre 1910 versuchte man endlich ein Nationalbudget, aber es lief auf ein Rätselraten hinaus, da Peking wie die Provinzen unabhängig voneinander Statistiken aufstellten und Steuersätze festlegten. Es war offenkundig unmöglich, China zu einem einheitlichen Staat zu machen, in dem Peking dieselbe Rolle spielen würde wie Paris in Frankreich.

Als Allheilmittel empfahl man eine Verfassung. Ein Beispiel schien Japan zu sein, das seit 1889 eine Verfassung hatte und das Zarenreich besiegte, das keine hatte. Peking schickte Missionen durch die ganze Welt, um Verfassungen zu studieren. Das japanische Vorbild gewann. Der japanische Prinz Ito Hirobumi teilte den Chinesen sehr staatsmännisch folgendes mit: Wenn der Kaiser dem Volk die Verfassung gewährte, dann stand er über ihr und war nicht durch sie gebunden; auf keinen Fall sollte die höchste Macht in die Hände des Volkes gleiten. Die

Kaiserinwitwe war begeistert. Im Jahre 1906 kündigte sie einen »Verfassungsstaat« an. Im Jahre 1908 verkündete sie Verfassungsgrundsätze, die im Laufe einer neunjährigen »Vormundschaft« verwirklicht werden sollten. Im Jahre 1909 traten konsultative Provinzversammlungen, die von einer kleinen Elite gewählt worden waren, zusammen und verlangten laut ein wirkliches Parlament. Im Oktober 1910 trat eine konsultative Nationalversammlung in Peking zusammen, aber das genügte der Verfassungsbewegung nicht. Im April 1911 ernannten die Ch'ing ein Kabinett, das sich allerdings hauptsächlich aus Mandschu zusammensetzte. Von dreizehn Ministern waren vier Chinesen! Ein halbes Jahr später kam die Revolution.

Die Kaiserinwitwe erlebte es nicht mehr. Sie war am 15. November 1908 gestorben, aber erst einen Tag nach dem gesunden jungen Kaiser, der noch als Gefangener im Palast gestorben war – wie amtlich gemeldet wurde, am 14. November 1908. Das war nur einer der merkwürdigen Zufälle in der langen, an Morden reichen Laufbahn des »alten Buddha«. China hatte schon eine mächtige Regentin gehabt, die Kaiserin Wu T'ang (690–704), die den Thron an sich riß, sich auf den Buddhismus und die Bürokratie stützte; sie hatte große Fähigkeiten und beging viele rechtswidrige Handlungen. Nach diesen geschichtlichen Erfahrungen versteht man den Verdacht, mit dem das heutige China den Frauen Chiang Kai-scheks und Mao Tse-tungs (Chiang Ch'ing) begegnete. Diese Frauen waren der Macht zu nahe gestanden.

Mit der Mandschu-Erbschaft der Kaiserinwitwe war es nicht weit her: ein Kaiser im Kindesalter, ein käuflicher Regent, eingebildete junge Prinzen, verweichlichte Höflinge, alle gerade ausreichend, um eine Veränderung zu verhindern, aber ganz unfähig, sie herbeizuführen. Yuan Shih-k'ai erschien ihnen 1909 als zu stark und wurde entlassen. Chang Chih-tung starb im selben Jahr. Das Ende der Dynastie war nur noch eine Frage der Zeit.

Hinter der studentischen Revolutionsbewegung und dem dynastischen Reformprogramm waren weitgehende Veränderungen in der herrschenden Klasse zu erkennen. Bis 1895 bestand sie hauptsächlich aus Inhabern von Graden, die Familien waren Großgrundbesitzer oder zumindest wohlhabend. Bis 1911 war das Bild bunter geworden. Zu der Oberklasse gehörten nun Kaufleute und Bankiers, auch einige industrielle Unternehmer; die Gutsbesitzer lebten jetzt in den anschwellenden Städten und ließen die Pachten durch Rentämter einziehen; es gab Akademiker nicht nur der klassischen Art, sondern auch mit westlicher Ausbildung; modern ausgebildete Offiziere; mehr Angehörige freier Berufe. Die politische Wiedergeburt Chinas hatte die herrschende Klasse zahlenmäßig vergrößert, aber ihr Kern stützte sich immer noch auf Familienreichtum, Studium und Regierungsbeziehungen, wie man an der Laufbahn einiger namhafter Führer erkennen kann.

Chang Chien aus Kiangsu (1853–1926) erwarb seinen ersten Grad 1868 im Alter von fünfzehn Jahren und bewarb sich sechsmal in dreijährigen Abständen um den Provinzgrad, ehe er ihn 1885 gewann. In Peking kandidierte er fünfmal, um 1894 den obersten Grad zu erlangen und in der Palastprüfung der höchste Akademiker Chinas im Alter von einundvierzig Jahren zu werden. Er zog aber die Industrie einer Beamtenstellung vor. Mit Hilfe der gelernten Arbeiter und der Baumwollvorräte in seiner Heimatprovinz gründete er 1899 eine Spinnerei und konkurrierte mit den Importen von Baumwollgarn aus Japan und Indien. Steuerbegünstigungen und einen Teil seines Kapitals wußte er sich durch seine Regierungsbeziehungen zu verschaffen. Sein Unternehmen gedieh, er gründete noch drei Baumwollfabriken und begann auch Baumwolle anzubauen. Seine geschäftliche Tätigkeit erstreckte sich auch auf Schiffahrt, Mehl, Öl und Salz. Als Philantrop gründete er Schulen, technische Fachschulen, Parkanlagen und Alters- bzw. Kinderheime in seiner Heimatstadt. Er förderte Schulwesen und Verkehr in Kiangsu und stand 1909 der Provinzversammlung vor – eine erfolgreiche Laufbahn.

T'ang Shao-i (1860–1938) kam aus dem Delta bei Macao, von wo auch sein Onkel Tong King-sing, ein Comprador, stammte, ebenso Sun Yat-sen und Yung Wing, der Yale-Absolvent, der die Studienmission nach Hartford, Connecticut, von 1872 bis 1881 leitete. T'ang war dabei und studierte an der Columbia University, ehe die ganze Mission zurückberufen wurde. Er sprach Englisch und wurde schließlich Vertreter des chinesischen Residenten in Korea, Yuan Shih-k'ai. Er stieg mit diesem auf und war unter ihm für auswärtige Angelegenheiten sowie Eisenbahnprojekte zuständig. Er war der typische jungchinesische Patriot, der Chinas Rechte in englischer Sprache vertreten konnte. Als Diplomat konnte er England bewegen, die chinesische Oberherrschaft über Tibet anzuerkennen. Im Außenministerium bildete er eine Sektion, die von dem ausländischen Generalinspekteur der Zölle geleitet wurde, der jetzt nominell unter chinesischer Aufsicht stand. T'ang meinte, es müsse auch ein paar chinesische Zollinspektoren geben. Er förderte auch das Verbot des Opiumanbaus. Diese und andere Reformen zur Wiedergewinnung chinesischer Rechte ließen ihn dem Ausland als gefährlichen Radikalen erscheinen.

Wu T'ing-fang (1842–1922), geboren in Singapur und deshalb englischer Staatsangehöriger, besuchte die englische Schule in Hongkong und wurde Dolmetscher und Redakteur. Er studierte Jura in London und erwarb als erster Chinese den Rechtsanwaltstitel »Barrister«. Als er nach Hongkong zurückkam, gefiel er dem Gouverneur und wurde mit 35 Jahren Hongkongs erster chinesischer Rechtsanwalt. Er wurde in den gesetzgebenden Rat berufen. Sein zunehmender Einfluß rief Widerspruch hervor. Im Jahre 1882 trat Wu in chinesische Dienste, arbeitete bei Li Hung-chang, organisierte Schulen und eine Eisenbahn. Schließlich wurde er Diplomat. Er war zweimal Gesandter in Washington (1897–1901 und 1907–1909) und arbeitete auch an der Reform der Ch'ing-Gesetzbücher mit.

Eifrig bestrebt, China vor dem Imperialismus zu retten, schuf sich die aktivistische Gentry zunächst auf provinzieller Grundlage, besonders in den Provinzversammlungen von 1909 und nachher, ein Betätigungsfeld. Die chinesischen Provinzen hatten die Größe europäischer Staaten und hatten genug Eigencharakter, um als politische Einheiten zu funktionieren. Sie waren durch Kultur und Geschichte definiert, hatten trennende Dialekte (in Südostchina tatsächlich eigene örtliche Sprachen), ihre eigene Küche, ihre wirtschaftliche und strategische Geographie, eigene Folklore und eigene Traditionen. Der Patriotismus begann zu Hause; die Elite des neuen China organisierte sich in den Provinzhauptstädten, die schon immer die Zentren der Provinzprüfungen, der Ausbildung neuer Armeen und des Kontakts mit dem Ausland gewesen waren. Der Provinzialismus konnte das allgemeine Nationalgefühl wirksam zum Ausdruck bringen. Bestehenden Organisationen wurden Handelskammern hinzugefügt. Es machte sich eine Bewegung für Selbstverwaltung bemerkbar, teils von ausländischen Einflüssen angeregt, teils als Protest gegen solche. Immer wieder stellten sich provinzielle Interessen dem Bestreben der Dynastie entgegen, eine Zentralregierung aufzubauen. Der Gegensatz zwischen Chinesen und Mandschu war auch der Gegensatz zwischen Provinz und Zentrale.

Die Bewegung für die »Wiedererlangung der Rechte« machte sich besonders auf dem Gebiet des Eisenbahnbaus geltend. Der Anfang war sehr langsam. Im Jahre 1896 hatte China nur 400 Kilometer Eisenbahnen. Im Jahre 1898 sicherten sich die fremden Imperialisten Kontrakte mit ausländischen Bankgruppen zum Bau von Eisenbahnen. Sie behielten auch die Betriebsleitung, die erst ihr Ende finden sollte, wenn die ausländischen Obligationeninhaber ihr Kapital samt Zinsen zurückerhalten hätten. Provinzielle Gruppen aus Gentry und Kaufleuten versuchten diese Gefahr durch den Bau eigener Bahnen abzuwehren, hatten aber nicht genug Geld. Pekings Pläne für ein Staatsbahnsystem sahen sie als Ausverkauf an das Ausland an. (Dieser war allerdings nach Ansicht vieler schon früher erfolgt.) Im Jahre 1911 versuchte Peking alle Eisenbahnen zu verstaatlichen, was schon allein technisch notwendig war. Die führenden Kreise in Szechwan riefen eine »Bewegung zum Schutz der Eisenbahn« ins Leben und opponierten heftig gegen die Pekinger Pläne. Dieses Vorspiel der Revolution stand bezeichnenderweise unter der Führung wohlhabender Akademiker aus Gutsbesitzer- und Kaufmannskreisen, die in Japan studiert hatten und Mitglieder der Provinzversammlungen waren. Die wichtigste Geheimgesellschaft in Szeschwan war Ko-lao hui, die »Gesellschaft der Brüder und Alten«, die sich am Sturz der Ch'ing beteiligte, aber bald aus der neuen, von der Gentry geführten Machtstruktur hinausgedrängt wurde.

So war zu Anfang des zwanzigsten Jahrhunderts die herrschende Schicht Chinas politisch in Bewegung, nicht jedoch die chinesische Bauernschaft. Die Koalition von Gutsbesitz und Handel hatte Folgen für das Gemeinschaftsleben in den Dörfern. Landkäufe durch Kaufleute ließen die Grundstückspreise steigen, während die Gutsbesitzer alten Stils in die Stadt zogen. An die Stelle der persönlichen und wechselseitigen Beziehungen zu den Pächtern traten unpersönliche Handelsbeziehungen. Das Gemeinschaftsgefühl ging verloren. Die niedere Gentry, die nur eine Stufe über den Bauern stand, verfiel ebenfalls den Geldbeziehungen und verstärkte den Druck auf die Bauern, die immer mehr ausgebeutet wurden. Der kleine Bauer wurde von den großen Landkäufern aus den Städten zurückgedrängt, ein wenig ähnlich wie der amerikanische Farmer von den großen landwirtschaftlichen Aktiengesellschaften.

In China setzte die neue gemischte Schicht aus Grundbesitzern und Kaufleuten immer öfter militärische Gewalt zur Ausbeutung der Bauern ein. Die durch die Aufstände nach 1850 notwendig gemachte lokale Militarisierung war später von den neuen regionalen Provinzial-Armeen im Zaum gehalten worden. Aber mit dem Niedergang der Zentralgewalt der Ch'ing nach 1890 wurden die örtlichen bewaffneten Kräfte immer selbständiger. Dorfmagnaten und örtliche Despoten aus der niederen Gentry verfügten über eigene Streitkräfte, die lokale Militärherrschaft lebte wieder auf. Das System der »Kriegsherren« *(war lords)*, das China nach 1916 beherrschte, war das Ergebnis dieser Entwicklung.

Um 1920 war die Situation so, daß in dem reichen Agrargebiet zwischen Kanton und Hongkong die Bauern »die Sklaven der Gutsbesitzer waren ... Die Pacht wurde in einem Rentamt einkassiert, das mit Folterinstrumenten wie Peitschen, Ketten, Stöcken und Stricken ausgestattet war. Ein mit der Pacht rückständiger Bauer wurde hier eingesperrt und an Stricken aufgehängt, bis er seinen Ochsen, seinen Sohn oder sogar seine Frau verkaufte.«[39]

Die Vorkämpfer der Revolution fragten niemals die dörflichen Massen um ihre Meinung. Vielmehr wurden deren Steuern erhöht, um Schulen, Industrien, Straßen und Armeen zu finanzieren, was den Bauern wenig half. Auf dem Lande war die Reaktion auf Modernisierung oft die heftigste Opposition. Alles, was das neue China tun wollte, vermehrte die Steuerbelastung und beutete die Bauern noch mehr aus, ehe sie etwas von den Neuerungen hatten.

Die Revolution von 1911 war ihrem Wesen nach ein Zusammenbruch, nicht eine neue Schöpfung. Die Ch'ing-Monarchie starb; das Problem war, wie sie zu begraben war und was an ihre Stelle treten sollte. Dr. Sun Yat-sen, der Vater der Republik, war gerade in Amerika, um Geld aufzutreiben. Die »Revolutionäre Allianz« hatte im April 1911 ihren zehnten Putsch versucht, und zwar in Kanton unter dem Führer Nummer 2 Huang Hsing aus Hunan. Es kam zu den üblichen Fehlern wie ungenügender Sicherung, Änderungen in letzter Minute und mangelnder Koordination; schließlich hielt die eine Gruppe die andere für den Feind, und sie schossen aufeinander bis zur Auflösung.

Es kamen die Ereignisse der »Doppelten Zehn«, des 10. Oktober 1911. Eine Offiziersverschwörung in Hankow flog auf, dreitausend Mann meuterten, der Mandschu-Gouverneur und Befehlshaber floh in Panik, ein örtlicher Brigadier wurde genötigt, an die Spitze eines unabhängigen neuen Regimes zu treten. Binnen sechs Wochen hatten alle südlichen und mittleren Provinzen, dazu einige der nordwestlichen, ihre Unabhängigkeit von den Ch'ing proklamiert. Die Revolution fand aber nur auf Provinzstufe statt. Fast immer bestand die neue Provinzialregierung aus einem Militärgouverneur und der Provinzversammlung. Die gemäßigte Reform-Gentry hatte die Unabhängigkeit ihrer Provinzen erklärt. Auf diese Weise löste sie sich von der Kontrolle durch Peking und blieb im Besitz ihrer politischen und wirtschaftlichen Vorherrschaft am Ort. Eine soziale Revolution interessierte sie nicht. Von einer Massenbeteiligung war keine Rede, kleine Bauernunruhen wurden schnell unterdrückt.

Die Führer der »Revolutionären Allianz« konnten mit den Ereignissen kaum Schritt halten. Führer Nummer 2, Huang Hsing, übernahm in Hankow das Kommando gegen die aus Peking anrückenden kaiserlichen Truppen. Die untergehende Dynastie hatte Yuan Shih-k'ai (zu seinen eigenen Bedingungen) zum Ministerpräsidenten und Oberbefehlshaber ernannt. Inzwischen war in Nanking eine provisorische Regierung der chinesischen Republik von den aufständischen Provinzen und den Führern der Allianz gebildet worden. Yuan begann zu verhandeln. Ihn vertrat T'ang Schao-i, die andere Seite war durch den ersten Außenminister der Republik, Wu T'ing-fang, vertreten. Sun Yat-sen kam gerade rechtzeitig zurück, um in Nanking als provisorischer Präsident eingesetzt zu werden. Das geschah am 1. Januar 1912. Sun bot sofort seinen Rücktritt zugunsten Yuans an, wenn Yuan zur Republik halten würde. Alle Patrioten stimmten in folgenden Punkten überein: China muß ein die Provinzen vertretendes Parlament bekommen; das Land muß geeint werden, um fremde Eingriffe zu verhindern, namentlich von seiten Japans; und Yuan, ein reformfreundlicher Militär, war der einzige Mann, der die Regierung leiten konnte. Das waren Yuans Bedingungen. Der noch im Kindesalter stehende Kaiser, P'u-yi, dankte am 12. Februar 1912 ab. Sun trat zurück. Yuan wurde in Nanking zum provisorischen Präsidenten gewählt und trat sein Amt in Peking am 10. März an. Durch eine bemerkenswerte Reihe von Kompromissen war ein längerer Bürgerkrieg, ein Aufstand der unteren Volksmassen und eine imperialistische Intervention vermieden worden. Die Frage blieb nun: Wer oder was sollte an die Stelle des »Himmelssohnes« und der Dynastie treten?

Um diese Zeit hatten viele junge Männer der revolutionären

Generation die politischen Ideen und Diskussionen des Westens zumindest auf dem Papier kennengelernt. Wie Japans Modernisierer wußten sie die Klassiker westlichen Denkens zu zitieren und sahen ihre eigene Tradition als veraltet an. Die harten Tatsachen Chinas hatten sich jedoch nicht so sehr geändert. Schließlich wurden viele Ideen aus der Außenwelt in der ersten Zeit der chinesischen Republik diskutiert und ausprobiert, aber nur wenige vermochten sich einzubürgern.

Teil III
Die Ära der ersten chinesischen Republik 1912–1949

10. Die Anfangszeit der chinesischen Republik und ihre
    Probleme

Dieses Kapitel behandelt, ebenso wie die folgenden, zwei Seiten
der Vorgänge, die politische und die kulturelle. Das politische
Leben der Anfänge der Republik hat eine schlechte Presse gehabt, weil Chinas patriotische Einiger späterer Zeiten über den
Wirrwarr der »Kriegsherren«-Zeit entsetzt waren und sich auf
das schärfste darüber äußerten. Dagegen sind die bedeutsamen
kulturellen Leistungen dieser Periode erst kürzlich untersucht
worden. Sie zeigen eine aufsteigende Tendenz. Dieser Gegensatz zwischen der politischen und kulturellen Geschichte deutet
auf größere Spannungen in der chinesischen Gesellschaft hin.
Irgendwann wird man die beiden Geschichten zu einem ausge-
glichenen Bild vereinigen müssen.

Um mit der Politik zu beginnen – das neue chinesische Nationalgefühl, eine Reaktion auf die imperialistische Aggression,
hatte nationale Einheit zur Selbstverteidigung gefordert. In den
auswärtigen Beziehungen spiegelte sich die Rolle des Präsidenten Yuan als Verteidiger der Nation und Symbol ihrer Einheit
wider. Doch immer noch schienen Chinas nationale Interessen
ganz denjenigen des Mandschu-Reichs zu ähneln, zum Beispiel
in Innerasien, wo sowohl die Äußere Mongolei als auch Tibet
von der Republik abfielen.

Die Mandschu-Herrschaft über Innerasien hatte Pufferzonen
an der kontinentalen Seite Chinas geschaffen. Auch die Republik konnte diese Gebiete aus strategischen Gründen nicht ent-
behren. Die Revolution, die dem chinesischen Volk eine Art
Selbstbestimmung beschert hatte, zwang es zu einer kolonia-
listischen und imperialistischen Haltung gegenüber den Nach-
barvölkern in Tibet, Sinkiang und der Mongolei. Der in China
triumphierende Nationalismus war ansteckend, aber die chinesische Republik mußte ihm in Innerasien entgegentreten. Die
Methode, nichtchinesische Völkerschaften nationale Minderheiten zu nennen und ihre Kulturen zu fördern, ohne ihnen die
Freiheit zu geben, war noch nicht erfunden.

Russischer Handel und russischer Einfluß waren in der Äußeren Mongolei gewachsen, wo chinesische Übergriffe und chinesische Steuern zur Ablehnung Chinas geführt hatten. Nach dem Beispiel der chinesischen Provinzen erklärte sich die Äußere Mongolei im Dezember 1911 für unabhängig. Im Jahre 1915 führten Verhandlungen zwischen Rußland, China und der Äußeren Mongolei zu einer diplomatischen Formel: China behielt unter Wahrung seines Gesichts die nominelle Suzeränität über die Äußere Mongolei, während man dieser Autonomie zubilligte. Rußland bekam wirtschaftliche Rechte, bildete eine mongolische Armee aus und machte aus dem Land faktisch ein Protektorat.

In Tibet hatten die Ch'ing die Oberherrschaft Chinas noch nachdrücklicher zur Geltung gebracht als in der Mongolei. Peking kündigte ein Programm zur Reformierung der vorsintflutlichen Theokratie Tibets an und entsandte 1910 eine Armee nach Lhasa. Der Dalai Lama floh nach Indien. Aber nach der chinesischen Revolution von 1911 kam er zurück und erklärte 1913 Tibet für unabhängig. Es kam zu Verhandlungen zwischen China, England und Tibet, die 1914 wieder zu einer diplomatischen Formel führten: Tibet hatte Selbstverwaltung, England anerkannte seine Unabhängigkeit, während China auf der chinesischen Oberherrschaft beharren konnte. England hatte hier zwar Handelsinteressen, verlangte aber kein Protektorat. Die Tibetaner verwalteten sich selbst, erlangten aber keine internationale Anerkennung als souveräner Staat. China behielt nominell die Oberherrschaft. Das war der Ausgangspunkt des späteren Übertritts der Mongolen aus der chinesischen in die Sowjetsphäre, während Tibet formal ein Teil Chinas und der chinesischen Revolution ausgeliefert blieb.

Sinkiang mit seiner zerstreuten Bevölkerung von mohammedanischen Kasachen und Kirgisen, chinesischen Mohammedanern und Han-Chinesen, dazu noch einigen anderen, war schwer unter chinesischer Herrschaft zu halten. Die Ch'ing hatten Garnisonen hauptsächlich im Ili-Gebiet nördlich der »Himmelsberge« (T'ien-shan) unterhalten. Sie hatten mit den nomadisierenden Stämmen der Kasachen und Kirgisen zu tun, ferner mit den mohammedanischen Oasenstädten an den Handelsstraßen südlich des Gebirges. Die Han-Chinesen machten kaum 10 Prozent der Bevölkerung aus. Die Ch'ing trachteten eine Volksgruppe gegen die andere auszuspielen. 1912 wurde mit der Verwaltung ein Pekinger akademischer Spitzenabsolvent namens Yang Tseng-hsin betraut, der Erfahrungen in Kansu, in der Oasenstadt Aksu und der Provinzhauptstadt von Urumtschi gesammelt hatte. Yangs Tätigkeit von 1912 bis zu seiner Ermordung im Jahre 1928 stellt der Qualität des alten Prüfungssystems ein gutes Zeugnis aus. Er mußte seine Garnison ohne allzu große Besteuerung der Bevölkerung erhalten, örtliche Aufstände unterdrücken und Sinkiang von der Herrschaft militärischer Provinzdiktatoren (der »Kriegsherren«) aus China isolieren. Bald mußte er Kompromisse mit der russischen Revolution schließen. In den Jahren 1920 und 1924 akzeptierte er Handelsverträge mit der Sowjetunion und ließ deren wirtschaftliche Infiltration gewähren. Im Jahre 1928 kündigte er der Kuo-min-tang-Regierung in Nanking die Gefolgschaft auf. Kurz darauf wurde er von einem Rivalen, einem bisherigen Untergebenen, ermordet. Sinkiang war unter chinesischer Oberherrschaft geblieben und hatte inzwischen einige Fortschritte gemacht.

Yuan Shih-k'ai mußte seine Aufmerksamkeit den auswärtigen Beziehungen zuwenden, weil er ausländisches Geld benötigte. Die Steuern aus den Provinzen schrumpften, die Regierung war in finanziellen Schwierigkeiten. Die letzte Ch'ing-Regierung hatte im April 1911 eine Anleihe bei einem internationalen Bankenkonsortium (England, Frankreich, Deutschland, Amerika) aufgenommen. Yuan verhandelte nun über eine Anleihe von 25 Millionen Pfund Sterling (eine große Summe für die damalige Zeit) mit einem Konsortium englischer, französischer, deutscher, russischer und japanischer Banken. Für diese Anleihe sollte das Salzmonopol verpfändet werden und Yuan konnte daraus seine Truppen bezahlen. Es war das typische zweischneidige Geschäft, das die Ausländer als staatsmännisch und die Patrioten als Ausverkauf ansahen.

Yuans Hauptproblem war institutionell. Mit der Aufhebung der 2100 Jahre alten Monarchie im Jahre 1912 hatte die Revolution den chinesischen Staat geköpft. Yuan war zwar der Nachfolger des Kaisers von China, aber ohne ein Kaiserreich und ohne einen Thron. Der »Sohn des Himmels« hatte, auch wenn er so stupid war wie der letzte Ming-Kaiser, der seine Zeit zum Spaß als Zimmerer verbrachte, doch viele Prärogativen und institutionelle Hilfen gehabt, die sein Amt funktionieren ließen. Er war der Brennpunkt der Verwaltung und der Hohepriester des staatlichen Konfuzius-Kults, Oberbefehlshaber der Armee, Schirmherr von Kunst und Literatur – in heutigen Ausdrücken die oberste exekutive, legislative und judikative Behörde im Reich. Von Yuan erwartete man 1912, daß er einige dieser Funktionen, wenn auch nicht alle, übernehmen würde – aber wer sollte entscheiden welche? Nachdem die alte Totalität an der Spitze zertrümmert war, war die Antwort schwierig. Gerade als Chinas triumphierender Nationalismus eine starke Führung verlangte, hatte man die leitende Institution sozusagen zerlegt. China wechselte nicht mitten im Strom die Pferde, sondern es versuchte von einem vierspännigen Wagen in eine Limousine umzusteigen, ohne von den Fluten fortgerissen zu werden. Konnte Yuan sich eine neue Rolle als Staatsoberhaupt schaffen?

Yuan Shih-k'ai trat sein Amt im Jahre 1912 im Alter von 52 Jahren an. Er hatte einen Zug mit dem ehemaligen stellvertretenden Ministerpräsidenten Deng Hsiao-p'ing gemein, der Amerika im Jahre 1979 besuchte. Er war ein tüchtiger Administrator, aber von ungewöhnlich kleinem Körperbau. Er zog deshalb die westliche der chinesischen Kleidung vor. Er stammte aus einer Akademiker- und Beamtenfamilie, wechselte von den klassischen Prüfungen zum Militär über und wurde mit 26 Jahren von Li Hung-chang als Resident nach Korea entsandt, um dem japanischen Einfluß entgegenzutreten. Sein Aufstieg war phänomenal. Wie Li verhielt er sich gegenüber der Kaiserinwitwe und den Mandschu beflissen und machte dennoch Karriere als Modernisierer. Insbesondere baute er eine Armee auf. Er bildete seine Truppen von 1895 bis 1899 bei Tientsin aus, wo er Li 1901 als Generalgouverneur folgte. Er wurde der führende Mann des dynastischen Reformprogramms. Nach dem Tod der Kaiserinwitwe wurde er von den Mandschu-Prinzen im Jahre 1909 aller Ämter enthoben. Das brachte ihm politisch Anerkennung ein. Als er 1912 Präsident wurde, verfügte er über einen großen Stab neuer Generale und modern gesinnter Beamter. Er verstand es, das alte System weiter funktionieren zu lassen, aber seine Stärke war seine Schwäche: Er hatte keine Vorstellung von einem neuen System.

Die Mehrzahl der chinesischen Patrioten war 1912 durchaus der Ansicht, daß China politisch nach allgemeinen oder zumindest westlichen Normen (was damals auf dasselbe hinauslief) rückständig war. Es hatte den Rückstand durch Schaffung einer Volksvertretung und eines Kabinetts aufzuholen. Nach ausländischem Vorbild gehörten politische Parteien zu einem Parlament; eine Reihe von Parteien wurde von K'ang Yu-wei, Liang

Ch'i-ch'ao und anderen gegründet. Oft waren es nur Cliquen, die sich um einen Prominenten sammelten; die Beziehung war eine solche von Patron und Klient, nicht ein Parteiprogramm. Was das Kabinett betrifft, so wurde noch darüber debattiert, ob es dem Präsidenten oder dem Parlament verantwortlich sein sollte.

Diesen Plänen standen jedoch einige Hindernisse entgegen, die noch vom Konfuzianismus des Kaiserreichs stammten. In sozialer Hinsicht hatte sich zwar die Oberklasse vergrößert und differenziert, aber die Bauernmassen waren politisch noch träge, wenn es auch manchmal zu kleinen Aufständen kam, die schnell unterdrückt wurden. Mehrheitsherrschaft durch allgemeines Wahlrecht erschien als Herrschaft der Dummheit. Der repräsentative Gedanke war noch ungefestigt. Man rechnete im stillen mit einer Fortsetzung der »Meritokratie«, der Herrschaft von Leuten mit Können, Status und Reichtum. Was die politische Autorität betraf, hielt man eine starke Exekutive für die richtige Kur für Unruhen. Persönliche Treue zum Inhaber der Macht gehörte zum inneren Frieden. Der Gedanke einer loyalen Opposition schien abnorm. Die Gesetzgebung war ein Teil der Regierung, auch die Trennung der ausführenden und gesetzgebenden Gewalt wurde kaum verstanden und meist abgelehnt. Was die Werte betrifft, war die Regierung eine moralische Pflicht, von tugendhaften Männern zum Wohl des Volkes auszuüben, wie es Konfuzius gelehrt hatte. Man pries die Harmonie, nicht Streit und Wettbewerb. Die ganze Regierung sollte einheitlich hinter dem Herrscher stehen. Jeder Neuerer, der diese altehrwürdigen Prinzipien verneinte, stieß auf allgemeinen Widerspruch.

Das Prinzip Sun Yat-sens zum Beispiel war innere Harmonie im nationalen Interesse. Yuan überredete ihn, nach Peking zu kommen und im August 1912 wochenlange Gespräche über eine nationale Einheitspartei zu führen. Jeder, der etwas war, sollte in dieser Partei sein, die das Land regieren sollte. Sun sagte: »Angesichts der großen Krise unserer Nation ... können wir es uns kaum leisten, auf Parteipolitik zu bestehen.« Chinas Ziel war es, die Mächte in Ost und West einzuholen und zu überholen. Die Nummer 2 von Sun, Huang Hsing, erklärte, man müsse China »zum Wegbereiter der sozialistischen Weltrevolution« machen[40]. Sun und Huang sprachen Yuan ihr Vertrauen aus und kündigten ihren Rückzug aus der Politik an; sie wollten sich auf die Entwicklung der Eisenbahnen und des

Bergbaus beschränken. Es war ein Höhepunkt der Harmonie unter der Regierung Yuans.

Als der Präsident im März 1912 T'ang Shao-i zum Ministerpräsidenten ernannte, fand T'ang die Meinungen über die Verantwortlichkeit des Kabinetts geteilt. Sollte es ihm persönlich, oder dem Präsidenten, oder dem Parlament verantwortlich sein? Er ernannte ein Kabinett, dessen Mitglieder sich jedoch dem Präsidenten Yuan und nicht dem Ministerpräsidenten T'ang verantwortlich fühlten. Der Premier hatte noch kein Budget, keine Partei, keine Macht über seine Kabinettsmitglieder. Im Juni mußte er zurücktreten; das Kabinett wurde präsidial.

Ein junger Allianzführer aus Hunan, Sung Chiao-jen, stellte sich an die Spitze einer Bewegung für eine parlamentarische Mehrparteienregierung. Sung war ein junger revolutionärer Organisator, der westlichen liberalen Ideen über repräsentative Demokratie anhing. Er hatte bereits die vorläufige Verfassung entworfen. Im August 1912 brachte er eine Verschmelzung der Allianz mit vier kleineren Gruppen zustande; daraus entstand die Kuo-min-tang, die Nationale Volkspartei (KMT). Im Winter 1912/13 fanden die ersten Wahlen in China statt, noch auf Grund eines sehr beschränkten und indirekten Wahlrechts. Im Jahre 1909 waren ungefähr vier von tausend Einwohnern als Wähler für die Provinzversammlungen eingetragen, also weit weniger als 1 Prozent. Im Jahre 1912 stieg der Anteil auf etwa 5 Prozent. Wählen war eine Angelegenheit der Eliten. Der bloße Gedanke an Wahlen war so neu und die Liste der Wähler, welche die Vorschriften an Bildung und Besitz erfüllten, so klein, daß das Ergebnis im Ausland wenig beachtet wurde.

Diese erste (und einzige) Wahl in China, die sich mit dem Prinzip einer repräsentativen Demokratie vergleichen läßt, betraf die Provinzversammlungen und die beiden Häuser des Parlaments. Sung stimmte die Wahlkampagne der KMT auf die Gentry-Elite ab. Wie jeder andere war er für nationale Einheit, legte aber besonderen Wert auf provinzielle Autonomie. Diese war durch gewählte Gouverneure und örtliche gewählte Räte zu sichern. Der Ministerpräsident war durch die Mehrheitspartei im Parlament zu wählen. Im Februar 1913 hatte die KMT die Parlamentsmehrheit gewonnen. Sung Chiao-jen hoffte die Macht Yuans mit verfassungsmäßigen Mitteln zu beschränken.

Diesen Angriff auf seine Autorität mit Hilfe neuer Methoden wie Wahlkampagnen und Gewaltenteilung empfand Yuan als illoyal, geradezu als Verrat. Er hatte Generale aus geringerem Anlaß erschießen lassen. Nun fühlte er sich bedroht und reagierte auf seine eigene Art. Seine Neigung, seine Gegner zu ermorden, hatte schon viele Kritiker nervös gemacht. Ermordung von Beamten durch Revolutionäre war eine anerkannte und vielverwendete Methode, um Hingabe an die revolutionäre Sache zu demonstrieren. Jetzt fand der oberste Machthaber, der schon eine moderne Polizei für die chinesischen Städte geschaffen hatte, die Methode zweckmäßig für die Lösung politischer Streitigkeiten. Unerschrocken setzte Sung Chiao-jen, jetzt der designierte Vorsitzende des Parlaments, seine mutigen, wenn auch donquijotischen Bemühungen um die parlamentarische Demokratie in China fort. Er propagierte die KMT als Oppositionspartei. Aber noch vor Zusammentritt des Parlaments ließ ihn Yuan am Schanghaier Nordbahnhof im März 1913 ermorden. Sung war 31 Jahre alt geworden.

Yuan schob die Schuld dem Kollegen Sungs, Huang Hsing, in die Schuhe. Das war so unwahrscheinlich, daß es beinahe stimmen konnte. Aber ein der Kontrolle Yuans entzogenes Gericht in Schanghai stellte die Tatsachen fest. Am gleichen Tag teilte Yuan das Zustandekommen der internationalen Reorganisationsanleihe mit und die endgültige Anerkennung seiner Regierung durch die ausländischen Mächte. Er hatte wieder einmal ungestraft morden dürfen. Die imperialistischen Mächte wußten, wer ihnen in China die Butter aufs Brot strich. Mit Yuan ließ sich arbeiten. Er würde nicht stören und keine Boxeraufstände gegen fremde Vorrechte veranstalten.

Diese hier kurz zusammengefaßte Geschichte war nur eines von vielen Geschehnissen. Wichtiger war die andauernde Drohung des Imperialismus, namentlich des japanischen, nachdem Europa sich verrückterweise in den Weltkrieg von 1914 gestürzt hatte. Japanische Truppen verdrängten Deutschland aus seiner Sphäre in Shantung. Im Jahre 1915 präsentierte Japan dem Präsidenten Yuan die berüchtigten 21 Forderungen, die aus China ein japanisches Protektorat machen sollten. England riet zum Nachgeben, Amerika protestierte. Yuan gab teilweise nach. Der Vorfall illustrierte Chinas andauernde Schwäche, aber auch die Unentbehrlichkeit Yuans.

Die ausländische Anerkennung machte Yuan neuen Mut. Er ging gegen die KMT vor, entließ deren Gouverneure in den südlichen Provinzen, unterdrückte ihren Widerstand und löste die KMT schließlich auf. Das Parlament suspendierte er und regierte mit Terror. Dann löste er die Provinzversammlungen und örtlichen Räte auf. Schließlich erklärte er sich zum Präsidenten auf Lebenszeit und gab seine Absicht kund, Kaiser zu werden. Das war zuviel. Bewaffneter Widerstand verhinderte den Plan und der erschöpfte Yuan starb im Juni 1916.

Über Yuan Shih-k'ais Verrat an der Republik haben die Historiker viel moralisiert. Man braucht den Einfluß seines schlechten Charakters auf das Geschehen nicht zu leugnen, aber es waren auch konstitutionelle Faktoren beteiligt. Beispielsweise wurde die Politik unter Yuan immer noch auf traditionelle Art auf dem Korrespondenzweg gemacht. Die Beamten berichteten dem Mann an der Spitze, der bejahend oder verneinend antwortete, lobte oder tadelte. In diese Prozedur der Exekutive noch ehrgeizige, schlecht informierte Politiker einzuschalten, die das Recht der Gesetzgebung verlangten, schien zwecklos und sogar gefährlich. Man sah keinen Nutzen in der Zersplitterung der Verantwortung. Gewiß regieren sich die Demokratien durch Gewaltenteilung, aber hier herrscht das Gesetz. Die chinesische Regierung war dagegen immer noch persönlich, und »fähige Leute« trugen die konkrete Verantwortung. Nach allgemeiner chinesischer Ansicht, die auch von vielen Revolutionären geteilt wurde, wirkte die Politik Sung Chiao-jens einheitswidrig, so sehr man seine Ermordung bedauerte.

Ein Fehler der Republik war Yuans Mangel an Bereitschaft zu Neuerungen, ein häufiger Fehler von Spitzenpolitikern, die vor allem an der Macht bleiben wollen. Die amerikanische Gesandtschaft berichtete über ihn: »Es fehlt ihm an Weitblick ... Von der Regierung versteht er nichts, er kennt nur den Absolutismus des alten Regimes.«[41] Sein Ziel war ein zentralisierter bürokratischer Staat, wie ihn Peking um 1900 angestrebt hatte. So belebte er den Kult des Konfuzianismus wieder und hielt sich auch sonst an abgenützte alte Methoden, indes er die neue Politik, Volksvertretungen und Presse mit Terrormethoden unterdrückte. Im Himmelstempel in Peking vollzog er die alten kaiserlichen Zeremonien, obwohl er modern genug war, nur in einem Panzerauto hinzufahren. Seine Räte erklärten: »Wir sind in eine neue Ära eingetreten ... in der alle Zeichen der Ungleichheit beseitigt werden; deshalb kann jeder den Himmelskult vollziehen.«[42] Jeder sein eigener Kaiser. Das sollte Chinas verbesserte Demokratie sein: Belebung und Benutzung der Vergangenheit. Das Ergebnis war eine konservative, aber aktive und in mancher Hinsicht modernisierende Diktatur.

Konnte es anders sein? Prominente ausländische Beobachter mit allerdings bedenklich geringer Kenntnis Chinas hielten einen Kaiser für notwendig. Der Engländer James Bryce, dessen Buch über die amerikanische Demokratie berühmt geworden war, empfahl nach einer Chinareise die Wiederherstellung der Monarchie. Der Harvard-Professor Charles W. Eliot erwarb sein Wissen über China gleichfalls durch eine kurze Reise und empfahl Yuan den ersten Vorsitzenden der Amerikanischen Gesellschaft für politische Wissenschaft, A. J. Goodnow, als Verfassungsratgeber. Die Arbeiten von Professor Goodnow über die funktionelle Methode in der politischen Wissenschaft waren bahnbrechend. Nach einem Besuch in Peking kam er zu dem Schluß, daß China alles fehlte, was für eine liberale Demokratie notwendig war. Es gab weder die Herrschaft des Gesetzes noch Rechte des einzelnen, und auch die Disziplin war schlecht. Er sagte: »Der Absolutismus muß fortdauern, bis China mehr freiwilligen Gehorsam gegenüber der Regierung, mehr Fähigkeit zur sozialen Kooperation und mehr Achtung vor privaten Rechten entwickelt hat.«[43]

Letztlich waren diese anglo-amerikanischen Fachleute der Demokratie zu derselben Ansicht gelangt wie Liang Ch'i-ch'ao und Sun Yat-sen, nämlich daß das chinesische Volk eine Periode der Vormundschaft brauche, ehe sich ein wirklicher Bürgersinn entwickeln könne. Dr. Goodnow hatte übrigens in Amerika eine schlechte Presse, weil er Yuans Schritte zu einer Diktatur nach Art der kaiserlichen zu unterstützen schien.

Der Präsident der Universität Peking sagte über den Militärgouverneur von Shantung, er habe »den Körper eines Elefanten, das Hirn eines Schweins und das Temperament eines Tigers«. Dieser Mann, Chang Tsung-ch'ang, war der Typus des militärischen Gebietsdiktators. Er war niedriger Herkunft, war Trompeter und Rasierer, dann Geisteraustreiber gewesen. Er war groß und breit, ein guter Fechter, im Kampf tapfer[44]. Im russisch-japanischen Krieg von 1904/05 kämpfte er auf russischer Seite. Als er in den zwanziger Jahren zur Macht kam, hielt er sich eine Leibwache von 4000 weißrussischen Emigranten. Er hatte auch Russinnen in seinem wohlsortierten Harem von vierzig Frauen. Seine Gegner nannten ihn den »Hundefleisch-General«; im Volk hieß er der »alte Dreiundsechziger«, weil sein männliches Glied in erigiertem Zustand so lang war wie eine Geldrolle von 63 Yuan-Dollar. (Diese Angabe ist nie verifiziert worden.) Als Kommandant von Peking ließ er Journalisten hinrichten, ebenso in Shantung Mitglieder geheimer Bauerngesellschaften, deren Köpfe er an Telegraphenstangen nageln ließ. Politisch unterstützte er Chang Tso-lin, den Militärdiktator der Mandschurei, der die Herrschaft über Nordchina anstrebte.

Der »Hundefleisch-General« war allerdings ein Extremfall. Andere örtliche Militärdiktatoren begannen als Reformer, führten Verbesserungen ein und zeigten einige Fürsorge für das Volk, bis sie Geld für den allgemeinen Machtkampf brauchten und jedermann ausbeuten mußten. Die provinziellen Militärdiktatoren, die »Kriegsherren«, waren ein Symbol des Zerfalls der politischen Ordnung. Sie versuchten die Führung einer Gesellschaft zu erlangen, in der örtliche Despoten, Bandenhäuptlinge und Generale ein zunehmendes Chaos schufen.

Die Periode der regionalen Militärdiktatoren begann mit Yuan Shih-k'ai und endete mit Tschiang Kai-schek, die beide einem nominell geeinten Staat vorstanden. Die zwölf Jahre von Yuans Tod im Jahre 1916 bis zur Einigung durch die KMT im Jahre 1928 waren durch die politische Fragmentierung Chinas gekennzeichnet. Gebietsweise regierten Militärdiktatoren, meist Provinzgouverneure. Die Zentralgewalt, die schon seit der Mitte des vorigen Jahrhunderts im Abstieg begriffen war, war spurenweise noch in der Pekinger Regierung vorhanden, deren Tätigkeit sich auf die Ernennung von ausländischen Gesandten und den Postdienst beschränkte. Weder die Militärdiktatoren noch die auswärtigen Mächte wünschten einen wirklichen Zerfall Chinas. Auch wollte keiner der Militärdiktatoren eine neue Dynastie gründen. Sie beschäftigten sich damit, Koalitionen gegen konkurrierende Koalitionen zu bilden; ihre Mittel waren nur Armeen, keine neuen Ideen oder Parteien; sie hatten keine Unterstützung im Volk. Diese »Kriegsherren« hingen irgendwie in der Luft und beherrschten nur einen begrenzten Bereich. Sie konnten Waffen herstellen oder kaufen, Truppen ausheben, herummarschieren und das Land ausplündern, aber keine stabile moderne Regierung schaffen.

Eine weitere Ursache dieser unglückseligen Verhältnisse bestand darin, daß China noch auf eine andere Weise gespalten war, nämlich zwischen Inland und Ausland. Mit dem Absinken der Zentralgewalt drang fremder Einfluß in das entstehende Vakuum ein. Ein Beispiel ist die Zollfrage. Im Jahre 1911 bedrohten die Unabhängigkeitserklärungen der Provinzen die Einheit des Seezolldienstes, von dem der chinesische Kredit und die Schuldenzahlungen abhingen. Die ausländischen Zollkommissare übernahmen nun direkt die Einkassierung der Zölle und überwiesen sie an eine internationale Bankenkommission in Schanghai. Das rettete Chinas Kredit im Ausland, bedeutete aber eine weitere Einschränkung der chinesischen Souveränität.

Die ungleichen Verträge erlaubten ausländische Eingriffe in das chinesische Leben in halbkolonialer Form. Das Ausland kontrollierte zwar nicht den Staat, obwohl es dessen Unabhängigkeit durch fremde Vorrechte einschränkte, jedoch erfolgten direkte fremde Eingriffe in Stadtverwaltungen und öffentliche Dienste. Im Seezolldienst, bei der Post, beim Salzmonopol und anderen Behörden fungierten ausländische Beamte als von der chinesischen Regierung bezahlte Verwalter. Die Zoll- und Salzeinnahmen wurden für die Rückzahlung von ausländischen Anleihen und für Entschädigungszahlungen beiseite gelegt. In den ausländischen Konzessionen in den Vertragshäfen leiteten ausländische Konsuln die Gemeindeverwaltung. Der größte Hafen, Schanghai, wurde von einem von den Engländern beherrschten Stadtrat verwaltet. Die meisten chinesischen Großstädte waren nicht nur Vertragshäfen, sondern beherbergten Flotten englischer, amerikanischer und anderer Kanonenboote, die eine Art Polizeidienst versahen. Immerhin machte das die Vertragshäfen, d. h. die meisten Großstädte, zu neutralen Schutzgebieten ohne Plünderung durch chinesische Militärdiktatoren.

In Schanghai konnte man die besten und die schlechtesten Seiten der chinesischen Modernisierung studieren. Dieser Hafen wurde zur Metropole, wie das auch in anderen spätentwickelten Ländern zu beobachten war. Zur Kaiserzeit war Soochow das Zentrum des unteren Jangtse-Tals gewesen, aber mit der Ausdehnung des Delta-Gebietes bis zum Meer wurde Schanghai der Punkt, wo die Segeldschunken des Binnenverkehrs mit den anders gebauten Segeldschunken der Küstenschiffahrt von Hainan bis zur Mandschurei zusammentrafen. Die Lage Schanghais im Jangtse-Delta förderte seine Entwicklung enorm. Hier wurde am meisten Reis produziert, von hier ging die jährliche Reisquote durch den Großen Kanal nach Peking, wie schon seit fünfhundert Jahren unter den Ming und Ch'ing. Mit diesem Hinterland war Schanghai leicht zu versorgen; das durch Eisenbahnen ergänzte Kanalsystem bot gute Verkehrsmöglichkeiten.

Da sich Schanghai unter fremder Ägide entwickelte, ist ein Vergleich mit anderen Häfen angebracht, die unter der europäischen Invasion groß wurden. Städte wie Bombay, Kalkutta, Rangun, Bangkok, Singapur und Jakarta waren vor dem Einzug des europäischen Seehandels verhältnismäßig bedeutungslos gewesen. Ihre Merkmale waren kulturelle Konflikte und Vermischung von Ideen wie Völkern. Als der Taiping-Aufstand die Gentry von Soochow veranlaßte, Zuflucht unter fremden Kanonen in Schanghai zu suchen, wuchs die chinesische Bevölkerung, wenn auch unter fremder Herrschaft. Nach 1843 wurde Schanghai zum Treibhaus der Modernisierung und zum Zentrum des Außenhandels, nach 1896 auch der Industrie. Es wurde zu Chinas wichtigstem Zentrum für Reformbestrebungen und revolutionäre Ideen, wozu das Wachstum der Presse und des Verlagswesens ebenso beitrug wie die Bildung einer immer stärker vernehmbaren öffentlichen Meinung. Die nach ausländischem Muster gestalteten Einrichtungen einer modernen Stadt gingen mit einem europäisierten Lebensstil einher, mit dem Zustrom ausländischer Ideen und Bräuche, und einem prekären Gleichgewicht zwischen der chinesischen Regierung und den ausländischen Konsuln mit ihren extraterritorialen Rechten. Als Tschiang Kai-schek 1943 sein Buch ›Chinas Bestimmung‹ veröffentlichte, bezeichnete er Schanghai mit Recht als einen Sumpf; er kannte die Stadt aus eigener Erfahrung.

Die Kommunalpolitik unterstand dem Stadtrat von Schanghai, der 1910 noch von den englischen Kaufleuten beherrscht wurde. Der Stadtrat erweiterte seinen Bereich durch den Bau äußerer Straßen. Er beschäftigte chinesisches Personal, die Polizei bestand aus indischen Sikhs. Das Seezollamt unterstand einem englischen Generalinspektor, dem Nachfolger Harts. Alles drehte sich hier um den Handel. Es gab noch Pferderennen; heute ist der Rennplatz ein Park. Die YMCA (Christlicher Verein junger Männer) wirkte zivilisierend, ebenso wie die protestantischen und katholischen Schulen. Die Masse der chinesischen Arbeiter, die aus den unerschöpflichen Menschenreserven des flachen Landes hereinkam, war nicht gewerkschaftlich organisiert. Gewerbeschutzgesetze entwickelten sich nur langsam. Die chinesische Bevölkerung wuchs und wuchs, weil hier ein Zentrum des Handels und der Industrie war und sich eine Zuflucht vor den Plünderungen der Generale bot.

In dieser halbkolonialen Situation hatte die chinesische Regierung wenig zu sagen. Das internationale Viertel und die angrenzende französische Konzession unterstanden nicht der chinesischen Gerichtsbarkeit. Nur am Rand der Stadt war etwas von der chinesischen Regierung zu bemerken. Ein chinesischer Richter war der Konsularverwaltung bei der Behandlung von Fällen behilflich, die Chinesen betrafen. Bis 1925 gab es ein gemischtes Gericht, ungefähr die einzige Vertretung chinesischer Staatsgewalt.

Die chinesische Bevölkerung lebte rechtlich in einem Vakuum. Es wurde von einer Unterwelt ausgefüllt, die von der »Grünen Bande« (Ch'ing-pang) beherrscht war. Diese Bande hielt ihre Mitglieder mit Geld und Gewalt zusammen. Sie betrieb alle Laster einer modernen Großstadt: Prostitution, Erpressung und Rauschgifthandel. Mit der ausländischen Polizei, besonders der französischen, gab es eine stille Zusammenarbeit. Opium aus dem Gebiet oberhalb der Stadt fand zunehmend den Weg nach Schanghai. Der Stadtrat war gegenüber dieser Tätigkeit machtlos, es kam zu einer Art Vernunftehe zwischen den Ausländern und der chinesischen Unterwelt. Die hier wohnhaften Ausländer, nur wenige Tausend an der Zahl, fühlten sich in ihrer Ansicht bestärkt, daß die Chinesen von Natur aus lasterhaft, Betrüger und Erpresser waren.

Die Dampfschiffe auf den Flüssen waren noch überwiegend in englischem Besitz. Über die Provinzen zog sich ein Netz von Verkaufsstellen für Petroleum, das modernste damals verfügbare Produkt, das von den Bauern viel gekauft wurde. Sie zogen die Petroleumlampe der Kerze oder dem Öldocht vor. Das Petroleum lieferte die Standard Oil oder die Royal Dutch Shell. Der andere große Industriezweig für den Massenverbrauch, ebenfalls in ausländischen Händen, war die Zigarettenindustrie. Hier war die von James B. Duke geleitete British-American Tobacco Co. maßgebend. Ihre Compradore liehen nordchinesischen Bauern Geld und Saatgut, holten die Ernte ab und lieferten sie an ein halbes Dutzend Zigarettenfabriken. Eine chinesische Konkurrenz kam von der Firma Nanyang in Südostasien. Chinesische Firmen begannen schon mit den Ausländern zu konkurrieren. In den ausländischen Häfen wuchs schnell eine moderne chinesische Kaufmannsklasse heran, von Hongkong bis Schanghai.

Über die Provinzen zog sich ferner ein Netz von Hunderten kleiner Missionsschulen mit Kirchen und Krankenhäusern. Sie wurden zum Teil von der wachsenden Gemeinde chinesischer Christen geschaffen, die moderne und patriotische Leute waren und in der christlichen Lehre vieles fanden, was für China gut schien. Die traditionellen Religionen hatten an Vitalität verloren; dem Christentum bot sich ein größerer Spielraum als zur Zeit des Ming-Ch'ing-Übergangs im siebzehnten Jahrhundert.

Die kirchlichen Einrichtungen beschäftigten ebenso wie die Geschäfte hauptsächlich chinesisches Personal. Alle waren durch die vertraglichen Bestimmungen über Extraterritorialität gedeckt, die alle Ausländer, ihren Besitz und ihre Bediensteten gegen das chinesische Gesetz immunisierten; sie unterstanden nur der konsularischen Gerichtsbarkeit. Der chinesische Halb-kolonialismus entzog den chinesischen Militärdiktatoren ein großes Herrschaftsgebiet. Die Allgegenwart der Ausländer war, wie Mary Wright sagt, ein Anschauungsunterricht für die chinesischen Patrioten, die darüber einerseits empört waren, anderseits aber hier lernten, was nachzuahmen und was zu vermeiden war[45].

Das System der Militärdiktatoren war eine seltsam begrenzte Art der Anarchie. Den modernisierten Rand Chinas berührte es nicht; auch die großen Bauernmassen in den Dörfern, die nicht gerade an Marschrouten lagen, hatten nicht viel zu leiden. Als eine amerikanische Missionarsfrau in Chengtu feststellte, daß die Geschosse eines den Ort belagernden Generals das Missionsgebäude trafen, wandte sie sich an die Generale beiderseits der Kampflinie und erreichte eine Feuereinstellung, die der amerikanischen Familie, die gerade auf Urlaub gehen wollte, das Verlassen der Stadt ermöglichte.

Die kämpfenden Generale benutzten Wasserwege, Eisenbahnen und die neuen Landstraßen auf Kosten der Bevölkerung und preßten soviel Steuern wie möglich aus dem Volk heraus. Ihre wirkliche Kriegstätigkeit war beschränkt. Die chinesische Bevölkerung litt weniger unter direkter Zerstörung als unter langsamem Verfall. Die Deiche wurden nicht instand gehalten, die Opiumerzeugung kehrte zurück, weil sie Gelegenheit zu Steuer- und Schmuggeleinnahmen bot. Das Wirtschaftsleben litt. Man investierte nichts, ließ das Eisenbahnmaterial verfallen, die Inflation galoppierte. Die allgemeine Demoralisierung stand im Widerspruch zur Losung der »Regierung durch Tugend«. Verzweifelt sagte Liang Ch'i-ch'ao: »Im heutigen China gedeihen nur listige, verbrecherische und skrupellose Leute.«[46]

Die gesamte Geschichte der »Kriegsherren« zu schreiben, ist unmöglich; das Ergebnis wäre heillose Verwirrung – und Mitleid mit dem chinesischen Volk. Als Beispiel sei die Laufbahn eines Typs beschrieben, des »christlichen Generals« Feng Yü-hsiang (1882–1948). Der Bauernjunge begann den Militärdienst im Alter von elf Jahren, kam schnell vorwärts und bald auf die Militärakademie. Schließlich befehligte er eine Musterbrigade in der nordchinesischen Armee. Er hatte Ideale und verlangte viel von seinen Leuten. Zum »christlichen General« wurde er durch die Taufe bei John R. Mott im Jahre 1913. Der Geistliche war eben auf einer Propagandareise für die YMCA. Eine Zeitlang hegte Feng große Freundschaft für die Missionare, die in ihm eine Art Cromwell sahen, der seine gut disziplinierte Truppe mit der strengen Lehre des Protestantismus erbaute. Ob er sie kollektiv aus einem Feuerwehrschlauch taufte, ist nicht erwiesen, aber er sorgte für ihre Ausbildung im Handwerk und förderte in den Gebieten, wo er stationiert war, die Anpflanzung von Bäumen und allerhand fortschrittliche Reformen. Feng wurde Militärgouverneur und einer der wichtigsten Militärdiktatoren. Er baute eine Nationale Volksarmee auf und flirtete mit den Sowjets, um Waffen zu bekommen. Im Rahmen des Systems der »Kriegsherren« mußte er es dann machen wie seine Rivalen: rekrutieren, requirieren und Steuern einziehen. Seine Truppen wurden zur Geißel des Landes. Berüchtigt ist sein Verrat an seinem Oberbefehlshaber Wu P'ei-fu. Er verbündete sich mit dessen Feind Chang Tso-lin und nahm 1924 die Hauptstadt Peking (für sich selbst) ein. Die Zeit heilt aber alle Wunden, und so verbanden sich 1926 Wu und Chang, um Feng aus Peking zu vertreiben. Schließlich berief Tschiang Kai-schek, der an Schlauheit allen Militärdiktatoren überlegen war, den General Feng in sein Lager, ernannte ihn nominell zu seinem Stellvertreter – und sperrte ihn in eine Dorfhütte bei Chungking, wo er sich mit Schönschreiben und Englisch beschäftigen durfte. Amerikanische Historiker besuchten ihn dort im Jahre 1943.

Was zeigten diese zweihundert ordensbehängten Generale und ihre lahmen Legionen in der Periode der Militärdiktatoren von 1916 bis 1928? Erstens die Macht des Militarismus und der modernen Waffen in einem Land, wo es massenhaft Rekruten gab und Rüstung wichtiger war als Bürgersinn. Zweitens die Unfähigkeit der alten Oberklasse aus Gentry und Kaufleuten, eine politische Organisation in nationalem Rahmen zu schaffen. Drittens einen Mangel nationaler Gesinnung bei den Militärs gerade in einer Zeit, wo das Nationalgefühl einen Höhepunkt erreicht hatte. Das mußte jeden Patrioten auf den Plan rufen. Eine neue Ära war überfällig. Sie war schon im Kommen.

11. Die neue Kultur und der Sino-Liberalismus

Das Jahr 1919 war für Chinas politische Klasse – Studenten, Lehrer, dörfliche Magnaten, Kaufleute, Beamte, Gewerkschafter, dazu die eben besprochenen Militärs – ein Jahr patriotischer Enttäuschung. Japans Eroberung der deutschen Kolonie in Shantung und seine 21 Punkte-Forderung waren noch in frischer Erinnerung. In China stieg die Sorge, daß die Friedenskonferenz von Versailles den Japanern erlauben würde, dauernd in Shantung zu bleiben. Hunderte Organisationen aus chinesischen Städten, ebenso auslandschinesische Verbände überschütteten Versailles mit Protesttelegrammen. Japans Anspruch beruhte nicht nur auf geheimen Abmachungen mit England, Frankreich und Italien im Jahre 1917, sondern – was noch empörender war – auf einem geheimen Abkommen von 1918 zwischen Japan und der korrupten Regierung Anfu in Peking.

Am 4. Mai 1919 demonstrierten dreitausend Studenten vor dem »Tor des Himmels« *(T'ien-an-men)*, dem Eingang zum Kaiserpalast. »Chinas Gebiet kann erobert werden«, erklärte ein Manifest, »aber es kann nicht weggegeben werden ... das chinesische Volk kann hingemordet werden, aber es ergibt sich nicht. Unser Land wird vernichtet! Erhebt euch, Brüder!«[47] Im Zuge der Demonstration wurde ein japanfreundlicher Regierungsvertreter verprügelt und das Haus eines anderen angezündet. Dieser Funke der Gewalt griff auf das ganze Land über. Man schloß oder boykottierte ausländische Geschäfte, man streikte, die Studentenbewegung wurde immer lauter und nationaler. Der Pekinger Militärdiktator ließ 1150 Studenten einsperren, wobei er die Universität als Gefängnis benutzte. Die Spannung stieg. Unter dem Druck der Öffentlichkeit wurden die Studenten freigelassen. Der nationale Gedanke hatte gesiegt. China war an einem Wendepunkt angelangt.

Die Bewegung vom 4. Mai wird in China allgemein »Fünf-Vier« (der fünfte Monat und der vierte Tag) genannt. Die Kommunisten behaupteten, die Urheber der Bewegung zu sein. Die Kuo-min-tang behauptete es nicht. Der 4. Mai war weniger blutig als andere Zwischenfälle. Was bedeutete er als Stadium des revolutionären Prozesses?

Parallel zu der Militärherrschaft in den Provinzen begann in China eine politische Revolution, gewöhnlich die »Nationale Revolution« genannt. Ihre Politik ist bekannt; sie wurde von zwei leninistischen Parteien vertreten, die dem Land ihre Diktatur auferlegen wollten. Sun Yat-sen erschien wieder auf der Szene, indem er 1923 in Kanton die Kuo-min-tang mit sowjetischer Hilfe reorganisierte. Die Kommunisten bildeten mit der KMT eine Volksfront und so konnte Sun im Jahre 1924 eine nationale Regierung bilden. Sein Nachfolger Tschiang Kaischek marschierte allerdings 1926 nach Norden, von Kanton bis zum Jangtse, und brach mit den Kommunisten. So entstand die Regierung des rechten Kuo-min-tang-Flügels in Nanking im Jahre 1928. Die junge kommunistische Partei, im Jahre 1921 gegründet, hatte sich in der nationalen Revolution die Sporen verdient; nach dem Bruch von 1927 wurde sie aber fast völlig vernichtet. Die chinesische Politik dieser Periode füllte die Weltpresse.

Neben der Herrschaft der Militärs, meist im Norden, und der nationalen Revolution, hauptsächlich im Süden, existierte noch eine Bewegung. Sie war pluralistisch, intellektuell und akademisch; ihre Anhänger glaubten, daß ein neues China nur durch Denken und Studieren geschaffen werden könnte, und daß Denken und Studieren der politischen Aktion vorangehen müßte. Die »Neue Kulturbewegung« versuchte sich von der korrupten Politik fernzuhalten. Ihre Anhänger verpflichteten sich, keinen Kontakt mit der Regierung aufzunehmen. Das war ein bemerkenswerter Schritt in einem Land, in dem die Akademiker so lange fast automatisch Beamte geworden waren. Sie verlangten, Chinas Probleme wirtschaftlich zu behandeln und schufen akademische Institutionen, die eine kritische und schöpferische geistige Führung ausbilden sollten. Die Bewegung wurde von einigen hundert Akademikern geführt, die hauptsächlich von europäischen und amerikanischen Vorbildern angeregt waren. Darin unterschieden sie sich von den Parteiorganisatoren, deren geistige Quelle die russische kommunistische Revolution war.

Inzwischen hatten die chinesischen Konservativen, deren Gedanken zur Erneuerung Chinas man erst jetzt zu untersuchen beginnt, ihre eigenen politischen Losungen verkündet. Ein Flügel der Reformbewegung hatte sich der Idee des »Nationalcharakters« verschrieben. Er leugnete nicht die Evolution und den Sozialdarwinismus, aber er richtete den Blick auf den nationalen Charakter der Literatur, Sprache, Brauchtum und Religion, kurz ein chinesisches Wertsystem. Nach dem Umsturz von 1911 bot Liang Ch'i-ch'ao als Mittel gegen den westlichen Individualismus und Hedonismus chinesische Werte an: den »Familismus« *(chia-tsu chu-i)*, mit seinen Implikationen »Gegenseitigkeit« *(shu)*, »Respekt vor dem Rang« *(ming-fen)* und »Vorsorge um die Nachwelt« *(lü-hou)*. Diese Liste chinesischer Kulturwerte war ein Ausdruck des Nationalgefühls. Sie stand im Widerspruch zur Modernisierung.

Für China bedeutete die Liste, daß gewisse konfuzianische Grundsätze und tiefverwurzelte Werte mitten in der Wandlung beibehalten werden und sich nur schrittweise ändern sollten. Nach dieser Auffassung ging die Kultur der Politik vor und eine Gesamtverwestlichung war ein großer Irrtum, faktisch sogar unmöglich. Liang ging weltanschaulich noch einen Schritt weiter, nachdem er desillusioniert von der Versailler Friedenskonferenz von 1919 zurückgekehrt war. Hier hatte man Chinas Rechte nicht berücksichtigt. Reichtum und Macht waren stärker als das Recht. Liang kehrte mit der Überzeugung zurück, daß die europäische Zivilisation, die zu den Massakern des Ersten Weltkriegs geführt hatte, des Gemeinschaftsgefühls ermangelte. Die Allmacht der rationalen Wissenschaft, die Betonung von Individualismus und Hedonismus hatte den Westen in die Irre geführt.

Andererseits scheiterte K'ang Yu-weis Versuch, den Konfuzianismus zur Staatsreligion zu machen, an einer Grundfrage. Im Westen war die Religion durch den Dualismus von Staat und Kirche von der Politik getrennt, während der konfuzianische Staat in China bekanntlich Literatur, Philosophie, Politik und einen staatlichen Kaiserkult im Namen eines einheitlichen Kosmos vereint hatte. Nach der Revolution von 1911 schossen in den Provinzen konfuzianische Gesellschaften aus dem Boden, die Chinas Tradition erhalten wollten. Es gab eine Richtung, die einen rationalen Konfuzianismus für vereinbar mit moderner Wissenschaft hielt. Aber damit machte man aus einem Grundprinzip ein bloßes Werkzeug.

Dann gab es noch eine metaphysische Richtung, welche den wissenschaftlichen Rationalismus und die mechanistische Weltanschauung für unvereinbar mit dem intuitiven Seelenleben hielt. Hier war buddhistischer Einfluß deutlich; der geistige Osten wurde dem materialistischen Westen gegenübergestellt. In den zwanziger Jahren kam es zu einer großen Debatte über Wissenschaft und Metaphysik, die an den Philosophen Wang Yang-ming aus der Ming-Zeit anknüpfte, der das »intuitive Wissen« betont hatte. Die Betonung der Seele gegenüber der

Materie setzte eine alte chinesische Tradition fort. Ihr standen die Anwälte der Wissenschaft als Weg zu einem besseren Leben gegenüber; anscheinend gewannen sie in der Debatte, aber sie bereiteten unbewußt den Boden für den Sieg des Marxismus in China als »Wissenschaft von der Gesellschaft« vor.

Der Kropotkinsche Anarchismus machte sich in den ersten Jahrzehnten des Jahrhunderts gleichfalls bemerkbar. Er griff das konfuzianische Netz von Ritual, Familie und Status an. Chinesische anarchistische Gruppen bildeten sich in Paris und Tokio; ihre Zeitschriften setzten sich vor allem für die Gleichheit ein, die alle Menschen befreien würde. Die Anarchisten hatten keine Organisationen zur Machtübernahme, aber sie steuerten viele Gedanken zu der »Neuen Kulturbewegung« bei, namentlich die Kritik des Familiensystems. Die heutige Geschichtsschreibung pflegt die Anarchisten zu vernachlässigen, aber sie waren die hauptsächlichen Propagandisten europäischer sozialistischer Ideale in China, ehe die russische Revolution kam.

Da die KMT-Diktatur unter Tschiang Kai-schek im Jahre 1949 von der kommunistischen Diktatur unter Mao Tse-tung abgelöst wurde, halten viele das moderne China für einen autoritären Staat, eine Partei-Autokratie. Bei näherem Zusehen findet man aber doch manches Stückchen Liberalismus. Die KMT-Diktatur von 1928 bis 1949 war eine teilweise und unvollkommene Autokratie, namentlich wenn man sie mit dem vergleicht, was nach ihr kam. Unter der KMT starb trotz aller Unsicherheit die liberale Tradition Chinas nicht aus, wenn man auch nicht sagen kann, daß sie blühte. Man kann von einem »Sino-Liberalismus« sprechen.

Die liberale Tradition war bis 1937 wirksam und gibt Liberalen in Europa und Amerika noch heute Hoffnung für die Zukunft Chinas. Im Westen strebte der Liberalismus nur mit legalen Mitteln zur Macht und hielt den Rechtsstaat für selbstverständlich. Die chinesischen Liberalen konnten weder einen Rechtsstaat schaffen noch die militärische Gewalt im Zaum halten. Immerhin sind ihre Leistungen bemerkenswert – viele kleine Leistungen begabter Einzelner.

Diese Männer, dazu einige Frauen, bildeten den akademischen Flügel einer neuen, aus Akademikern und Managern bestehenden Elite. Das Studium in Japan zu Beginn des Jahrhunderts hatte die revolutionäre Generation von 1911 erzeugt. Das Studium im Westen brachte nun die akademische Führerschaft der nationalen Periode nach dem Ersten Weltkrieg hervor. Statt sich den Examina der Kaiserzeit zu unterziehen, die 1905 aufgehoben wurden, holte sich diese Generation ihre akademischen Grade im Ausland, z. B. an der Columbia University in New York. Das Verhältnis dieser Sino-Liberalen zum Staat war anders als in der Kaiserzeit. Zunächst war die Auffassung der Rolle des Akademikers eine andere. Einer der ältesten Sprüche des Konfuzius, der von Philosophen wie Wang Yang-ming betont wurde, war die Einheit von Theorie und Praxis, von Kenntnis und Aktion. Man sollte die Wahrheit aus Tatsachen gewinnen, der Gewinnung von Erkenntnissen sollte die Anwendung in der Praxis folgen. Der Wissende ist verpflichtet, seine Meinung der Regierung mitzuteilen.

Mit anderen Worten ist nach traditioneller chinesischer Ansicht der Akademiker ein *zoon politikon,* ein politisches Lebewesen. Elfenbeintürme eignen sich nur für Eremiten. So erklärt sich die Spaltung in der Bewegung vom 4. Mai in Akademiker wie Hu Shih und politische Aktivisten wie Ch'en Tu-hsiu. Während man von westlichen Professoren meist erwartet, daß sie sich aus der Politik heraushalten, wäre das in China eine Pflichtverletzung gewesen. Hu Shih und seine sino-liberalen Freunde folgten dem westlichen Vorbild, der Enthaltung von der Politik, während Intellektuelle wie Ch'en schon 1921 der kommunistischen Partei beitraten und damit in der Linie der chinesischen Tradition blieben, die eine praktische Verbindung zwischen Intellektuellen und Staat vorsah.

Die neue Haltung führte auch zu Widersprüchen. Die Sino-Liberalen strebten nach Billigung oder zumindest Duldung ihrer Tätigkeit durch den Staat. Sie wollten unter den Auspizien des Staates arbeiten, aber nicht unter seiner Kontrolle. Man konnte das an der Studentengeneration sehen, die hauptsächlich mit staatlichen Stipendien im Ausland studierte und meist nach der Rückkehr staatliche Stellen annahm.

Für diese Entwicklung war eine Entscheidung des Kongresses in Washington von 1908 wichtig. Auf Vorschlag amerikanischer Missionare in China beschloß das amerikanische Parlament, die Hälfte des geringen Anteils (25 Millionen Dollar) der Vereinigten Staaten an der Boxer-Entschädigung der Ausbildung von Chinesen in Amerika zur Verfügung zu stellen. Die Entschädigungszahlungen gingen weiter, die Hälfte aber ging an ein chinesisch-amerikanisches Komitee, das die Stipendien verteilte. Im Jahre 1908 wurde in Peking das Tsing-Hua-College eröffnet, das als Vorschule für nach Amerika entsandte Studenten diente. Bis 1925 hatten mehrere tausend Chinesen, die geistige oder zumindest examensmäßige Elite der Nation, von den Stipendien Gebrauch gemacht. In den frühen zwanziger Jahren gingen mehr Stipendiaten nach Amerika als in alle anderen Länder zusammen. Mit der Rückkehr der neuen Eliten aus Amerika nach 1914 entstand eine verwestlichte nationale Führung.

Die vom Auslandsstudium heimkehrenden Studenten hatten ihre Stipendien meist im Wettbewerb gewonnen; sie kamen aus gebildeten Familien. Aus der Bauernschaft kamen wenige bis gar keine. Die begabten jungen Leute hatten mit den chinesischen Klassikern angefangen und hatten vier bis zehn Jahre im Ausland studiert. Sie hatten eine westliche Sprache und westliche Disziplin gelernt. Ihr zwanzigjähriges Studium in zwei Kulturen machten sie zu einer bikulturellen Generation, die eine größere Kulturspanne überbrückt hatte als je eine Generation zuvor oder danach. Die Heimkehrer demonstrierten ihre ausländischen Erfahrungen in Kleidung, Sprechweise und akademischer Qualifikation. Sie waren eifrige Patrioten; außer einigen Sinologen aus dem Kreis der Mission waren sie die einzigen, die China in Berührung mit der äußeren Welt bringen konnten.

Ihre studentischen Erfahrungen hatten persönliche Bindungen zwischen ihnen geschaffen, die an ähnliche Bindungen zwischen Akademikern vergangener Generationen erinnerten. Diese Bindungen fanden Ausdruck in geheimen Bruderschaften, die zum Teil den amerikanischen Studentenverbindungen mit griechischen Buchstaben nachgebildet waren. So wurde 1920 in Schanghai eine Bruderschaft Ch'eng-chi hui aus zwei früheren Verbindungen gegründet; der Name bedeutete »Gesellschaft für die Erfüllung der Lebensziele«. Die Vorläufer waren DJ (David und Jonathan), gegründet 1907 in Hartford mit neun Mitgliedern, und CS (Kreuz und Schwert), gegründet 1917 in Northfield mit sieben christlichen Mitgliedern. Die Ch'eng-chi hui-Verbindung hatte 1936 schon 227 Mitglieder mit Außenstellen in New York, Washington, Boston, Chicago, Schanghai, Nanking, Peking und Kanton. Ein Koordinationsausschuß war 1929 bei einer Konferenz in Schanghai geschaffen worden. Es gab noch einige andere studentische Verbindungen dieser Art. Die Mitglieder trafen sich in Urlaubsorten und waren einander bei der Karriere behilflich.

Gesellschaftlich fanden sich die heimkehrenden Akademiker in China in einer ähnlichen elitären Position, wie sie die alten klassisch gebildeten Akademiker innegehabt hatten; einige tausend waren an führenden juristischen Fakultäten in Amerika ausgebildet worden. Um das gewöhnliche Volk in China kümmerte sich noch lange niemand.

Gleich nach ihrer Heimkehr bemühten sich die Studenten um leitende Stellungen in den Fächern, die sie im Ausland studiert hatten. Der älteste Politiker unter ihnen, Ts'ai Yuan-p'ei (1867–1940), war durch die alten Prüfungen gekommen und war mit 25 Jahren in die kaiserliche Akademie Hanlin aufgenommen worden. Dann schloß er sich Suns »Revolutionärer Allianz« an und studierte Kant wie auch andere idealistische Philosophen des Westens während eines vierjährigen Aufenthalts in Deutschland. Im Jahre 1912 war er sechs Monate lang Unterrichtsminister im ersten Kabinett der Republik. Im Jahre 1917 übernahm er die Leitung der Universität Peking (oft »Peita« abgekürzt), berief neue Professoren und gestaltete die Hochschule um. Von einer verknöcherten Schule, die Bürokraten für Sinekuren im Staatsdienst ausbildete, wurde Peita ein Markt für alle Ideen der Welt. Ts'ai verlangte die Autonomie der Universität: »Bildung geht vor Politik ... keine politische Kontrolle.«[48] Er pflegte persönliche Beziehungen zwischen Lehrer und Student; auch durften die Professoren als Einzelpersonen ihre politischen Meinungen äußern. Im Jahre 1928 gründete Ts'ai die Forschungsakademie »Academia Sinica« nach dem Muster europäischer Institute, die nur Forschung ohne Lehre pflegten.

Als Dekan berief Ts'ai im Jahre 1917 den radikalen Journalisten Ch'en Tu-hsiu (1879–1942). Dieser hatte in Japan und Frankreich studiert und war führend in der Bekämpfung des Konfuzianismus. Zunächst propagierte er in seiner Zeitschrift ›Neue Jugend‹ die drei Prinzipien der französischen Revolution: Freiheit, Gleichheit, Brüderlichkeit. Aber 1921 wurde er der erste Generalsekretär der neuen kommunistischen Partei in China.

Im allgemeinen waren die aus Europa zurückkommenden Akademiker, die etwas von Feudalismus und Klassenkampf gehört hatten, politisch aktiver. Die aus Amerika zurückkommenden Studenten waren eher Reformer als Revolutionäre. Bekannt wurde Hu Shih, der von 1910 bis 1917 an den amerikanischen Universitäten Cornell und Columbia studiert hatte. An der Peita zurück, gab er seiner Überzeugung Ausdruck, daß das geschriebene Chinesisch sich der Volkssprache anpassen und den Wortschatz des Alltags verwenden müßte. Die Europäer hatten ähnliches in der Renaissance getan; sie lösten sich vom Latein und entwickelten nationale Schriftsprachen. Eine solche »literarische Renaissance« war in China längst fällig; es war eine Literatur zu schaffen, die das Volk in einer Sprache erreichen konnte, die es verstand. Auch war modernes geschriebenes Chinesisch ein besseres Instrument des Denkens und der Kritik.

Warum war das notwendig? Das klassische Chinesisch benutzte eine Einwort-Schrift, um Gedanken über das Auge weiterzuleiten. Doch klangen viele Wörter so ähnlich, daß eine klassische Aussage zweideutig blieb oder dem Ohr unverständlich war. Deshalb benutzte die chinesische Umgangssprache meist Zwei-Zeichen-Sätze, um einen Gedanken auszudrücken. Demgemäß hielt sich der volkstümliche Stil, der nun propagiert wurde, an die Zweisatz-Formen der täglichen Sprache. Die geschriebene Umgangssprache war im achtzehnten Jahrhundert in der Literatur aufgetaucht; die Missionare waren im neunzehnten Jahrhundert ihre Vorkämpfer gewesen, um das Volk zu erreichen. Das alles war schon oft versucht worden, aber auf den Widerstand der Konservativen gestoßen, die an dem klassischen Stil, den sie gelernt hatten, festhielten. Aber nachdem Hu Shih und Ch'en Tu-hsiu sich gemeinsam für den neuen Stil eingesetzt hatten, machte er schnelle Fortschritte. Im Jahre 1920 ordnete das Unterrichtsministerium den Gebrauch des Volkschinesischen in den Lehrbüchern an.

So schuf die neue Generation im Ausland ausgebildeter Akademiker eine moderne Universität und eine neue Schriftsprache zur Verbreitung der Bildung. Die »Neue Kulturbewegung« schritt zur Neubewertung der chinesischen Traditionen. Sie wandte sich gegen das alte Familiensystem mit seiner Tyrannei über den einzelnen und die Unterdrückung der Frau. Klassische Texte und Volkssprachenliteratur wurden neu bewertet; man begann Folklore zu studieren. Die heimgekehrten Studenten wurden Lehrer und schufen Schulen, an denen die damals im Westen geltenden fortschrittlichen Ideen zum Lehrplan gehörten.

Während nach 1916 die Militärdiktatur in den Provinzen herrschte, brach das ganze System der konfuzianischen Erziehung zusammen. Im Jahre 1911 hatte ein Interregnum zwischen zwei Perioden starker Zentralgewalt begonnen, das bis 1949 dauern sollte. Die Missionsschulen hatten nun Gelegenheit, ihre moderne Bildungstätigkeit ohne Staatsaufsicht durchzuführen. Einige Jahrzehnte lang konnten sie chinesische Studenten gemäß den Ideen der konfessionellen Schulen Amerikas erziehen, die das Vorbild der christlichen Schulen Chinas waren.

Wie groß der Einfluß der Missionen auf die Entstehung der »Neuen Kulturbewegung« war, ist schwer zu entscheiden. Die über die Missionstätigkeit gut informierten Ausländer übertrieben vielleicht deren Wirkung, während nationale Chinesen, die mehr über die einheimischen Wurzeln der »Neuen Kultur« wissen, nicht viel von den Missionaren hielten.

Im kaiserlichen China hatte es kein staatliches Schulsystem gegeben. Lesen und Schreiben lernte man zu Hause oder in Privatschulen, die gemeinsam von Familien betrieben wurden oder Stiftungen reicher Leute waren. Der Elementarunterricht begann mit denselben Texten wie die höhere Ausbildung, hörte aber bei einfacheren Werken wie den »Drei-Zeichen-Klassikern« auf.

Wie wir gesehen haben, sorgte die Regierung des Kaiserreichs nur für die »Schulen«, an denen die Prüfungen der verschiedenen Grade stattfanden. Für jede Schule war nur eine begrenzte Liste von Prüfungskandidaten zugelassen. Wer die Prüfungen bestanden hatte, kam in die intellektuelle Oberklasse und hatte körperliche Arbeit jeder Art zu vermeiden. Wurden die Graduierten nicht Beamte, konnten sie Lehrer werden.

Das Schulsystem war also ein Anhängsel des Staatsapparats. Die Graduierten der Hauptstadt konnten sich in der Hanlin-Akademie sammeln; sie waren sehr angesehen. Unter den Dynastien Ming und Ch'ing entstanden auch Akademien *(shuyuan)* in den Provinzen, namentlich in dem wohlhabenden Gebiet des unteren Jangtse. Manche Akademien konnten sich kaiserlicher Fürsorge rühmen, andere wurden von hohen Beamten gegründet. Einige dienten nur der Ausbildung für höhere Prüfungen, andere widmeten sich der Forschung, manchmal ohne direkte Staatsaufsicht. Aus der Reformbewegung der neunziger Jahre waren Studiengruppen entstanden; der Einfluß der Missionen war manchmal deutlich, wenn auch das konfessionelle Element fehlte. Der große Umbruch kam mit der Aufhebung des Prüfungssystems im Jahre 1905. Danach folgte das Schulwesen einem revolutionären Zick-zack-Kurs.

Im Zuge der noch kaiserlichen Reformen um die Jahrhundertwende wurde Japan das wichtigste Zentrum für chinesische Auslandsstudenten. Viele wurden einfach Revolutionäre, aber die meisten wurden Lehrer an den neuen Schulen, in die man die Akademien nominell umgewandelt hatte. Ein von Japan angeregter neuer Schultyp war der Ausbildung in Recht und Verwaltung gewidmet *(fa-cheng, hōsei)*.

Die ausländischen Einflüsse kamen jetzt aber hauptsächlich aus der atlantischen Welt, namentlich den Vereinigten Staaten. Nachdem die Hälfte der amerikanischen Boxer-Entschädigung 1908 der Ausbildung chinesischer Studenten in Amerika vorbehalten worden war, wurde der indirekte Einfluß Amerikas auf das chinesische Schulsystem stark. Die chinesischen Studenten in Deutschland und Frankreich wurden oft Revolutionäre und wandten sich besonders nach dem Ersten Weltkrieg der Politik zu. Die in England und Amerika studierenden Chinesen dagegen neigten zur naturwissenschaftlichen und humanistischen Ausbildung.

In den zwanziger Jahren wurde in China eine ganze Anzahl staatlicher Universitäten gegründet, namentlich nach 1928. Außerdem entstanden christliche Colleges, deren Lehrkörper teils aus Missionaren, teils aus Chinesen bestand. Dazu kamen einige private Institutionen als Stiftungen reicher Familien. Die amerikanische Rockefeller-Stiftung nahm sich der höheren Bildung in China an. Im Jahre 1925 wurde der Rest des amerikanischen Anteils an der Boxer-Entschädigung an China für die Verwendung als Bildungsstiftung zurückgegeben. Als die nationale Regierung 1928 an die Macht kam und unter dem Namen »Academia Sinica« eine zentrale Forschungsanstalt errichtete, gab es schon Bildungsstätten der verschiedensten Art in China.

Man wandte nun der Massenbildung größere Aufmerksamkeit zu. Einflüsse in dieser Richtung kamen aus Japan und von YMCA-Sekretären aus China, die im Ersten Weltkrieg nach Frankreich gingen, um den dorthin angeworbenen chinesischen Arbeitern bei Briefen nach Hause zu helfen. Der Analphabetismus des Volkes veranlaßte die Sekretäre, in China eine Bewegung für die Verbreitung des Lesens und Schreibens ins Leben zu rufen. Um die Bauernmassen zu erreichen, begannen die Vertreter dieser Bewegung in den Dörfern zu arbeiten. Die ersten Reformer wie Chang Chien hatten technische Fachschulen im Zusammenhang mit der industriellen Entwicklung gegründet, während Beamte wie Chang Chih-tung Militärschulen eingerichtet hatten.

Im Anschluß an diese Bemühungen bezog die nationale Regierung von 1928 ihr Personal von den Universitäten und christlichen Colleges, während sie in den Dörfern mit der Massenbildung experimentierte. Die nationale Regierung konnte jedoch die chinesischen Probleme selbst in ihrem begrenzten Gebiet nicht lösen, auch das Dorfprogramm blieb klein. Die Aufgabe, den Analphabetismus des Volkes zu überwinden und eine moderne Gesellschaft möglich zu machen, blieb den Kommunisten überlassen.

Die studentischen Körperschaften an den höheren Bildungszentren hatten die Tradition der alten Prüfungskandidaten übernommen. Es war die vom Konfuzianismus ererbte Pflicht des Studierten, die Welt in Ordnung zu bringen. Europäische Traditionen wiesen in die gleiche Richtung.

Es gab nun ein Konglomerat der verschiedensten Schul- und Bildungssysteme. Verlagshäuser machten Lehrbücher aller Stufen verfügbar. Übersetzungen japanischer und westlicher Bücher wurden staatlich gefördert. Die ersten zurückkehrenden Auslandsstudenten hatten an einer chinesischen Terminologie gearbeitet. Sie verwendeten erst japanische Ausdrücke, dann erfanden sie neue Namen für moderne Begriffe wie Volkswirtschaft, Gesellschaft, Individualismus, Menschenrechte usw. Die Naturwissenschaften waren von im Ausland ausgebildeten Fachleuten ins chinesische Leben eingeführt worden. Von den Missionsschulen ausgehend, waren auch Frauen in den Bildungsprozeß einbezogen worden, noch bevor der Brauch des Fußeinbindens in den Dörfern überwunden war. Wissenschaftliche Kenntnisse in Anthropologie, Soziologie, Archäologie und Geologie hatten sich schon seit der Jahrhundertwende verbreitet.

Die protestantischen Missionen in China arbeiteten nicht nur auf dem Gebiet der Schulbildung, sondern auch medizinisch. Aus den 200 Missionsschulen waren zwölf christliche Colleges geworden. Ihre Universität war Yenching in Peking. Dort waren chinesische und amerikanische Missionslehrer tätig, die 1919 eine kirchliche Studiengruppe bildeten. Als fromme Christen glaubten sie, daß bikulturelle Bildung und der christliche Glaube die Rettung Chinas bringen würden. Inmitten der Wirren der Militärdiktaturen genoß Yenching besonderen Schutz als amerikanische Institution, die in New York eingetragen war. Auch die Finanzierung erfolgte von dort. Mit amerikanischem Geld wurde die schöne Universität Yenching gebaut, eine Meile von der Tsing Hua-Universität entfernt, die aus zurückgegebenen Entschädigungsgeldern errichtet worden war. Obwohl die nationalen Chinesen in den zwanziger Jahren den fremden Glauben immer stärker ablehnten, hielt sich Yenchings chinesische Leitung. Nach 1928 bekam die Missions-Universität einen chinesischen Verwaltungsrat und eine chinesische Satzung, während die Treuhänder in New York weiter die Geldzuwendungen nach der alten Charta in englischer Sprache lenkten.

Die protestantische Mission in China zeigte deutlich auch weltliche Tendenzen und befaßte sich nicht nur mit der Religion, sondern auch mit sozialen Fragen. Die chinesische Situation erforderte das. Der »Evangelismus« in Amerika suchte das Verhalten der Menschen unter den Bedingungen der modernen Zivilisation zu bessern; in China hing seelischer Friede und Menschenwürde direkter von einem vollen Magen ab. Mit anderen Worten: Mochten die Amerikaner seelischen Trost inmitten schnellen Wandels brauchen, mußten die Chinesen vor allem den Zustand von Armut, Krankheit, Unwissenheit und Chaos überwinden. Dieser Unterschied war mindestens so wichtig wie der konfessionelle. Der Evangelismus war eben nur ein Teil, wenn auch ein wesentlicher, der christlichen Arbeit.

Im Jahre 1922 setzte eine Konferenz der protestantischen Kirchen in China einen nationalen christlichen Rat ein, der die Missionsarbeit der dreitausend Missionare und einer Viertel- bis halben Million chinesischer Protestanten koordinieren sollte. Höchstens 100 000 Personen in China hatten um 1930 schon Universitätsbildung. Vor diesem Hintergrund muß man das Werk der christlichen Gruppen sehen; ihr Beitrag zur Modernisierung Chinas war relativ groß und vielseitig.

Auch die Katholiken trugen zur Schaffung moderner Bildungseinrichtungen in China bei, hauptsächlich durch die Jesuiten. Die katholische Politik in China war anders gewesen als die protestantische. Sie ging auf das sechzehnte Jahrhundert zurück, als Europa mit der Erforschung Chinas begann. Die Jesuiten versuchten von Anfang an die herrschende Klasse zu erreichen; die Bedingungen des Erfolgs lagen in der Beherrschung der chinesischen Sprache und der chinesischen Verhaltensregeln.

Während des Ming-Ch'ing-Übergangs im siebzehnten Jahrhundert folgten die Jesuiten dem Rat von Matteo Ricci und nahmen in Peking einen offiziellen Status als Stipendiaten an. Später wurden sie regelrechte Beamte im Astronomischen Büro, das den Kalender regelte. Auch die Bettelorden der Franziskaner und Dominikaner arbeiteten in China; sie warfen den Jesuiten vor, zuviel von der chinesischen Kultur zu übernehmen. Es folgte eine Kontroverse über den Ahnenkult, die den

Kaiser von China gegen den Papst aufbrachte; die Jesuiten nahmen Partei für den Kaiser. Nach 1724 wurden sie jedoch aus China ausgewiesen und konnten nur noch (außerhalb Pekings) im Untergrund arbeiten. Im Jahre 1773 löste Rom den Jesuitenorden auf. Im Jahre 1814 wieder zugelassen, erschienen die Jesuiten in den vierziger Jahren wieder in China; die Vertretung Roms hatten inzwischen die Lazaristen übernommen.

Die katholischen Missionare interessierten sich weniger für individuelle Übertritte als für die Bekehrung ganzer Familien und Dörfer. Anders als die Protestanten trugen die katholischen Priester chinesische Kleidung und hatten weniger Interesse an einer Modernisierung. Die wichtigsten katholischen Universitäten in Schanghai, Chen-tan (»Aurora«) und Fudan, wurden von dem eifrigen chinesischen Pfarrer Ma Hsian-po (Ma Liang) gegründet.

In den zwanziger Jahren war die chinesisch-ausländische Zusammenarbeit auf vielen Gebieten intensiv: Hilfe bei Hungersnot, ländlicher Entwicklung, Sprachreform und Finanzen. Die Gehälter der Missionare wurden weiter aus Amerika gezahlt, während man für die chinesischen Fakultäten chinesische Mittel suchte. Die christlichen Colleges waren meist auch Frauen zugänglich und förderten einen westlichen Lebensstil der Studenten, die aus dem städtischen Mittelstand kamen. Diese Colleges wurden zum Schrittmacher für größere staatliche Institute. In den zwanziger Jahren tauschten die Universitäten Peking und Yenching oft Lehrkräfte aus, ebenso die private Nankai-Universität in Tientsin. Missionare spielten oft eine wichtige Rolle beim Aufbau des modernen China.

Um 1923 kam es zu Angriffen auf das Missionswesen als »kulturellen Imperialismus«. Gefördert wurden sie durch den Versailler Friedensvertrag und die Studentenbewegung vom 4. Mai 1919. Die nationale Bewegung für »Wiedererlangung der Rechte« wollte die christlichen Colleges unter chinesische Aufsichtsräte stellen, die ihr Zentrum nicht in New York haben sollten. Die unterschiedlichen Wohn- und Gehaltsverhältnisse zwischen Chinesen und Ausländern schienen den nationalen Chinesen unwürdig.

Als die nationale Regierung 1928 zur Macht kam, gab es zwei Tendenzen: Die eine war der Abbau ausländischen Einflusses in der Kirche und anderen Institutionen, die zweite war das Vordringen Japans, das zur Invasion von 1937 führen sollte. Das machte die Missionare zu wertvollen Verbündeten des chinesischen Patriotismus, denn die Missionare hatten noch extraterritoriale Rechte und jeder japanische Eingriff gegen sie hätte die ausländischen Regierungen auf den Plan gerufen. Unter diesen Umständen drängte China weniger auf die Aufhebung der Extraterritorialität und der ungleichen Verträge. Die Ausländer, die schon bei der Reform der neunziger Jahre geholfen hatten, konnten nun auch gegen die Invasion nützlich sein.

Peita bezog unsichere Mittel von den Militärdiktatoren in Peking. Besser stand es um die erfolgreiche Universitätsgründung von Tientsin, die Nankai-Universität, gegründet von Chang Po-ling (1876–1951). Ein hochgewachsener Mann aus dem Norden, wollte er ursprünglich zur Marine, aber die chinesische Flotte wurde im Japankrieg 1894/95 versenkt. Chang wurde Lehrer, zuerst in privaten Schulen in den Wohnungen reicher Leute. Er folgte den Idealen und dem Programm der YMCA, deren Sekretäre in Tientsin meist von der Princeton University kamen und gleichzeitig Missionare, Lehrer und Sportsleute waren. In seiner Schule pflegte Chang den Sport, die Kameradschaft zwischen Lehrern und Schülern, die Zusammenarbeit in Teams, die Naturwissenschaften und den Patriotismus. Besuche in Japan (1903) und Amerika (1908) bestärkten ihn in seinen Grundsätzen. Er wurde Christ. Seine Nankai-Mittelschule wurde führend durch Sportveranstaltungen und studentische Laienbühnen. Im Jahre 1917 studierte Chang an der höheren Lehrerbildungsanstalt der Columbia University. Zwei Jahre später gründete er die Nankai-Universität. Es folgte eine Mädchen-Mittelschule (1923), eine experimentelle Volksschule (1928), ein volkswirtschaftliches und ein chemisches Institut (1931/32). Unter zwei in Yale ausgebildeten Volkswirten (Ho Lien oder Franklin Ho und Fang Hsien-t'ing oder H. D. Fong) gab das volkswirtschaftliche Institut wertvolle Publikationen über die chinesische Wirtschaft und die Industrialisierung Chinas heraus. Das Muster war die London School of Economics. Das Institut half 1930 einem Besucher aus London, Professor R. H. Tawney, bei der Abfassung seines klassischen Werkes ›Boden und Arbeit in China‹. Chang Po-ling, Ho und Fang sowie andere Professoren der Nankai-Universität gehörten einer Bruderschaft an. Zwar bezog Nankai einiges Geld aus der Boxer-Entschädigung und von der Rockefeller-Stiftung, aber insgesamt gesehen zeigte diese Universität doch, was chinesische Initiative und chinesische Mittel leisten konnten.

Auf dem Höhepunkt des christlichen Einflusses war auch die YMCA sehr erfolgreich. Sie pflegte Sport, Diskussion und Gemeinschaftsleben unter der städtischen Jugend besser, als es der Konfuzianismus je gekonnt hatte. Im Jahre 1920 gab es die YMCA in einer Reihe von Städten und in einigen hundert Schulen, staatlichen wie privaten. Die Sekretäre waren meist Chinesen, die aus Lokalfonds unterhalten wurden. Im Jahre 1920 brachte ein Sonderzug 500 Delegierte aus Schanghai nach Tientsin zum achten YMCA-Kongreß. Der Staatspräsident kam aus Peking, um einen Empfang zu geben.

Die fortschrittlichen chinesischen Lehrer fanden ihre Anregungen besonders an der Columbia University und deren Lehrerbildungsanstalt, die nur Graduierte weiter ausbildete. Der dortige chinesische Studentenklub gründete 1905 eine Monatsschrift, die noch 1920 behauptete, daß die 123 chinesischen Studenten von Columbia die größte chinesische Gruppe an allen amerikanischen Bildungsinstitutionen waren. Der erste chinesische Promovierte der Lehrerbildungsanstalt war P. W. Kuo im Jahre 1914, ein Mitglied der größten chinesischen Bruderschaft, der »Gesellschaft für die Erfüllung der Lebensziele«. Er ging zunächst an eine höhere Schule in Nanking und entwickelte sie 1921 zur Südost-Universität. Später wurde sie in Nationale Zentraluniversität umbenannt. Der zweite Promovierte, Chiang Monlin aus Yü-yao bei Ningpo, kehrte von Columbia im Jahre 1917 nach neunjährigem Studium in Amerika zurück. Er gab eine Monatsschrift ›Neue Erziehung‹ heraus. »Die Kinder Chinas«, schrieb er, »sollen von starren Verhaltensregeln befreit, zu selbständigem Denken erzogen und befähigt werden, ihre Probleme selbst zu lösen.«[49] Er hätte die berühmte Weisung des Ming-Philosophen Wang Yang-ming zitieren können: »Gebt den Kindern die Möglichkeit freier Entwicklung. Führt sie sanft zu den erwünschten Zielen.« Nach einigen Jahren folgte Chiang Monlin in Peking auf Ts'ai Yuan-p'ei als Leiter von Peita. Durch solche Persönlichkeiten verbreitete sich der Einfluß der Lehrerbildungsanstalt von Columbia immer weiter. Auch John Deweys pragmatische Lehre vom Lernen durch Tun fand in China bald Widerhall.

Mit den pädagogischen Neuerungen entwickelten sich auch andere Institutionen. Der größte philanthropische Akt Amerikas war ein Geschenk der Rockefeller-Stiftung in Höhe von 34 Millionen Dollar für ein großes Krankenhaus in Peking. Ab 1915 entstand ein erstklassiges Krankenhaus auch für Lehre und

Forschung, das beste in ganz Asien. Seine Leistungen lagen besonders auf dem Gebiet der Parasitologie und der Behandlung ansteckender Krankheiten, ebenso der Behandlung von Mangelkrankheiten. Nur wenige hundert Ärzte graduierten hier. Man hielt auf Qualität, nicht auf Quantität. Auch die Schwesternausbildung und die soziale Fürsorge fanden hier ein Zentrum, das für die spätere Entwicklung des Gesundheitswesens in China grundlegend wurde.

Die neuen wissenschaftlichen und pädagogischen Institutionen im China der Militärdiktatoren folgten selbstredend europäischen und amerikanischen Vorbildern. Der bedeutende, vielseitige V. K. Ting (Ting Wen-chiang, 1887–1936) promovierte als Geologe in Glasgow und gründete 1916 ein Institut für die geologische Erforschung Chinas. Man legte Karten der chinesischen Lagerstätten an; ein pensionierter New Yorker Geologe übernahm die Ausbildung der Mitarbeiter. Ting leitete ein gewinnbringendes Kohlebergwerk, organisierte den chinesischen Stadtrat von Groß-Schanghai und koordinierte die chinesische Forschung als Generalsekretär der »Academia Sinica«. Er gab Berichte über seine Forschungsreisen heraus und setzte sich in der zeitgenössischen Diskussion für die Naturwissenschaft gegen ihre humanistischen Kritiker ein. Viel zu früh starb Ting an einer Kohlengasvergiftung.

Die »Chinesische Wissenschaftliche Gesellschaft« wurde 1914 an der amerikanischen Cornell-Universität von H. C. Zen (Jen Hung-chün, 1886–1961) und anderen gegründet. Sie gab bis 1950 eine wissenschaftliche Zeitschrift heraus und förderte die Verbreitung der Wissenschaft durch Vorträge, Bücher, Übersetzungen und Ausstellungen. Ab 1929 leitete Zen die China-Stiftung für die Förderung von Bildung und Kultur, die 1925 mit Mitteln aus der zurückgegebenen Boxer-Entschädigung errichtet wurde.

Die geologische Forschung interessierte sich auch für Fossilien. Man lud europäische Archäologen ein, von denen chinesische Mitarbeiter lernten. Ein Schwede identifizierte Chinas neolithische gemalte Keramik, ein Kanadier entdeckte den Pekingmenschen, der französische Jesuit Teilhard de Chardin arbeitete paläontologisch in China. Die neue Generation chinesischer Archäologen identifizierte die »Drachenknochen«, die Bauern in Honan bei Anyang ausgegraben hatten, als Orakelknochen der Priester der Shang-Dynastie im zweiten vorchristlichen Jahrtausend. Sie hatten der Beratung der Könige gedient.

An diesen Fund anknüpfend, grub man 1928 bis 1937 die alte Shang-Hauptstadt bei Anyang aus. Dieses epochale Projekt stand unter der Leitung des in Harvard ausgebildeten Anthropologen Li Chi. Die Berichte darüber erschienen erst in den siebziger Jahren.

Diese und andere Leistungen der bikulturellen Generation heimgekehrter sino-liberaler Studenten zwischen 1914 und 1937 kennzeichnen die Fruchtbarkeit dieser Periode. Wie in anderen Zeitaltern der Neuerung waren die führenden Persönlichkeiten alle miteinander bekannt. Sie schrieben in denselben Zeitschriften. Von der Regierung hielten sie sich fern; sie waren keine Mandarine, sondern private Inovatoren, evolutionär und nicht revolutionär. Sie stammten aus der Oberklasse und hatten nur mit ihresgleichen zu tun. Auch ihre Studenten kamen meist aus dem wohlhabenden städtischen Bürgertum.

Westliche Vorbilder hatten zu der geistigen Gärung nach der Jahrhundertwende beigetragen. Sie hatten aber den chinesischen Bauern kaum erreicht. Die westlichen Länder kannten kein vergleichbares Problem. Zwar hatten sie den Feudalismus gehabt, aber in Europa hatte man kaum je eine so tiefe Kluft zwischen der gebildeten Oberklasse und den Massen gesehen.

Die chinesische Volksbildung begann außerhalb Chinas. Die Engländer hatten in Shantung 140000 chinesische Arbeiter rekrutiert, um im kriegführenden Frankreich zu arbeiten. Zu den Aufgaben der sozialen Betreuung dieser Analphabeten gehörte es, für sie Briefe nach Hause zu schreiben. Die amerikanische YMCA schickte chinesische Studenten herüber. Y. C. James Yen (Yen Yang-ch'u, B.A., Yale 1918) rückte dem Analphabetismus zu Leibe. Er gab in Paris eine Wochenschrift für chinesische Arbeiter heraus, die ein Vokabular von tausend ausgewählten Zeichen hatte. Nach seiner Rückkehr unterstützte die YMCA ihn bei der Arbeit für die Volksbildung, zu der eine Volksbibliothek mit tausend einfachen Büchern über die verschiedensten Gegenstände gehörte. Jimmy Yen wurde geradezu ein Prophet. Im Jahre 1923 wurde er der Vorsitzende einer »Nationalen Volksbildungsbewegung«, die bald im ganzen Land tätig war. Yen beschaffte Geld aus Amerika und China. Seit 1926 arbeitete er in den Dörfern des südöstlich von Peking gelegenen Kreises Ting-hsien und lernte die Probleme der Bauern kennen: Erträge, Ernährung, Gesundheit, Analphabetismus und Gemeindepolitik.

Die Reform des Lebens in den Dörfern war auf der Tagesordnung; Reformer waren in mehreren Zentren tätig. Ein Projekt in einem Dorf in Shantung lag in den Händen von Liang Shu-ming, einem klassisch erzogenen Akademiker, der das chinesische Gemeinschaftsleben auf konservativem Wege zu erneuern versuchte; er galt eben deshalb als Revolutionär. Der bedeutendste Schüler Deweys war H. C. T'ao (T'ao Hsing-chih, 1891–1946), der aus armem Hause stammte und erst 1915 an die Lehrerbildungsanstalt der Columbia University kam. Er knüpfte an die Philosophie von Wang Yang-ming an. T'ao wurde 1921 zum Leiter der pädagogischen Abteilung der Südost-Universität berufen und folgte ein Jahr darauf Chiang Monlin als Redakteur einer pädagogischen Zeitschrift.

T'ao war ein Anhänger Deweys, dessen Ansichten über China noch radikaler waren als die seines Lehrers. Er arbeitete viel im Volksbildungswesen und gründete Abendschulen für Arbeiter und Besitzlose. Er brachte eine Bewegung der »kleinen Lehrer« in Gang; frühere Analphabeten, die eben Lesen und Schreiben gelernt hatten, gaben ihr Wissen an andere weiter. Den Kommunistengegnern von 1927 erschien das wie sozialer Sprengstoff. Die Volksbildung in den Städten wurde für revolutionär erklärt und verboten. T'ao ging durch die Dörfer. Unter den in Amerika ausgebildeten Pädagogen war T'ao fast der einzige von niedriger Herkunft, was sein Verständnis für die Bedürfnisse des Volkes umso mehr förderte. Er stand zum Schluß der kommunistischen Partei nahe. Die Kuo-min-tang wollte ihn ermorden lassen, er starb aber kurz vorher an einem Schlaganfall.

Die Stärken und Schwächen des amerikanischen Beitrags zur Entwicklung der Volksbildung in China zeigten sich beim Besuch John Deweys. Er kam am 30. April 1919 in Schanghai an, kurz vor dem Zwischenfall vom 4. Mai, und blieb zwei Jahre und zwei Monate in China. Im Juni 1919 war er in Peking, gerade als die Studenten von Peita triumphierend aus dem Kerker herausmarschierten. Seine Schüler Hu Shih, Chiang Monlin, P. W. Kuo und H. C. T'ao organisierten eine Reihe von Vorlesungen und Vorträgen Deweys im ganzen Land im Rahmen ihres wissenschaftlichen und demokratischen Bildungsprogramms. Dewey hielt 150 Vorträge in elf Provinzen. Seine Vorträge wurden ins Chinesische übersetzt und in Buch- oder Artikelform weit verbreitet. An der Universität Peking und an der höheren Lehrerbildungsanstalt in Nanking hielt er Vorlesungen über Philosophie, Logik, Ethik und Erziehung; außerdem sprach er in der Mandschurei, in Shansi, Schanghai und einem halben Dutzend anderer Städte im unteren Jangtse-Gebiet, außerdem noch in Hunan und in Foochow, Amoy und Kanton an der Küste.

Dewey kam in China sehr in Mode. Er galt als der erste Denker Amerikas, das eben siegreich den Ersten Weltkrieg beendet hatte. Viel halfen ihm seine Schüler, die leitende Posten im Bildungswesen in Peking und Nanking innehatten. Aber die größte Anziehung ging unmittelbar von Deweys Eintreten für die gegenseitige Verbindung von Wissenschaft, Erziehung und Demokratie aus. Er lehrte, daß die experimentelle Methode (der Pragmatismus), die eine Überprüfung von Hypothesen gestattete, die Wahrheit auch dem Volke zugänglich machte. Das Schlagwort »Autorität der Wissenschaft statt Autorität der Tradition« brach die Macht der Orthodoxie. Die Erziehung sollte nicht schematisches Wissen vermitteln, sondern den Schüler denken lehren und die Entwicklung seiner Individualität fördern[50]. Die Erziehung sollte nicht nur ein Werkzeug des Staates sein, sondern die Bürger für die Teilnahme an repräsentativer Selbstregierung vorbereiten.

Nach Deweys Abreise kamen noch mehrere seiner Kollegen von der Columbia University nach China, um sich über das Schulwesen zu informieren, Ratschläge zur wissenschaftlichen Bildung zu geben und Intelligenztests einzuführen. Kein moderner Denker hatte mehr Gelegenheit, einem chinesischen Publikum seine Gedanken vorzutragen als John Dewey. Doch ging nichts unter die Oberfläche.

China eilte einer stürmischen Revolution zu, die einerseits fremdenfeindlich, andererseits gegen die Militärdiktaturen gerichtet war. Die Studentenbewegung spaltete die Schulen und Colleges. Nach 1928 repolitisierte die neue nationale Regierung die Erziehung als Werkzeug des Staates. Dewey hatte zuviel vorausgesetzt – ein stabiles politisches Milieu, Rechtsschutz für den einzelnen, Zeit für schrittweise Verbesserungen. China wollte zunächst andere Dinge. Man kann sich vorstellen, was Leo Trotzki an Stelle Deweys fertiggebracht hätte.

Der problemlösende Experimentalismus, den Hu Shih in Peking gegen die Ideologen des Marxismus-Leninismus ins Treffen führte, machte ihn zum chinesischen Vorposten der »kulturellen Revolution«, die Walter Lippmann in der ›New Republic‹ in New York vertrat. Auch die »Neue Kulturbewegung« hatte keine Mittel gegen die brutale Macht der Militärs. Beispielsweise erhielten die acht Colleges und Universitäten in Peking 1921 kein Geld für Gehälter; im Frühling kam es zum Streik. Als die Professoren und Tausende von Studenten, dazu der Unterrichtsminister, am 3. Juni eine Petition beim Präsidenten der Republik einbrachten, antwortete dessen Wache mit Schüssen, Bajonetten und Prügeln. John Dewey sagte zu Hu Shih, daß die Militärdiktaturen mit Bildungsarbeit nicht zu vereinbaren seien. Das galt auch, so muß man hinzufügen, für den Liberalismus amerikanischen Stils und die chinesische Revolution.

Als Dewey am 11. Juli 1921 Schanghai verließ, war dort gerade die chinesische Kommunistische Partei in Gründung begriffen. Das revolutionäre China hatte die beste liberale Erziehung erhalten, wandte sich aber Marx und Lenin zu. Der Glanz der höheren Bildungsanstalt der Columbia University begann der Ausstrahlung der Komintern zu weichen. Offenkundig konnte der amerikanische Liberalismus die neuralgischen Punkte Chinas nicht erreichen, auch wenn er noch fünfzehn Jahre zu den Hauptströmungen gehörte.

Bemerkenswert ist, daß der amerikanische Einfluß in den zwanziger Jahren in China fast übermächtig, der russische Einfluß dagegen minimal war. Seehandel und Mission hatten Westeuropäer seit dem sechzehnten Jahrhundert nach China geführt; die Amerikaner standen nach dem Ersten Weltkrieg an der Spitze einer Fremdenkolonie, die im Lande schnell vordrang. Die Russen dagegen waren um die Mitte des siebzehnten Jahrhunderts mit China in Verkehr gekommen, wobei Sibirien den Kontakt verlangsamte. Der russische Handel mit China wickelte sich in Karawanen ab, die über die Mongolei gingen und streng kontrolliert wurden. Im achtzehnten Jahrhundert bediente die russische orthodoxe Kirche in Peking nur die wenigen dort lebenden Russen, die meist in der chinesischen Sprache oder im Alkohol versanken.

Zu Beginn des zwanzigsten Jahrhunderts gab es so gut wie keine aus Rußland heimkehrenden chinesischen Studenten. Das russische Beispiel ermangelte in China der Unmittelbarkeit der Erfahrungen mit dem Westen. Das wurde freilich durch die Ähnlichkeit der Situation der beiden Völker kompensiert: Beide waren rückständig und litten unter der Unterdrückung durch autokratische Regierungen. Die Reformer der neunziger Jahre hatten den Tyrannen Peter den Großen als Beispiel dafür zitiert, wie ein Herrscher durch Nachahmung des Westens sein

Land aufbauen konnte. Nach 1900 gab es zwar revolutionäre Unruhen in Rußland, aber stärker wirkte die Rolle Rußlands als stärkste imperialistische Gefahr im Nordosten Chinas. Immerhin lernten die chinesischen Revolutionäre etwas vom russischen nihilistischen Terrorismus, vor allem von seinen Mordtaten. Im Gefolge der russischen Revolutionäre gelang es ihnen mehrere Male, sich selbst – und manchmal auch ihre Ziele – in die Luft zu sprengen. Aus Rußland kam das Vorbild des Berufsrevolutionärs mit seinem romantischen Lebensinhalt, aber auch der gewaltlose Anarchismus des Fürsten Kropotkin mit seinem Ideal der gegenseitigen Hilfe. Autokratie und Rückständigkeit ließen Rußland und China einander gegenseitig als Vorbild erscheinen.

Dem amerikanischen Einfluß in China kam es zugute, daß Rußland hier keine Proselyten warb, ehe es nach der Oktoberrevolution von 1917 zur Gründung der Komintern kam. Der kommunistische Kreuzzug der Sowjets brauchte dreißig Jahre, um den amerikanischen Einfluß in China in den fünfziger Jahren schließlich zu verdrängen. Zur Zeit sieht es allerdings nicht danach aus, als ob der russische Kommunismus dauerhaften Erfolg gehabt hätte. Keine auswärtige Macht kann das Reich der Mitte beherrschen. Die Frage ist nur, welches Volk den Chinesen mehr bei der Bewältigung ihrer Probleme helfen kann.

12. Die nationale Revolution und die erste Einheitsfront von Kuo-min-tang und Kommunisten

In den zwanziger Jahren wurde die chinesische Öffentlichkeit durch eine Reihe von Zwischenfällen aufgebracht, die das Nationalgefühl unweigerlich steigern mußten. Die Bewegung vom 4. Mai 1919 hatte gezeigt, wie die studentische Jugend das städtische China gegen den Imperialismus mobilisieren konnte. Noch stärker kam dieses Motiv in der das ganze Land erfassenden Bewegung vom 30. Mai 1925 zum Ausdruck, einer Antwort auf eine englische Schießerei in Schanghai und eine französische in Kanton. Davon wird gleich die Rede sein. Der Ruf nach nationaler Einheit führte zu der Nordexpedition von 1926, die von Kanton ausging, wo Sun Yat-sen im Jahre 1924 eine Regierung gebildet hatte.

Diese Tumulte nahmen um diese Zeit weltweites Interesse in Anspruch. Erst später fanden die Historiker heraus, welche Rolle die Sowjets und die kommunistische Partei dabei gespielt hatten. Indes Amerika den akademischen Nachwuchs in China förderte, half die Sowjetunion aktiv der chinesischen Revolution. Das geschah auf mehreren Wegen. Die Sowjets traten zunächst in Verhandlungen mit der Regierung in Peking ein und erreichten 1924 die Erneuerung der russischen Vorrechte in Nordostchina, d. h. den Betrieb der mandschurischen Eisenbahn und die russische Oberherrschaft in der Äußeren Mongolei. Komintern-Agenten halfen inzwischen bei der Gründung der Kommunistischen Partei Chinas (KPCh), gingen gegen die nordchinesischen Militärherrscher vor und schlossen ein Bündnis mit Sun Yat-sen. Sie suchten die revolutionäre Lawine in China mit allen Mitteln zu beschleunigen.

Als sich der Staub wieder gesetzt hatte, zeigte sich als Ergebnis der Sowjetpolitik die Schaffung einer zentralisierten Parteidiktatur in China, des Rudiments eines neuen politischen Systems, das an die Stelle der alten Monarchie treten konnte. Im Jahre 1928 war die KMT-Parteidiktatur in Nanking an der Macht, vorerst noch in einem unsicheren Gleichgewicht mit den Militärdiktatoren. Erst 1949 vollendete der Sieg der KPCh in Peking den Übergang zu einer neuen Politik, achtunddreißig Jahre nach der Revolution von 1911. Der Weg war nicht so gerade gewesen, wie er im Rückblick erscheint, sondern sehr gewunden. Nur wenige Dinge liefen so, wie man es erwartet hatte.

Die nationale Revolution der zwanziger Jahre hatte zwei Ziele: die Militärwirtschaft in China zu beseitigen und die Sonderrechte der Ausländer aufzuheben. Marxistisch-leninistisch ausgedrückt kamen beide Übel vom Feudalismus in China und vom Imperialismus der Mächte. Japans Zusammenspiel mit den korrupten Machthabern in Peking schien die Zusammengehörigkeit dieser Übel zu bestätigen. Die Einheit Chinas unter einer starken, modernen Zentralregierung war die wichtigste Voraussetzung nationaler chinesischer Politik.

In China hatte keine sozialistische Bewegung der kommunistischen den Weg gebahnt wie in Europa. Nach der bolschewistischen Revolution von 1917 kam der Marxismus-Leninismus als völlig neue Weltanschauung nach China. Immerhin hatte es seit der Reformbewegung der neunziger Jahre vorbereitende Ideen gegeben: 1. Der Gedanke der biologischen Evolution, aus dem sich der Begriff des sozialen Fortschritts ableiten ließ; 2. K'ang Yu-weis klassische Lehre von den »Drei Zeitaltern«, die von der Unordnung zu der Utopie einer einheitlichen Welt führten; 3. Der sozialdarwinistische Gedanke des Überlebens des Tüchtigsten unter den Völkern; 4. Anarchistische Ideen, nicht nur über Kropotkins gegenseitige Hilfe (statt Terror), sondern auch über die Beseitigung der Unterdrückung des Einzelnen durch Familie und Staat. Nach diesem Vorspiel bedurfte es nur eines Schritts zu den Gedanken von Marx über die gesellschaftlichen Stadien von der Sklaverei über Feudalismus und Kapitalismus zum Sozialismus, ebenso zu dem Gedanken vom Klassenkampf als der Dynamomaschine, die eine Gesellschaft durch alle diese Stadien fortschreiten ließ. Der Zustrom dieser westlichen Ideen mit allen ihren Varianten drängte die vererbten Gedanken der chinesischen Philosophie in die Defensive. Der konfuzianische Einfluß hielt sich bei den Revolutionären mehr dem Buchstaben nach als hinsichtlich der sozialen Werte.

An der Universität Peita vertrat den Marxismus zuerst ein in Japan ausgebildeter Professor der politischen Wissenschaften, der Universitätsbibliothekar Li Ta-chao (1888–1927). Mitte 1918, sieben Monate nach Lenins Machtergreifung, erkannte Li in der russischen Revolution die Verheißung, daß das rückständige Rußland mit einem Sprung an die Spitze des menschlichen Fortschritts gelangen würde. Er hoffte, das rückständige China könnte dasselbe tun. Im Jahre 1919 führte das russische Beispiel Li zu der Auffassung, daß die frühsozialistische russische Bewegung »Zum Volke« (Narodniki) viel für sich hatte. Er sah voraus, daß der Ort der chinesischen Revolution die Bauernschaft sein müsse. Um diese Zeit fand Li auch das Dorfleben besser als die Übel der modernen Städte. Er forderte die Studenten auf, aufs Land zu gehen und mit den Bauern zu arbeiten. Aus der marxistischen Theorie hob er den Klassenkampf hervor; vom historischen Materialismus hielt er weniger. Die Lehre von Marx, wonach die »Produktionsweise« den politischen »Überbau« und alle Ideen bestimmt, erregte Zweifel in Li. Nach seiner Ansicht konnten der menschliche Geist und bewußte Gruppenaktivität die Welt auch ohne materiellen Wandel ändern. Die ersten Schritte des chinesischen Pioniers des Marxismus haben historische Bedeutung. Gerade um diese Zeit, Anfang 1919, leitete er eine Studiengruppe, zu der ein junger

Mann gehörte, der nicht an der Universität inskribiert war, sondern für den Gegenwert von 8 Dollar monatlich in der Bibliothek arbeitete. Sein Name war Mao Tse-tung.

Als der Zwischenfall vom 4. Mai die Studenten aus dem Hörsaal auf die Straße und ins Gefängnis führte, waren die Lehrer über diese Unterbrechung des Unterrichts empört. Hu Shih sagte den Studenten, sie sollten mehr die aktuellen Probleme studieren und weniger von -ismen reden: »Leere Reden über schönklingende -ismen sind leicht zu führen. Jeder Hund und jede Katze kann das, auch ein Papagei oder ein Grammophon ... Nicht die aktuellen Bedürfnisse unserer Gesellschaft zu studieren, sondern nur über bestimmte -ismen zu reden, erinnert an einen Arzt, der über Tränklein und Heilformeln Bescheid weiß, aber nicht die Symptome seines Patienten untersucht. Alles zwecklos!«

Li Ta-chao, der die weltrevolutionäre Welle schon auf China zukommen sah, erwiderte, daß die Verbreitung von -ismen zur Lösung der Probleme gehöre. »Soviel man die sozialen Probleme auch studieren mag, es besteht keine Aussicht auf ihre Lösung, wenn sie nicht die Mehrheit des Volkes berühren ... Während wir einerseits die wirklichen Probleme untersuchen müssen, müssen wir andererseits einen idealen -ismus verbreiten. Beide Tätigkeiten verstärken einander.«[51]

Viele eifrige Patrioten fanden, daß politisches Handeln an die Stelle akademischer Diskussion treten müsse. Die Leute von der »Neuen Kulturbewegung«, wie z. B. die Redakteure der ›Neuen Jugend‹, spalteten sich in Revolutionäre und akademische Evolutionäre. Li Ta-chao und Ch'en Tu-hsiu trugen führend zur Gründung der chinesischen kommunistischen Partei bei. Die Gründergeneration der KPCh bestand hauptsächlich aus Intellektuellen. Nur sehr wenige kamen aus der Arbeiterklasse. Die meisten hatten Mittelschulbildung, waren aber keine Akademiker. Die KPCh hatte eine intellektuelle Führung, ihre historische Rolle bestand aber darin, den Mann aus dem Volke in die Politik zu bringen. Die Struktur der KPCh sicherte der Führung die Macht, während die Arbeitermassen von der Partei jeweils für den Klassenkampf, wie die Partei ihn verstand, zu mobilisieren waren. In der ursprünglichen Organisation unter dem Sekretär Ch'en Tu-hsiu gab es ein Organisations- und Agitationsbüro. Die Grundeinheit war die Zelle *(hsiao-tsu)*, über der die lokalen, regionalen und zentralen Exekutivkomitees standen, die nicht gewählt, sondern ernannt wurden. Nach der

Bewegung vom 30. Mai 1925 brachte es die Partei auf 20000 Mitglieder. Sie richtete Abteilungen für Fragen der Frauen, der Arbeiter, der Bauern und des Militärs ein. Als das Zentralkomitee von 3 auf 29 Mitglieder angewachsen war, mußte es sein eigenes Exekutivkomitee bekommen, das politische Büro (Politbüro). Hinter dem Schlagwort des demokratischen Zentralismus wurde die Partei unter Mitwirkung der Komintern eine disziplinierte Klassenkampforganisation.

Die leninistische Strategie des Bündnisses mit der Bourgeoisie in den kolonialen Ländern veranlaßte die Komintern, die KMT ebenso nach dem Prinzip des demokratischen Zentralismus zu organisieren. Die russische Politik fuhr auf zwei Geleisen, die einander schneiden mußten, denn die KMT wie die KPCh strebten nach der alleinigen Macht. Die Sowjets glaubten, sie könnten der KMT als bürgerlicher Nationalbewegung zur Macht verhelfen, worauf die KPCh sie sozusagen von innen übernehmen sollte. In dem Bild fehlte allerdings eine bewaffnete Truppe der KPCh, während die Militärakademie von Whampoa unter Tschiang Kai-schek ihre Waffen und Ausbildung von den Russen bekam. Diese fehlerhafte Strategie wurde offenkundig, als der Leninsche demokratische Zentralismus der KMT eine Übernahme durch die KPCh verhinderte und die militärische Kraft der KMT bei der Spaltung von 1927 und später die KPCh fast vernichtete.

Das Auffallendste an der Revolution der zwanziger Jahre war, daß sie schon weit ins Volk reichte. Die Mittelschulabsolventen waren zahlreicher denn je, es gab auch mehr College-Studenten, wenn ihre Zahl auch relativ gering war. Viele dieser Intelligenzler wurden politische Organisatoren. Die Kaufmannschaft wurde patriotischer, boykottierte fremde Waren und spendete Geld. Neugegründete Gewerkschaften, besonders in Fabriken, die in ausländischem Besitz waren, stellten Teilnehmer an Streiks und Demonstrationen. Auch die Bauern begannen den Klassenkampf gegen die Großgrundbesitzer.

Aus der stark gestiegenen Zahl der politisch interessierten Bürger kamen Kräfte für moderne Armeen, für die Beamtenschaft und die Parteiorganisation. Der Gedanke der Revolution ging »bis zu den Reiswurzeln«. Tausende Jugendliche wurden Aktivisten mit ideologischen Zielen. In den zwanziger Jahren gab es viel Aufregung, Unruhe, Neuerung und Zerstörung.

Der Geschichtsschreiber dieser Periode stößt auf zwei Schwierigkeiten. Die erste ist ein Gewirr von Abstraktionen statt unmittelbarer Tatsachen. Wir lassen einen Führer der neuen Literatur der Revolution sprechen, Lu Hsun, der über den Tod von drei seiner Studentinnen am 18. März 1926 berichtete. An diesem Tag schoß die Pekinger Polizei auf eine unbewaffnete Demonstration gegen japanische Übergriffe. Es gab 47 Todesopfer. Lu Hsun berichtet:

»Ich höre, daß Liu Hezhen fröhlich mitmarschierte. Es war natürlich nur eine Petition und niemand dachte an eine Falle. Aber Liu wurde vor dem Regierungspalais erschossen, von rückwärts erschossen, die Kugel durchdrang Lunge und Herz. Die Wunde war tödlich, aber sie starb nicht sofort. Als ihre Begleiterin Zhang Jingshu sie aufrichten wollte, wurde sie ebenfalls erschossen, mit vier Schüssen, einer davon aus einer Pistole, und fiel. Als die daneben stehende Yang Dezhun sie aufheben wollte, wurde sie gleichfalls erschossen. Die Kugel durchdrang die linke Schulter und kam rechts vom Herzen wieder heraus. Sie fiel ebenfalls zu Boden. Sie konnte sich noch aufrichten, aber ein Soldat schlug ihr mit der Keule brutal über Haupt und Brust, und sie starb ebenfalls.«[52]

In diesem Bericht ist die Beschreibung der Bahnen, welche die Kugeln durch die Körper der Mädchen nahmen, offenkundig künstlerisches Beiwerk von Lu Hsun. Eine Obduktion fand nicht statt. Eine solche unmittelbare Beschreibung kann nur selektiv sein. Solche Ereignisse müssen meist unter einer Abstraktion zusammengefaßt werden wie »die Spannung zwischen den patriotischen Studenten und der Militärregierung stieg; zahlreiche Demonstranten wurden erschossen«.

Die zweite Frage ist der Anachronismus, der vergangene Ereignisse nur als Vorspiel zu dem, was nachher kam, behandelt, nicht als Ereignisse für sich. Das schaltet den Zufallsfaktor aus und die Geschichte erscheint als eine Reihe von Bewegungen, denen Etiketten wie »der Aufstieg Tschiang Kai-scheks« oder »der Aufstieg Mao Tse-tungs« angeheftet werden können. Die vielen potentiellen Führer, die zu früh starben, sind weggewischt. Nicht die besten oder klügsten, sondern nur die Überlebenden erscheinen in der Geschichte. Außerdem wird das Urteil einer späteren Zeit dem früheren Ereignis anachronistisch aufgeprägt. In den zwanziger Jahren etwa lag die große Hoffnung der Patrioten bei der Kuo-min-tang. Binnen einer Generation war die KMT das Problem, nicht die Lösung geworden.

Ein Blick auf die Anfänge der KPCh veranlaßt leicht dazu, die zwanziger Jahre als eine Periode des Wettbewerbs zwischen

KMT und KPCh anzusehen. Das entspricht nicht der Wirklichkeit. In den zwanziger Jahren war die KPCh ungeachtet aller Begeisterung zu klein und hatte keine Armee. Zu Anfang des Jahres 1925 zählten ihre Mitglieder nur etwa 1000, jedenfalls vor der Bewegung vom 30. Mai; es waren ihrer Sache eifrig ergebene junge Leute, die Arbeiter und Bauern in kämpferischen Verbänden zu organisieren versuchten, um die Spitze der großen nationalen Umwälzung zu bilden. Aber die KMT-Führer um Sun Yat-sen, älter und mit besseren Verbindungen zum Handelskapital und zur Presse, beherrschten immer noch die revolutionäre Bewegung. Suns Regierung in Kanton erhob das nationale Banner und betonte die Einheit Chinas. Die Aufgabe der KMT wurde jedoch durch die Vielfalt der hinter ihr stehenden Interessen erschwert. Da war der Kantoner Provinzialismus, der nach regionaler Stärke strebte; da war eine Gruppe von Kantoner Kaufleuten, die ihre eigenen Truppen aufstellten; dazu kamen südchinesische Generale, die um die Militärdiktatur konkurrierten. In diesem Chaos hatte es die KMT-Regierung schwer, neue politische Strukturen aufzubauen, eine Parteiarmee zu schaffen und nach Norden zu marschieren, um China zu einigen. Hier sah Stalin seine Zeit gekommen.

Die Sowjethilfe für die Regierung in Kanton bestand in den zwanziger Jahren aus Geld, Waffen und Beratern – alles, was erst zwanzig Jahre später in die amerikanischen Hilfsprogramme kam. Freilich waren diese Programme öffentlich bekannt, weil sie im Kongress debattiert wurden. Durch Bekanntgabe der Einzelheiten suchte man ihre Wirksamkeit zu beweisen. Die Zahl der Sowjetberater in Kanton betrug etwa fünfzig. Die Russen stellten mehrere Millionen Dollar zum Waffenkauf und zur finanziellen Stützung der KMT zur Verfügung. Der sowjetische Einfluß lag aber vor allem in der politischen Organisation.

Als Sun Yat-sen die KMT im Jahre 1923 als Diktaturpartei russischen Stils reorganisierte, war sein Ziel die Einigung Chinas und nicht die soziale Revolution. »Bisher«, sagte er, »hat unsere Partei vorwiegend im Ausland Einfluß gehabt... ihr Einfluß im Inneren Chinas war sehr schwach.« Die KMT hatte militärische Gewalt für den Sturz der Mandschu im Jahre 1911 und Yuan Shih-k'ais im Jahre 1916 eingesetzt. Aber »die Revolution war noch nicht vollendet, weil unsere Partei noch keine Macht hatte. Welche Macht fehlte uns? Die Unterstützung des Volkes.«[53] Dr. Sun war immer zu aufrichtig, um sein etwas einfaches Denken zu verbergen. Er fuhr fort: »Jetzt haben wir einen guten Freund, Herrn Borodin, der aus Rußland gekommen ist ... Da wir ihre Methoden lernen wollen, habe ich Herrn Borodin gebeten, der Leiter der Ausbildung in unserer Partei zu werden. Herr Borodin hat große Erfahrung im Parteimanagement ... alle Genossen sollen sich seine Methoden aneignen.« Kurz gesagt: Lernt die sowjetische Technik der Revolution, kümmert euch nicht um die Ideologie.

Wer war Borodin? Sein wirklicher Name war Michail Grusenberg. Er stammte aus einer jüdischen Familie in Lettland. Seine Muttersprache war Jiddisch, aber in der Schule in Riga lernte er fließend Russisch sprechen. Im Jahre 1903 schloß er sich der entstehenden Gruppe Lenins in der russischen Sozialdemokratie an, der Gruppe, die später Bolschewiki heißen sollte. Sie war damals nur hundert Mann stark. Doch die Zarenpolizei verhaftete Borodin im Jahre 1906. Er floh nach dem Westen. Im Jahre 1909 war er Englischlehrer für Einwanderer in Chicago. Erst nach der Revolution (1918) kehrte er nach Rußland zurück und wurde ein Agent der 1919 gebildeten Kommunistischen Internationale (Komintern). Sprachgewandt und diplomatisch führte er Komintern-Aufträge in einem Dutzend Länder aus. Im Oktober 1923 war er in Kanton als russischer Berater Sun Yat-sens, mit dem er Englisch sprechen konnte.

Als Sun den Bären in sein Schlafzimmer kommen ließ, war die Partei zu allem bereit. Ein Flirt mit den südchinesischen örtlichen Militärdiktatoren hatte zu keinem Erfolg geführt. Dr. Sun ließ sich zwar mit Epauletten als »Generalissimus« photographieren, aber davon wurde die KMT nicht stärker. Die KMT-Führer, verhinderte Patrioten seit 1911, hatten inzwischen das mittlere Lebensalter erreicht. Sie brauchten eine Parteiarmee und eine Massenbewegung. Darum hatten sie sich bisher kaum bemüht.

Dazu brauchten sie aber, wie Borodin erklärte, eine geschriebene Ideologie. Darauf hielt Dr. Sun seine bekannten Vorträge über die »Drei Prinzipien des Volkes«: Nationalismus, zentralisierte Demokratie und etwas Unklares über Sozialismus. Die im Jahre 1924 in Kanton gegründete nationale Regierung hatte plötzlich eine Militärakademie. Ihr Chef war der militärische Gehilfe Suns, der in Japan an der Kriegsakademie studiert hatte. Sein Name war Tschiang Kai-schek. Er war drei Monate in Moskau, um zu lernen, wie eine ideologisierte Parteiarmee aussieht. Dann gab es ein politisches Ausbildungsinstitut für städtische Massenorganisatoren und ein ähnliches

Institut für die Bauernbewegung, an der die KPCh besonders interessiert war.

Die Mitglieder der KPCh hatten jedoch gemäß dem Einheitsfrontabkommen von 1923 individuell der KMT beizutreten, eine kluge Bedingung Suns. Die KPCh war nur eine Fraktion der KMT. Borodin hatte inzwischen für eine Parteisatzung gesorgt, die Zellen, ein Zentralkomitee und ein Politbüro vorsah – eine feste, schwer zu stürzende Leitung.

So nahm ein neuer Regierungstyp zu dieser Zeit in Kanton Gestalt an. Der Antrieb war der Patriotismus, die erste Verhaltensregel Treue zur Partei, die Struktur leninistisch. China lernte von den Russen, aber der Bolschewismus gewann nicht die Oberhand, denn die Russen waren allzu schlau gewesen. Ihre Waffen und Ausbilder bauten in Kanton Tschiang Kai-scheks KMT-Armee auf, nicht eine KPCh-Armee. Die leninistische Parteistruktur zeigte sich immun gegen Unterwanderung durch die KPCh.

Im Jahre 1925 ging eine Welle von Patriotismus durch China. Eine von englischen Offizieren befehligte Polizei hatte am 30. Mai in Schanghai 13 Demonstranten erschossen. Am 23. Juni schoß eine anglo-französische Marinetruppe in Kanton 52 Demonstranten nieder. Die Folge war die ganz China ergreifende »Bewegung Dreißigster Mai« mit Boykott ausländischer Waren und Streiks durch die neuen Gewerkschaften. Die KPCh fand neue Anhänger unter der erregten Studentenschaft. Zu den erniedrigenden ausländischen Privilegien war die Ausbeutung der billigen chinesischen Arbeit durch Ausländer gekommen. Der Kampf gegen den Imperialismus war die Losung des Tages. Die Stimmung war revolutionär.

Im revolutionären Kanton kämpften verschiedene Elemente um die Führung. Die örtlichen Kaufleute, die fünfzehn Monate lang den englischen Handel von Hongkong boykottierten, stellten eine Privatarmee ins Feld, die von der KPCh infiltriert war. Befürworter einer Nordexpedition zur Einigung Chinas stießen auf diesen »linken« Provinzialismus. Ältere KMT-Führer wie Wang Ching-wei, ein Veteran der studentischen Diskussion in Tokio nach 1905, sahen in General Tschiang einen Emporkömmling. Wang führte einen linken Flügel in der KMT, der mit der KPCh zusammenarbeitete und die KMT zu beherrschen begann. Tschiangs neue Armee zerschlug die örtlichen Militärdiktatoren und die Privatarmee der Kantoner Kaufleute. Nun konnte Tschiang sich für die Nordexpedition einsetzen, die das einzige Mittel zur Verbreiterung der finanziellen Basis der nationalen Regierung war.

Für 22 Jahre (1927–1949) war Tschiang Kai-schek die führende Persönlichkeit der chinesischen Politik. Er war ein Militär, der zum politischen Führer wurde, aber nie eine liberale Erziehung genossen hatte. Die Zeit verlangte einen solchen Mann, denn da waren noch die versprengten Reste der Militärdiktaturen und Kleinparteien, dazu die japanische Invasion. Der militärische Politiker war entschlossen, China zu einigen. Er war eine Führerpersönlichkeit mit Energie und Voraussicht. Die Stärke Tschiangs lag auf militärischem Gebiet. Er wollte die gebietsweise herrschenden Generale liquidieren und eine Zentralregierung schaffen. An eine soziale Revolution unter Mitwirkung der Massen, wie sie in China schon begonnen hatte, dachte er nicht. Ob seine Schwächen auch seine Stärken bedeuteten, bleibt seinen Biographen überlassen.

Tschiang gehörte zu der Generation chinesischer Patrioten, die überzeugt waren, daß China nur durch militärische Stärke vor dem Imperialismus zu retten war. Er stammte aus der unteren Schicht der herrschenden Klasse. Sein Großvater hatte graduiert und ging von der Landwirtschaft zum Salzhandel über. Auch sein Vater war Salzhändler in Fenghua bei Ningpo, dem Vertragshafen nördlich von Chekiang. In der Mittelschule studierte Tschiang die Klassiker, dann ging er 1906 nach Tokio, um Soldat zu werden. Um in Japan eine militärische Ausbildung zu bekommen, mußte er zunächst nach China zurückkehren und eine Militärakademie besuchen. In Tokio besuchte er dann eine Militärschule, die der Vorbereitung chinesischer Studenten für die japanische Militärakademie diente. Von 1908 bis 1910 gründete er Vereine militärisch gesinnter chinesischer Patrioten, die später seine Mitarbeiter wurden. Der wichtigste war Ch'en Ch'i-mei, der elf Jahre älter war und ebenfalls aus Chekiang stammte. Nach einem Jahr an der japanischen Militärakademie kam Tschiang im Herbst 1911 nach Schanghai zurück und begann seinen militärischen Aufstieg durch Teilnahme am Kampf der KMT gegen Yuan Shih-k'ai. Er war der »Revolutionären Allianz« schon 1908 in Tokio beigetreten und war noch öfter in Japan, wo er Sun Yat-sen traf. Japan war immer noch die Basis der chinesischen Nationalrevolutionäre. Nachdem sein Mentor Ch'en Ch'i-mei 1916 im Auftrag Yuans ermordet worden war, übernahm Tschiang die Vormundschaft über dessen Neffen, Ch'en Kuo-fu und Ch'en Li-fu. Während er 1911 seine Zeit in Schanghai abwartete, trat er in Verbindung mit der dortigen Unterwelt, der »Grünen Bande« (Ch'ing-pang), was ihm bei seiner späteren Politik noch nützlich werden sollte.

Als Sun Yat-sen schließlich in Kanton an die Macht gekommen war, folgte ihm Tschiang und war Offizier in der Truppe des örtlichen Militärdiktators, der damals Sun unterstützte. Um die Mitte 1922 fiel dieser Militär von Sun ab. Tschiang konnte mit Sun auf einem Kanonenboot entfliehen. Zu diesem Zeitpunkt kam er Sun näher und wurde von diesem zum militärischen Führer bestimmt. Tschiang leitete von September bis November 1923 eine Militärmission in die Sowjetunion. Die russische Parteidiktatur machte großen Eindruck auf ihn. Im Mai 1924 wurde er zum Leiter der neugegründeten Militärakademie Whampoa ernannt. Im nächsten Halbjahr leitete er die Ausbildung der ersten drei Klassen von Whampoa-Kadetten, etwa 2000 Mann, aus denen später die sogenannte Whampoa-Clique unter der nationalen Regierung entstand. Zugleich wurde Tschiang zum Oberbefehlshaber von Kanton ernannt. Er arbeitete mit der sowjetischen Militärmission zusammen und gehörte der Einheitsfront KMT-KPCh an.

Bis dahin hatte Tschiang Kai-schek sich hauptsächlich als Militär betrachtet, aber die chaotische Situation in Kanton nach dem Tod Sun Yat-sens im Jahre 1925 zog ihn in die Politik und er strebte die Nachfolge Suns an. Die Sowjets förderten die Nationalregierung in Kanton; das war Stalins Wunsch gegen den Rat Trotzkis. Stalin wollte der Strategie Lenins folgen, die ein Bündnis der Kommunisten mit den bürgerlich-nationalen Revolutionen in Asien gegen den gemeinsamen Feind, den kapitalistischen Imperialismus, vorsah. Stalin setzte auf einen der wichtigsten politischen Gedanken des zwanzigsten Jahrhunderts, die marxistische Überzeugung, daß der Klassenkampf für die soziale Revolution sich mit einfachem Nationalismus verknüpfen läßt.

Tschiang Kai-schek war gegen diesen Glauben immun, war sich aber der kommunistischen Infiltration in der KMT sehr wohl bewußt. Sie war schon so weit vorgedrungen, daß auf dem zweiten Parteitag der KMT im Januar 1926 mehr als ein Drittel der Delegierten auch Mitglieder der KPCh waren. Im März 1926 behauptete Tschiang, eine Verschwörung entdeckt zu haben, und führte einen Schlag gegen die Linke. Er warf einige kommunistische Führer und russische Berater hinaus;

dann aber beteuerte er seine Treue zu dem Bündnis zwischen Moskau und Kanton. Er wußte das eine zu sagen, indes er das andere tat; diese Kombination von List und Gewalt ließ schon den künftigen Machthaber erkennen. Sun Yat-sen war zu ungelegener Zeit 1925 an Krebs gestorben und Wang Ching-wei hatte sein revolutionäres Testament aufgeschrieben. Doch Tschiang verlangte immer mehr nach dem Mantel Suns. Nach kaiserlichem Muster überbot er sich an kindhafter Verehrung für den Verstorbenen, um seine Legitimität zu beweisen.

Die Nordexpedition von Kanton an den Jangtse (1926/27) war der Gipfel von zwei Jahren des nationalen Anti-Imperialismus. Studenten, Arbeiter und Kaufleute veranstalteten eine Flut von Demonstrationen, Streiks, Boykottmaßnahmen und Zwischenfällen. Die Ausländer flohen auf ihre Kriegsschiffe und riefen alle Missionare aus dem Inneren zurück. Durch Agitation und durch die Bestechung mit »silbernen Kugeln« gelang es den sechs Armeen der Nordexpedition, die Streitkräfte von 34 Militärdiktatoren in Südchina zu vernichten oder aufzusaugen. England, als Hauptmacht das Hauptziel der Bewegung, verzichtete auf die Konzessionen in Hankow und Kiukiang. Nach der Einnahme von Wuhan verlegte die nationale Regierung unter der »linken« Führung von Wang Ching-wei prompt ihren Sitz von Kanton nach Wuhan. Im Herbst 1926 machte sich die Witwe Suns (Soong Ching-ling) mit ihrem Bruder T. V. Soong, Borodin und anderen auf eine wochenlange Reise von Kanton nach Wuhan, mit den verschiedensten Verkehrsmitteln, zum Teil zu Fuß. Tschiang als Oberbefehlshaber marschierte inzwischen auf Nanking und Schanghai, wo das Geld war. Kommunistisch geführte Gewerkschaften beseitigten den örtlichen Militärdiktator und warteten auf die Ankunft der revolutionären Armee.

Tschiang jedoch hörte plötzlich auf, ein Revolutionär zu sein. Am 12. April 1927 veranlaßte er seine Freunde aus der Unterwelt von Schanghai, die kommunistische Arbeiterbewegung dort zu vernichten. Diesem Terror fielen Tausende zum Opfer. Tschiang verlegte seine Regierung nach Nanking. Es wurde immer deutlicher, daß die Kommunisten nach der Macht strebten. Auch der linke Flügel der KMT wandte sich gegen sie und ging nach Nanking. Borodin reiste nach Moskau ab. So endete die erste Einheitsfront in China. Auf der Karawanenreise nach Moskau durch die Mongolei bemerkte Borodin, daß seine Moskauer Genossen nichts von China wüßten, wo es kein industrielles Proletariat gab.

Die Lage erscheint im Rückblick klar. Im Jahre 1926 war ein Drittel des Zentralkomitees der KMT kommunistisch gewesen. Ein linker KMT-Flügel hatte sich unter Wang gebildet und wollte mit den Kommunisten zusammengehen. Er rivalisierte mit dem rechten Flügel, dessen Führer Tschiang war. Die linke KMT war mit den Kommunisten nach Wuhan gegangen, begriff aber plötzlich, daß die Kommunisten sie nur für ihre eigene Machtergreifung benutzen wollte. Als die linke KMT das Bündnis mit den Sowjets löste, stand die Führung der KPCh als kleine Minderheit ohne Truppen da. Die Kommunisten mußten sich in den Untergrund zurückziehen. Die KMT entfaltete einen anti-kommunistischen Terror (1926/27), der die kommunistische Partei fast vernichtete. Das Fiasko war größtenteils Stalin zuzuschreiben, der gerade mit seinem Kampf gegen Trotzki beschäftigt war und nichts von China wußte. Er hatte gehofft, ein Erfolg der KPCh würde seine Position in den inneren Kämpfen in Moskau stärken.

Die Kommunisten in China versuchten, bäuerliche Kampfverbände zu organisieren, aber es war zu spät. Den Verbänden fehlte es an Waffen und Koordination. Durch bittere Erfahrung lernte die KPCh, daß die Voraussetzung einer Machtergreifung eine Basis war, die Nahrung und Soldaten liefern konnte. Dazu sollte es aber erst in den dreißiger Jahren kommen.

Die KPCh hatte auch festgestellt, daß das industrielle Proletariat in China keine Basis für den Klassenkampf bot; es war zu klein und auf Zustrom vom Lande angewiesen. Die Kommunisten hatten auch gelernt, daß eine leninistische Partei nicht die anderen von innen her »erobern« kann. Schließlich wurde es klar, daß es verfrüht war, an eine soziale Revolution durch Klassenkampf zu denken. Das Programm der KMT, die Schaffung einer modernen Nationalregierung, zog die national gesinnten Chinesen stärker an. Die KPCh hatte an allen Fronten eine schmähliche Niederlage erlitten.

Da sich die chinesische Politik in einer angeblich moralischen Welt abspielt, überschüttet ein neues Regime seinen Vorgänger mit moralischen Schmähungen, während der Vorgänger dasselbe mit seinem eigenen Vorgänger getan hat. Daher wimmelt die chinesische Geschichte von moralischen Verdammungen der jeweiligen Machthaber. Die Kaiserinwitwe, Yuan Shih-k'ai, Tschiang Kai-schek und Mao Tse-tung, die man einander gewiß nicht moralisch gleichsetzen kann, haben ihre Zeit gehabt, erst als Symbole einer (kurzen) Hoffnung und dann als Symbole der Tyrannei. Man kann sogar sagen, daß mit fortschreitender Modernisierung jeder Regierende mächtiger war und deshalb gegenüber seinem Vorgänger als noch tyrannischer empfunden wird. Die Vielfalt der historischen Urteile stellt uns heute vor die Aufgabe, jedes Regime neu zu beurteilen, je nach seinen Verdiensten, wie sie uns heute erscheinen.

Beginnen wir mit dem erstaunlichen Wandel des Geschichtsbildes der Kuo-min-tang. Um 1928 schien Chinas Zukunft bei der KMT zu liegen; die KPCh, immer eine kleine Minderheit, schien vernichtet, auf dem Müllhaufen der Geschichte gelandet. Wie kommt es, daß die Situation sich nach zwanzig Jahren völlig umgekehrt darstellte? Wenn die japanische Invasion nach 1931 einer der Hauptfaktoren war, auf welche Art schwächte sie die KMT und stärkte die KPCh? Eine Antwort wäre, daß die nationale Regierung der KMT mit den Problemen der alten Ordnung belastet war, während die KPCh, um überhaupt zu überleben, eine neue Ordnung schaffen mußte. Hier zeigt sich ein Zeitfaktor: Die KMT-Führung war älter geworden und hatte sich verbraucht. Die wichtigste Tatsache ist, daß die KPCh zunehmend die Absicht und die Fähigkeit zeigte, die Führung einer längst überfälligen sozialen Revolution zu übernehmen.

Der Charakter eines Regimes ist noch schwerer genau zu beschreiben als jener einer Person. Betrachten wir verschiedene Seiten der KMT-Regierung: Weil die KMT nach 1928 ihre Basis hauptsächlich in den größeren Städten hatte, wurde sie nach marxistischen Begriffen als Partei der Bürgerklasse definiert. Bei näherer Prüfung ist das aber zu einfach. Eine chinesische »Bourgeoisie« von Kaufleuten, Bankiers, Industriellen und Angehörigen freier Berufe entstand tatsächlich in den ersten zwei

Jahrzehnten dieses Jahrhunderts. Sie gelangte aber nicht zu politischer Macht.

Die chinesische Kaufmanns- und Industriellenschicht in Schanghai und den anderen Großstädten hatte ihre goldene Zeit vor und nach 1920, vor allem als Folge des Ersten Weltkriegs. Der europäische Krieg beanspruchte die Aufmerksamkeit und die Mittel der westlichen Mächte. Die chinesische Industrie konnte Produktion und Export bei geringer ausländischer Konkurrenz entwickeln. Als Japan versuchte, die Stelle der Europäer in China einzunehmen, beispielsweise durch die Wegnahme der deutschen Position in Shantung, steigerte das nur den nationalen Geist in China.

Ein zweiter Faktor war die Schwäche der Zentralregierung in der Zeit der örtlichen Militärdiktaturen. Die »Kriegsherren« waren in den Vertragshäfen nicht zugelassen; die entstehende bürgerliche Klasse mit ihren Handelskammern konnte ungestört ihre eigenen Interessen verfolgen. Das ausländische Geschäft in China hatte immer eine große chinesische Komponente gehabt. Diese Komponente begann nun mit den Ausländern zu konkurrieren und sie zu verdrängen.

Als die nationale Revolution die Regierung von Nanking an die Macht brachte, war das goldene Zeitalter des chinesischen Bürgertums bald zu Ende. Mit der Unterwelt von Schanghai verbündet, konnte Nanking große Geldsummen für den Aufbau einer nationalen Armee von den Geschäftsleuten erpressen. Entführungen und Morde waren die ständigen Begleiter der immer höheren Geldforderungen der Regierung an die Kaufleute. Offenkundig war der Zweck der Nankinger Regierung nicht, die Interessen des Bürgertums zu vertreten, sondern ihre eigene Macht zu erhalten, ähnlich wie die dynastischen Regierungen früherer Zeiten.

Wenn die nationale Regierung nicht »bürgerlich« war, war sie dann nicht wenigstens »feudal«? Repräsentierte sie nicht den Großgrundbesitz? Die Antwort muß gemischt ausfallen. Nanking überließ die Bodensteuer den Provinzen zum Inkasso und lebte hauptsächlich von den Handelssteuern. Die steuerhungrigen Provinzen ließen den Großgrundbesitz in Ruhe. Offiziere des Nankinger Regimes konnten zu Großgrundbesitz gelangen. Nanking wollte keine Bauern mobilisieren; es wollte Zentralisierung der Macht, nicht ihre Dezentralisierung. Die nationale Regierung hatte ein Doppelgesicht: verhältnismäßig modern in den Städten und in den Beziehungen zum Ausland, aber reaktionär in dem Wettbewerb alten Stils mit den provinziellen Militärs. Die Regierung wurde zumindest äußerlich modernisiert, aber in der Innenpolitik unterdrückte sie jeden sozialen Wandel. Das Ausland sah mehr die gute Seite und glaubte nach anglo-amerikanischem Muster, daß nur schrittweise Reformen China vorwärtsbringen könnten.

Die Nankinger Regierung gründete ihren Anspruch auf ausländischen Beifall vor allem auf ihre Modernität. Der Gedanke des Nationalstaats schien endgültig über die Militärdiktaturen gesiegt zu haben. Nanking organisierte die Anfänge einer gesamtstaatlichen Regierung. Die großen Ministerien des Äußeren, der Finanzen, der Wirtschaft, des Schulwesens, Krieges usw. bauten sich Paläste in Nanking. Es gab eine Zensurstelle, einen Rechnungshof und eine Stelle für Beamtenprüfungen. Die neuen Beamten waren sich der geringen Stellung Chinas in der Welt bewußt. Sie strebten die Wiederherstellung der chinesischen Rechte an, die Wiedererlangung der Souveränität in den auswärtigen Beziehungen. Sie begannen die moderne Wissenschaft auf Chinas uralte Probleme anzuwenden. Die Atmosphäre war zunächst hoffnungsvoll.

Die erste Schwierigkeit allerdings lag in dem faktisch geringen Wirkungskreis der Nankinger Regierung. Die regierende Schicht war ziemlich klein und hatte 400 Millionen Menschen zu regieren, die noch traditionsverhaftete Chinesen waren: Landwirtschaft und Transport von Hand, weitverbreiteter Analphabetismus, den die neuen Schulen kaum erreichten, und ein patriarchalisches Familiensystem, das Frauen und junge Leute niederhielt. Die Ministerien in Nanking sollten moderne Landwirtschaft fördern, Bahnen und Straßen bauen, eine große Presse und ein System der Kommunikation schaffen, außerdem den Frauen und der Jugend die ihnen nach modernen Begriffen geziemende Stellung sichern. Die Aufgaben waren kaum zu bewältigen. Das modernisierende Nanking fand seine beste Stütze in den Vertragshäfen, seine beste Einnahmequelle in den Seezöllen – aber seine größte Schwierigkeit in der Erreichung der Bauernmassen. Die Regierung hatte zunächst noch mit den kleinen Militärdiktatoren zu tun. Wirklich beherrschte sie nur die Provinzen am unteren Jangtse. Ständig hatte sie mit politischen und auch militärischen Mitteln die Militärdiktaturen in den Provinzen zu bekämpfen.

Nun kam noch ein sehr gewichtiger Faktor hinzu. In einer Zeit des Friedens hätte die Nankinger Regierung ihre Modernisierungspolitik ungestört weitertreiben können, aber ihr Schicksal war fast von Anfang an von der Gefahr des japanischen Militarismus bestimmt. Nachdem Japan 1931 die Mandschurei besetzt hatte, gingen große Steuern verloren und die chinesische Regierung sah sich zu einem Militarismus eigener Art genötigt. Obwohl in der Regierung viele überzeugte Zivilisten waren, mußte sie ihre Mittel in den Aufbau einer Armee unter Tschiang Kai-schek stecken. Die große japanische Invasion von 1937 war lebensgefährlich für eine an sich noch nicht gefestigte Regierung.

Die dritte Schwierigkeit für die nationale Regierung lag in Personalfragen. Die KMT in Kanton hatte vor der Nordexpedition von 1926 die noch lebenden Mitglieder der »Revolutionären Allianz« der Generation Sun Yat-sens und dazu eine Menge idealistischer junger Leute umfaßt, die oft auch Mitglieder der KPCh waren. Der Sowjeteinfluß unter Borodin ging mit dem militärischen Aufstieg Tschiang Kai-scheks einher. Binnen fünf Jahren hatte sich der Charakter der Nationalregierung geändert. Was war geschehen?

Einer der Faktoren war selbstredend der Massenmord an den Kommunisten und die Unterdrückung der Überlebenden. Die idealistische Richtung der KPCh verschwand. Ein weiterer Faktor war der wachsende Einfluß neuer KMT-Mitglieder, die aus der alten Bürokratie und den Militärdiktaturen kamen. Sorgfältige Auswahl der Mitglieder und Parteidisziplin waren nie die Tugenden der KMT gewesen. Sie war ein Haufen rivalisierender Fraktionen ohne zentrale Lenkung geblieben. Jeden, der sich anmeldete, hatte sie als Mitglied aufgenommen. Einige der alten Militärdiktatoren brachten ganze Armeen herein. Sobald die KMT in Nanking an der Macht war, wich der revolutionäre Idealismus schnell dem Ungeist korrupter Beamter und der Ansammlung prinzipienloser Opportunisten. Schon 1928 sagte Tschiang Kai-schek: »Die Parteimitglieder kämpfen nicht mehr für Prinzipien oder um die Massen ... die Revolutionäre sind entartet, haben den revolutionären Geist und den revolutionären Mut verloren.« Sie wollten nur noch Macht und Gewinn, aber keine Opfer bringen. Im Jahre 1932 erklärte Tschiang schlicht: »Die chinesische Revolution ist mißlungen.«[54]

Dadurch, daß sie an die Macht kam, hatte die KMT ihr Wesen völlig verändert. Schließlich hatte sie die Macht durch den Einsatz der Schanghaier Unterwelt gegen die Kommunisten erlangt. Viele Chinesen unterstützten Nanking am Anfang, aber die Übel eines Bürokratismus alter Art desillusionierten sie schnell. Abgesehen vom »weißen Terror« gegen die KPCh, verfolgte und unterdrückte die Polizei alle möglichen Personen aus anderen Parteien; es kam auch zu Hinrichtungen. Die Presse bestand weiter, unterlag aber einer strengen Zensur. Verleger wurden schikaniert, manchmal sogar ermordet. Jeder, der für die Massen eintrat, wurde als kommunistenfreundlich angesehen. Die antikommunistische Tendenz stand allen Projekten sozialer Verbesserungen im Wege. Die KMT versperrte sich allen revolutionären Bestrebungen. Korruption, Opportunismus und Unfähigkeit wurden zu Merkmalen ihrer Verwaltung. Das alte Schlagwort »Werde Beamter und werde reich« galt noch mehr als früher.

Diese Enttäuschung bedrückte Tschiang Kai-schek sehr. Er blieb persönlich bescheiden und ein unentwegter Anhänger der Einigung seines Landes. Um 1932 war er nicht nur von seiner Partei enttäuscht, sondern auch vom ganzen westlichen Stil der Demokratie, der eine starke Führung unmöglich machte. Er begann mit dem Aufbau einer faschistischen Organisation, der »Blauhemden«, zu denen einige tausend ausgesuchte Offiziere gehörten, die Tschiang als Führer von der Art Mussolinis und Hitlers verehrten. Eine 1934 auftretende »Bewegung für ein neues Leben« vertrat die alten Tugenden und korrektes persönliches Verhalten; im Hintergrund standen die »Blauhemden«. Die faschistische Bewegung unter der Nankinger Regierung wäre stärker geworden, wenn nicht die Weltlage die Verbindung der faschistischen Diktaturen Europas mit China unterbrochen hätte.

Zu Tschiangs Balance-Akt gehörte es, daß er sich keiner Fraktion ganz anschloß. Er erklärte, frommer Methodist zu sein, und fand die Unterstützung der Missionare. Manchmal stützte er den KMT-Apparat, der von den Brüdern Ch'en Kuo-fu und Ch'en Li-fu geleitet wurde, gegen die »Blauhemden«. Bei näherer Betrachtung erscheint Tschiang nicht als der Urheber des Abstiegs der KMT, sondern als dessen Produkt. Wie Yuan Shih-k'ai zwanzig Jahre vorher, glaubte Tschiang, daß die chinesische Politik nach einem Diktator verlangte. Er bekleidete wohl verschiedene Ämter, war aber immer der Mann an der Spitze. Seine politische Taktik hätte das Verständnis der Kaiserinwitwe gefunden. Zu Tschiangs Vorbildern gehörte Tseng Kuo-fan, der als Unterdrücker des Taiping-Aufstands sein Vorgänger bei der Verhinderung einer sozialen Revolution gewesen war. Kurz gesagt war Tschiang der Erbe der Tradition der chinesischen herrschenden Klasse. Er redete konfuzianisch und seine Verwaltung war so unfähig wie die frühere. Im Jahre 1932 sagte Tschiang: »Wenn etwas zu einer Behörde kommt, wird es ›yamenisiert‹. Alle Reformprojekte werden interesselos, nachlässig und ineffizient behandelt.«[55] Papierene Pläne für eine Agrarreform blieben liegen, um die allgemeine wirtschaftliche Entwicklung kümmerte sich niemand.

Die Regierung mit ihren schweren militärischen Lasten wurde zunächst durch Anleihen bei den Banken finanziert, die hochverzinsliche Schuldverschreibungen erhielten. Im Jahre 1935 kam es zu einer Finanzreform; der Silberstandard wurde abgeschafft und eine Papierwährung eingeführt, deren Manipulation bei den vier staatlichen Banken lag. Praktisch bedeutete das, daß die KMT-Regierung sich durch Banknotendruck finanzieren konnte. Die anschließende Inflation wurde zunächst von den Bauern begrüßt, weil sie höhere Preise erzielten.

Sun Yat-sens »Fünf-Gewalten«-Verfassung gedieh in Nanking nicht. Die Gesetzgebung trat hinter die Exekutive zurück, mit der wiederum Parteiministerien konkurrierten, die an »exekutive« Ministerien erinnerten. Auch der Prüfungs-»Yuan« funktionierte nicht. Bis 1935 hatten nur 1585 Bewerber die Prüfung für den Staatsdienst bestanden. Oft bekamen sie keine Beamtenstellen. Der Rechnungshof entsprach teilweise der alten kaiserlichen Kontrolle, war aber ineffektiv. Von 1931 bis 1937 »gingen bei ihm Korruptionsanzeigen gegen 69 500 Beamte ein. Von diesen schritt der Rechnungshof nur gegen 1800 ein.«[56] Der Rechnungshof hatte keine gerichtlichen Befugnisse. Von den 1800 Beamten, die er der Korruption für schuldig befunden hatte, kamen nur 268 vor Gericht. Von diesen gingen 214 straffrei aus, 41 erhielten nur geringe Strafen und nur 13 wurden aus dem Amt entlassen. Sämtlichen »Yuans« gleichberechtigt war faktisch die Kommission für militärische Angelegenheiten, deren Vorsitzender Tschiang war. Diese Kommission verbrauchte den Großteil der Steuereinnahmen und war eine Regierung für sich.

Man konnte zwar sagen, daß China einen starken Staat hatte, in dem die höchste Macht beim Staatschef lag, aber paradoxerweise heißt das nur, daß China schwache politische Einrichtungen hatte, die kaum Einfluß auf die Politik ausüben konnten. Das Kaiserreich hatte die Macht des Kaisers so weit ausgebaut, daß gar keine anderen Quellen der Macht existieren konnten. Wenn der Kaiser Schwierigkeiten mit seinen Bürokraten hatte, traf er willkürliche, unvorhersagbare Entscheidungen, die der bürokratischen Routine widersprachen. Im Falle der Nankinger Regierung konnten die Kapitalisten, die Großgrundbesitzer, die Studenten und die Gewerkschaften die Regierung nie in den Dienst ihrer Interessen stellen. Die Regierung bestand um ihrer selbst willen und suchte gar nicht die Beteiligung anderer Gruppen. Tschiang machte sich schrittweise zum Diktator und würgte auch den Einfluß der KMT ab, die er nicht an der Regierung teilhaben ließ. Auch spielte er die Whampoa-Clique seiner früheren Schüler gegen andere Teile der Armee aus, ebenso die »politisch-wissenschaftliche« Clique von Beamten gegen die Clique der Parteiorganisatoren, oder die letztere gegen die »Blauhemden«. Seine Rolle war so, daß es keine andere Quelle endgültiger Entscheidungen gab, am wenigsten durch Teilnahme der Volksmassen an der Regierung.

Mehrere politische Faktoren arbeiteten gegen die Nationalregierung in Nanking in der Zeit von 1928 bis 1937. In die Dörfer drang sie nur oberflächlich nach dem Prinzip »von oben nach unten« ein, so daß die Masse der Chinesen unberührt blieb. Man versuchte zwar Elemente der örtlichen Verwaltung unter Leitung der Zentralregierung zu bilden, aber gewöhnlich war die Konkurrenz von Provinzinteressen, der Gouverneure (die vorher Militärdiktatoren gewesen waren) und der Handelskammern zu stark. Die Neuerungen begannen mit Straßenbau und Buslinien, Telephon und Telegraph. Geologische Forschungsprogramme, Erntestatistik, landwirtschaftliche Verbesserungen und die Aufrechterhaltung der Ordnung mußten mit höheren Steuern in den Dörfern bezahlt werden. Die Bauernschaft fand, daß sie wenig Nutzen von den modernen Verbesserungen der Stadtleute und der Regierung hatte. Der Gedanke, das Dorf so zu organisieren, daß es die Modernisierung selbst in eigener Regie durchführen könnte, war dem Beamtensystem fremd. Die soziale Revolution, namentlich die Verteilung des Landbesitzes und die Einschränkung der Fernverwaltung von Gütern, konnte hier nicht weitergetrieben werden.

Inzwischen wußte sich die Unterwelt von Schanghai viel Geld zu verschaffen, wovon die Regierung für stille Mitwirkung einen erheblichen Anteil erhielt. Die Haupttätigkeit der Nankinger Regierung war militärischer Natur, einmal um die Militärdiktatoren in den Provinzen zu unterwerfen oder zu neutralisieren, dann aber, um den Widerstand des Landes gegen die japanische Invasion vorzubereiten. Die nationale Krise beherrschte die Szene. Die von Kanton ausgehende Revolution von 1927 mußte die wirtschaftliche Basis am unteren Jangtse auf militärischem Wege erobern; ebenso hing auch die Fortexistenz der Nationalregierung von deren militärischer Kraft ab.

Auf dem Wege zur Diktatur beseitigte Tschiang Kai-schek zunächst die russischen Militärberater und setzte Deutsche an ihre Stelle. Der in Deutschland ausgebildete Jurist Wang Ch'ung-hui half Tschiang bei der Ausgestaltung seines militärischen Ressorts zur eigentlichen Regierung neben den Zivilisten. Der Generalstab und die Kommission für militärische Angelegenheiten mit ihren eigenen Ministerien unterstand Tschiang als Oberbefehlshaber, während die »fünf Gewalten« der Zivilregierung ihm als Präsidenten unterstanden. Deutsche Militärberater begannen mit der Ausbildung einer großen Armee, von der sie auch industrielle Aufträge für Deutschland erhofften. Die Verbindung zwischen Deutschland und Nanking wurde vom Sohn Sun Yat-sens, Sun Fo, gefördert, ebenso von dessen Rivalen T. V. Soong. Im Jahre 1930 kam eine Studienkommission aus Deutschland und blieb drei Monate. Verschiedene kulturelle Institutionen sollten die Beziehungen enger gestalten. Auch eine Luftlinie zwischen Deutschland und China wurde geschaffen.

Unter dem Druck der Eroberung der Mandschurei durch Japan im Jahre 1931 empfahlen besonders die Pekinger Intellektuellen den Aufbau einer Verteidigungsindustrie. Man mobilisierte die Wissenschaft. Ein in Deutschland ausgebildeter Geologe, Chu Chia-hua, wurde Unterrichtsminister. Im Jahre 1932 begann man eine Nationale Hilfsquellenkommission zu organisieren, an deren Spitze der Geologe Weng Wen-hao stand, der noch die erste der alten Prüfungen bestanden und in Löwen seinen Doktor gemacht hatte. Unbestechlich und sehr intelligent stieg Weng zu hohen Stellungen auf wirtschaftlichem Gebiet auf. Die Kommission unterstand direkt Tschiang und dem Militär. Sie wollte eine staatliche Großindustrie aufbauen: Stahl, Elektrizität, Maschinen, Waffenfabriken. Man rechnete mit fremder Beteiligung, namentlich aus Deutschland. Deutsche Militärberater waren seit 1933 in China tätig und bereiteten eine militärisch-technische Zusammenarbeit vor. General von Seeckt kam zweimal nach China und empfahl den Aufbau einer neuen Elitearmee mit einem neuen Offizierskorps.

Zur Zeit des japanischen Angriffs von 1937 hatte die Nationalregierung eine vielversprechende Verbindung mit dem nationalsozialistischen Deutschland entwickelt. Diese zerbrach jedoch an der japanischen Invasion, dem deutschen Bündnis mit Japan und dem deutsch-russischen Pakt vom August 1939. China blieb auf die noch minimale Hilfe Amerikas angewiesen. Immerhin kam China zugute, daß die Sino-Liberalen mit ihrer Ausbildung in Amerika schon seit 1920 gute Verbindungen mit den Vereinigten Staaten gepflegt hatten.

Während die Nationalregierung in den dreißiger Jahren ihre militärische Stärke aufzubauen versuchte, kämpfte die kommunistische Partei um ihr Überleben in den Dörfern. Obwohl die KPCh bis zur Spaltung von 1927 eine Mitgliedschaft von etwa 60 000 Mann aufgebaut hatte, wurde sie durch Tschiangs »weißen Terror« buchstäblich dezimiert. Viele verschwanden in Anonymität und Untätigkeit, während einige der Unentwegten sich in fernen befestigten Punkten auf dem Lande verschanzten. So entwickelten sich etwa zwölf Basisgebiete, in denen die Rote Armee in kleinen Einheiten örtliche Aufstände unterstützte. Diese Stützpunkte lagen an der Grenze zwischen Ebene und Gebirge, wohin Fahrzeuge noch nicht gelangen konnten und aller Transport mit Menschen oder Eseln besorgt werden mußte. Mao Tse-tung verband sich mit dem früher einer Militärdiktatur dienenden Offizier Chu Te in Ching-kang-shan an der südlichen Grenze zwischen Hunan und Kiangsi. Damit gründete er die wichtigste Basis. Sie zogen sich dann in die Berge von Kiangsi im Nordosten mit Jui-chin als Hauptstadt zurück. Weitere Basis-Gebiete entstanden im Ta-pieh-Gebirge nordöstlich von Wuhan und rund um den sumpfigen Hung-See in Nord-Kiangsi an der alten Mündung des Gelben Flusses. Alle diese Gebiete waren relativ unzugänglich und leicht zu verteidigen. In den dreißiger Jahren wuchsen sie; der Marxismus-Leninismus nahm in China einheimische Formen an.

Die Politik der Sowjets bzw. der Komintern stand sozusagen auf zwei Beinen: einem idealistischen Glaubenssystem und einer bestimmten Organisationstechnik. Das Glaubenssystem war eine Weltanschauung, die die gesamte Geschichte der Menschheit auf einer kosmopolitischen, übernationalen Basis zusammenfaßte. Die Organisationstechnik, die sich auf diese Weltanschauung stützte, forderte Gehorsam und Disziplin von den Gläubigen. Diese machtvolle Kombination versprach die nationale Befreiung, die Beseitigung der alten Einrichtungen und die industrielle Modernisierung des Lebens.

Ideologie und Organisation waren bei den meisten Revolutionen die erfolgreiche Kombination. In China brauchte das, was aus der Sowjetunion kam, längere Zeit zur Anpassung an das chinesische Leben und die chinesischen Voraussetzungen. So schrieb die marxistisch-leninistische Geschichtsanalyse die Hauptrolle dem städtischen Proletariat zu, der industriellen Arbeiterklasse und deren städtischen kommunistischen Führern. Die kommunistische Partei machte aber keine Fortschritte, ehe sie die Bauernschaft an die Stelle des Proletariats setzte, d. h. die Theorie auf den Kopf stellte. Der strenge Gehorsam gegenüber der Organisation half der KPCh in China, aber er bedeutete auch Akzeptierung der Führung durch die Komintern in Moskau. Nach der Machtergreifung begannen alle kommunistischen Parteien ihre nationalen Interessen geltend zu machen. Schließlich kam es zum Bruch zwischen den kommunistischen Parteien Chinas und Rußlands. Es zeigte sich, daß der Weg zum internationalen Kosmopolitismus leider durch den Nationalismus führte. Der Nationalkommunismus schwächte und spaltete die Komintern. Die kommunistischen Parteien bedurften der Betonung der nationalen Kultur, aber damit riß das ursprüngliche Band.

Nach 1927 wurde der bisherige Führer der Kommunisten, Ch'en Tu-hsiu, wegen des politischen Mißerfolgs aus der Partei ausgeschlossen. Dann schickte die Komintern eine Reihe junger Männer aus Moskau als Führungsersatz. Ihre Möglichkeiten eines erfolgreichen revolutionären Kampfes waren beschränkt. Sie lebten als Flüchtlinge im Untergrund von Schanghai und anderen Großstädten. Ihre Doktrinen trugen zwar zur Ideologisierung auf dem Papier bei, vermochten aber keine Massen anzuziehen. Diese Periode wäre längst vergessen, hätte die KPCh nicht eine neue Organisationsform auf dem flachen Land unter der Bauernschaft gefunden. Seit die 60 000 Mitglieder der KPCh 1927 von dem nationalen »weißen Terror« auf etwa 20 000 dezimiert worden waren, mußten die überlebenden Parteimitglieder eine Untergrund-Existenz in den Städten führen. Sie vertraten aber immer noch die Komintern und empfingen Richtlinien aus Moskau, die sie an die Basis-Gebiete weitergaben.

Zunächst stieg der Einfluß Moskaus durch Entsendung von 28 Russen, die 1931 die Leitung der KPCh übernahmen. Es war durchaus Komintern-Stil, daß sie eine Sitzung des Zentralkomitees der KPCh an die Polizei der KMT verrieten. 24 Funktionäre wurden verhaftet und erschossen; die 28 Russen traten an ihre Stelle. Sie machten viel Propaganda mit dem Tod von fünf jungen Schriftstellern, die sie die »Fünf Märtyrer« nannten; über die anderen 19 Opfer sagten sie nichts. Ihre Gedanken waren linientreu und für die chinesische Szene nicht sehr geeignet. Sie redeten weiter über die proletarische Revolution und versuchten größere Städte in ihren Besitz zu bringen. Sie spielten damit der Polizei der KMT in die Hand, die jeden dieser Versuche zu verhindern wußte. Es gab keine »Welle der Revolution« in China. Im Jahre 1933 mußte das Zentralkomitee Schanghai verlassen und nach der zentralen Basis in Kiangsi gehen; dort war Mao Tse-tung. Er wurde schnell eine zentrale Figur der kommunistischen Revolution, obwohl die Leute vom Zentralkomitee zunächst im Parteirang höher standen.

Mao zeichnete sich vor seinen Kollegen durch die »Einheit von Theorie und Praxis« aus. Das war ja schon ein Hauptmotiv der konfuzianischen Philosophie gewesen. Die Harmonie von Gedanken und Verhalten, die Verknüpfung von Wissen und Handeln – das war schon die Bedeutung des großen Prinzips von Yin und Yang, das die Welt beherrschte. Der Mensch war ein Teil der Natur, beide standen miteinander in Wechselwirkung. Mit zunehmender Erfahrung mußte der Mensch lernen. Was er lernte, mußte auch angewandt werden, denn der Mensch als Teil der Natur konnte die Welt beeinflussen. Maos Überzeugung von der Einheit von Theorie und Praxis lehrte ihn, nichts zu akzeptieren, was nutzlos war. Buchweisheit, die nicht angewandt werden konnte, war Zeitvergeudung. Doktrinen und Dogmen aus dem Elfenbeinturm der Gelehrten waren zwecklos, wenn sie nicht in Taten umgesetzt werden konnten. Von den Gelehrten hielt Mao nichts.

In konfuzianischen Zeiten mußte man aus der Tradition lernen. Lernen ist leicht, Handeln ist schwierig, sagten die damaligen Akademiker. In der Revolution des zwanzigsten Jahrhunderts war es umgekehrt. Sun Yat-sen hatte gesagt: »Wissen ist schwierig, Handeln ist leicht.« Mao dachte gleichfalls, daß man, wenn man etwas wußte, danach handeln sollte. Aber das Ergebnis sollte gegebenenfalls zur Neuformulierung dessen führen, was man wußte. Mao war ein schöpferisches Genie, das weiter dachte als die doktrinären, aus der Stadt kommenden Komintern-Figuren, die zu wissen glaubten, wie man eine

Bauernrevolution macht. Wie sich viele Jahre später zeigen sollte, war es Maos größter Fehler, daß sich seine Einheit von Wissen und Handeln mehr auf die Politik bezog als auf die Wirtschaft.

Aus der knappen vorhandenen Dokumentation lassen sich die Stadien der Entwicklung von Maos Denken verfolgen. Er begann als Anfänger der Bewegung vom 4. Mai und war zunächst reformistisch und evolutionär gesinnt. Erst nach einigen tief wirkenden Frustrationen kam er zu dem Schluß, daß gewaltsame Revolution der einzige mögliche Weg war. Er hatte dazu festgehalten, daß körperliche Tüchtigkeit zum Wesen der Person gehört. Wie so viele andere hatte er die Kropotkinsche Form des Anarchismus mit ihrem Prinzip der gegenseitigen Hilfe vertreten. Im Jahre 1914 machte er im Alter von 18 Jahren einige Notizen zu dem ›System der Ethik‹, das der deutsche Philosoph Friedrich Paulsen geschrieben und Ts'ai Yuan-p'ei ins Chinesische übersetzt hatte. Dieser Populärphilosoph sagte, daß der Wille dem Geist vorangeht, die Ethik zur Natur gehört. Das Verhalten der Welt ist ethisch, ebenso das Verhalten des Einzelnen. Subjektive und objektive Haltungen widersprechen einander nicht. Der Versuch, der Entwicklung ein ethisches Prinzip zuzuschreiben, war der chinesischen Generation willkommen, die Geschichte und Werte zu versöhnen hatte, das chinesische Erbe an ethischen Lehren mit der modernen wissenschaftlichen Welterkenntnis.

Mao kam später zur Schule als die anderen; am Lehrer-College in Hunan, wo er seine Ausbildung genoß, war er reifer als die übrigen Studenten und eine natürliche Führerpersönlichkeit. Er organisierte eine Abendschule für Arbeiter, wo er zusammen mit seinen Studienkollegen an fünf Abenden der Woche die Arbeiter Lesen und Schreiben lehrte. Von der Pekinger Nationaluniversität kam er gerade vor dem 4. Mai 1919 nach Hunan zurück, wo er eine Diskussionszeitschrift, die ›Hsiang River Review‹, gründete. Hier vertrat er die dialektische Auffassung, daß auf die Phase der Unterdrückung des Volkes eine Phase der Wandlung folgen würde und daß nach der Schwäche und Erniedrigung Chinas sein Aufstieg als führende Nation kommen müsse. Darin kam der Satz von der Einheit der Gegensätze zum Ausdruck, der bis auf den alten Taoismus zurückging. Er empfahl die »große Vereinigung der Volksmassen«. Durch Einigkeit hatten bestimmte Gruppen der Gesellschaft die Macht errungen; es war nun Zeit für die Massen, dasselbe zu tun. Durch ihre Wechselwirkung hatten sich die Nationen des Westens gebildet; auch China mußte aus seiner Isolierung heraus.

Während Maos Gedanken kosmopolitisch waren, galt eine seiner ersten Aktionen der Provinz. Er förderte die Bewegung für eine provinzielle Autonomie Hunans. Die Provinz sollte eine Verfassung bekommen, die der damals populären Idee der Föderation unabhängiger Provinzen als Mittel zur Modernisierung des chinesischen Staats entsprach. Selbstverwaltung muß eine breite Basis haben, eine Teilnahme und Mobilisierung des ganzen Volkes. Maos Zeitschrift wurde 1919 verboten. Er fuhr nach Peking und Schanghai, wo er Gesinnungsgenossen fand. Aber noch war er weder Verschwörer noch Marxist, obwohl er 1920 eine Studiengruppe für russische Angelegenheiten und eine Zweigstelle des Sozialistischen Jugendkorps in Hunan organisierte. Er gründete zur Verbreitung seiner Ideen eine Kultur-Buchhandlung mit Filialen in der ganzen Provinz. Auch als Mao im Juli 1921 zu der Gründungsversammlung der kommunistischen Partei in Schanghai ging, hatte er sich noch nicht dem Klassenkampf verschrieben. Im Jahre 1923 organisierte er eine Schule für Selbstbildung, welche die alte Akademieform *(shuyuan)* zur Übermittlung modernen Wissens benützte. In Hunan war er zuletzt in der Arbeiterbewegung tätig, aber im April 1923 mußte er nach Schanghai fliehen. Der Marxismus zog Mao an, weil er in ihm ein Mittel zur Befreiung des Volkes erblickte. Die Ideale des 4. Mai konnten nicht verwirklicht werden, wenn die KPCh nicht einen Weg dazu zeigte.

Nachdem inzwischen die chinesische Bauernrevolution unter der Führung Maos stattgefunden hat, sieht man im Rückblick leicht, wie doktrinär und unrealistisch die Taktik der Komintern in China war. Sie glaubte, städtisches Proletariat organisieren und führen zu müssen. Doch den Kern der Sache traf Maos Betonung der Mobilisierung der Bauern. Die Bauern mußten die Macht ergreifen und die unerträglichen Bedingungen ihres Lebens ändern. Doch war der junge Mao nicht der einzige Kommunist, den die Bauern beschäftigten. Vor einem halben Jahrhundert machte Ed Snows Buch ›Roter Stern über China‹ in den Augen der Welt Mao zur Nummer 1 der chinesischen Revolution, aber es gab noch andere frühe Führer, mit denen man sich erst jetzt zu befassen beginnt; das wird die Gewichte etwas verschieben.

Ein interessanter Vorkämpfer der kommunistischen Bauernmobilisierung war P'eng P'ai, ein Intellektueller vom 4. Mai aus

Hai-feng, das zwischen Hongkong und Swatow an der Küste liegt. Er kehrte in den zwanziger Jahren zu seiner dörflichen Familie zurück, lernte durch viele Versuche und Fehlschläge, wie man mit den Bauern umzugehen hatte, gründete einen Bauernverein und begann mit dem Klassenkampf gegen Großgrundbesitzer, Wucherer und Steuereinnehmer. In der Einheitsfront in Kanton gründete P'eng ein Ausbildungszentrum für die Bauernbewegung. P'eng hatte nicht Maos Weitblick und blieb in seinem Heimatkreis verwurzelt. Hier lernte er die militärische Kraft der Bauern zu mobilisieren; seine Mittel waren doktrinärer Glaube, Appell an den Egoismus und eine Polarisation zwischen der Angst vor den Großgrundbesitzern und der Angst vor dem kommunistischen Terror. Ende 1927 konnte P'eng einen Sowjet Hai-Lu-feng errichten, der die Bezirke Haifeng und Lu-feng umfaßte. Der Sowjet regierte vier Monate über seinen Bezirk (November 1927 – Februar 1928), dann vernichtete ihn die KMT. So kam P'eng mehrere Jahre vor Mao zumindest zeitweise an die Macht, während Mao noch in der Einheitsfront mit der KMT im nahen Kanton tätig war.

Maos Ideen entwickelten sich nach seiner Flucht aus Hunan im Jahre 1923 während seiner Mitarbeit in der Einheitsfront. Er gehörte eine Zeitlang der Organisationsabteilung der KMT in Schanghai an und kam sogar als Ersatzmann in das Zentralkomitee der KMT in Kanton. Hier übernahm er die Leitung des Ausbildungszentrums für die Bauernbewegung, das einige hundert Hörer in seinem fünfmonatigen Kurs hatte. Im Jahre 1926 unterrichtete er in der sechsten Klasse, die 320 Teilnehmer aus allen Provinzen zählte. Der Lehrplan scheint eine Analyse der bäuerlichen Probleme und der Klassenstruktur auf dem flachen Land enthalten zu haben. Auf Grund seiner eigenen halbjährigen Erfahrungen bei der Organisierung von Bauernverbänden schrieb Mao damals Artikel über die Ausbeutung der Bauern und der besitzlosen Landarbeiter. Er stellte fest: 1. hohe Pachten, die Hälfte der Ernte oder mehr; 2. hohe Zinsen von 36 bis 84 Prozent jährlich; 3. hohe örtliche Steuern; 4. Ausbeutung der Landarbeiter; 5. die Zusammenarbeit der Großgrundbesitzer mit den Militärs und den korrupten Beamten bei der Ausbeutung der Bauern. Hinter diesem System stand eine Zusammenarbeit mit den Imperialisten, denen an der Aufrechterhaltung der Ordnung im Interesse ihres China-Geschäfts lag.

Um diese Zeit hatte sich Mao das Leninsche Konzept einer Weltbewegung gegen den kapitalistischen Imperialismus auf der Grundlage des Klassenkampfes zu eigen gemacht. In diesem Rahmen sah Mao den Schlüssel zum Erfolg einer chinesischen Revolution in der sorgfältigen Analyse der verschiedenen Klassen auf dem Lande, wobei taktisch in jedem Stadium die Klassen, mit denen man arbeiten sollte, von den Klassen zu unterscheiden waren, gegen die man kämpfen mußte. Die KPCh sollte sich auf dem Dorf nicht allwissend geben, sondern nur einen Weg weisen und sozusagen als Katalysator fungieren. Die Partei mußte die Bedürfnisse und Beschwerden der Dörfler kennenlernen, ihre Hoffnungen und Befürchtungen; nur dann konnte die Partei die Forderungen der Bauern artikulieren und die Taktik der Vereinigung mit der größtmöglichen Zahl zum Angriff auf die kleinstmögliche Zahl von Gegnern verfolgen. Das wäre der nächste Schritt des revolutionären Prozesses.

Während Mao 1926 diese Gedanken entwickelte, war die KPCh noch ganz auf die Einheitsfront mit der KMT fixiert. Sie faßte die nationale Revolution der zwanziger Jahre als bürgerliche Revolution auf. Die Geschichte hat diese Auffassung widerlegt. Jedoch hielt die KPCh damals an ihrem Irrtum fest und setzte die Politik der Einheitsfront mit der KMT um jeden Preis fort. Die Mobilisierung der Bauern vertagte sie auf die Zeit nach der Vertreibung des Imperialismus aus China durch eine national gesinnte Regierung. Der Verzicht auf die soziale Revolution auf dem Lande schien eine unabdingbare Voraussetzung der Einheitsfront mit der KMT zu sein. Die KPCh bedauerte »Ausschreitungen der Bauern«, als die Zunahme der Bauernverbände in den südlichen Provinzen während der Nordexpedition zu blutiger Unterdrückung seitens des noch regierenden Großgrundbesitzer- und Militärkomplexes geführt hatte. Die KPCh hatte keine eigenen Truppen. Ihre Bauernbewegung wurde 1927 nach dem Bruch mit der KMT bald vernichtet. Die KPCh war an ihrer Katastrophe mitschuldig.

In dieser Zeit war Mao gehorsam der Moskauer Linie gefolgt und hatte vergeblich versucht, auf der revolutionären Welle zu reiten, die nie kam. Er stellte fest, daß man die Bauern zwar mobilisieren konnte und sie sogar Städte einnehmen konnten, aber der KMT-Armee nicht gewachsen waren. Mao erkannte, daß die KPCh nur überleben und gedeihen konnte, wenn sie eigene Truppen aufstellte und eine gebietsmäßige Basis hatte, wo es Soldaten und Nahrungsmittel gab. Die »Sowjetrepublik Kiangsi« wurde die Grundlage dieser Taktik. Mao wurde ihr Präsident. Das war 1931.

Zu dieser Zeit suchte die KPCh die Unterstützung der Bauern durch Neuverteilung des Bodens zu gewinnen. Sie enteignete die Großgrundbesitzer, wo es sie gab, und bevorzugte die ärmsten Bauern. Eine der vielen Differenzen zwischen Mao und den 28 Bolschewiken betraf die Behandlung der reichen Bauern. Mao hielt sie für wirtschaftlich unentbehrlich und suchte sie zu beruhigen, während die in Moskau ausgebildeten Dogmatiker an ihnen die typische bäuerliche Besitzermentalität wahrnahmen, die das proletarische Wesen der Bewegung untergraben würde.

Tschiang Kai-scheks Feldzüge zur Ausrottung der Kommunisten nötigten die KPCh zum Kleinkrieg. Das erste Prinzip war, den Feind entlang seiner Versorgungslinien weiterzulokken, bis seine vorgezogenen Truppen umfaßt und abgeschnitten werden konnten. Das zweite Prinzip war, nie ohne Überlegenheit vor Ort anzugreifen. Ost-Kiangsi mit seinen Bergen und Tälern eignete sich gut für diese Taktik. Je mehr die Spitzen der Armee Tschiangs vorrückten, desto verwundbarer wurden seine Streitkräfte. Erst im fünften Feldzug von 1934 hatten sie Erfolg. Ihre deutschen Berater hatten für sie ein System von Blockhäusern auf den Hügeln entworfen, die den Vormarsch flankierten und so standen, daß sie einander mit Artilleriefeuer unterstützen konnten. Diese Positionen waren uneinnehmbar, und so gewann Tschiang die Oberhand. Auch das dritte Prinzip der Guerilla, die Heranziehung der Bauern zur Lieferung von Rekruten, Lebensmitteln und Nachrichten, blieb wirkungslos. Gegen Ende 1934 machte sich die KP-Armee auf den »Langen Marsch«, der mit 100000 Mann begann und nach einem Jahr mit 4000 Mann endete.

Der Zweck des Langen Marsches war die Gewinnung einer neuen Basis an der Peripherie der KMT-Macht. Vielleicht erinnerte man sich daran, daß die Mandschu an der Peripherie der Macht der Ming angefangen hatten. Die KP brauchte eine sichere Zuflucht. Wenn die Provinz Yünnan verfügbar gewesen wäre, dann hätte sie sich dafür geeignet, aber die örtlichen Militärdiktatoren wollten sich nicht der KPCh anschließen. Vielmehr wurden sie allmählich von Tschiangs Armeen aufgesogen, die mit der Verfolgung der Kommunisten die Macht der Zentralregierung in die äußeren Provinzen brachten.

Der Lange Marsch ist legendär geworden und besser dokumentiert als Moses' Zug durch das Rote Meer. Die Strecke betrug 10000 Kilometer, der durchschnittliche Tagesmarsch 30

Kilometer. Wie kamen all diese Parteileute und Truppen zu Fuß so schnell voran? Südwestchina besteht aus einem Schachbrett großer und kleiner Täler zwischen Gebirgszügen. Die volkreichen Ebenen erhalten Wasser aus den Gebirgsflüssen. Der Lange Marsch bedeutete, die Flüsse zu überschreiten und in den Bergen zu marschieren, während die Ebenen zu vermeiden waren. Es ging also meist bergauf und bergab, selten war der Weg eben. Tragstäbe ersetzten Fahrzeuge, von zwei Männern getragene Bettgestelle den Schlafwagen.

Ein Beispiel eines ähnlichen Marsches war der amerikanische Rückzug unter General Stillwell nach der alliierten Niederlage in Burma im Jahre 1942. Er marschierte seiner Truppe auf dem Weg nach Indien voraus. Auf dem Langen Marsch ließ sich das kommunistische Oberkommando auf Bettgestellen tragen, indes der Marsch über steinige Pfade und sumpfige Felder ging. Meist hatte die Führung die Nacht mit strategischen Personal- und Nachschubfragen verbracht. Stillwell ließ sich erst kurz vor seinem Tode tragen. Menzius hatte gesagt, daß Regierende mit dem Kopf und Regierte mit den Muskeln arbeiten. Offenbar konnten Mao, Tschou & Co. den Langen Marsch überleben, was amerikanische Führer nicht gekonnt hätten. Die kommunistischen Führer hatten auch Adjutanten und Leibwächter. Sie hatten, wie die Amerikaner im Krieg gegen Japan, geheime Nachrichtenquellen. Mit dem Radio fingen sie den Code der nationalen Armee auf. Sie wußten mehr über ihre Feinde als diese von ihnen.

Auf dem Langen Marsch ergab sich immer wieder die Frage, wohin die nächste Etappe führen und wer sie befehligen sollte. Mao war von der in Moskau ausgebildeten Gruppe der 28 Bolschewiken und ihrem von der Komintern gesandten deutschen Militärberater degradiert worden. Der glatte Tschou En-lai stand höher als Mao. Aber Tschiangs Würgegriff konnte nicht gelockert werden. Die Ideologen der Komintern versuchten es mit dem Stellungskrieg, der nur zur sicheren Niederlage führte. Die Teilnehmer des Langen Marsches erlitten schwere Verluste, besonders bei der Überschreitung von Flüssen. Maos Vorschlag der beweglichen Kriegführung wurde schließlich angenommen. Zu Anfang des Jahres 1935 gewann Mao auf dem Marsch nach Westen und Nordwesten das Kommando zurück und gab es nicht mehr ab. Tschou En-lai, sein früherer Vorgesetzter, wurde nun sein ergebener Anhänger.

Unter Maos Befehl mußte die Rote Armee den größten Nebenfluß des oberen Jangtse überschreiten, wo KMT-freundliche Militärs alle Übergänge besetzt hielten. Mao unternahm Ablenkungsmanöver. Er ließ die Roten Truppen hin und her marschieren und täuschte einen Angriff auf die Provinzhauptstädte von Yünnan und Kweichow vor. Die gegnerischen Truppen am Fluß wurden zurückgezogen. Die Rote Armee machte kehrt und überquerte den Fluß.

Es kam so sehr auf die Marschgeschwindigkeit an, daß der kilometerlange Zug mit seinen tausend Trägern von Ausrüstungsgegenständen, Lebensmitteln und Verwundeten zurückgelassen werden mußte. Das militärische Personal zählte am Anfang 86 000 Mann. Ein Jahr später in Shensi waren es nur noch 4000, obwohl die Rote Armee unterwegs neue Rekruten angeworben hatte. Für alle Zeiten waren die Veteranen des Langen Marsches nun die Aristokratie der Revolution. Sie lieferten einen greifbaren Gründungsmythos der Volksrepublik.

Der Lange Marsch erhöhte auch den Status des neuen Führers. Mao distanzierte sich schon während des Marsches von seinen Kameraden. Sobald er Oberbefehlshaber war, zog er es vor, in gesonderten Quartieren zu übernachten, nicht mit den anderen Anführern. Wie ein werdender Kaiser kannte er nun keine Gleichen und keine Vertrauten. Er stand schon dort, wo ein Einiger Chinas stehen mußte. Im Rückblick erinnert Maos Aufstieg an die Gründung der Dynastien Han, T'ang und Ming. Jedesmal bildete sich eine Führungsgruppe heraus, die unter einem »charismatischen« Oberführer arbeitete. Einmal gebildet, mobilisierte diese Führung das Volk in ihrem Bereich zum Kriegsdienst, um Tyrannen zu stürzen oder Fremde zu vertreiben, was immer populär war. Kein Dynastiegründer konnte die Sache allein machen. Wenn er an der Macht war, erhob sich die Frage seines Verhaltens zu seinen Mitarbeitern. Die Ming-Zeit (1368–1644) ist besser dokumentiert als die früheren Perioden. Man weiß, daß der Gründer sehr mißtrauisch und geradezu paranoid war; er brachte seine Kampfgefährten einen nach dem anderen um.

Ein Ergebnis des Langen Marsches war es, daß Mao seinen engsten Mitarbeiter und künftigen Ministerpräsidenten in Tschou En-lai fand. Der begabte Tschou steuerte instinktiv einen mittleren Kurs; er hielt die Organisation zusammen, versuchte aber nie, mit Mao um den höchsten Posten zu konkurrieren. Seine 48 Jahre im Politbüro waren ein Weltrekord. Tschou wurde einer der großen Ministerpräsidenten, der sich ganz dem Dienst an der Partei und ihrem Führer widmete, wie frühere Minister dem Kaiser und dem Kaiserhaus gedient hatten.

Seine Rolle hatte Tschou sozusagen ererbt. Seine Familie stammte aus der Gegend von Shaohsing in Chekiang, südlich von Schanghai zwischen Ningpo und Hangchow dem Zentrum, aus dem viele Mitarbeiter höchster Beamter in der Ch'ing-Zeit gekommen waren. Drei seiner Oheime hatten unter dem alten System den Provinzgrad erworben, einer hatte es zum Gouverneur gebracht. Mit zehn Jahren kam Tschou 1908 auf die Volksschule in Mukden in der Mandschurei, 1913 auf das Nankai-Gymnasium in Tientsin, wo er unter dem Einfluß des sehr liberalen Pädagogen Dr. Chang Po-ling stand. Tschou lernte viel und war von Anfang an ein Studentenführer. Von 1917 bis 1919 war er in Japan, wo er den Sozialismus von Kawakami Hajime kennenlernte. Mit dem Beginn der Bewegung vom 4. Mai kehrte Tschou nach Nankai zurück, wo jetzt eine Universität war, und gab eine Studentenzeitschrift heraus. Sein weiteres Leben bestand hauptsächlich aus Organisations- und Propagandatätigkeit. Er bewegte sich schnell auf die Linke zu, und sein revolutionärer Impetus wurde durch einige Monate Gefängnis gefestigt. Im Sommer 1920 ging er nach Frankreich.

Dort gab es mehrere hundert Studenten aus China, außer den mehr als 100000 chinesischen Arbeitern, die im Krieg nach Frankreich gekommen waren. Es gab viele Werkstudenten; manche widmeten sich hauptsächlich der Frage der Rettung Chinas. Tschou En-lai gelangte bald an ihre Spitze; er war eine junge Führerpersönlichkeit, klug und diplomatisch. Er war nicht so sehr bemüht, die Hauptfigur zu sein, als vielmehr rivalisierende Mitarbeiter zur Zusammenarbeit zu bewegen. Seine Rolle sah er darin, den Zusammenhalt der Führung zu sichern, aber durch Überredung, nicht durch Zwang. Er besuchte England und war auch eine Zeitlang in Deutschland, wo er in Berlin eine Ortsgruppe der Kommunistischen Partei Chinas gründete. Als Tschou En-lai 1924 nach Kanton zurückkam, war er schon ein Spezialist in der revolutionären Politik der Einheitsfront.

In Kanton nahm er eine Stelle an der neuen Militärakademie Whampoa an, deren Kommandant der aufsteigende junge General Tschiang Kai-schek war, der eben aus Moskau zurückgekommen war. Tschou wurde Vizedirektor der Abteilung für politische Schulung, also eine Art Kommissar, zugleich Untergebener und Student Tschiangs. Er hatte die Welt gesehen und mit jungen Leuten gearbeitet, aus denen die neue Führungsgeneration der chinesischen Revolution hervorgehen sollte. Im März 1927 war er in Schanghai, als die kommunistische Revolte der Nationalarmee den Weg bereitete; doch kam der Bruch zwischen Tschiang und den Kommunisten dazwischen. Tschou war auch der Führer des Aufstands von Nanchang im Jahre 1928, der als Geburtstag der Roten Armee gilt. Später arbeitete er mit den 28 Bolschewiken zusammen und unterstützte eine Reihe von Parteisekretären, ohne selbst einen solchen Posten anzunehmen. In Kiangsi war er für den Stellungskrieg, der mit einer Katastrophe endete.

Das Geheimnis seines Erfolges war schließlich, daß er erkannte, wie zwecklos die doktrinäre Moskauer Politik in China war, und zugleich einsah, daß er nicht der Mann war, die Politik der Partei den chinesischen Verhältnissen anzupassen. Weil er sich seiner eigenen Grenzen bewußt war, konnte er, nachdem er Maos Vorgesetzter gewesen war, dessen Untergebener werden. Das geschah auf der wichtigen Konferenz von Tsunyi Anfang 1935, wo Mao die Führung der KPCh auf dem Langen Marsch übernahm.

Tschous internationale Erfahrung und seine Geschicklichkeit im Umgang mit Menschen trug wesentlich zum Enderfolg der KPCh bei. Ohne ihn wäre Mao nicht aufgestiegen. So wie Mao zuerst von seinem Militärfachmann Chu Te gelernt hatte, zog er nun Nutzen aus Tschous ungewöhnlichen Fähigkeiten als Mittler, Diplomat und Administrator.

Außerdem wußte Tschou die Kontinuität seines Teams zu bewahren. In Frankreich waren Ch'en I und Nieh Chung-chen mit ihm gewesen, die beide zu Marschällen der Roten Armee aufstiegen. Später sollte Ch'en I in Peking Außenminister werden, während Nieh die Entwicklung der Kernenergie übernahm. Deng Hsiao-p'ing hatte für Tschou in Paris den Vervielfältigungsapparat bedient. Die Führung, die den Langen Marsch überlebte, war in sich gefestigt. Ihre Mitglieder hatten nicht nur die gleiche Ideologie, sondern waren auch alte Kameraden.

Kurz vor dem Ende des Langen Marsches vereinigte sich Maos Rote Armee mit einem anderen Teil der kommunistischen Streitkräfte, der von der Basis von Hupei-Honan-Anhwei in den Ta-pieh-Bergen nordöstlich von Wuhan gekommen war. Dieser Teil der Roten Armee stand unter der Führung eines der Parteigründer, Chang Kuo-t'ao, und war viel stärker als die

Armee Maos. Chang brach später mit Mao und ging zur KMT über. Über die Geschichte seiner Sowjetbasis ist wenig geschrieben worden. Mao hatte das Scheinwerferlicht der Geschichte für sich gepachtet.

In der Provinz Shensi im Nordwesten gegen Ende 1935 angelangt, hatte die KPCh nichts vor sich als die westliche Wüste und den Gelben Fluß im Norden und Osten. Shensi war durch die Erosion des Löß-Bodens ganz zerklüftet. Der Mangel an Straßen erleichterte die Verteidigung, aber in der schwach bevölkerten Gegend gab es wenig Nahrungsmittel. Der Vernichtungsfeldzug der Nationalisten hätte Maos Basis vernichten können, wenn nicht der japanische Einfall dazwischen gekommen wäre. Die in der Mandschurei stationierten Truppen, deren Aufgabe es war, die Kommunisten zu bekämpfen, zogen es vor, den japanischen Eindringlingen entgegenzutreten. Im Dezember 1936 nahmen sie Tschiang Kai-schek gefangen; vor seiner Freilassung mußte er den Gedanken einer chinesischen Einheitsfront statt des Kampfes von Chinesen gegen Chinesen akzeptieren.

Der Tiefpunkt der KPCh war 1928 gewesen, als ihr sechster Parteitag in Moskau abgehalten werden mußte. Zunächst bestimmte die Komintern die Politik der KPCh, aber im Jahre 1935 begannen die Anhänger Maos das russische Element zu verdrängen. Mao hatte den Schlüssel zur Macht im chinesischen Bauerntum entdeckt. Er verstand das Denken und die Wünsche des Volkes. Seine Parteilinie war die »Massenlinie«. Er wollte eine wirkliche Volksrevolution. Importierte Doktrinen wurden sekundär. Man mußte dem Volk zuhören – dann war es leichter, zu rekrutieren und zu herrschen.

Die Komintern-Direktiven hatten auch in den »weißen« Gebieten, die unter der Herrschaft der KMT standen, Schiffbruch erlitten. Man hatte wiederholt Gewerkschaften des städtischen Proletariats gegründet und sich der Städte durch Streiks zu bemächtigen versucht; das führte aber nicht über die Anfänge hinaus. Nun trat hier ein neuer Organisator auf, der die Politik als die Kunst des Möglichen begriff. Liu Shao-ch'i führte die kommunistische Bewegung in den nordchinesischen Städten und zog besonders die Studenten heran. Die Komintern-Doktrin über die proletarische Revolution ließ er fallen und trug so dazu bei, die Methoden der KPCh den chinesischen Verhältnissen anzupassen.

Mit Mao vereinigte sich Liu in Yenan im Jahre 1937, als die

zweite Einheitsfront schon Gestalt angenommen hatte. Die Einheitsfront aller Chinesen gegen Japan wurde schon 1935 die Moskauer Parteilinie, weil Moskau den aufsteigenden Faschismus in Europa und die japanische Aggression im Osten bekämpfen wollte. Mao war für die chinesische Einheitsfront gegen Japan, wollte aber Tschiang Kai-schek davon ausschließen. Die nationale Rettung Chinas vor den Japanern war nun wichtiger als die soziale Revolution auf dem Land, aber Mao wollte nicht auf letztere zugunsten der ersteren verzichten. Er trat für einen Zweifrontenkrieg gegen die Japaner wie auch gegen Tschiang Kai-schek ein, der mit der Entwicklung weiterer kommunistischer Stützpunkte verbunden sein sollte. Um ihre Aufrichtigkeit zu beweisen, unternahm die KPCh aus Yenan eine Ostexpedition nach Shansi, um weiter östlich an die Japaner heranzukommen. Gerade um diese Zeit im Frühjahr 1936 befahl aber die Komintern die Einheitsfront zwischen Mao und Tschiang. Tschou En-lai fuhr nach Schanghai, um die Bedingungen auszuhandeln.

Nachdem die Einheitsfront zwischen KMT und KPCh im April 1937 beschlossen worden war, stieg Maos Einfluß gegenüber den 28 Bolschewiken in der KPCh. Er wollte die KPCh nicht mit der KMT verschmelzen, sondern die soziale Revolution in sowjetisierten Gebieten als Grundlage des nationalen Kampfes gegen Japan durchführen. Wenn dieser Plan gelang, konnten die eigenen Streitkräfte der KPCh ihren Bereich ausdehnen und die Unterstützung des Volkes gewinnen, zugleich aber die Welle des nationalen Widerstands gegen Japan benutzen. Auf Grund solcher Gedankengänge bildete sich Maos Nationalkommunismus.

14. Widerstandskrieg und Bürgerkrieg 1937–1949

Während der acht Jahre des japanischen Einfalls in China befand sich ein Großteil der Bevölkerung in dem von den Japanern besetzten Gebiet, namentlich den Küstenstädten und den Städten an Eisenbahnlinien. Ein weiterer großer Teil war im »Freien China«, dem Gebiet der KMT. Der kleinste unter den drei Teilen Chinas war das Gebiet der KPCh mit seiner Hauptstadt in Yenan. Die Historiker denken genetisch und suchen nach Ursprüngen. Chinas Zukunft kam aus Yenan. Deswegen hat man weniger Forschungen über die Niederlage erst der Japaner, dann der Nationalen angestellt als über den Aufstieg der Kommunisten. Erfolg interessiert eben mehr als Mißerfolg. Yenan ist kleiner, was Umfang und Dokumentation betrifft, und leichter zu erfassen als das sehr unterschiedliche Geschehen im besetzten und im freien China. Wir wollen, etwas einseitig, Japans China nahezu ignorierend, das China der Nationalen im Umriß behandeln und uns hauptsächlich auf das kommunistische China konzentrieren.

Die Katastrophe der nationalen Regierung während des achtjährigen Widerstands gegen Japan kam einerseits von den anstürmenden japanischen Heeren, andererseits von der Fehlreaktion der Nationalen auf die ungünstigen Umstände. Vielleicht hätte ohnehin nichts das sich modernisierende China, das sie repräsentierten, retten können, sobald Japan losschlug. Aber die Politik der Nationalregierung war sicher ein wesentlicher Faktor der Niederlage.

Die Übersiedlung der Nankinger Regierung nach Wuhan im Jahre 1938 und dann über den Jangtse hinweg nach Chungking in Szechwan schnitt die KMT von ihren Wurzeln ab. Sie verlor die Einnahmen aus den Seezöllen und dem Schanghaier Opiumhandel. Ihre modernen Verwaltungsleute waren nun Flüchtlinge; es regierte das andere Gesicht der KMT, ihre reaktionäre Allianz mit den Provinzmilitärs und Großgrundbesitzern, ein Rest des alten China. Die Chungkinger Regierung versuchte in Westchina die örtlichen Militärs bei der Stange zu halten und änderte auch nichts an dem Regime der Großgrundbesitzer in den Dörfern. Wenn Mao in Chungking regiert hätte, dann hätte er das Volk mobilisiert, die Militärs ausgeschaltet und die Großgrundbesitzer erledigt. Die Provinz Szechwan war so groß wie Frankreich oder Deutschland und hätte eine Basis der Befreiung Chinas von den Japanern werden können. Die Geschichte aber zeigte, daß die Nationalregierung zu wenig revolutionär war, um die Führung des chinesischen Volkes übernehmen zu können.

Der Widerstandsgeist des Freien China von 1937 hatte die Sympathien der Welt, namentlich der Liberalen (ähnlich den Republikanern in Spanien, die gegen Franco kämpften), und es wurde zum Sammelpunkt für die noch verbleibenden Modernisierer. Das eben entstehende sino-liberale Schulsystem litt unter

Zerstörung und Vertreibung. Viele Studenten wanderten nach Südwesten aus oder den Jangtse hinauf; ihre Fakultäten nahmen sie mit. Die Pekinger Nationaluniversität und die Universität Tsing Hua sowie die Nankai-Universität aus Tientsin gründeten die Vereinigte Südwestuniversität in Kunming. Die Universität Yenching und andere christliche Institute sammelten sich in Chengtu, dem Sitz der Vereinigten Westchinesischen Universität. Gleichzeitig wurden Fabriken abmontiert und den Fluß hinauf transportiert, in ein Gebiet, wo die Nationale Hilfsquellenkommission schon Bergwerke und Industrien entwickelt hatte. Intellektuelle und Beamte ertrugen die Trennung von der Heimat mit großem Patriotismus und gewöhnten sich an das einfachere Leben im Inneren ohne die Annehmlichkeiten der Küstenstädte. Die meisten Angehörigen der Intelligenzberufe gehörten dazu. Ihre Hoffnungen erfüllten sich nicht. Das ging auf die Unfähigkeit der Regierung ebenso zurück wie auf die ungünstigen Umstände.

Die Nationalregierung wußte nur kurzzeitige Mittel zur Lösung ihrer Probleme. Ein bescheidener Zufluß von Menschen und Gütern kam aus dem von den Japanern besetzten Gebiet, hauptsächlich über die Eisenbahn Lung-Hai nördlich des Jangtse, auch auf dem Luftwege aus Hongkong, bis es 1941 den Japanern in die Hände fiel. Inzwischen war es der Regierung in Chungking gelungen, die in Getreide zu entrichtende Bodensteuer an sich zu ziehen, um ihre Verwaltung zu ernähren. Sie hatte auch Waffenfabriken errichtet. Das japanische Luftbombardement Chungkings stärkte den Widerstandsgeist, aber der Wille zur Einheitsfront ließ nach. Radikale Intellektuelle aus Chungking begannen nordwärts nach Yenan abzuwandern; nur die von der KPCh gebildeten Außenkader blieben und gebärdeten sich als Liberale. Die KPCh infiltrierte immer mehr das Freie China und die KMT sah sich zum Einschreiten gegen die Intellektuellen veranlaßt.

Tschiang Kai-schek und sein Regime blieben so konservativ, wie sie in Nanking gewesen waren. Die Kriegführung überließen sie den Militärs. Dagegen sahen sie in den Universitäten die Zukunft Chinas, weshalb Studenten nicht einberufen wurden, sondern Stipendien erhielten. Die Bauern wurden eingezogen und besteuert, aber im übrigen in Ruhe gelassen. Man tat nichts gegen den Analphabetismus oder für die Volksgesundheit in den Dörfern. Die herrschende Schicht stand wie im alten China weiter hoch über dem Volke. Die umgesiedelte Nationalregierung fühlte sich in einer potentiell feindlichen Umgebung belagert. Sie wartete auf die Rückkehr an die Küste. Man nannte sie »die Leute von dort unten«. Die westlich orientierten sino-liberalen Modernisierer existierten neben der faschistisch gesinnten, Tschiang Kai-schek treu ergebenen Parteiführung. Die Geheimpolizei der Regierung und der Partei suchte den Status quo aufrechtzuerhalten; die Liberalen erschienen ihr als Umstürzler. Die Regierung errichtete Ausbildungszentren zur Bearbeitung der Professoren, denen in Lagern die »Drei Prinzipien« der KMT eingetrichtert wurden. Das machte sie nur zu Gegnern des Regimes. Man ging immer schärfer gegen Studenten, Verleger und andere scheinbare Gegner vor. Damit verbreiterte sich die Kluft zwischen der Regierung und den Intellektuellen.

Szechwan bestand, abgesehen von dem bewässerten Reisgürtel um die Hauptstadt Chengtu, hauptsächlich aus Gebirge und reißenden Flüssen. Das Klima war unangenehm feucht, kalt im heizungslosen Winter und bedrückend in der Sommerhitze. Zum Mangel an modernem Komfort kam die alles durchdringende Inflation. Die KMT lernte es nicht, aus dem Lande zu leben wie die KPCh. Sie lebte von der Notenpresse. Diese kurzsichtige Politik führte zu einer Geldentwertung, die auch auf die Oberklasse demoralisierend wirkte. Der KMT war es nicht gelungen, sich auf die Kriegsbedingungen einzustellen: Als der Krieg 1945 zu Ende war, wurden immer noch dieselben alten Parteifunktionäre zwischen den Ministerien hin und her geschoben. Eine neue Generation war nicht herangezogen worden.

Die nationale Regierung zeigte im Zweiten Weltkrieg alle ihre früheren Schwächen, und dies in zunehmenden Maße. Ihre schlechten Beziehungen zu den Militärdiktatoren in Szechwan, Yünnan und Kwangsi machten einen ständigen Kampf gegen Sonderbestrebungen notwendig. Chungking konnte seinen Machtbereich kaum erweitern. Der Gouverneur der wichtigsten Provinz Yünnan, über die der Luftweg ins Freie China führte, konnte Tschiangs Truppen und Polizei bis zum Kriegsende fernhalten. Die KMT-Polizei konnte daher nichts gegen die Studentenbewegung für eine Koalition und gegen einen Bürgerkrieg tun, die sich an der Vereinigten Südwestuniversität in Kunming bemerkbar machte. Die Ermordung des führenden, patriotischen Fakultätsmitglieds Wen I-to Mitte 1946 illustrierte die Entfremdung zwischen den sino-liberalen Intellektuellen und dem faschistisch gesinnten KMT-Regime. Unter Tschiang gab es für die Machthaber kein Konzept der Demokratie. Zwar war zu Kriegsbeginn ein beratender »Politischer Volksrat« eingesetzt worden, um den Liberalen entgegenzukommen, aber er war bald in den Händen der KMT, die ihn nicht einmal als Tribüne der liberalen Meinungsäußerung duldete.

Die Nationalen hatten auch bei der bäuerlichen Bevölkerung wenig Erfolg. Zwar half die Inflation zunächst der Landwirtschaft durch Preiserhöhungen für ihre Produkte, aber das wurde bald durch starke Steuererhöhungen ausgeglichen. Diese bestanden in der Einführung von Hunderten kleinen Steuern, meist durch örtliche Verwaltungen, wobei auch für Privatzwecke Mittel abgezweigt wurden. Da gab es eine »Strohsandalensteuer« für Rekruten, eine »Familientroststeuer« für Eingezogene, eine »Flugabwehrausbildungssteuer« und eine »Heizmittelbeschaffungssteuer« für Kasernen[57]. Die Phantasie der Steuereinnehmer kannte keine Grenzen.

Dazu kam die Wehrpflicht und die Erntebeschlagnahme. Die Armee hatte das Recht, Fronarbeit zu fordern; die Regierung ermächtigte auch die Truppenkommandeure, Getreide zu requirieren. Als in Honan 1942/43 eine Hungersnot ausbrach, mußte entweder die Armee oder das Volk hungern. Die Requisitionen gingen weiter, bald griffen die hungernden Bauern die Truppen an. Mit der Hungersnot ging die Hortung von Nahrungsmitteln als Mittel des Profits einher; die Korruption nahm ungeheure Ausmaße an. Die Regierung bekam immer weniger, während die Großgrundbesitzer und kleinen Beamten an der Inflation verdienten. Bei Kriegsende hatten in mehreren Provinzen des Freien China schon Bauernaufstände begonnen.

Inzwischen führte die nationale Regierung in Chungking ebenso wie die KPCh in Yenan einen Zweifrontenkrieg. Beide kämpften gegen Japan und gegeneinander. Der Krieg mit Japan hatte am 7. Juli 1937 bei Peking begonnen. Im August wurde das Einheitsfrontabkommen zwischen KMT und KPCh bekanntgegeben. Die Kommunisten stellten die bewaffnete Revolution zum Zweck sozialer Veränderungen ein und verzichteten auf die Enteignung des Großgrundbesitzes. Ihre Rote Armee wurde unter den Befehl der Regierung Tschiangs gestellt. Dafür bewilligte die KMT der KPCh die Einrichtung von Verbindungsstellen in einigen Städten und die Veröffentlichung der Tageszeitung ›Neues China‹ in Chungking. Auch wurden Kommunisten in die beratenden Körperschaften der KMT aufgenommen. Die Rote Armee hieß nun die Achte Marscharmee und war in Chungking durch Tschou En-lai vertreten. Er galt schon seit seinem Aufenthalt in der vorübergehenden Hauptstadt Wuhan 1938 als Außenminister der KPCh und als ihr Verbindungsmann zur Weltpresse.

Auf dem Papier funktionierte die Einheitsfront, aber die wirkliche Entwicklung war anders. Yenan lehnte die Entsendung nationaler Stabsoffiziere in sein Gebiet ab. Die Achte Marscharmee blieb eine unabhängige Truppe, obwohl sie eine kleine Subvention von der nationalen Regierung bezog. Die KPCh setzte den Ausbau ihrer Basisgebiete fort, förderte die wirtschaftliche Produktion durch gegenseitige Hilfsfonds und organisierte die armen Bauern, die schließlich die reichen Bauern verdrängen sollten. Die Zahl der Parteimitglieder stieg von 40 000 im Jahre 1937 auf 1 200 000 im Jahre 1945 an. Die kommunistische Armee wuchs von 92 000 auf 910 000 Soldaten. In den Jahren 1941/42 kam es jedoch zu einigen kleineren Rückschlägen.

Zur Lenkung der Organisation der KPCh in den Weiten Nordchinas brauchte man ergebene und disziplinierte Parteikader, besonders in den Dörfern, möglichste Selbstversorgung in jedem Basisgebiet und ein Funksystem. Es handelte sich um zentralisierte Kontrolle über ein dezentralisiertes System, was sich auch in der Organisation der kommunistischen Verwaltung widerspiegelte. Das Zentralkomitee der Partei hatte in Yenan zwölf Abteilungen für Militär, Gebiete, Arbeit, Frauen usw. Es gab ein halbes Dutzend Regionalbüros, z. B. für Nord- und Nordwestchina oder die Mittlere Ebene. Jedes dieser Büros hatte Abteilungen wie das Zentralkomitee. Es herrschte die Vorschrift der »Integration« (i-yuan hua), d. h. alle Richtlinien, die von der Hauptstadt in Yenan an die Sektionen des Regionalbüros gingen, mußten durch den regionalen Chef als Koordinator gehen oder ihm zumindest genau bekannt sein.

Yenan bekam im Zweiten Weltkrieg einen guten Ruf. Die revolutionäre Begeisterung war ansteckend, wie Edgar Snow und andere amerikanische Journalisten der Welt berichteten. Der bieder-demokratische Umgang der kommunistischen Führer miteinander stand ganz im Gegensatz zu Chungking. Während der Einheitsfrontphase wirkten die Kommunisten attraktiv. Amerikanische Hilfe erreichte sie freilich nicht. Infolge mangelnden Kontakts entstand um sie eine Mythologie, die von allen Linken der Welt kolportiert wurde.

Mao verstand es, kurzfristige und langfristige Ziele zu kombinieren. Auf kurze Sicht vertrat er 1940 die »Neue Demokratie« als eine Einheitsfront-Doktrin, die alle Chinesen miteinschließen sollte, die die kommunistische Führerschaft akzeptierten. Auf längere Sicht entwickelte er seine Parteiorganisation und besonders die Kontrolle über die Intellektuellen. Inzwischen wuchs die wirkliche Macht der KPCh durch die Mobilisierung der Bauern in Nordchina.

Die Japaner boten natürlich dieser Mobilisierung ein gutes Ziel. Sie drangen in China entlang der Eisenbahnen vor und versuchten dazwischen liegende Gebiete abzusperren. Ihre Forts an den Eisenbahnen konnten aber Handel und Verkehr querfeldein und über die Bahnen hinweg nicht verhindern. Die Invasion förderte die kommunistische Bauernmobilisierung. Ob der Erfolg der Kommunisten nur auf ein einfaches Nationalgefühl zurückging oder die Programmsätze des Kommunismus, ist eine überflüssige Frage. Die KPCh repräsentierte ja schon den Nationalkommunismus und nicht die Komintern. Das kommunistische Programm entstand hier praktisch aus den Dörfern, die Losung der Weltbeglückung sollte hauptsächlich die Intellektuellen anziehen. Langfristige Ziele mit kurzzeitiger Flexibilität zu kombinieren, war Maos oberstes Prinzip. Die KPCh organisierte in verschiedenen Gegenden »Grenzgebietsregierungen« und »Regierungen befreiter Gebiete«, die auf der Parteiherrschaft, der Ausbildung von Kadern und strenger Disziplin beruhten. Die KPCh beherrschte Gebiete, die weit von Yenan entfernt lagen und, abgesehen von einer unverläßlichen Funkverbindung, weitgehend selbständig funktionieren mußten. Das zweite Prinzip war, festzustellen, was die Bauern wollten, und es ihnen zu geben: Ruhe und Ordnung, eine freundlich gesinnte Armee, die bei der Ernte half und mit den Dörflern fraternisierte. Man warb Aktivisten unter den armen Bauern und gab ihnen die Möglichkeit zur Entfaltung. Weiter wurden Verbesserungen durchgeführt, wozu höhere Erträge, gegenseitige Hilfe, Transportorganisation und Erzeugung von Gebrauchsgütern in Genossenschaften gehörten.

Das dritte Prinzip war der Klassenkampf, der mit dieser Politik einherging. Man mußte vorsichtig vorgehen, denn in Nordchina waren die Gutsbesitzer kaum mehr als reiche Bauern, die in ihren Dörfern die leitenden Stellungen innehatten. Sie verfügten oft über eigene Söldnertruppen und bildeten Geheimgesellschaften. Anfangs hatte die KMT ihre Truppen in Nordchina stehen und bot politische Anlehnung. Die KPCh ging zu einem Zweidrittel-System über: Die Kommunisten waren nur zu einem Drittel auf den Versammlungen vertreten, die die Gemeindefunktionäre wählten, indes sie die anderen zwei Drittel der KMT und den Unabhängigen überließen. Die bessere Disziplin und Leistung der Kommunisten machte sie schnell zu Führern. Mit dem Anwachsen ihres guten Rufes konnten sie die Bodenreform vorbereiten, die zu ihrem Wirtschaftsprogramm gehörte.

Die Bodenreform erforderte drei Voraussetzungen: Militärische Herrschaft, wirtschaftliche Verbesserungen und Ausbildung von Dorfaktivisten. Man brachte die Bauern gegen despotische Gutsbesitzer auf, liquidierte diese und band damit die Bauern an die revolutionäre Sache. Aller Bodenbesitz wurde mit der Tendenz zur Gleichheit verteilt, je nachdem ob der Empfänger ein reicher oder mittlerer Bauer, oder ein landloser Arbeiter war. Man sagte den Leuten eine bessere Zukunft im Zeichen einer neuen Einheit voraus, deren Führung bei der KPCh lag. Das Prinzip des demokratischen Zentralismus wurde gepriesen; jeder konnte mitreden, aber sobald ein Parteibeschluß gefaßt war, hatten alle zu gehorchen. Die Alternative in einem nordchinesischen Dorf war Regierung durch Gutsbesitzer und Beamte in anderen Orten; das neue System schien besser. Man folgte der »Massenlinie«. Die Partei mußte unter das Volk gehen und seine Wünsche und Beschwerden ermitteln; die Partei formulierte sie sodann und verkündete sie als Masseninteresse. Dieser Begriff »von den Massen zu den Massen« war eine Art Demokratie, die der chinesischen Tradition entsprach, wo der Beamte aus der Oberklasse am besten regierte, wenn er sich das Wohl des Volkes angelegen sein ließ und für das Volk regierte.

Der Widerstandskrieg gegen den japanischen Angriff sanktionierte die Bauernmobilisierung durch die KPCh. Damit bekam die Kommunistische Partei eine neue Machtbasis, nicht in den Städten, sondern in den Dörfern, in denen die Mehrheit des Volkes lebte. Als nach dem Zweiten Weltkrieg der Bürgerkrieg ausbrach, konnte die KPCh ein organisiertes Volk gegen die überlegene Feuerkraft der KMT in den Städten ins Treffen führen.

Die Ausbreitung und Basengründung der KPCh in Nordchina und auch im Jangtse-Gebiet erreichte 1940 einen Höhepunkt. Die Japaner hatten Blockhäuser in Abständen von zwei bis vier Kilometern entlang der Eisenbahnen errichtet. Von diesen Stützpunkten aus sandten sie Stoßtrupps in die Dörfer. Ihre Lage läßt sich mit jener der Russen in Afghanistan vergleichen. Artillerie und Luftwaffe wurden weniger eingesetzt als Panzerzüge und Maschinengewehre. Auch die Japaner standen, wie später die Amerikaner in Vietnam oder die Russen in Afghanistan, vor dem Problem, eine fremde, über das Land verstreute Bevölkerung zu beherrschen, teils durch ihre überlegene Militärmacht, teils mit Hilfe einheimischer, auf ihrer Seite kämpfender Truppen. Im Stellungskrieg waren die Japaner nicht zu schlagen, aber der Kleinkrieg konnte sie zermürben. Die Japaner erweiterten ihr Netz von Forts und Blockadelinien, um die Kommunisten zu isolieren und auszuhungern.

Der Oberbefehlshaber der Kommunisten, P'eng Te-huai, begann im August 1940 die »Hundert-Regimenter-Offensive« gegen die Japaner. Die von den Japanern besetzten Eisenbahnen wurden unterbrochen, viele ihrer Blockhäuser zerstört. Es war die größte kommunistische Offensive des Krieges, die P'eng vielleicht ohne Wissen Yenans unternahm. Einige Wochen verlief die Offensive erfolgreich, aber dann brachten die Japaner Verstärkungen heran und begannen den »Dreimal-Alles-Feldzug«: alles töten, alles verbrennen, alles plündern. Sie unterschieden nicht mehr zwischen den Bauern und der Achten Marscharmee, sondern vernichteten alles, was sie erreichen konnten. Die Zahl der Forts wuchs in die Tausende, in den zerstörten Dörfern wurden Truppen stationiert. Diese Kriegführung zerschlug die kommunistische Position in Nordchina, isolierte ihre Sektionen und brachte die meisten Städte in japanischen Besitz. Nach dieser Katastrophe versuchte die KPCh keine solche Offensive mehr.

Der kommunistische Vormarsch im Jangtse-Gebiet durch die Neue Vierte Armee rief Gegenaktionen der Nationalen hervor. Nach Verhandlungen zog sich die kommunistische Armee auf das nördliche Ufer zurück, aber im Januar 1941 legten die Nationalen einen Hinterhalt und vernichteten im »Zwischenfall Vierte Armee« große kommunistische Truppenteile. Keine Seite anerkannte das Ende der Einheitsfront, die formal noch Vorteile bot, in Wirklichkeit aber beendet war.

Diese Rückschläge führten zu einer Krise des Regimes in Yenan. Die Blockade durch Japaner und KMT hatte fast allen Handel unterbunden, die Inflation stieg schnell und das Regime mußte zu Sondermaßnahmen schreiten. Die Besteuerung der bäuerlichen Ernten war in Yenan gering gewesen, aber 1941 führte schlechtes Wetter zu Engpässen und die Regierung mußte 10 Prozent der Ernte verlangen. Bei den Gutsbesitzern war nichts mehr zu holen. Die Regierung strebte Selbstversorgung an und ließ unter anderem Baumwollstoffe herstellen. Durch Ausdehnung der Anbauflächen und vermehrte Bewässerung konnte die Ernte dann gesteigert werden, ebenso der Viehbestand. Die Wirtschaftskrise wurde durch Erhöhung der Produktion bewältigt.

Mit dieser wirtschaftlichen Erholung ging die Stärkung der Position Maos in der Partei einher. Er hatte den Marxismus den Bedürfnissen der chinesischen Revolution anzupassen gewußt. Er hatte nicht viel Marx gelesen und konnte das erst 1936 in Yenan tun, als er etwas Freizeit hatte. Edgar Snow interviewte Mao zu dieser Zeit und bemerkte das große Interesse Maos an einer Sendung marxistischer Bücher in chinesischer Übersetzung. Bald hielt Mao Vorträge über dialektischen Materialismus und schrieb Aufsätze über »Praxis« und »Gegensätze«. Die 28 Bolschewiken waren noch da, und er wollte mit seinen Vorträgen zeigen, daß er auch intellektuell führen konnte. Die Vorträge waren allerdings etwas primitiv. Mao betonte die »Einheit der Gegensätze«, was in der chinesischen Geschichte nicht neu war.

Seine philosophischen Studien in Yenan veranlaßten Mao, die »Sinifizierung des Marxismus« zu verkünden. Das bedeutete nicht nur einen nationalen Charakter der Partei, sondern auch eine grundlegende Änderung des Marxismus bei der Anpassung an chinesische Verhältnisse. Die KMT hatte durch innere Parteiung gelitten. Die kleinere KPCh in Yenan konnte das in ihren Reihen einigermaßen verhindern.

Wesentlich dafür war der Konsens unter den Parteiaktivisten. Die Parteilinie rief theoretische Prinzipien an, um praktisches Handeln zu sanktionieren. Allmählich bildete sich ein Gedankengebäude, das man im Westen »Maoismus« nannte, in China »die Gedanken Mao Tse-tungs«. Hier war die Sinifizierung des Marxismus-Leninismus, die Anwendung seiner Grundsätze auf die besonderen Verhältnisse Chinas. Wie Mao dieses System Stück für Stück aufbaute, verdient nähere Betrachtung. Mao hatte mit der Frage der Terminologie zu kämpfen.

Auch Buddhismus und Christentum hatten in China die Frage der Ausdrücke zu lösen. Es ging darum, chinesische Zeichen zu finden, welche die neuen Begriffe ausdrücken sollten, sie aber gleichzeitig von alten chinesischen Begriffen, die genau in den gleichen Zeichen ausgedrückt wurden, zu unterscheiden. Die japanischen Sozialisten waren auf diesem Wege vorangegangen. Schon lange vor Mao hatte die Anpassung des Marxismus an China bei den Grundbegriffen begonnen. Da ist der Begriff »Proletariat«, die Hauptfigur in Marxens Weltdrama. Im Westen dachte man dabei an städtisches Leben, vor allem an die Fabrikarbeiter unter den oft unbeschreiblichen sozialen Zuständen des Frühkapitalismus. Die Übersetzung ins Chinesische lautete aber »besitzlose Klasse« *(wu-ch'an chieh-chi)*, also die Armen, die in der Stadt oder auf dem Lande zu finden waren. In China handelte es sich meist um die Landbevölkerung. Das europäische »Proletariat« fand sich in China in der Gestalt der armen Bauern und Landarbeiter. Gewiß sprachen die chinesischen Marxisten vom Marxismus in ähnlich klingenden Ausdrücken wie die Moskauer Marxisten, aber es bestand doch ein wesentlicher Unterschied.

Für »feudal« hatten die Chinesen den Ausdruck *feng-chien,* der sich auf die Kleinstaaterei in der Zeit der Kämpfenden Reiche vor der Einigung durch die Ch'ing bezog. Sein Gegenteil war die zentrale kaiserliche Regierung mit ihren Bezirken *(chün-hsien);* der Ausdruck bedeutete nichts als dezentralisierte Verwaltung ohne Bezugnahmen auf die Bodenverteilung oder den Status der Landwirte. Er war bei den chinesischen Klassikern als Bezeichnung des Verwaltungssystems bis 221 v. Chr. gebräuchlich. Wenn man allerdings den chinesischen Feudalismus mit Ausbeutung durch die Großgrundbesitzer identifiziert, so war er schon 2000 Jahre alt. Das entsprach nicht der von Marx für die europäische Geschichte definierten Periode. Wenn man die ganze chinesische Geschichte seit 221 v. Chr. als »feudal« bezeichnet, verliert der Ausdruck seinen Sinn.

»Proletariat« und »feudal« waren zwei Grundbegriffe des Marxismus, aber sie konnten nicht unverzerrt auf China angewandt werden. Abgesehen von diesen terminologischen Problemen gab die wirtschaftliche Struktur des chinesischen Lebens, das doch hauptsächlich auf dem Bauerntum beruhte, der chinesischen Revolution einen deutlich ländlicheren Charakter als in Rußland. Die Bauern hatten die Revolutionäre zu sein. Die Sinifizierung des Marxismus wurde durch den chinesischen Nationalstolz notwendig; die Chinesen wollten in niemandes Schlepptau segeln. Nur ein chinesischer Marxismus war für die Chinesen annehmbar.

Mit der Zeit mußte sich der Marxismus in China abschwächen, da er zu sehr dem Geschichtsbewußtsein der Chinesen widersprach. Aber Mao konnte für seine Zwecke erfolgreich behaupten, daß die Herrschaft der Großgrundbesitzerklasse (»Feudalismus«) sich durch den Aufstieg einer städtischen Kaufmannsklasse (»Bourgeoisie«) änderte, hinter der »imperialistische« Ausbeuter standen, und daß das Allheilmittel eine zentrale Staatsautorität war (»Sozialismus«). Der Marxismus konnte durch sein weltgeschichtliches Glaubenssystem immerhin die Revolution fördern.

Die Sinifizierung hatte wieder zwei Fronten. Die KPCh mußte sich als Teil des internationalen Marxismus-Leninismus legitimieren und dem europäischen Sprachgebrauch folgen. Man konnte die KMT in Kanton nicht einfach als bürgerliche Klasse definieren, die eine bürgerlich-demokratische Revolution durchzuführen hatte. Die KMT war, statt die bürgerliche Kapitalistenklasse zu vertreten, ein »Vierklassenblock«, an dem das Proletariat (die KPCh) teilnehmen konnte. Mao legte später dar: »Die chinesische Bourgeoisie und das chinesische Proletariat sind beide neu geboren und haben vorher in der chinesischen Geschichte nie existiert ... sie sind aus der alten chinesischen (feudalen) Gesellschaft geborene Zwillinge, gleichzeitig miteinander verknüpft und doch antagonistisch.« Auf dieser Grundlage war es für das Proletariat richtig, die bürgerlich-demokratische Revolution zu führen. Für China paßte das; ob in Europa, ist eine andere Frage.

Bei der Entwicklung seiner Idee einer »Neuen Demokratie« in China ging Mao von der marxistischen Annahme aus, eine bürgerlich-demokratische Revolution sei der Übergang vom Feudalismus zum Kapitalismus; ihr müsse eine andere Revolution als Übergang vom Kapitalismus zum Sozialismus folgen. Der Typ der bürgerlich-demokratischen Revolution war in Europa die Französische Revolution von 1789, während man von der sozialistischen Revolution glaubte, sie sei nur einmal gelungen, nämlich 1917 in Rußland. Die bewegte Geschichte des neunzehnten Jahrhunderts hatte die bürgerlich-demokratische Phase der gesellschaftlichen Entwicklung dargestellt. Wo war das Äquivalent in China? Die chinesischen Marxisten konnten nur sagen, daß die bürgerlich-demokratische Revolution mit der Bewegung vom 4. Mai 1919 begonnen hatte, in den Augen der Leninisten eine Leistung des nationalen Kapitalismus. Da die sozialistische Revolution zu einem späteren Zeitpunkt von der KPCh durchgeführt werden sollte, bedeutete die Anwendung des Marxismus-Leninismus, daß China zweitausend Jahre Feudalismus und nur vierzig Jahre Kapitalismus gehabt hatte. Das stimmte nicht mit dem europäischen Marxismus überein.

Doch hatte Lenin gepredigt, daß die bürgerlich-demokratische Revolution in einem rückständigen Lande vom Proletariat im Gewande der kommunistischen Partei durchgeführt werden konnte. Als Mao in seinem Aufsatz von 1940 über »Neue Demokratie« die entsprechenden Sätze von Lenin und Trotzki zitierte, schuf er die Grundlage für die Zusammenarbeit der KPCh mit der KMT in einer zweiten Einheitsfront gegen Japan. Aber die »Neue Demokratie« sah auch eine proletarische Führung der Nation ohne die KMT vor, wenn es notwendig werden sollte.

Seiner Theorie gemäß begann Mao einen geistigen Säuberungsfeldzug in Yenan, der zum Vorbild späterer ähnlicher Maßnahmen in der KPCh wurde. Mao, nun an der Macht, wollte nicht nur seine Position stärken, sondern auch Einheit und Disziplin in der Partei wahren. Die geistige Säuberung beschränkte sich auf Parteimitglieder. Diese hatten stark zugenommen und besaßen nicht den Zusammenhalt und die Disziplin der Generation des Langen Marsches. Die Objekte der Säuberung waren Subjektivismus, Sektierertum und »Parteiformalismus«. Unter Subjektivismus wurden Dogmatiker verstanden, die die Theorie nicht mit der Praxis verbinden konnten. Sektierertum bezog sich auf Fraktionsbildung und die unvermeidlichen Gegensätze zwischen Soldaten und Zivilisten, Partei- und Nichtparteimitgliedern, neuen und alten Mitgliedern usw. »Parteiformalismus« war der Gebrauch des Parteijargons statt der Lösung praktischer Probleme. Andere zu bekämpfende Übel waren Bürokratismus und routinemäßige Verwaltungsarbeit. Dagegen half teilweise die Dezentralisierung, die Versetzung von Beamten in Dörfer, wo sie den praktischen Fragen näher waren. Die Zahl der Beamten stieg trotzdem. Ferner wurde der Individualismus der vielen Intellektuellen bekämpft, die von der Küste nach Yenan gekommen waren.

Ein Anlaß zu Reibungen zwischen der KPCh und den Intellektuellen war folgender: Während die Akademiker unter der konfuzianischen Ordnung auf öffentlichen Dienst eingestellt waren, hatten sich die Schriftsteller der Revolution des zwanzigsten Jahrhunderts auf die Kritik von Übelständen und falschem Verhalten konzentriert; sie waren eine Klasse, die nie

Ämter innegehabt hatte. Die Schriftsteller waren in zwei Gruppen gespalten; die einen waren nun im öffentlichen Dienst, die anderen dienten der öffentlichen Kritik. Die modernen Intellektuellen wie Lu Hsun waren ewige Protestierer, die auf Mängel der Behörden hinwiesen.

Da der große Kritiker der KMT, Lu Hsun, im Jahre 1936 gestorben war, konnte man ihn leicht als Muster hinstellen. Sein Name wurde für die KPCh wichtig. Er wurde erst 1918 mit 37 Jahren ein namhafter Schriftsteller. Bis zu seinem Ableben im Alter von 55 Jahren veröffentlichte er nur drei Bände mit Novellen und Essays. Er schuf jedoch einen literarischen Stil und bot vor allem ein Beispiel kompromißloser Kritik und Satire als politischer Autor und Sozialkritiker. Seine Gesinnung führte ihn ab 1930 zur Zusammenarbeit mit den Kommunisten, doch wurde er nie Parteimitglied.

Begabung und Charakter ließen Lu Hsun eine namhafte Rolle in der chinesischen Revolution spielen. Nach einer klassischen Erziehung studierte er vier Jahre an der Eisenbahn- und Bergwerksschule in Nanking, dann zwei Jahre Medizin in Japan. Er förderte die Übersetzung ausländischer Literatur als Mittel zur Erweckung des chinesischen Volkes. Von 1912 bis 1926 war er Beamter im Unterrichtsministerium in Peking. Von seinem sinologischen Wissen machte er in dieser Zeit viel Gebrauch. Er veröffentlichte sechs Bände alter chinesischer Erzählungen, Novellen aus der T'ang- und Sung-Zeit, eine kommentierte Ausgabe eines Dichters aus dem dreizehnten Jahrhundert, ferner historische Übersichten zur chinesischen Literatur. Auch die bildenden Künste interessierten ihn; er sammelte alte Inschriften und Schnitzereien. Später förderte er die Kunst des Holzschnitts, die ihm als Mittel revolutionärer Propaganda erschien.

Nach seinem Ableben beschlagnahmte ihn die Kommunistische Partei für ihre Zwecke. Sie machte aus ihm das große Licht der literarischen Revolution. Lu Hsun ist freilich nicht der erste Prominente, den man zu einer Figur machte, die er im Leben verabscheut hätte. Er glaubte an die Macht der Literatur, Ideen zu verändern. Die Behandlung der Armen und Benachteiligten im chinesischen Leben empörte ihn; sein Leben lang rebellierte er dagegen. Seine Schriften waren berühmt und hatten großen Einfluß. Sein Gerechtigkeitsgefühl brachte er in einem bitteren Stil zum Ausdruck. Gegen die KMT-Reaktion in Schanghai in den dreißiger Jahren nahm er leidenschaftlich Stellung. Er fand auf der Linken verwandte Geister und war an der Gründung des »Bundes linker Schriftsteller« beteiligt. Nach seinem Tode wurden einige seiner nächsten Anhänger bevorzugte Objekte der maoistischen Bevormundung der Literatur. Daraus kann man auf seine Haltung zu Lebzeiten schließen.

In Yenan wurde zu Beginn der vierziger Jahre die Kontrolle der Literatur durch die neue staatliche Autorität der KPCh ein wichtiger Punkt. Sino-liberale Patrioten verschiedener Richtungen hatten sich der Revolution angeschlossen. Wie sie vorher die Mängel der KMT angegriffen hatten, kritisierten sie jetzt die auftauchenden Fehler der KPCh. Lu Hsun war gestorben, aber seine nächsten Anhänger kritisierten unter der KPCh unentwegt weiter. Als Mao Tse-tung im Jahre 1942 seine zwei Vorträge über Kunst und Literatur hielt, erklärte er, daß die Literatur dem Staat, in diesem Fall der Revolution, zu dienen habe. Sie sollte daher im Stil des sozialistischen Realismus der Sowjetunion wohlwollend sein und auf die Enthüllung von Übeln und Mängeln verzichten, die in der KMT-Zeit die Spezialität der Kommunisten gewesen war.

Hier machte sich ein weiterer Faktor bemerkbar: Das kommunistische Regime war wie die früheren chinesischen Regierungen von seinem guten Ruf abhängig. Es verdankte seine Stärke seinem Prestige als idealistische, selbstlose Organisation für die Verbesserung der Lage des Volkes. Kritik war Untreue persönlicher Art, denn man schuldete den Führern persönliche Treue. Die Fraktionen bildeten sich um Führerpersönlichkeiten. Zwei schon im alten China wichtige Elemente wurden wieder entscheidend: Schreiben war ein mächtiges Einflußmittel; etwas Schlechtes von den Behörden zu sagen, bedeutete weniger als es zu drucken. Die Staatsführung mußte stets bereit sein, einzuschreiten. Außerdem glaubte man weiter unentwegt an die Erziehbarkeit des Menschen. Die Lehren des Konfuzius und des Menzius hatten stets die natürliche Güte des Menschen betont; das stand schon in den ersten Zeilen der »Drei-Zeichen-Klassiker«. Das hieß, daß Personen nur schlecht sein konnten, wenn sie selbstsüchtig oder in die Irre geführt worden waren – und sie konnten reformiert werden.

Solcher Art war die Grundlage der »Bewegung für Gedankenreform« in Yenan in den Jahren 1942 bis 1944. Die Methoden dieser Bewegung bürgerten sich bald ein und sind für die KPCh seither üblich geblieben. Der Mensch, der einer »Gedankenreform« unterzogen werden sollte, wurde verhört und hatte seine Lebensbeschreibung bis zu dem Punkt abzugeben, an dem die Kritik der Gruppe begann. Dann wurde er in einer Kritik-Gruppe isoliert und hatte sich den Tadel und die Mahnungen anderer anzuhören. Das schwächte sein Selbstbewußtsein. Dann folgte öffentliche Anklage in Versammlungen; der Angeklagte wurde seiner Verstöße geziehen und vor einer großen, ihn verhöhnenden Versammlung gedemütigt. Hier kam wiederum ein nicht ganz unbekannter Faktor zur Geltung: Die Abhängigkeit des chinesischen Individuums von der Hochschätzung durch die Gruppe und der Zustimmung der Autorität.

Der Druck wurde gesteigert; der Beklagte hatte Bekenntnisse zu schreiben, in denen er sein falsches Verhalten analysierte und seinen Wunsch zur Änderung bekanntgab. Dann kam er ins Gefängnis, in Einzelhaft oder in Gemeinschaftszellen; er mußte papierene Handschellen tragen, die er bei schwerer Strafe nicht zerreißen durfte. Die Auslöschung seiner Persönlichkeit bereitete seine Wiedergeburt und die Versöhnung mit der Gruppe vor. Wenn sein Bekenntnis akzeptiert war und die Partei ihn wieder willkommen hieß, war er natürlich sehr erleichtert und bereit, der Führung der Partei zu folgen. Ob dieses psychologische Verfahren wirklich die Persönlichkeit veränderte, ist weniger sicher, als daß es ein höchst unangenehmes Erlebnis war, dessen Wiederholung man aus dem Wege ging. So oder so war das Resultat volle Konformität mit der Parteilinie.

Ehe wir an totale Macht und totale Unterdrückung glauben, müssen wir die chinesische Psyche berücksichtigen. Die Kritiker waren oft hartnäckige, kompromißlose Männer, die es für ihre Pflicht hielten, an ihren Prinzipien festzuhalten und Übelstände zu kritisieren. Der häufige Gebrauch der »Denkreform« in der KPCh bedeutet nicht, daß die chinesischen Intellektuellen sklavisch veranlagt wären. Im Gegenteil bereitete ihr unabhängiges Urteil der Partei oft Schwierigkeiten.

In gewissem Sinne war Maos Anwendung des Marxismus auf China nur ein Aufkleben von Etiketten. Die KMT war ursprünglich ein »Vierklassenblock«, dann war sie für Mao in seiner »Neuen Demokratie« nur ein Dreiklassenblock. Seine Methode war es, die Bauern einfach zum Kleinbürgertum zu rechnen und nicht als Klasse für sich zu betrachten. Durch diesen Etikettenwechsel erschien die chinesische Revolution mehr europäisch-marxistisch und die Verwurzelung der Revolution im Bauerntum war weniger sichtbar. Dennoch hielt Mao unentwegt daran fest, daß der chinesische revolutionäre Kampf seinem Wesen nach ein Bauernkrieg war.

Bei Mao ging die Theorie immer mit der Praxis einher. Seine Sinifizierung des Marxismus gehörte zu seinem Programm, die noch übrigen Bolschewiken ebenso loszuwerden wie etwaige Rivalen um die Führung. Seine chinesische Variante des Marxismus mußte so formuliert werden, daß Maos Revolution noch zum Weltkommunismus gehörte. Im ganzen war seine Taktik erfolgreich. Sie machte ihn zum geistigen Oberhaupt und zu einem der führenden marxistischen Theoretiker. Die ›Gedanken Mao Tse-tungs‹ wurden die theoretische Grundlage der chinesischen Revolution.

Maos Sinifizierung des Marxismus erlaubt einen gar nicht so abwegigen Vergleich mit dem Versagen des Taiping-Christentums. Hung Hsiu-ch'uans Behauptung, der jüngere Bruder Jesu zu sein, machte ihn bei den westlichen Missionaren unmöglich, mit denen er in seiner Unwissenheit kaum noch Umgang hatte. Für die Christen war er ein Teufel, für China ein fremdes umstürzlerisches Element. Dagegen gelang es Mao, wenn er sich auch schließlich den Bannfluch Moskaus zuzog, einige Zeit mit der Komintern zusammenzuarbeiten. Zwar sinifizierte er seinen Marxismus, maskierte das aber durch den Gebrauch der Moskauer marxistischen Terminologie. Hung wie Mao begannen mit einem bloßen Rudiment der fremden Lehre und beide konnten sich von der Beherrschung durch Fremde befreien: bei Hung waren es die Missionare, bei Mao war es die Komintern. Die Unterschiede zwischen den beiden sind natürlich größer als diese Ähnlichkeiten.

Im Jahre 1943 verkündete Mao seine Doktrin der »Massenlinie«. Wie viele seiner Formulierungen war sie zweideutig und konnte verschieden ausgelegt werden. Auf der einen Seite betonte Mao die Notwendigkeit, die Massen zu befragen und irgendeine Art Massenbeteiligung an der Regierung zu haben; auf der anderen Seite unterstrich er die Notwendigkeit zentraler Führung und Kontrolle. Je nach Bedarf konnte die eine oder die andere Seite hervorgehoben werden, wie ja schon die »Neue Demokratie« Maos eine theoretische Grundlage dafür geliefert hatte, entweder mit der KMT in einer zweiten Einheitsfront zu kooperieren oder sie als reaktionär zu bekämpfen. Der Klassenstatus jedes einzelnen konnte nach Abstammung und wirtschaftlicher Lage definiert werden, oder auch nach Ideen und politischem Verhalten. Das Volk wurde zwar als Schiedsrichter und Nutznießer der Revolution gefeiert, aber es war leicht, bestimmte Personen als nicht zum Volke gehörig zu bezeichnen und sie als Volksfeinde zum Freiwild zu machen. Das erforderte nur einen administrativen Akt von oben.

Typisch für Maos Linie war es, daß er manche Widersprüche als antagonistisch und andere als nicht-antagonistisch erklärte. Die letzteren konnte man vertreten. Manche Widersprüche konnten jemanden zum Volksfeind machen, manche nicht, je nachdem, wie man sie auffaßte. Im ganzen war die Ideenstruktur sehr flexibel, so als ob sich Marx und Engels hätten von Yin und Yang verführen lassen. Sobald Mao die Ideologie bestimmte, war er endgültig in Führerstellung. Das Ergebnis war Einheit.

Dem Regime in Yenan kam auch die internationale Lage im Zweiten Weltkrieg entgegen. Im Jahre 1943 siegten die Russen bei Stalingrad, die westlichen Alliierten siegten in Afrika, die amerikanische Flotte bekam die Oberhand im Pazifik, amerikanische Truppen hatten auf dem Weg nach Tokio die Salomon-Inseln besetzt. Der japanische Druck auf die nordchinesischen Gebiete ließ nach. Für die Kommunisten begann die Kriegswende, als die lange geplante Ichigo-Offensive der Japaner im Jahre 1944 von Honan bis über den Jangtse hinaus vorstieß, wobei die besten Armeen der Nationalen vernichtet wurden.

Die KPCh nahm unter diesen Umständen 1943 bis 1945 ihre Ausdehnungspolitik wieder auf, war aber vorsichtig und vermied jede Eile. Als die amerikanische militärische Beobachtergruppe, auch Dixie-Mission genannt, um die Mitte 1944 Yenan erreichte, war die KPCh wieder im Aufstieg und bereitete die Nachkriegsauseinandersetzung mit der KMT vor. Das zeigte sich auf dem siebten Parteitag Mitte Juni 1945. Er nahm eine neue Parteisatzung an, die Mao mehr Macht als Vorsitzenden des Zentralkomitees und des Politbüros gab und ›Die Gedanken Mao Tse-tungs‹ zur Richtlinie der Partei erklärte.

Zu dieser Zeit waren auch die Vereinigten Staaten, ob sie wollten oder nicht, ein wichtiger Faktor der chinesischen Politik geworden. Fernen Außenseitern wie den Amerikanern erschien das Freie China der Kuo-min-tang als Vorposten der modernen Zivilisation, der um sein Überleben in einem Meer von Plagen und alten Bräuchen kämpfte. Es hatte nichts Revolutionäres mehr an sich, aber den Amerikanern war das willkommen und sie akzeptierten 1941 das Freie China als Verbündeten. Amerikanische Gefühlsduselei und Unwissenheit gingen so weit, daß Roosevelt der nationalen Regierung die Aufgabe zuwies, das ostasiatische Vakuum auszufüllen, das nach dem Zusammenbruch Japans entstehen würde. Eine geheime amerikanische Luftflotte, als Söldner getarnt, kam Chungking schon vor Pearl Harbor zu Hilfe. Die »Fliegenden Tiger« unter einem pensionierten amerikanischen Kommandanten, Claire Chennault, wurden die 14. Luftflotte und störten die japanischen Verbindungslinien von ihrer Basis um Kunming aus, der Hauptstadt Yünnans. Die amerikanischen Missionen stellten sich hinter die Vereinigte China-Hilfe. Amerikanische Sympathie und Großzügigkeit machten sich geltend. General Joseph Stillwell zeigte, daß eingezogene Chinesen, ordentlich ausgebildet und ernährt, in Indien erstklassig kämpfen konnten.

Wie Tschiang Kai-schek von der Schanghaier Unterwelt abhängig gewesen war, wurde er nun von den christlichen Regungen und dem Nachschub der Amerikaner abhängig. Mit der sogenannten Buckel-Luftbrücke auf dem chinesisch-burmanisch-indischen Kriegsschauplatz war für die amerikanische Strategie und den amerikanischen Nachschub das Ende der Fahnenstange erreicht. Für die chinesische Nationalregierung war das nicht gerade günstig. Als die amerikanische Armee 1944 eine Beobachtermission nach Yenan schickte, war es zu spät, auf Grund des Bündnisses zwischen Washington und Chungking einen Sieg der Nationalen in dem kommenden Bürgerkrieg vorzubereiten. Man versuchte es trotzdem. Die amerikanische Marine sandte 1942 eine Mission, die mit der chinesischen Geheimpolizei arbeiten und den antikommunistischen Kreuzzug vorbereiten sollte. Es gelang aber General Stillwell nicht, die nationalen Truppen so auszubilden und zu versorgen, daß sie den Krieg gegen Japan wirksam führen konnten. Der amerikanische Plan, das Freie China als Basis für den Krieg mit Japan zu benutzen, nahm die Aufmerksamkeit der Amerikaner voll in Anspruch, bedeutete aber Distanzierung von der chinesischen Revolution. Wie das russische Programm der zwanziger Jahre führte das amerikanische Hilfsprogramm schließlich zur Katastrophe. Es ist für Ausländer nie leicht gewesen, mit der chinesischen Revolution zu arbeiten.

Das amerikanische Eingreifen war anachronistisch. Jeder Amerikaner, der das China der zersplitterten Militärdiktaturen gesehen und ein christliches College unterstützt hatte, sah in der Nankinger Regierung die Vertreterin amerikanischer Ideale.

Staatliche Einheit und internationale Gleichheit Chinas waren anziehende Motive. Die nächste Generation, die sich dem Kommunismus gegenüber sah, war nur eine kleine Gruppe und hatte nicht entfernt den Einfluß, den die amerikanischen Missionare seit Generationen in Amerika ausgeübt hatten.

Das führte zu Uneinigkeit in der amerikanischen Politik. Die Leute vom auswärtigen Dienst und an Ort und Stelle befindliche Generale wie Stillwell sahen die Tatkraft der kommunistischen Bewegung. Die Chinafreunde in Amerika erhielten jedoch das frühere Bild aufrecht, in welchem die Nankinger Regierung das letzte Wort des chinesischen Fortschritts gewesen war.

Während der Wuhan-Periode von 1938 sahen sich alle im gleichen Boot sitzen und waren über die Einheitsfront erfreut. Mit deren Ende 1941 sahen die amerikanischen Beobachter die wachsende Kluft zwischen den beiden Parteidiktaturen KMT und KPCh. Stillwell fand in Tschiang einen hartnäckigen Partner, der sich bei Kriegslieferungen benachteiligt fühlte. In Washington wußte niemand viel über das kommunistische Gebiet in Nordchina. Formal und diplomatisch war Amerika verpflichtet, Tschiang als Verbündetem zu helfen. Die amerikanische Botschaft und die Militärmission sahen den Bürgerkrieg in China voraus, der dazu führen konnte, daß die Sowjetunion Nordchina übernahm. Maos Sinifizierung des Marxismus und die Schaffung eines chinesischen Nationalkommunismus konnten von Außenseitern, die nichts über die gespannten Beziehungen zwischen Mao und Stalin wußten, in ihrer Bedeutung nicht erkannt werden. Es wurde amerikanische Politik, einen Bürgerkrieg in China zu vermeiden; das Mittel dazu sollte eine Koalitionsregierung sein. Das wäre die Fortsetzung der Einheitsfront in ihrer idealen, bisher nicht realisierten Form gewesen. Beide Parteien sollten in der Nationalversammlung vertreten sein und ihre Armeen vereinigen. Dieser amerikanischen Hoffnung entgegenkommend, nahmen beide chinesischen Parteien den Vorschlag einer Koalitionsregierung zum Schein an, aber in Wirklichkeit bereiteten sie den Kampf gegeneinander vor. Der mangelnde Realismus der amerikanischen Politik fand seinen Ausdruck in der Entsendung von General Patrick H. Hurley aus Oklahoma durch Roosevelt. Seine ungeschickten Versuche, den Bürgerkrieg durch Vermittlung zu verhindern, endeten damit, daß er auf Tschiangs Seite trat. Gegen die Ansicht des gesamten Botschaftspersonals verlangte Hurley amerikanische Hilfe für

Tschiang um jeden Preis. Als es dazu kam, war Hurley schon weg, aber Washington folgte immer noch seiner Politik, was mit der Ausschaltung der Amerikaner in China endete. Nach der japanischen Kapitulation im August 1945 trafen sich Tschiang und Mao auf Hurleys Veranlassung in Chungking. Im Oktober schlossen sie ein prinzipielles Abkommen, das jeden Liberalen in der Welt erfreuen mußte. Beide Parteien wollten in einer repräsentativen Versammlung zusammenarbeiten, ihre Armeen nach Hause schicken und sich inzwischen für alle bürgerlichen Freiheiten verbürgen.

Die wirklichen Geschehnisse im Herbst 1945 waren anders. Nach Beendigung des Krieges mit Japan marschierten die Kommunisten durch Nordchina, um die Japaner zur Kapitulation vor ihnen zu zwingen. Die Nationalen befahlen dagegen den Japanern, die Kommunisten abzuwehren und das verlorene Gebiet wiederzuerobern. Es kam zu schweren Kämpfen zwischen Kommunisten und Japanern, weil die Nationalregierung sich der ex-imperialistischen Angreifer bediente, um eine soziale Revolution zu verhindern. Inzwischen marschierten Nationale wie Kommunisten nach der Mandschurei und konkurrierten um deren Übernahme. Wie immer besetzten die Nationalen die Städte, während die Kommunisten die Bauern mobilisierten.

Die Vereinigten Staaten folgten dem Beispiel der Nationalen, indem sie 53 000 Mann Marinetruppen nach Nordchina schickten, um Peking und Tientsin gegen eine etwaige russische Invasion zu verteidigen; gleichzeitig transportierten sie ganze nationale Armeen zu Wasser und in der Luft in die Mandschurei und andere Teile Nordchinas. Die Amerikaner intervenierten also sofort auf der antikommunistischen Seite. In dem Abkommen von Jalta im Februar 1945 hatte Roosevelt bereits versucht, das Schicksal Chinas zu entscheiden: Stalin sollte einen Vertrag mit den Nationalen schließen. Die Russen sollten nur die Nationalregierung anerkennen, während die letztere der Wiederherstellung der russischen Rechte im Nordosten zustimmen sollte. Stalin versprach, binnen drei Monaten nach der japanischen Kapitulation die Sowjettruppen zurückzuziehen. Das bedeutete praktisch den 15. November 1945. Der KPCh blieben also drei Monate zur Infiltration im Nordosten im Wettbewerb mit den Nationalen, denen amerikanische Transportmittel zur Verfügung standen. Als die Nationalen sahen, daß die Kommunisten im Nordosten vordrangen, ersuchten sie die Russen, länger dazubleiben. Die Sowjettruppen zogen erst im Mai 1946 ab, wobei sie einen großen Teil der Industrieanlagen mitnahmen, welche die Japaner in ihrem mandschurischen Marionettenstaat installiert hatten. Mit amerikanischer Unterstützung erkämpfte sich Tschiang Kai-schek gegen kommunistischen Widerstand den Weg nach der Südmandschurei.

So war alles für den Fehlschlag des Vermittlungsversuchs vorbereitet, den General George C. Marshall im Namen Washingtons unternahm. Der frühere Oberbefehlshaber im Zweiten Weltkrieg war ein geschickter Manager, der alles tat, um eine Koalitionsregierung herbeizuführen. In Peking fand im Januar 1946 eine beratende politische Konferenz statt; man besprach sogar die Vereinigung der Streitkräfte der KMT und der KPCh. Das Zentrum des Bürgerkrieges hatte sich jedoch inzwischen in den Nordosten verschoben, der in den Chungkinger Abmachungen vernachlässigt worden war. Amerika erkaufte Tschiangs Zustimmung mit einer großen Anleihe. Als Marshall dieses Vorgehen im Kongreß durchsetzen wollte, entglitt ihm die Führung der Verhandlungen. Inzwischen suchte eine Kommandostelle, die er in Peking eingerichtet hatte, den Krieg in Nordchina zu beenden. Diese Stelle schickte amerikanische Oberste zusammen mit nationalen und kommunistischen Generalen in die Kampfgebiete, um eine Einstellung der Kämpfe zu erreichen. Aber inzwischen war der Nordosten nicht mehr zu halten.

Tschiang Kai-schek grub sich weiter sein eigenes Grab durch seine veraltete Kriegführung. Er hielt es für sehr wichtig, Provinzhauptstädte zu halten, nachdem er sie besetzt hatte. Statt von dem reicheren Jangtse-Tal in Südchina aus den Krieg gegen die Kommunisten in Nordchina zu führen, hielt Tschiang die Aufrechterhaltung seiner Herrschaft über die Provinzhauptstädte für ein Symbol seiner Macht als Einiger Chinas. Allerdings wurden die meisten dieser Städte bald von den Kommunisten belagert. Tschiang hatte seine Mittel überschätzt. Seine Vorstellungen von der Herrschaft über China waren anachronistisch. Seine besten, von den Amerikanern ausgebildeten Truppen hatte er in den Kampf um den Nordosten geschickt, ohne das dazwischen liegende nordchinesische Gebiet zu sichern. Das mußte zu einer Katastrophe führen.

Beide Seiten hatten die Verhandlungen als Friedensheuchelei benutzt, in Wirklichkeit aber den Endkampf vorbereitet. Auch Amerika hatte in Nanking wie Yenan die Koalition verlangt, gleichzeitig aber die Nationalen weiter beliefert. Gegen Ende des Krieges mit Japan hatte das amerikanische Programm die Ausrüstung von 39 nationalen chinesischen Divisionen vorgesehen, außerdem eine Luftwaffe. Nur die Hälfte des Programms war erfüllt, als Japan kapitulierte. Aber Amerika lieferte auch im Bürgerkrieg weiter. Marshalls Vermittlerrolle erschien infolgedessen eine Farce. Schon im März 1946 hatten die Amerikaner militärische Berater zu Tschiang entsandt, Amerika trug auch 500 Millionen Dollar zu der Hilfsaktion der UNO in China bei, doch wurde dieser Betrag hauptsächlich in den von den Nationalen beherrschten Gebieten verwendet. Im August 1946 folgte ein Abkommen zwischen den Amerikanern und der Nationalregierung, das den Verkauf von Kriegsmaterial im Werte von 900 Millionen Dollar an die KMT für bloße 175 Millionen vorsah. Diese massive amerikanische Hilfe machte Marshalls Verbot von Waffenlieferungen an die Nationalen von Juli 1946 bis Mai 1947 praktisch illusorisch.

Bei Kriegsende im August 1945 waren die nationalen Truppen mindestens doppelt so stark wie die kommunistischen. Außerdem hatten sie den Vorteil amerikanischen Materials und die Hilfe der amerikanischen Flotte beim Truppentransport sowie die Unterstützung der amerikanischen Truppen im Gebiet zwischen Peking und Tientsin. Die Nationalen hatten alle größeren Städte Chinas und den Großteil seines übrigen Gebiets in der Hand. Auf beiden Seiten machte sich der Kalte Krieg bemerkbar; man konnte weiter mit amerikanischer Hilfe für die Nationalen rechnen. Dennoch brachte es Tschiang Kai-schek fertig, den Bürgerkrieg zu verlieren. Die Gründe lagen in unglaublicher Dummheit der Kriegführung und Unfähigkeit hinter den Linien.

Die Unfähigkeit der Nationalen begann in der Wirtschaft. Der Notendruck nahm rapide zu. Bei der Übernahme der Küstenstädte von den Japanern kam es zu ungeheurer Korruption. Verbrauchsgüter blieben knapp. Im frei-chinesischen Gebiet kam die industrielle Produktion fast ganz zum Stillstand; ihre Wiederaufnahme in den von japanischer Besatzung befreiten Städten genügte nicht, um Massenarbeitslosigkeit zu verhindern. Spekulanten auf der nationalen Seite verdienten viel Geld beim Umtausch des japanischen Besatzungsgeldes gegen die überbewertete nationale Währung. Hungersnot auf dem Lande und Lebensmittelwucher gingen weiter. Die Rückkehr der Nationalen in die befreiten Gebiete, wenn man von einer Befreiung überhaupt sprechen wollte, ging mit Steuererhöhungen und Requisitionen einher. Die »Befreier« bereicherten sich wie schon lange nicht.

Ferner wußte sich die nationale Regierung den Großteil der Bevölkerung bald zu entfremden. Sie setzte japanische Truppen und deren vorher rekrutierte chinesische Hilfstruppen zur Bekämpfung der Kommunisten ein. Chinesen gegen Chinesen kämpfen zu lassen, war in einer Zeit, in der alles auf Frieden hoffte, höchst unpopulär. Chinesische Kollaborateure aus der Besatzungszeit wurden als Feinde behandelt. Universitäten und Studenten im wiederbesetzten China wurden ebenfalls wegen Kollaboration bestraft und einer »Gedankenreform« nach Sun Yat-sens »Drei Grundsätzen« unterzogen. Man warf den Studenten sogar vor, daß es überhaupt zu einer japanischen Okkupation gekommen war; statt zu kämpfen, hatten sie sich auf das Überleben konzentriert. Die Regierung erhob weiter Steuern beim Volke, während die Profitmacher und korrupten Beamten unbesteuert blieben. Das Ganze stellte die schlechteste Form des »bürokratischen Kapitalismus« dar, in dem die Beamten auf Kosten des Volkes reich wurden.

Ein weiterer Fehler der Nationalen war die Nichtbeachtung und sogar Unterdrückung der weitverbreiteten Friedensbewegung, die durchaus echt war und nicht, wie die Nationalen behaupteten, eine kommunistische Verschwörung. Akademische Kreise verlangten den Übergang vom Krieg zum zivilen Leben und die Beendigung der Zusammenarbeit mit Amerika, die der Förderung des Bürgerkriegs diente. Die Gewaltmaßnahmen der Regierung gegen die Studenten entfremdete sie den Regierenden, wie auch die falsche Wirtschaftspolitik zu einer Abkehr des städtischen Bürgertums und der Industriellen führte.

Auf diese Art verlor die nationale Regierung die Unterstützung der Öffentlichkeit; man schob ihr mehr Schuld am Bürgerkrieg zu als den Kommunisten. Die nationale Regierung hatte sich so militarisiert, daß sie nur noch an eine militärische Lösung des inneren Konflikts denken konnte und ihre zivilen Pflichten vergaß. Liberale chinesische Kritiker der KMT machten sie dafür verantwortlich, daß die Kommunisten immer mehr Sympathien gewannen. Soweit die KMT noch die Unterstützung der besitzenden Klasse hatte, ging ihr diese durch die Währungsreform von 1948 verloren. Alles Bargeld und alle Devisen mußten gegen den neuen »Goldyuan« umgetauscht werden, von dem man sich ein Ende der Inflation versprach. Aber die Preise stiegen in sechs Monaten auf das 85 000fache! Wer etwas Geld gehabt hatte, sah sich von neuem betrogen. Die KMT hatte die letzte Chance verspielt, in China zu regieren. Die Nationalregierung spielte die Rolle, die in der chinesischen Geschichte stets dem »schlechten letzten Kaiser« einer Dynastie zugeschrieben wird. Die modernen Liberalen im freien China gingen nicht zu den Kommunisten über, aber sie gaben jede Hoffnung auf die Kuo-min-tang auf.

Die KPCh rückte nach 1946 an mehreren Fronten vor. Vor allem hatte sie Erfolg bei der nordchinesischen Landbevölkerung. Hier griff das KPCh-Programm auf die Bodenreform zurück, von der man seit der Einheitsfront von 1937 nicht mehr viel geredet hatte. Die Bodenreform bedeutete die Enteignung der Großgrundbesitzer; an ihre einflußreiche Stelle im Dorf traten die Aktivisten der KPCh unter den armen Bauern. Die Dörfer in ganz Nordchina unterstützten nun die Kommunisten.

Ironischerweise führten die Nationalen jetzt einen Krieg, wie ihn früher die Japaner geführt hatten. Nach dem ersten Jahr waren alle größeren Städte und die Eisenbahnen in ihrem Besitz. Ihre Armee hatte immer noch die weit überlegenere Militärmacht. Die kommunistischen Truppen hatten sich aus taktischen Gründen zurückgezogen; sie vermieden Schlachten und Verluste. Das führte in klassischer Guerilla-Strategie dazu, daß die Nationalen ihre Kräfte verzettelten. Die Kommunisten kämpften nur, wenn sie vor Ort die Überlegenheit über eine kleinere KMT-Gruppe besaßen. Dennoch eroberten die Nationalen Yenan und die zeitweilige kommunistische Hauptstadt Kalgan. Die kommunistische Führung zeigte zeitweise das Bild von Flüchtlingen, die in Nord-Shensi von den siegreichen Nationalen verfolgt wurden. Die Nationalen eroberten auch die meisten Kreisstädte in Nord-Kiangsu und den drei östlichen Provinzen, die der Hauptkriegsschauplatz waren. Die Kommunisten wurden von der Übernahme einiger ihrer Basisgebiete völlig überrascht: Die Basis in Nord-Kiangsu ging verloren; die Großgrundbesitzer kehrten zurück. Viele der Bauern, die die Kommunisten unterstützt hatten, wurden hingerichtet.

Den Kampf um den Nordosten führte auf kommunistischer Seite der General Lin Piao, ein Meister der beweglichen Kriegführung. Nachdem sich seine Truppen in die nordöstliche Mandschurei jenseits des Sungari-Flusses zurückgezogen hatten, stieß Lin 1947 sechsmal über den Fluß vor, um nationale Truppen abzuschneiden. Die nationalen Streitkräfte waren bald in den Städten isoliert.

Neuere Untersuchungen zeigen, wie die KPCh den Nordosten gewann. Sie mobilisierte die Bauern wie in Nordchina. Die Parteikader infiltrierten von Nordchina her; mit großer Energie organisierten sie die Produktion, die Parteipropaganda, die Bodenreform und die »Gedankenreform« neuer Kader. Sie rekrutierten Truppen und forderten das Volk zum patriotischen Kampf auf. Die Chinesen des Nordostens, die so lange unter der japanischen Besetzung gelitten hatten, folgten dem nationalen wie dem sozialrevolutionären Anruf und unterstützten die KPCh.

Die Taktik der Nationalen kam wie gewöhnlich den Kommunisten zugute. Die Nationalen kamen aus dem Süden und mißtrauten der mandschurischen Führung. Das Gebiet war von dem Militärdiktator Chang Tso-lin und seinem Sohn Chang Hsueh-liang beherrscht worden, dann fünfzehn Jahre lang von den Japanern. Die Nationalen brachten ihre eigenen Leute mit, während die Kommunisten die örtlichen Führer bevorzugten und gegen die Eindringlinge aus dem Süden aufhetzten. Wie zur gleichen Zeit in Taiwan brachte das Mißtrauen gegen die örtliche Führungsschicht, ebenso wie die Ausplünderung des Gebietes, die Bevölkerung gegen die KMT auf. In beiden Gebieten führte die Arroganz, Habgier und Korruption der Nationalen zu einem negativen Ergebnis. (In Taiwan allerdings konnte die KMT überleben, nachdem sie im Februar 1947 ein Blutbad unter den führenden Persönlichkeiten der Insel angerichtet hatte, und sich nach ihrer auf dem Festland erlittenen Niederlage reorganisierte.) Im wesentlichen hatten die Nationalen dieselben Schwierigkeiten wie vorher die Japaner. Aus der kommunistisch gesinnten Bevölkerung erhielten sie keine Nachrichten, sie blieben mit ihrem schweren Material stecken, ihre vorderen Truppen bewegten sich langsam und gerieten in Hinterhalte. Die nationalen Truppen waren nicht für den Nahkampf ausgebildet und verstanden es nicht, sich mit der Bevölkerung anzufreunden.

Als die KPCh um die Mitte 1947 zum Gegenangriff ansetzte, beherrschte sie bald Shantung und gewann auch das Basis-Gebiet zwischen dem Gelben Fluß und dem Jangtse zurück. Es war im Westen durch die Eisenbahn Peking-Hankow und im Osten durch die Eisenbahn Peking-Nanking begrenzt. Aus dieser strategischen Position konnten die Kommunisten das ganze Jangtse-Tal bedrohen. Das strategische Gleichgewicht hatte sich verschoben. Es gelang den Kommunisten besser als je zuvor, das amerikanische Material der Nationalen zu erbeuten und deren kapitulierende Truppen in neue kommunistische Armeen einzugliedern.

Auf der nationalen Seite weigerte sich Tschiang Kai-schek, die besetzten Städte zu räumen, solange noch Zeit dazu war. Das Ergebnis war, daß seine besten Truppen, belagert und isoliert, mitsamt ihrer Ausrüstung kapitulierten. Die überlegene Strategie und Taktik der Kommunisten führte zur Niederlage und Demoralisierung der nationalen Truppen. Als die Kommunisten schließlich Peking einschlossen (Januar 1949), kapitulierte der nationale Befehlshaber mit allen seinen Truppen. Er bekam später eine hohe Stelle unter dem neuen Regime.

Als Mao in Peking einzog, fuhren ihm amerikanische Panzer voraus und seine Soldaten saßen auf amerikanischen Transportwagen. Die amerikanischen Lieferungen an Tschiang waren nicht ohne militärischen Rat erfolgt, aber Tschiang nahm nur das Material an, nicht die Ratschläge. Die Amerikaner warnten ihn vor Zersplitterung seiner Truppen – ohne Erfolg. Sie rieten ihm, Flugzeuge und Panzer einzusetzen, statt sie als Symbole seiner Feuerkraft untätig zu lassen; er hörte nicht. Die Amerikaner empfahlen ihm auch, die örtlichen Befehlshaber taktische Entscheidungen treffen zu lassen, aber der Generalissimus bestand darauf, alles bis zur Division hinunter selber zu kommandieren. Vielleicht hatte Tschiang recht, wenn er annahm, daß seine Kampfkommandanten noch dümmer waren als er, aber von Nanking aus konnte er den Krieg nicht leiten; er hatte nicht einmal einen ausreichenden Nachrichtendienst. Er war schließlich nicht als Militärfachmann, sondern als Politiker an die Macht gelangt. Seine Generale hatten treu zu sein, auch wenn sie untüchtig waren, und manchmal schien es, als ob sie nur ihrer Untüchtigkeit wegen treu waren. Der Bürgerkrieg fand hauptsächlich auf dem flachen Land statt, wo die KPCh die Bevölkerung mobilisierte und von dieser sowohl Nachrichten als auch logistische Hilfe erhielt. Ein Beispiel ist die Entscheidungsschlacht von Huai-Hai bei Nanking im Jahre 1949. Die nationalen Panzertruppen, die Tschiang als entscheidenden Faktor in Reserve gehalten hatte, sahen sich plötzlich von einem Ring von Panzerfallen umgeben, die von den durch Deng Hsiao-p'ing mobilisierten Bauern gegraben worden waren.

Die Amerikaner waren nach all ihren Ausgaben für Truppenausbildung und Material entsetzt über das Ergebnis. Marshall hatte ein Jahr lang versucht, den Bürgerkrieg durch Vermittlung zu vermeiden. Er wußte, wie es stand, und als Staatssekretär konnte er 1947 die Amerikaner daran hindern, sich zur Unterdrückung der chinesischen Revolution auf ein Super-Vietnam einzulassen. Amerikanische Nachschublieferungen gingen noch eine Weile weiter, aber die Marinetruppen, die zur Abwehr der Russen nach Nordchina entsandt worden waren, wurden abgezogen. Die Kommunisten gewannen letztlich den Krieg dank der Benutzung japanischer Waffen, die ihnen durch russisches Entgegenkommen in der Mandschurei zugefallen waren, und amerikanischer Waffen, die sie von Tschiangs Armeen erbeuteten. Im Jahre 1949 war nicht mehr zu bestreiten, daß die chinesische kommunistische Partei unter Mao ganz China erobert hatte, abgesehen von der Insel Taiwan.

Die Grabrede auf die amerikanische China-Politik der vierziger Jahre muß mit der völligen Unkenntnis der Lage beginnen. Die Amerikaner waren von ihren offiziellen Kontakten mit den Nationalen und ihren logistischen Anstrengungen offenbar vollkommen in Anspruch genommen. Zwar spürten sie, daß es mit den Nationalen bergab ging, aber genaue Kenntnisse besaßen sie nicht. Der kommunistische Teil der Szene war ihnen völlig unbekannt. Einige Beobachter kamen nach Yenan und bemerkten den Kampfwillen und den Optimismus der KPCh, aber in Nordchina gab es keine amerikanischen Beobachter, ausgenommen ein paar Journalisten, die nicht viel zu sehen bekamen. Die Amerikaner unterschätzten völlig die kommunistische Macht. Nach 1948 glaubte man in Amerika, daß keine der beiden Bürgerkriegsparteien die andere besiegen könnte. Das war nun das Eingeständnis der totalen Unfähigkeit, etwas von Chinas realer Situation zu verstehen. Außerdem waren die Amerikaner auch in Europa mit dem Antikommunismus beschäftigt, der hier zur Machtpolitik gehörte. In China war es mehr gefühlsmäßig; die Amerikaner verabscheuten totalitäre Systeme. Deshalb waren sie ja in den Krieg gegen Hitler gezogen. Die amerikanische Öffentlichkeit begriff gar nicht, daß in China eine Revolution im Gange war, die ihre Wurzeln in der Vergangenheit hatte und die Zukunft beherrschen würde.

Nur in einem kleinen Winkel verhielten sich die Amerikaner richtig. Sie halfen Taiwan, der Insel, die den Nationalchinesen

Zuflucht bot. In Taiwan ließen sich nach 1949 die sino-liberalen Politiker nieder, die sich nicht auf eine Zusammenarbeit mit der KPCh einlassen wollten. Der militärdiktatorische Flügel der KMT ermordete 1947 die Elite der Taiwaner Chinesen, aber dann kam der sino-liberale Flügel zum Zuge. Es kam zu einer Bodenreform unter dem Schlagwort »Den Boden den Bauern«. Außerdem wurde die Agrartechnik mit amerikanischer Hilfe verbessert. Der Kongreß bewilligte schon 1948 Mittel für die landwirtschaftliche Entwicklung auf der Insel. Allmählich kam es zur Industrialisierung und zu merklichem Export. Der japanische Kolonialismus hatte immerhin Ordnung hinterlassen, es gab funktionierende Bahnen, der Analphabetismus war überwunden (wenn es auch an höherer Bildung mangelte). Landwirtschaftliche Genossenschaften halfen, die Erträge zu steigern. Außerdem gewährten die Amerikaner Wirtschaftshilfe, nach 1954 folgte ein Bündnis. Günstig war auch die Konzentration geflohener festländischer Fachleute in einem noch nicht überbevölkerten Gebiet. Die KMT wurde noch unter Tschiang Kai-schek reformiert und arbeitete mit den Taiwaner Chinesen zusammen. Auf Taiwan lockerten die Nationalchinesen die sozialistisch orientierte Staatskontrolle der Industrie. Auch der Kalte Krieg der fünfziger und sechziger Jahre kam Taiwan politisch zugute.

Daß die Kuo-min-tang-Republik auf der 160 Kilometer vom Festland entfernten Insel Taiwan fortlebte, war ein Schönheitsfehler für den kommunistischen Anspruch, ganz China zu repräsentieren. Die Unabhängigkeit Taiwans wurde nie anerkannt, zumal die Nationalen auf der Insel erklärten, sie wollten von dort aus die Heimat zurückerobern. Die Autonomie Taiwans dauert heute noch an; das Verhältnis zur chinesischen Volksrepublik ist die im Patt erstarrte Bürgerkriegssituation.

Die Historiker stützen sich bei der Bewertung der KMT in China auf die sino-liberale Kritik und die kommunistische Propaganda, die alle Missetaten der KMT anprangerte. Tatsache ist, daß die KMT zwei einander befehdende Flügel hatte, einen modernisierenden und einen reaktionären. So konnten die Mängel der KMT doch in einer teilweise unabhängigen Presse und besonders von ausländischen Journalisten verzeichnet werden. Die Geheimpolizei hatte keine totale Macht. Obwohl auch Tschiang Kai-schek es zu einem totalitären Regime nicht weit gehabt hatte, konnte er doch China nicht in der Weise beherrschen, wie es der totalitäre Kommunismus, einmal an der Macht, dann tat. Die Daten über KMT und KPCh sind schon der Quelle nach sehr verschieden; die beiden Parteien sind eigentlich nicht vergleichbar. Die von der KPCh durchgeführten Hinrichtungen zum Beispiel waren zu ihrer Zeit der Außenwelt unbekannt.

Die Volksrepublik China

15. Ein neuer Staat wird geschaffen

Mit der Errichtung der Volksrepublik China im Jahre 1949 geht die wissenschaftliche Literatur über China in bemerkenswerter Weise von geschichtlichen zu soziologischen Studien über. Chinas Übergang zum Kommunismus regte den Westen zu vermehrten Versuchen an, den neuen Feind zu verstehen. Das Mittel dazu waren interdisziplinäre Regionalstudien, wie sie schon während des Zweiten Weltkriegs begonnen hatten. Beteiligt waren unter anderem Geographie, Wirtschaft, Politologie, Soziologie, Anthropologie und Sozialpsychologie. Der Kalte Krieg führte zu ähnlichen Studien über die Sowjetunion bis zum Start des russischen Satelliten Sputnik im Jahre 1957. Dann verstärkte sich auch das Studium des Kommunismus in China. Dafür wurden amerikanische Bundesmittel bereitgestellt, auch die Ford-Stiftung und ähnliche Institutionen förderten das Anliegen.

Die Soziologen sind an weltweiten Phänomenen interessiert und vergleichen die verschiedenen Länder. Zum Thema China hatten sie viele fruchtbare Fragen zu stellen. Nach dreißig Jahren Forschung wissen wir heute mehr über die Volksrepublik China als über alle anderen Perioden der chinesischen Geschichte.

Für unsere Zwecke muß sich die Sozialwissenschaft mehr mit der Analyse von Ereignissen beschäftigen als mit bloßer Erzählung. Die moderne Geschichtsschreibung wird immer mehr von soziologischen Analysen durchtränkt. Die folgenden Darstellungen gründen sich auf zahlreiche sozialwissenschaftliche Untersuchungen des heutigen China, mehr als ein Einzelner bewältigen kann. Ich beziehe mich öfter auf die frühere chinesische Geschichte, wobei ich meine Hoffnungen auf die beginnende Vermischung von Sozialwissenschaft und Geschichte setze. Zur Erleichterung der Orientierung habe ich in diesen Schlußkapiteln öfter Zwischentitel eingefügt.

Um das Erlebnis der chinesischen Revolution klarzumachen, empfiehlt es sich, die Zeit von 1949 bis 1985 in Perioden einzuteilen und in den einzelnen Perioden die jeweiligen Aspekte und Faktoren gesondert zu besprechen.

Die 35 Jahre von 1949 bis 1985 sind durch zwei große, man möchte sagen anfallartige Impulse gekennzeichnet: Maos »Großen Sprung nach vorn« (GSV) von 1958 bis 1960 und seine »Große proletarische Kulturrevolution« (GPKR) von 1966 bis 1976. In beiden Fällen rief er das Volk um Unterstützung für revolutionäre Veränderungen in der chinesischen Gesellschaft an. Man hat ihn deshalb einen »Populisten« genannt. Auf jeden Anfall von »Populismus« (Mobilisierung des Volkes unter Übergehung der Regierung und des Parteiapparats) folgte eine Rückkehr zu systematischer wirtschaftlicher Entwicklung (1961–1965 und 1976–1985). Man kann ein Hin und Her zwischen gesellschaftlicher Revolutionierung und materieller Entwicklung hineindeuten, doch ist das vielleicht zu einfach. Es ist wirklich noch zu früh, um die chinesische kommunistische Revolution mit wenigen Schlagworten zu charakterisieren. Es genügt zu sagen, daß auf die ersten acht Jahre der Volksrepublik China von Oktober 1949 bis Anfang 1958 zwei Perioden der Unruhe folgten: erst der Große Sprung 1958 bis 1960, nach dem zunächst einige Jahre der wirtschaftlichen Erholung kamen (1961–1965), dann die Kulturrevolution 1966 bis 1969 bzw. bis zu Maos Tod 1976. Die meisten sehen in letzterem Datum das Ende der Kulturrevolution. Unter dieser Abfolge von fünf Phasen sahen die erste, dritte und fünfte wirtschaftlichen Fortschritt unter der Führung fähiger Organisatoren aus der Partei, während die zweite ebenso wie die vierte Periode von Mao Tsetung persönlich beherrscht waren. Ihre Bedeutung wird noch lange umstritten bleiben.

Dieses Kapitel befaßt sich mit der Übernahme und Konsolidierung der politischen Macht durch die KPCh von 1949 bis 1953, dann mit dem wirtschaftlichen Übergang zu kollektivierter (»sozialistischer«) Landwirtschaft, begleitet von einer Industrialisierung russischen Stils von 1954 bis 1957, und schließlich mit den Beziehungen zwischen der Parteidiktatur und Chinas dünner Intellektuellenschicht.

Die Übernahme Chinas durch die Kommunistische Partei nach 1949 und die Errichtung einer das ganze Land umfassenden Regierung war eine beachtliche Leistung. Ähnlich wie die Mandschu ihr Reich in der Südmandschurei errichtet und chinesische Mitarbeiter kooptiert hatten, ehe sie ganz China übernahmen, hatte die KPCh in Nordchina und im Nordosten Regierungen geschaffen, während sie noch damit beschäftigt war, den Bürgerkrieg zu gewinnen. Mao war der unbestrittene Führer in Theorie und Strategie. Unter ihm arbeitete die Parteiführung als Team. Fragen der Politik wurden im Politbüro debattiert, zentrale Richtlinien wurden örtlichen Bedingungen angepaßt. Die Armeebefehlshaber wie P'eng Te-huai, Lin Piao, Nieh Jung-chen und Ch'en-I hatten seit langen Jahren mit Mao und Tschou zusammengearbeitet. Parteiorganisatoren wie Liu Shao-ch'i und Deng Hsiao-p'ing waren schon in Yenan tätig gewesen. Die Gruppe war festgefügt und erprobt.

Die KPCh bekam unerwartete Hilfe durch den »Auftrag des Himmels«. Die Partei hatte noch mit mehreren Jahren Krieg gerechnet, ehe sie glaubte, die Macht über ganz China zu erlangen. Faktisch aber akzeptierte das ganze Land die Führung durch die KPCh, sobald sie die Kuo-min-tang-Armeen besiegt hatte. Das Verlangen nach Frieden war allgemein; der Widerstand hörte mit der Anerkennung des Siegs der KPCh auf. Es ist bemerkenswert, daß die kommunistische Führung so viel auf einmal tun konnte. Der »Vorsitzende Mao« dirigierte eine Symphonie, die nach Instrumenten und Sätzen zu untersuchen ist.

Zunächst führte der Vormarsch der »Volksbefreiungsarmee« in die »neu befreiten Gebiete« in Süd- und Südwestchina. Sechs Militärverwaltungsbereiche wurden geschaffen und von Militärkomitees regiert, bis sie 1954 nach Errichtung der Zivilregierung abgeschafft wurden.

Die KPCh war der Meinung, daß die ersten drei Jahre ihrer Regierung der wirtschaftlichen Erholung und der Mobilisierung des Volkes zu dienen hatten, ehe man zu einer Umgestaltung der Gesellschaft schreiten konnte. Doch ging auch hier alles schneller als erwartet. Die örtlichen KMT-Beamten wurden größtenteils übernommen, bezogen weiter ihre Gehälter und übten ihre Funktionen aus. Das waren etwa zwei Millionen, während die KPCh nicht einmal halb soviele »Kader« besessen hätte, um ihre Stellen zu besetzen. Die Erholung der

Wirtschaft ging inzwischen rasch voran. Die Inflation wurde durch mehrere Maßnahmen eingeschränkt. Durch die Verstaatlichung des Bankwesens kamen alle Kredite unter Kontrolle. Handelsgenossenschaften beherrschten den Warenmarkt. Gehälter wurden nicht nach Geld berechnet, sondern auf Naturalbasis: soundsoviel Korn, Öl, Stoff usw. Damit wurden die Einkommen von der Inflation unabhängig und der Handel hatte eine stabile Grundlage. Waren- und Geldumlauf glichen sich aus, die Inflation ging auf 15 Prozent jährlich zurück. Für die Gehaltsempfänger war das eine Wohltat.

Der Wiederaufbau der Eisenbahnen und die Wiederaufnahme der Dampfschiffahrt boten nicht viele Probleme, aber die KPCh ließ sich, kaum ein Jahr an der Macht, auf das riskante Abenteuer des Koreakriegs ein. Die chinesischen »Freiwilligen«, die im Oktober 1950 nach Korea gingen, sahen sich einer überlegenen amerikanischen Militärmacht gegenüber, die sie eine Million Verluste kostete. Moskau gab etwas Hilfe, aber der Krieg beanspruchte die Mittel Chinas doch zu sehr. Innenpolitisch hatte der Krieg seinen Nutzen. Unter dem Schlagwort »Gegen Amerika, Hilfe für Korea« konnten die Massen leichter organisiert werden, wie das schon die Schlagworte des Krieges gegen Japan und die des Bürgerkriegs bewirkt hatten.

Die Stimmung in den Städten war 1949 euphorisch. Die KPCh gewann Vertrauen. Es gab ein Erobererheer aus jungen Leuten vom Lande, die diszipliniert, höflich und hilfsbereit waren, ganz anders als die plündernden und vergewaltigenden Truppen der Militärdiktatoren und der abziehenden KMT. Eine eifrige Regierung machte Ordnung; sie säuberte nicht nur die Straßen und die Kanalisation, sondern fing auch die Bettler, Prostituierten und Kleinverbrecher ein, die sie einer Umerziehung zuführte. Man konnte auf das neue China stolz sein. Es stoppte die Inflation, hob ausländische Vorrechte auf, unterdrückte die Korruption. Man lernte Lesen und Schreiben, öffentliche Bauten wurden repariert, die Hygiene wurde verbessert; man studierte die »Neue Demokratie« und las Maos ›Gedanken‹. Eine idealistische und strebsame Jugend sah sich in ihrem Element. Erst später erkannte sie, daß das Verheißene Land sich auf ein System von Kontrolle und Manipulation gründete. Allmählich durchdrang die Parteiorganisation die ganze Gesellschaft, schrieb jedem sein Verhalten und Denken vor. Individuelle Abweichungen waren verboten.

Die Frauen wurden von der Herrschaft der Familie befreit.

Die neuen Ehegesetze stellten Frauen den Männern gleich. Für die Frauen brach ein neuer Tag an. Erst später sah man, daß die Emanzipation die Frauen zu ganztägig beschäftigten Lohnarbeiterinnen gemacht hatte; für das Heim waren sie verantwortlich geblieben. Es gab wenig Verhütungsmittel. Kühlschränke waren rar, weshalb sich die Frauen täglich stundenlang beim Einkauf anstellen mußten.

Ehe die KPCh das wirtschaftliche und soziale Leben der chinesischen Massen umgestalten konnte, stand sie vor dem Problem der Schaffung einer neuen Verwaltung, von der man eine verläßliche Durchführung der Revolution erwarten konnte. Da die Beamten der KMT, wie auch die Geschäftsleute, unbehelligt geblieben waren, wenn auch neue kommunistische Kader in die Verwaltung eingeschleust wurden, war die dringendste Aufgabe die Säuberung und Rationalisierung des Regierungsapparats. Die »Drei-Anti«-Kampagne 1951/52 (gegen Korruption, Vergeudung und Bürokratismus) richtete sich gegen die Angestellten der Regierung, der Industrie und der Partei. Mit einer »Fünf-Anti«-Kampagne ging es nun gegen die Kapitalistenklasse, die man zuerst in Ruhe gelassen hatte. Die fünf Punkte waren Bestechung, Steuerhinterziehung, Diebstahl von Staatseigentum, Mißbrauch von Material und Arbeitern, schließlich Diebstahl staatlicher Wirtschaftsnachrichten. Damit konnte man jeden Arbeitgeber vor Gericht bringen. Viele wurden enteignet, einige zu Staatsangestellten gemacht.

Die Regierung bediente sich zweier Mechanismen. Der erste war die neue Einheitsfront, die 1949 in Gestalt der »Beratenden Volkskonferenz« als oberstes Regierungsorgan geschaffen wurde. Sie hatte kommunistische wie nichtkommunistische Mitglieder. Sie nahm 1949 ein gemeinsames Programm an, das eine schrittweise Entwicklung vorsah. Am Anfang standen den meisten Ministerien Nichtkommunisten vor. So wurden Talente mobilisiert, die nach und nach durch Kommunisten ersetzt werden konnten, sobald solche verfügbar waren.

Der zweite Weg führte über die Massenorganisationen. Es gab solche u. a. für Arbeiter, Frauen, Jugend und freie Berufe. Die Mitgliedschaft war obligat. In jeder Organisation bestand eine Struktur, die das Ganze für alle möglichen Kampagnen mobilmachen konnte. Solche Kampagnen liefen gegen Gegenrevolutionäre, Widerstand gegen Amerika und Hilfe für Korea, die »Drei-Anti«-Bewegung und die »Fünf-Anti«-Kampagne. Auf diese Weise konnte die Partei die Volksmassen in den Städten erfassen. Bei diesen Kampagnen wurden nicht nur Personen zweifelhafter Loyalität ausgeschaltet, sondern auch Aktivisten gefunden, die man in die Partei aufnehmen konnte. Im Jahre 1947 hatte sie 2,7 Millionen Mitglieder, im Jahre 1953 waren es schon 6,1 Millionen.

Während dieser schrittweise und mitunter von Terror begleitete Konsolidierungsprozeß in den Städten vor sich ging, nahm man auf dem Land die Bodenreform in Angriff. Alle Dorfbewohner bekamen einen besseren Status, die Großgrundbesitzer wurden beseitigt, der besitzlose Landarbeiter wurde emporgehoben. In den nordchinesischen und nordöstlichen Gebieten, die unter kommunistischer Herrschaft standen, war das schon vor 1949 geschehen. Um die Bodenreform in dem größeren Gebiet südlich des Jangtse durchzuführen, sandte man nach der militärischen Befriedung Arbeitsgruppen in die Dörfer, die die Bauern gegen die Großgrundbesitzer organisierten. Die reichen Bauern wurden zu diesem Zeitpunkt nicht angegriffen, sondern eher begünstigt. Es entstand eine Atmosphäre von Terror, Schauprozessen, Massenanklagen und Hinrichtungen.

Durch gleichzeitiges Vorgehen an allen diesen Fronten war die Partei 1953 in der Lage, mit der Wirtschaftsplanung und dem weiteren Übergang zum Sozialismus zu beginnen.

Der Übergang zur sozialistischen Landwirtschaft

Ein vorbereitender Schritt erfolgte 1954: Es wurde eine Verfassung beschlossen, die an die Stelle des »Gemeinsamen Programms« trat und der »Neuen Demokratie« ein unerwartet frühes Ende bereitete. Die Verfassung gründete sich auf die von Stalin 1936 eingeführte Sowjetverfassung. Das Ergebnis war eine Stärkung der Regierung und ihrer mehr als fünfzig Ministerien. Die Staatsverwaltung wurde zum Organ der Partei. Doppelmitgliedschaft sorgte für Koordinierung. So war Tschou En-lai gleichzeitig Ministerpräsident und Politbüromitglied, die Nummer 3 in der Hierarchie nach Mao und Liu Shao-ch'i. Die neue Regierung läßt sich nicht nur mit der Sowjetunion vergleichen, sondern auch mit der KMT-Regierung von 1930 und sogar mit dem späten Kaiserreich. Eine nichtsowjetische Einrichtung war das Amt des Staatspräsidenten für Mao, ein Nachhall des alten Kaisertums. Es begann der Personenkult Maos, um dem chinesischen Bedürfnis nach einer autoritären Figur entgegenzukommen.

Im Gegensatz zur Sowjetunion wurden Militär und Sicherheitskräfte unter strenger Parteikontrolle gehalten. Die Armee unterstand der Kommission für militärische Angelegenheiten, deren Vorsitzender Mao war. Die Sicherheitskräfte wurden sowohl von der Partei als auch von einem Ministerium geleitet. Die Geheimpolizei wurde kein Teil der Regierung und kein Staat im Staate wie unter Stalin; sie konnte nicht die ganze Regierung und das Volk terrorisieren. Auch das Militär wurde kein selbständiger Körper wie unter Tschiang Kai-schek, dessen Militärkommission Ministerien entwickelt hatte, die mit Partei und Regierung konkurrierten. Die oberste Macht blieb fest in den Händen des Ständigen Ausschusses des Politbüros und des Zentralkomitees der Partei.

Auf der Stufe der Provinzen und darunter wurde eine Reihe von »Volkskongressen« eingeführt. Dafür gab es nur eine einzige Kandidatenliste, die Kongresse waren mehr nach oben verantwortlich als nach unten. Ihre Spitze war der Nationale Volkskongreß, der jährlich zusammentrat, um Berichte anzuhören und die Politik der Partei zu bestätigen. Nichtkommunisten waren hier immer noch in der Mehrheit, aber der Kongreß war nur eine diskutierende Körperschaft. Die Regierung wurde im Grunde auf allen Stufen von Parteikomitees ausgeübt.

Die nächste Tat war die Kollektivierung der Landwirtschaft. In der Sowjetunion waren in den frühen dreißiger Jahren die Parteikader aus der Stadt aufs Land gekommen, um die reichen Bauern (Kulaken) zu vernichten. Diese wehrten sich durch Schlachtung ihres Viehs, durch Verbreitung von Oppositionsgeist und Verweigerung der Mitarbeit. Die sowjetische Kollektivierung hatte große Zerstörungen angerichtet. In China dagegen war die KPCh immer eine bäuerliche Organisation gewesen, den Dörfern nahe und von ihnen abhängig. Sie näherte sich ihrem Ziel daher nur schrittweise. Der erste Schritt war, die Bauern in Gruppen mit dem Ziel gegenseitiger Hilfe einzuteilen, der zweite die Bildung landwirtschaftlicher Produktivgenossenschaften auf der unteren Stufe. Die Bauern legten ihren Boden und ihre Ausrüstung zusammen; im Verhältnis zu ihrem Anteil erhielten sie einen Anteil vom Ertrag. Die reichen Bauern leisteten keinen Widerstand, denn ihre Lage besserte sich zunächst. Der Bodenbesitz wurde verbreitert; bisher hatten 2,6 Prozent der Großgrundbesitzer den Großteil des Bodens besessen. Die Bodenverteilung unter Pächter und Landarbeiter stärkte das Privateigentum. Man konnte noch privat Boden kaufen oder verkaufen. Eine reiche Bauernklasse trat in den Vordergrund.

Die dritte Stufe der Sozialisierung war die Zusammenlegung der landwirtschaftlichen Produktionsgenossenschaften zu größeren Einheiten gleichfalls genossenschaftlicher Struktur. Hier hatten alle Bauern für Lohn zu arbeiten und erhielten nichts weiter von den Erträgen, auch nichts für den eingebrachten Boden oder Geräte. Dieser Kollektivierung war die Bodenreform vorangegangen, bei der alle mitgemacht hatten; man hatte dabei Aktivisten rekrutiert. Von 1954 bis 1956 ging das Kollektivierungsprogramm schneller als erwartet. Ende 1956 war ganz China kollektiviert. Am Aussehen der Dörfer und an den Häusern änderte sich nichts. Nur der Status der Bauern veränderte sich. Sie mußten an Versammlungen teilnehmen und gemeinsame Entwicklungsvorhaben durchführen. Eine Produktivgenossenschaft umfaßte einen Teil des Dorfes oder das ganze Dorf. Von 1958 bis 1978 wurden diese Einheiten »Produktionsmannschaften« genannt. Sie waren die unterste von drei Schichten; die Mannschaften bildeten Brigaden und diese bildeten Volkskommunen. Nach 1978 bildeten die Mannschaften die Grundeinheit. Die KPCh hatte einen ländlichen Apparat geschaffen, an den die alte Nationalregierung nie gedacht hätte. Die Parteimitglieder stammten größtenteils aus dem Bauerntum und hatten ein offenes Ohr für die Meinung der Bauern. Die Landwirtschaft galt als Grundlage des Lebens der chinesischen Massen.

Die Produktivgenossenschaften durchdrangen das Landleben bis zum einzelnen Bauernhof, der nun kollektiviert wurde. Die ländliche Organisation war vollständiger als je zuvor in der chinesischen Geschichte. Faktoren der schnellen Entwicklung der Kollektivierung waren Maos großes persönliches Interesse, der kollektive Geist des chinesischen Volkes und dessen althergebrachte Bereitschaft, den Weisungen der Behörden zu gehorchen.

Zu den Losungen der KPCh gehörte es, daß die Kollektivierung der Landwirtschaft mit ihren großen Feldern die Ernte und das Einkommen der Bauern erhöhen würde. Das Ergebnis läßt ebenso wie ein Vergleich mit anderen Ländern an dieser Erwartung zweifeln. Kleinere Höfe erzielen meist bessere Erträge je Flächeneinheit. Das Wirtschaftliche war allerdings nur ein Teil des Programms. Kollektive Arbeit sollte eine Gesellschaft von Gleichen schaffen, die sich anderen, weiteren Zielen zuwenden konnte.

Anfänge der Industrialisierung

Das Stalinsche Modell der Industrialisierung, das zunächst die Schwerindustrie auf Kosten der Landwirtschaft begünstigte, war in China nicht anwendbar; die Landwirtschaft spielte hier bei weitem die Hauptrolle. Immerhin wurden die ersten Industrieprojekte durchgeführt und aus dem flachen Land konnte man Mittel herausziehen, die für die Industrialisierung verwendbar waren. Die Mentalität des Großen Sprungs äußerte sich schon in einer Sozialisierung der Industrie. Dem staatlichen Industriemonopol kam es zustatten, daß die Nationale Hilfsquellenkommission des vorigen Regimes bereits zwei Drittel der chinesischen Industrie unter sich gehabt hatte. Statt ein paar Jahre gemischter staatlicher und kapitalistischer Leitung einzulegen, folgte die KPCh dem Beispiel der Kollektivierung der Landwirtschaft. Allerdings erfolgte die Übernahme der Industrie zunächst nur dem Namen nach, während die kapitalistischen Leiter der Betriebe ihre Funktionen behielten. Die Kader der KPCh auf dem Lande kannten sich in der Landwirtschaft besser aus als in der Industrie. Die angekündigten Produktionsziele der Industrie waren unrealistisch, aber Patriotismus, Nachahmung und Ehrgeiz ließ die Organe der KPCh über erfüllte Pläne berichten, auch wenn diese nur der Form nach stimmten.

Nach 1976 kehrte die Partei wieder zum Familienhof zurück und führte einen freien Markt ein. Auch andere kleine Unternehmungen wurden zugelassen. Man lockerte Maos strenge Verordnungen der fünfziger Jahre. Es läßt sich fragen, ob die kommunistische Revolution nicht schneller in der Modernisierung fortgeschritten wäre, wenn es keine Ära Mao gegeben hätte. Man kann zeigen, daß das Tempo des Wachstums der Industrie seit Anfang des Jahrhunderts ungefähr gleichgeblieben ist. Die Schaffung einer neuen Klasse von Regierung und Kadern war in der chinesischen Geschichte nicht neu, nur reichte das Herrschaftssystem diesmal tiefer und das tägliche Leben wurde schärfer kontrolliert. Die Reglementierung hemmte die wirtschaftliche Entwicklung. Im Grunde war das Ergebnis der chinesischen Revolution nichts anderes als eine

Rückkehr zu der Struktur des späten Kaiserreichs mit moderner Technik und Massenpatriotismus.

Die Schwierigkeiten all dieser Revisionsversuche der Geschichtswissenschaft liegen darin, daß sie sämtlich auf den Annahmen von Außenseitern beruhen. Es ist beispielsweise nicht leicht zu beweisen, daß die Herrschaft der Großgrundbesitzer in den Dörfern ohne Gewalt, nur durch schrittweise Entwicklung hätte beseitigt werden können. Andererseits ist es auch fraglich, ob die Alphabetisierung der Massen (Schätzungen der Weltbank bewegten sich 1978 bei 60 Prozent) ohne die politische Organisation durch die Partei ebenso schnell erfolgt wäre. Es bleibt uns nur die banale Feststellung, daß die chinesische kommunistische Revolution in chinesischem Stil stattfinden mußte. Sie hat ungeheure Veränderungen bewirkt, aber die Gesamtlinie zeigt eine gewisse Kontinuität mit der Vergangenheit. Im ganzen hat sie China nicht der UdSSR, Japan oder Amerika ähnlicher gemacht, außer daß China an der modernen Technik teilnahm.

Die von der Volksrepublik ererbte Wirtschaft bestand aus mindestens drei Teilen: die Mandschurei, die seit 1931 unter japanischer Herrschaft stand und seitdem der Nordosten genannt wird; die Vertragshäfen, von denen der Außenhandel und die moderne Industrie ausgingen; schließlich das flache Land, wo es noch wenig Modernisierung gab, abgesehen von Bahnen und Dampfern.

Nach der Errichtung der Volksrepublik und Einschränkung der Inflation verbreiterte sich die Steuergrundlage; das Steueraufkommen stieg von 6,5 Milliarden Yuan im Jahre 1950 auf 13,3 im Jahre 1951. Das verbliebene Defizit wurde zu 40 Prozent aus Anleihen gedeckt. Die Schuldverschreibungen lauteten nicht auf Geld, sondern auf Warenäquivalente. Man konnte sie als Spareinlagen bei den Banken verwenden. Während das Steueraufkommen unter der nationalen Regierung etwa 5 bis 7 Prozent des Bruttosozialprodukts betragen hatte, stieg der Anteil des Staates am Steueraufkommen in der Volksrepublik 1952 auf 24 Prozent und 1957 auf 30 Prozent. Die Kombination von privater und staatlicher Industrie ging mit einer Diskriminierung der Privatwirtschaft auf dem Gebiet der Steuern und des Kredits einher. Das Ergebnis war die Verkleinerung des privaten Sektors, der 1949 noch die Hälfte ausgemacht hatte, dann aber auf weniger als ein Fünftel sank. Das Handwerk blieb dagegen größtenteils in Privathänden.

Der erste Fünfjahresplan (1953–1957) war insgesamt gesehen ein großer Erfolg. Das Nationaleinkommen stieg im Mittel um 8,9 Prozent jährlich. Die landwirtschaftliche Produktion nahm um 3,8 Prozent, die Bevölkerung nur um 2,4 Prozent zu. In anderen Entwicklungsländern betrug die jährliche Zuwachsrate nur 2,5 Prozent. Indien blieb in den fünfziger Jahren unter 2 Prozent. Die Lebenserwartung in China stieg von 1950 bis 1957 von 36 Jahren auf 57 Jahre. Der Anteil der Volksschüler erhöhte sich sprunghaft von 25 auf 50 Prozent. Die ländlichen Löhne stiegen fast um ein Drittel, die Bauerneinkommen um ein Fünftel.

Die Investitionen waren fast so groß wie bei der in der Sowjetunion seit 1928 forcierten Industrialisierung. Dabei hatte China ein Pro-Kopf-Einkommen von nur der Hälfte bis zu einem Viertel der entsprechenden Ziffer in der Sowjetunion von 1928. Bei der Nachahmung des Sowjetmodells für schnelle Industrialisierung auf Kosten der Landwirtschaft übersah die KPCh, daß in der Sowjetunion das Verhältnis der Bevölkerung zu Rohstoffen günstiger und die Industrialisierung vor der Revolution schon weiter fortgeschritten war. Die Hälfte der Investitionen ging an 156 von der Sowjetunion unterstützte Projekte, die großbetrieblich und kapitalintensiv waren. Die 156 Betriebe lagen fast sämtlich auf dem Gebiet der Schwerindustrie und wurden im Binnenland, so in Wuhan oder in Paotou im Norden, errichtet, um die Abhängigkeit von den Küstenstädten wie Schanghai und Tientsin zu verringern. Für die Sowjethilfe mußte ein hoher Preis gezahlt werden. Die Volksrepublik China investierte unter dem ersten Fünfjahresplan etwa 25 Millionen Yuan, aber die Sowjethilfe bestand nicht in Zuschüssen, sondern in Darlehen. Diese betrugen etwa 60 Millionen Yuan jährlich und mußten sämtlich zurückgezahlt werden. Es kamen 10 000 Sowjetfachleute nach China und 28 000 Chinesen erhielten ihre Ausbildung in der UdSSR. Die Sowjetkredite erreichten nur 4 Prozent der chinesischen industriellen Investitionen. Freilich war die sowjetische Technik fortgeschrittener als die chinesische, aber im großen und ganzen war die Sowjethilfe doch ziemlich fragwürdig.

Alle diese Umstände bewogen die Urheber des zweiten Fünfjahresplans im Jahre 1956 dazu, weniger Gewicht auf die Schwerindustrie zu legen, dagegen Landwirtschaft und Leichtindustrie zu begünstigen. Der Fortschritt auf dem flachen Land war auf lange Sicht auch für den Fortschritt in den Städten wesentlich. Man kam auch zu der Ansicht, daß die Riesenbetriebe weniger günstig waren als kleinere Betriebe im Landesinneren. Letztere hatten weniger technische Ausstattung, aber sie konnten Material und Arbeitskräfte an Ort und Stelle finden und Transportkosten einsparen. So begann die Industrialisierung des flachen Landes. Eine Rolle spielte auch die Erkenntnis, daß die Kollektivierung der Landwirtschaft die Erträge nicht nennenswert erhöht hatte. Ferner sah man, daß das enorme Wachstum der staatlichen Bürokratie einen Punkt erreicht hatte, wo es die Entwicklung der Wirtschaft behinderte. Man drängte auf weniger Zentralismus. Allerdings wurde der zweite Fünfjahresplan von 1956 nie so weit entwickelt, daß man ihn hätte veröffentlichen können, denn an seine Stelle trat im Frühjahr 1958 der »Große Sprung nach vorn« (GSV).

Das Problem der Intelligenz

Im Hintergrund des Großen Sprungs standen, abgesehen von der Wirtschaft, zwei andere Probleme, nämlich das der Intelligenzschicht und das der Bildung. Wie konnte die Revolution Erfolg haben, wenn die Gebildeten sich immer noch an das konfuzianische Modell hielten und die Schüler Klassisches und Liberales in der Schule lernten? Mao hatte nicht viel liberale Erziehung genossen, aber er wußte, was er wollte: eine Intelligenzschicht zur Unterstützung des Regimes und eine Bildung, die die Bauernmassen erreichen und umgestalten konnte. Das war ein Gebiet, auf dem er, ein wenig wie Tschiang Kai-schek, zum Schluß scheiterte. Ein Blick auf die Geschichte des chinesischen Bildungswesens ist hier angebracht.

Die Beziehung der Intelligenz zur Staatsautorität ist in Ost und West ein altes Problem. Die westlichen Erfahrungen auf diesem Gebiet waren vielfältig und komplex. Man kann dasselbe in China erwarten. Man hört oft, daß das Fehlen einer Zentralgewalt in der Zeit zwischen 1910 und 1930 mit einer Blüte des Geistes einherging. Diese Ansicht übersieht, daß das zwanzigste Jahrhundert China die große Anregung durch ausländisches Denken brachte. In früheren Interregnen hatte es in China schon oft Unordnung gegeben, ohne daß etwas Neues geschaffen worden wäre. Das Interregnum zwischen der Zentralgewalt der Dynastie Ch'ing bis 1911 und der kommunistischen Zentralgewalt ab 1949 war die Periode der größten Empfänglichkeit für ausländische Sozialtheorien. Die Generation Maos hatte den Zusammenbruch des Konfuzianismus, die Akzeptierung des Fortschritts, der Evolution und des Sozialdarwinismus erlebt, dazu die Bildung eines intensiven Nationalismus und eine Neubewertung der chinesischen Tradition mit dem Ziel, die Nation zu retten. Maos Gedanken kennzeichnen eigentlich den Höhepunkt des sowjetischen Einflusses.

Ein wichtiger Zug der alten chinesischen Gesellschaftsstruktur war die enge Identifizierung des Akademikers mit dem Staat. Wie schon dargelegt, läßt sich dieses enge Verhältnis bis zu der prähistorischen Shang-Dynastie zurückverfolgen. Lesen und Schreiben war damals Recht und Pflicht des Herrschers; wer es sonst konnte oder Akademiker war, orientierte sich von Natur aus nach dem Staat. Im alten Abendland verbreitete sich das phönizische Alphabet mit dem Handel, während die griechische und römische Literatur nur zum kleinen Teil Fragen des Staates behandelte. Auch hier ist China anders. Die chinesische Intelligenz des zwanzigsten Jahrhunderts konnte ihren Ursprung bis auf das Auftreten von *wen* zurückverfolgen; das hatte ursprünglich »Zeilen« oder »Schreiben« bedeutet, damit auch Literatur und Kultur. *Wen,* auch als »zivil« zu übersetzen, war der Gegensatz zu *wu,* militärischer Gewalt. *Wen-jen* bedeutete Schriftsteller, d. h. Leute von hoher Bildung.

Mit der Entwicklung des chinesischen Staates zu starkem Zentralismus wurden die *Wen-jen* geprüfte Akademiker, damit auch Klassizisten und Konservative. Die großen Leistungen der chinesischen Literatur kamen aus diesem System der Bejahung der Gesellschaftsordnung und der zentralen Autorität. Es gab keine Klöster, keine Glaubenskämpfe, keine Trennung von Kirche und Staat wie in Europa. Verschiedenheit wurde nicht geduldet. Die Akademiker blieben größtenteils Beamte. Vertreter bedeutender Schulen wie Chu Hsi und Wang Yang-ming hatten Beamtenkarrieren hinter sich.

Zwei Erfahrungen aus der neueren Zeit illustrierten die Lage. Die chinesischen Akademiker des neunzehnten Jahrhunderts waren langsam bei der Aufnahme fremder Ideen und bei Reformen. Außerdem war beim Zusammenbruch der alten Ordnung das Nationalgefühl so stark geworden, daß Reformer und Revolutionäre sich hauptsächlich der »Rettung Chinas« widmeten. Immer noch blickten sie auf den Staat. Diese Einstellung enthielt natürlich Widersprüche, aber die Rolle des Akademikers bzw. Beamten ist in China immer eine doppelte gewesen. Er hatte nicht nur die Regierungstätigkeit für den Kaiser auszuüben, sondern auch den Kaiser zu beraten und seiner Politik im Notfall zu widersprechen. Der Gedanke, daß die Gelehrten immer wissen, was zu tun ist, und verpflichtet sind, ihren Rat anzubieten, ist in der Doktrin von der Einheit des Wissens und Handelns enthalten. Das Wissen des Gelehrten sollte zum Handeln führen und umgekehrt. Als Hu Shih und seine Kollegen im Jahre 1919 die Trennung des Akademikertums von der Politik verlangten, handelten sie revolutionär. Doch nach 1931 leisteten sie unter dem japanischen Angriff der Regierung Dienste als Berater und Administratoren. Der größte Kritiker des chinesischen Niedergangs Lu Hsun gründete die Liga der linken Schriftsteller. Er war für Kritik und Veröffentlichung, aber sein Ziel war keineswegs ein Rückzug aus der Politik, sondern die Verbesserung der Gesellschaftsordnung und die Ausübung der Staatsmacht.

Nach der Machtergreifung der Kommunistischen Partei 1949 bedurfte diese der »Gedankenreform« mehr als je zuvor. Theoretisch förderte der Übergang vom revolutionären Krieg zu einer neuen Regierung eine Verschiebung zu friedlicher Überredung statt Gewalt. Praktisch jedoch schätzte Mao die Zahl der Todesopfer in den frühen fünfziger Jahren einmal auf 800000. Manche waren KMT-Spione, andere Großgrundbesitzer und einige nur Opponenten der Parteidiktatur. Maos Schätzung ist im übrigen unbewiesen.

Die »Gedankenreform« nahm enorme Ausmaße an. In gesamtstaatlichen Kampagnen wurden bestimmte Verhaltensweisen zunächst theoretisch als verwerflich erklärt. Dann fand man sie in bestimmten Personen verkörpert, die in großer Zahl verfolgt wurden. Jedesmal kam es zu gesamtstaatlichen Kampagnen, die von Aktivisten an jedem Ort durchgeführt wurden. Manchmal war ihnen von vornherein eine bestimmte Zahl von Opfern vorgeschrieben. Zahlreiche Versammlungen mit entsprechender Demütigung der Angegriffenen fanden statt. Für die Teilnehmer war das eine Warnung.

Die nächste Schwierigkeit war, das Bildungswesen so zu reformieren, daß es der Partei gefügige Studenten erzeugte. Da die Intelligenz größtenteils aus Lehrern bestand, wurde das ganze Schulwesen ein Schauplatz des revolutionären Umbaus. Bei der Machtergreifung der KPCh bot das chinesische Schulwesen schon ein recht buntes Bild. Die späten kaiserlichen Akademien *(shu-yuan)* und ihre Strömungen sind schon erwähnt worden. Nach 1900 folgte zunächst eine zehnjährige Periode des japanischen Einflusses, dann eine des Einflusses der atlantischen Länder bis etwa 1940. Die Massenschulung begann in den zwanziger und dreißiger Jahren, wozu in den vierziger Jahren ein besonderer Beitrag der KPCh kam.

In den drei Perioden der chinesischen Bildungspolitik hatte die erste, die alte klassische, bis 1905 gedauert und einem Studium generale entsprochen, etwa nach dem Muster von Oxford und Cambridge. Man bildete Administratoren mit weitem Horizont heran, nicht technische Spezialisten. In der zweiten Periode bis 1940 schuf man mittels westlicher Bildung eine modernisierte Elite. Das Volk wurde davon zunächst nur wenig berührt. In der dritten Periode nach 1949 hoffte Mao die Massen zum Hauptobjekt der Bildungspolitik zu machen. Nach dem Muster des Sowjetsystems versuchte er ideologisch gefestigte Technokraten heranzubilden. Aber das wirkliche System hatte zwei Gesichter. Es wollte dem ganzen Volk moderne Bildung und technisches Können beibringen, zugleich aber eine in großem Maßstab denkende Elite heranziehen, die den Platz der alten konfuzianischen Administratoren einnehmen konnte. Aber wie kann man mit den begrenzten Möglichkeiten der Volksrepublik die Massen in das post-analphabetische moderne Leben führen und gleichzeitig weiterhin eine hochgebildete Elite hervorbringen?

Nach 1949 ahmte die KPCh das sowjetische Bildungssystem nach. Hier lag die Betonung auf der Ausbildung von Wissenschaftlern und Technikern. Die Naturwissenschaften hatten Vorrang. Die KPCh ließ daher das in den christlichen Colleges und staatlichen Universitäten übernommene humanistische Erziehungswesen fallen. Sie gründete zwanzig polytechnische Fachschulen und sechsundzwanzig technische Hochschulen für Maschinenbau. Unter 200 höheren Bildungsanstalten waren nur dreizehn Universitäten mit gemischtem humanistischem und naturwissenschaftlichem Lehrangebot. Diese Reorganisation des Bildungswesens in den ersten Jahren der Volksrepublik zog die Mehrheit der Studierenden in die technischen Fächer. Der alte humanistische Lehrplan hatte Gelehrte erzeugt, die zwar politische Ideen hatten, aber keine Fachkenntnisse. Der Bildungsschwerpunkt war von der Heranbildung von Beamten für höhere Regierungsdienste zu einem praktischen Programm der Ausbildung von Technikern verschoben worden. Die KPCh hatte natürlich andere Wege, um Administratoren zu finden. Man kann in dieser Bildungspolitik einen Versuch sehen, die Verbindung zwischen Humanismus und Politik zu durchschneiden.

Nach dem Beispiel der Sowjets wurden auch die Lehrpläne und Lehrbücher genormt. Die Ausbildung in allen Fächern folgte zentralen Vorschriften. Im November 1952 wurde ein Ministerium für höhere Bildung errichtet. Ein großes Übersetzungsprogramm sorgte für chinesische Ausgaben russischer Lehrbücher, die mehr als ein Drittel aller veröffentlichten Bücher ausmachten. Der Unterricht in englischer Sprache trat hinter dem Russischen zurück. Prüfungen und Graduierungen folgten dem russischen Beispiel. So wurde das Erbe der nationalen Periode und das der frühkommunistischen Landesteile mit russischen Einflüssen kombiniert. Es verblieben viele ungelöste Probleme. Die aus dem Westen heimgekehrten Studenten, die jetzt Professoren der Sozialwissenschaft waren, mußten umlernen, um unter dem Kommunismus weiterarbeiten zu können. Professoren kamen als Kandidaten für die »Gedankenreform« in den fünfziger Jahren als erste in Frage. Der Lehrkörper als Ganzes nahm aber kommunistische Methoden und Auffassungen nicht an; seine Angehörigen waren eher demokratische Sozialisten als totalitäre Kommunisten.

Ungeachtet der »Gedankenreform« und des redlichen Bemühens, sich die Grundsätze der Revolution zu eigen zu machen, standen die alten Fakultätsmitglieder vor dem Problem der Qualität und der Beurteilung der Leistungen in ihren Fächern. Die KPCh wollte schnellstens Intellektuelle aus Arbeitern und Bauern machen, aber die Professoren mußten feststellen, daß die besten Studenten immer noch aus gebildeten Familien kamen. Arbeiter und Bauern mit ein paar Jahren Volksschule waren einfach für ein Universitätsstudium nicht geeignet. Das Regime förderte »Schulen des Volkes« (min-pan) auf dem Dorfe, aber diese boten keinen Weg zu höherer Bildung. Die Schulung des Volkes lag in den Händen ungebildeter Parteimitglieder und hatte keine Aussicht, ein Weg zur Universität zu werden.

Quantitativ waren dem höheren Bildungswesen Grenzen gesetzt. Ein Volk von 400 Millionen hatte bis 1949 nur 185 000 Hochschulabsolventen hervorgebracht. Angesichts des schnellen Wachstums der Bevölkerung nach 1949 besserte sich das Verhältnis auch danach nicht. Nur ein Tausendstel der Bevölkerung hatte einen Abschluß in höherer Schulbildung erworben. Wie wollte man mit einer so beschränkten Zahl von Kadern ein modernes Land schaffen? In den fünfziger Jahren mußte das Ziel einer »Schule des Volkes« in jedem Dorf aufgegeben werden. Die ohnehin schon zu große Zahl der Abiturienten, die sich um die Zulassung an den Hochschulen bewarben, konnte nicht mehr erhöht werden, wenn man nicht eine Klasse arbeitsloser Akademiker ohne angemessene Beschäftigung schaffen wollte.

Kurz gesagt litt China immer noch unter der überkommenen Spaltung zwischen den körperlich arbeitenden Massen und der geistig arbeitenden Oberklasse. Die Abiturienten fanden es erniedrigend, andere Arbeiten als solche »mit dem weißen Kragen« verrichten zu müssen. Im Jahre 1956 kam nur ein Drittel der Universitätsstudenten aus Bauern- oder Arbeiterfamilien. Die Umwälzung im Bildungswesen war bei weitem nicht beendet und auch nicht erfolgreich.

Mao erklärte nun, daß die Arbeit der Intelligenz für die Revolution wesentlich sei. »Man kommt nicht ohne sie weiter.« Im Jahre 1956 begannen sich Bauern und Arbeiter zu vermischen, beide waren zur Parteimitgliedschaft zugelassen. Das galt auch für die Intelligenz. Alle waren nun Angehörige des Proletariats. Der Klassenkampf begann zu erlöschen. Jedenfalls war das die Ansicht von Deng Hsiao-p'ing, einem der treuesten Anhänger Maos, jetzt Generalsekretär der KPCh. Noch 1956 glaubte Mao, daß die Angehörigen der Intelligenz nicht nur Fachleute, sondern auch »Rote« waren.

Die neue Phase wurde mit der Kampagne der »Hundert Blumen« 1956/57 eröffnet. »Laßt hundert Blumen gleichzeitig blühen, laßt hundert Denkrichtungen konkurrieren.« Die Arbeitsverhältnisse der Intelligenzschicht wurden verbessert; es gab mehr Zutritt zu ausländischen Publikationen, mehr Freizeit, mehr Möglichkeiten der Initiative. Seit Mai 1956 ermunterte man die Intelligenz, die Kader zu kritisieren, die sich bisher als ihre Herren gebärdet hatten. Mao schätzte, daß unter fünf Millionen höher Gebildeter (Abitur und Universität) höchstens drei Prozent dem Marxismus ablehnend gegenüberstanden. Die Hundert-Blumen-Kritik des Parteibürokratismus konnte daher konstruktiv sein. Sie stellte einen »nicht-antagonistischen« Widerspruch im Volke dar, durchaus mit der Treue zum kommunistischen System vereinbar.

Die Intelligenz zögerte; die Sache schien ihr nicht geheuer.

Ein Jahr lang sagte sie nichts. Im Mai 1957 leitete die Partei jedoch eine Kampagne zur Korrektur des Arbeitsstils der Bürokratie ein. Sobald die Kader angegriffen wurden, schoß auch die Intelligenz, die so unter ihnen gelitten hatte, los. Sie kritisierte das Regime in zunehmend stärkeren Ausdrücken, wobei die Versprechungen, die Arbeitsweise, die Doktrin und die Praxis unter Beschuß kamen. Die Reaktion war so scharf, daß die Partei binnen fünf Wochen die »Hundert Blumen« zurücknahm.

Gegen die Rechten

Da die »Hundert Blumen« so erhebliche Unzufriedenheit in der Intelligenzschicht aufgedeckt hatten, verkündete Mao den Klassenkampf gegen widerspenstige Intellektuelle. Dies nahm die Form einer »Kampagne gegen rechts« an und begann im Juni 1957. Widersprüche sind zwar der Motor der Geschichte, müssen aber nicht zum Klassenkampf führen, außer wenn sie »antagonistisch« werden. Die Kampagne wurde für notwendig erachtet, weil so viele Parteibürokraten langsam waren und nur an ihre persönlichen Interessen dachten. Manche hatten Beziehungen zu unverläßlichen Angehörigen der Intelligenz angeknüpft; viele der letzteren wollten nicht im Herzen »rot« werden. Die »Hundert Blumen« hatten die Unverläßlichkeit der Intelligenz enthüllt. Mao dachte nun, daß eine neue Intelligenzschicht herangezogen werden müßte, die der Partei wirklich treu sei, weil sie guter proletarischer Herkunft wäre. Vor die Wahl zwischen Können und Klassenstatus gestellt, entschied sich Mao für den letzteren. An die Intelligenz erging eine Warnung: Ihre Angehörigen wären einfach vom Proletariat beschäftigte Lehrer. Sie durften nicht wagen, eigene Ideen neben der Partei zu haben.

Seit 1957 war Mao ein Gegner der Intelligenz, weil er durch das Vertrauen in ihre »rote« Überzeugung sein Gesicht verloren hatte. Er sah sie als bloße Schwätzer an und hatte auch Angst vor ihnen, weil ihre Kontrolle schwierig war. Er ließ sich zu heftigsten Ausfällen hinreißen: Die Intellektuellen seien die dümmsten aller Menschen, alle großen geistigen Leistungen seien von relativ ungebildeten jungen Leuten gekommen, der Kult der Technik sei ein Fetisch. So mußte er den Weg zurück zu seinen eigenen Ursprüngen gehen und die chinesischen Bauern als die Quelle der Weisheit und die Hoffnung der Zukunft erklären.

Die Kaiser hatten gelegentlich den Weg für Kritik freigegeben *(yen-lu)*, aber oft hörten sie mehr davon, als sie erwartet hatten. Mao und seine Mitarbeiter waren desillusioniert und erschreckt. Durch die schnelle Vergeltung in Gestalt der »Kampagne gegen rechts«, die auch viele Parteimitglieder erfaßte, verloren 400000 bis 700000 fachlich geschulte Menschen ihre Stellen und wurden als »Rechte« oder »Volksfeinde« abgestempelt. China wurde enthauptet, die so notwendigen Fachleute wurden ausgeschaltet. In dieser Atmosphäre von Anklagen und Intelligenzfeindlichkeit begann der »Große Sprung nach vorn«.

Die Revolutionsgeschichte ist voll von Personen, die plötzlichen Veränderungen zum Opfer fielen. Die Gründe sind nicht immer klar. Hier seien drei mir bekannte Fälle skizziert.

Der erste ist der Fall des Professors der politischen Wissenschaft Ch'ien Tuan-sheng, der in Harvard promoviert hatte und in den dreißiger Jahren ein furchtloser Kritiker der Kuo-mintang gewesen war. Er wurde Vorsitzender des auswärtigen Ausschusses des Politischen Volksrats, einer machtlosen Körperschaft, die 1938 geschaffen worden war, um den Sino-Liberalen entgegenzukommen. Als Professor an der Südwestlichen Vereinigten Universität führte er die Studentenbewegung gegen die polizeistaatlichen Methoden Tschiangs. Er lebte ärmlich auf einem Bauernhof. Im Jahre 1948 kehrte er, nachdem er die Kriegszeit überlebt hatte, auf ein Jahr nach Harvard zurück, um ein Buch zu schreiben. Als er 1949 nach China zurückkam, erwartete er, in einem Blutbad der letzten Minute von der zerfallenden KMT umgebracht zu werden. Das geschah nicht; im Gegenteil begrüßte ihn die KPCh als Mitarbeiter der Einheitsfront zur Erneuerung Chinas. Bald schickte man ihn mit Delegationen ins Ausland, wo er für das neue China sprach. Schließlich wurde er Leiter eines juristischen Kollegs zur Ausbildung von Beamten. Mit der Zeit fand er, daß er hier nur eine Figur war und die wirkliche Macht von zwei KPCh-Kommissaren ausgeübt wurde, die nichts über das Fach und noch weniger von der Außenwelt wußten. Als die »Hundert Blumen« kamen, kritisierte er die Gängelung der Universitätsarbeit durch Ignoranten und wurde 1957 der »Rechtsabweichung« angeklagt. Die nächsten 22 Jahre war er lahmgelegt, meist unter Hausarrest, wobei er wenigstens einen Hof hatte, in dem er sich an die Sonne setzen konnte. Im Jahre 1979 wurde er schließlich rehabilitiert, aber mit achtzig Jahren war es zu spät für ihn, die außenpolitischen Fachleute heranzubilden, die China benötigte.

Ein weiterer Fall ist der des begabten Journalisten Liu Tsun-ch'i, des Leiters der chinesischen Abteilung für Propaganda im amerikanischen Kriegsministerium (OSS) während des Zweiten Weltkriegs. Als solchen lernte ich ihn kennen. Er schien keine Beziehungen zur KPCh zu haben. Seine Gesinnung war sino-liberal und er sammelte begabte Mitarbeiter um sich. Er war allerdings 1931 als Student der KPCh beigetreten und unter der KMT ins Gefängnis gekommen. Er war dann als »äußerer« Kader im Freien China tätig, wo er ziemlich bekannt wurde. Sein Ziel war die Rettung Chinas durch die KPCh. Im Jahre 1957 wurde er als zu fremdenfreundlich angegriffen; er sei der KMT zu nahegestanden. Die nächsten zwanzig Jahre verbrachte er im Gefängnis. Ende der siebziger Jahre wurde er rehabilitiert und war eine Zeitlang Redakteur der englischsprachigen Zeitung ›China Daily‹, die den Journalismus westlicher Prägung in Peking einführte.

Der dritte Fall betrifft eine junge Frau namens Yang Kang, die an der Yenching-Universität in englischer Literatur graduiert hatte. Sie schloß sich 1935 der Studentenbewegung an und kritisierte von links her die Beschwichtigungspolitik der KMT gegenüber Japan. Sie trat der KPCh bei und wurde zum »äußeren« Kader bestellt. Sie benutzte die Literatur zur Erweckung der chinesischen Massen. Zu Beginn des Zweiten Weltkriegs redigierte sie die Literaturseite der größten Zeitung von Chungking. Sie genoß die Protektion des Chefredakteurs, der zu der sogenannten Politologen-Clique der KMT gehörte. Sie reiste gern in den Provinzen, um über die dortigen Verhältnisse und die Stimmung des Volkes zu berichten, in der Hoffnung, die Regierung in Chungking würde das zur Kenntnis nehmen. Nach der Revolution wurde sie stellvertretende Chefredakteurin der ›Volkszeitung‹ in Peking. Während der Anti-Rechts-Kampagne von 1957 wurde sie wegen eines Aufenthalts in Amerika 1946/47 angegriffen, auch wegen liberaler Töne in ihrer Zeitung, die beschlagnahmt wurde. Ihr Glaube brach unter diesen Angriffen zusammen und sie beging Selbstmord.

Es war ganz natürlich, daß die von der KPCh als »äußere« Kader benutzten Personen, die beauftragt waren, im China der KMT liberale Gefühle zur Schau zu tragen, wirkliche Liberale wurden. Sie glaubten, die Revolution wolle die Menschen befreien, nicht beherrschen. Nach dem Sieg der Revolution hatten sie dafür zu leiden. An Zehntausenden Fällen dieser Art sieht man, wie die Revolution ihre eigenen Kinder verschlang. Um 1957 kam eine neue Mannschaft ans Ruder, bäuerlicher Herkunft, wenig gebildet, ohne Wissen um die Außenwelt, voll Fremdenfeindschaft und Ablehnung der Intelligenz. Der Generalsekretär der Kommunistischen Partei, der in der Anti-Rechts-Kampagne sehr aktiv war, hieß Deng Hsiao-p'ing.

Diese Ereignisse kann man als eine Art Klassenkampf zwischen jungen Aufsteigern, die sich als Vertreter der Massen fühlten, und den Resten der modernisierten Oberklasse verstehen, die sich der Einheitsfront angeschlossen und dem neuen Staat große Dienste erwiesen hatten. Die über Jahrhunderte in den Bauernmassen angestauten Gefühle waren weder freundlich noch großherzig. Ihre Intelligenzfeindlichkeit war eine Variante des alten Hasses gegen die kleinen ländlichen Eliten. Die zur Macht in der KPCh gelangte neue Gruppe hielt nichts von Bildung und schien fähig zu fanatischer Zerstörung. Sie hatte nur geringes Verständnis für die Modernisierung Chinas. Das politische Leben Chinas sank durch die Heranziehung der Bauernmassen auf ein rohes bäuerliches Niveau. Etwas Ähnliches ist auch in anderen Revolutionen passiert; es ist der Preis der gesellschaftlichen Umgestaltung.

16. Der »Große Sprung nach vorn« und seine Folgen

Die nationale Katastrophe des »Großen Sprungs nach vorn« von 1958 bis 1960 war unmittelbar die Schuld des Vorsitzenden Mao. Im ganzen kamen 20 bis 30 Millionen Menschen durch Hungersnot ums Leben, weil ihnen die KPCh diese Politik auferlegt hatte. Es war eine der größten Katastrophen der Menschheit. Doch schien das Unternehmen dem Großteil der KPCh-Führung damals gut begründet. Woher der Fehlschlag?

Schon kurze Überlegung zeigt, daß der Große Sprung kein Ereignis für sich war, sondern in das ganze Bild gehörte. Die ersten acht Jahre der Volksrepublik hatten auf die Außenwelt einen guten Eindruck gemacht, Tüchtigkeit und Ordnung gezeigt (verglichen mit dem, was nachher kam). Der gute Eindruck war zum Teil der Einigkeit der Führung zuzuschreiben.

Im Hintergrund des Großen Sprungs sieht man eine Kausalkette, ohne daß man einem einzelnen Faktor entscheidenden Einfluß zuschreiben könnte. Zunächst eine einfache Beobachtung: Nach 1920 wurde die revolutionäre Politik der KPCh ein Jahrzehnt lang vom Vorbild der Sowjetunion und der Mitwirkung russischer Berater bestimmt. Erst ab Mitte der dreißiger Jahre führte die Sinifizierung des Marxismus-Leninismus zu einer nationalkommunistischen Bewegung unter der Führung Maos. Ähnlich zeigte sich in den ersten acht Jahren nach 1949 eine Abhängigkeit vom russischen Vorbild, zumal die KPCh-Führung in wirtschaftlichen Dingen wenig erfahren war. Erst 1958 ging die KPCh unter Mao in der wirtschaftlichen Entwicklung mit dem Großen Sprung ihren eigenen Weg. Die Anpassung des Marxismus-Leninismus an das bäuerliche China war zuerst erfolgreich, aber einen chinesischen Weg zur Industrialisierung zu finden war schwerer. Die soziale und politische Strategie, die auf dem Lande funktioniert hatte, eignete sich nicht immer für Städte.

Den Großen Sprung kann man nicht verstehen, ohne auf die chinesische Tradition und die allgemeine Lage in den fünfziger Jahren zurückzugreifen. Zur chinesischen Tradition gehörte die unbedingte Herrschaft des Staates über die Landbevölkerung. Die alten Behörden bildeten aus den Haushalten Gruppen von fünf bis zehn Mitgliedern; diese wurden zu größeren Gruppen verbunden, bis eine *Pao-chia*-Struktur tausend Haushalte mit Registrierung und gegenseitiger Überwachung umfaßte. Auch im *Li-chia*-System für Arbeitsdienst und Steuereinhebung bestand eine aufsteigende Hierarchie gegenseitig verantwortlicher Einheiten. Unter Benutzung dieser Strukturen hatten die Kaiser seit ältester Zeit öffentliche Arbeiten mit Hilfe der Zwangsarbeit der Landbevölkerung durchgeführt. Die herrschende Klasse konnte dem Bauern sagen, was er zu tun hatte, und zugleich Steuern bei ihm erheben.

Von dieser Zweiteilung der Gesellschaft in Regierung und Regierte, die Organisatoren und die Produzenten, konnte nun der moderne Staat vollständiger und intensiver Gebrauch machen als je zuvor. Mao und die KPCh konnten Baupläne für Wirtschaft und Gesellschaft anfertigen und verwirklichen. Sobald sie eine stalinistische Befehlswirtschaft eingeführt hatten, konnten sie die Bauern herumkommandieren.

Alle zentralen Befehle mußten allerdings von den örtlichen Stellen ausgeführt werden. Zur chinesischen Tradition gehörte es, daß der Gehorsam gegenüber dem Zentrum die Ergebnisse entschied. Die Kader und Aktivisten der KPCh hatten nun die führende Stellung inne, die in der Kaiserzeit die untere Gentry gehabt hatte. Wie in der alten Zeit blickten sie mehr nach oben und suchten die Billigung ihrer Oberen, weniger den Dienst am Volke. Die Phraseologie war egalitär, den Beamten war bescheidenes Verhalten vorgeschrieben. Faktisch aber bestand eine örtliche Elite von Organisatoren, die den Massen ihre Befehle gaben. Die gebietsweisen Kongresse sahen auf dem Papier gut aus, aber wie in den anderen totalitären Staaten hatten sie keine wirkliche Macht.

Die örtlichen Stellen wetteiferten darin, in ihren Berichten zu zeigen, wie gut sie die Befehle der Zentrale ausgeführt hatten. Sie konnten gefälschte günstige Ergebnisse berichten oder aber das Volk zwingen, wirklich gute Ergebnisse zu erzielen. Die Kollektivierung der Landwirtschaft 1955/56 war weit schneller gegangen als erwartet und hatte zumindest nominell der Landbevölkerung eine neue Form der wirtschaftlichen Organisation gegeben. Boden und Geräte wurden gemeinsam genutzt, der Ertrag wurde mit dem Staat geteilt. Aber die schnelle Schaffung landwirtschaftlicher Produktionsgenossenschaften war weitgehend nur auf dem Papier vorhanden. Die Parteikader, die ihnen vorstanden, konnten Erfolge berichten, sei es aus Patriotismus oder im eigenen Interesse. Später zeigte sich freilich, daß viele dieser Genossenschaften zu früh gegründet worden waren und nicht so funktionierten, wie behauptet wurde.

Ein weiterer »Erbfaktor« lag darin, daß die chinesischen Bauern sehr gefügig waren. Sie waren es gewöhnt, den Anordnungen der Behörden zu folgen. Die Verehrung der Führung fand eine Stütze darin, daß Anfang der fünfziger Jahre die KPCh und das chinesische Volk sich in der gemeinsamen Sache des Aufbaues Chinas einig waren. Das Volk vertraute dem Vorsitzenden Mao. Das öffnete Utopien und Illusionen die Tür. Die Parteikader, die sich zunehmend aus den oberen Schichten des Bauerntums rekrutierten, machten alles begeistert mit, wollten unbedingt dem Führer folgen und die Massen mit sich ziehen. Der Gehorsam gegenüber Staat und Partei, dazu das persönliche Charisma Mao Tse-tungs, konnten Situationen der Massenhysterie schaffen, in denen Tag und Nacht wie wild gearbeitet wurde; man konnte an anarchistische Utopien denken, in denen jeder ohne Zwang die größten Mühen für die Gemeinschaft auf sich nahm.

Mao und der »Große Sprung nach vorn«

Der unmittelbare Anlaß für den Großen Sprung war die Erkenntnis der KPCh, daß das Stalinsche Vorbild industrieller Entwicklung für chinesische Verhältnisse ungeeignet war. Zunächst war die Bevölkerung Chinas 1950 viermal so groß wie die russische; ihr Lebensstandard war gleichzeitig nur halb so hoch wie der russische um 1920. Ungeachtet aller landwirtschaftlichen Produktionsgenossenschaften waren die Erträge der Landwirtschaft nicht nennenswert gewachsen. Die Landwirtschaft konnte um diese Zeit nicht gleichzeitig die Industrialisierung finanzieren und die anschwellenden städtischen Zentren ernähren.

Die richtige volkswirtschaftliche Lösung wäre es gewesen, statt des Großen Sprungs die Investitionen in der Schwerindustrie, die schon 48 Prozent erreicht hatten, einzuschränken und einiges davon in die Leichtindustrie umzulenken, die Verbrauchsgüter erzeugen konnte. Ein Angebot von Verbrauchsgütern wiederum hätte die Produktionsfreudigkeit der Bauern gesteigert. Die Zentrale hätte eine größere Rolle gespielt, fachmännisches Denken wäre wichtiger geworden als parteilicher Übereifer. Es wäre zu einer landwirtschaftlichen Revolution gekommen, wie sie in den meisten Fällen erfolgreicher wirtschaftlicher Entwicklung der Industrialisierung vorangegangen war.

Dieses langsame Vorgehen paßte nicht in das Denken Maos. Er überzeugte seine Kollegen davon, daß man die Landwirtschaft umgestalten und die Erzeugung durch massive Arbeitsorganisation steigern könne. Revolutionäre Entschlossenheit, wie sie die KPCh bisher zum Erfolg geführt hatte, würde auch hier das entscheidende Motiv sein. Man könne zwar wirtschaftliche Verbesserungen versprechen, aber der materielle Anreiz zur Arbeit würde reduziert werden; ideologischer Eifer und Opferbereitschaft würden an seine Stelle treten. Dazu gehörte allerdings eine ebenso generelle wie unsichere Vorstellung von der Psychologie des Bauern.

Eine offenkundige Ursache der Katastrophe lag in dem romantischen Gedanken, daß der Geist in der Produktion wichtiger sei als der wirtschaftliche Faktor und daß eine begeisterte Bevölkerung durch bloße Zusammenlegung ihrer Arbeitskraft mehr leisten könne. Einer Führungsgruppe, die anscheinend unüberwindliche Hindernisse bei der Erlangung der Macht überwunden hatte, schien es selbstverständlich, daß ein kampffreudiges Angehen der wirtschaftlichen Fragen im Geiste des Langen Marsches noch nie dagewesene Wunder bewirken würde. Der Hauptfehler des Großen Sprungs lag in der Annahme, daß soziale Mobilisierung, der massive Einsatz von Arbeitskräften, die wirtschaftliche Lage verbessern würde.

Es stimmt freilich, daß der Masseneinsatz von Arbeitskräften zum Bau von Deichen und Bewässerungskanälen, zum Bau von Stauwerken und Gewinnung neuen Landes zu Erfolgen führte. Auf dem flachen Land in China sieht man noch die Seen und Kanäle, die auf diese Weise 1958/59 angelegt wurden. Man muß nur durch einen 500 Meter langen Tunnel gehen, der aus mit der Hand behauenen Steinen zur Entwässerung unter einem neuen Acker gebaut wurde, um zu sehen, was der massive Einsatz von Muskelkraft erreichen konnte. Aber auf diese Weise konnte man die Produktivität pro Kopf nicht steigern, was den Einsatz von Kapital, Fachkräften und anderen Hilfsmitteln erfordert hätte. Vor allem hätte die Mobilisierung der Arbeitskräfte besser berechnet und organisiert werden müssen, um wirtschaftlich zu bleiben.

Mehrere Denkfehler scheinen zu den Irrtümern der Parteiführung beigetragen zu haben, als sie den Großen Sprung vollführte. Da war vor allem das egalitäre Ideal, das aus der Zeit von Yenan stammte. Gleichmacherei ist in der chinesischen Revolution ein zweideutiger Begriff. Es kann die Hebung der unteren und die Herunterdrückung der oberen Schichten bedeuten, eine bloße Nivellierung zum Zweck totalitärer Herrschaft. Aber Gleichmacherei konnte auch den Zweck verfolgen, der Scheidung in eine Oberklasse und das gewöhnliche Volk ein Ende zu machen. Ein Motiv des Großen Sprung war daher die Degradierung der Intelligenz. Sie hatte sich nicht an dem Kreuzzug der KPCh beteiligt, konnte also entbehrt werden. Es wurde verkündet, daß Bücher überflüssig seien, daß jeder sein eigener Fachmann sein könne und eine Elite von Fachleuten unnötig sei. Das chinesische Volk könne seine Probleme selbst lösen. Den neu befreiten Bauern schien das annehmbar.

Ein verwandter Faktor trug in die Kampagne einen grundlegenden Fehler hinein. Mao mochte den bürokratischen Zentralismus nicht und wollte die Wirtschaft dezentralisieren. Deshalb wurde das Statistische Amt praktisch abgeschafft. Die Parteiführung trat einen Blindflug zwischen den übertriebenen Berichten strebsamer örtlicher Funktionäre an. Bald hatte sie keinen Überblick mehr darüber, was wirklich vorging. Selten ist aus emotionalen Gründen so falsch gehandelt worden. Der Gedanke der Dezentralisierung ging so weit, daß in manchen Gebieten das Streben nach besten Erträgen aufgegeben und durch den Gedanken der Selbstversorgung ersetzt wurde. Mancherorts versuchte man Stahl in winzigen »Hochöfen« in Hinterhöfen zu gewinnen. Die Kommunen wurden selbstversorgende Einheiten, umfaßten das ganze Leben und überwachten die Produktion der nachgeordneten Brigaden und Gruppen. Nach ihrer Gründung im Jahre 1958 sollten die Kommunen die örtlichen Finanzen und Investitionen, Gesundheitsprogramme, kulturelle Aufgaben und andere Aspekte der bäuerlichen Gesellschaft übernehmen.

Die Dezentralisierung führte dazu, daß die örtlichen Kader den Anweisungen der Zentrale gegenüber kritisch wurden und die Gelegenheit begrüßten, die Massen selbst zu führen. Der Große Sprung verstärkte die führende Rolle der Partei, während die Rolle der Ministerien und ihrer Experten zurücktrat. Politisch hatte der eifernde ideologische Agitator der Massenbegeisterung jetzt Vorrang vor dem Fachmann. Der Versuch, eine Massenmobilisierung für eine typisch chinesische Wirtschaftsentwicklung zu schaffen, erschwerte es der Zentrale, die örtlichen Aktivisten zu zügeln und ein geordnetes Programm zentraler Leitung einzuhalten, wie es die wirtschaftliche Entwicklung verlangte.

Hinter den vielen Faktoren, die beim Großen Sprung eine Rolle spielten, ragt die Gestalt des Vorsitzenden Mao empor. Denkt man daran, was er später bei der Kulturrevolution tat, kann man nur folgern, daß seine größte Stärke seine größte Schwäche war. Er hatte seit den zwanziger Jahren sein ganzes Leben damit verbracht, in Wort und Tat einen Aufstand gegen die bestehende Ordnung zu organisieren. Seine Ziele vor 1949 waren nicht ungewöhnlich, aber dann machte er bestimmte Gruppen der chinesischen Gesellschaft zum Ziel seiner Angriffe; schließlich brach er sogar mit der Sowjetunion, weil sie seiner Meinung nach Irrwege ging. Der maoistische Revolutionsstil war dadurch gekennzeichnet, daß Mao die Massen mobilisierte und die Intelligenz, die vorher über sie geherrscht hatte, an die Wand drückte. Er wollte immer wieder zeigen, was ein entschlossener Wille und die Begeisterung der Massen leisten konnten. Als er mit seinem großen Projekt im Jahre 1958 in Schwierigkeiten kam, griff er auf die bewährte Formel der Massenkampagne nach dem Typ der Yenan-Zeit zurück.

Wie die Massenkampagnen in der Volksrepublik instrumentiert wurden, ist noch nicht klar dokumentiert, aber man braucht nicht allzuviel Phantasie, um anzunehmen, daß Mao seinen geheimen Nachrichtenapparat hatte, zusätzlich zu den von der Partei gelenkten Massenmedien. Jeder Schritt entsprang formal der Spontaneität der »Massen«, auf die der Parteiapparat gemäß der vielberufenen »Massenlinie« reagierte. In Wahrheit darf man annehmen, daß die wirkliche Spontaneität bei Mao und seiner Partei lag, die die Drähte zogen oder dafür sorgten, daß das Gewünschte an die Öffentlichkeit kam.

Der Große Sprung ließ ganze Regimenter von Bauern mit Hacken und Körben in militärischer Formation auf die Felder marschieren, mit Fahnen und unter Trommeln, die andeuten sollten, daß man den Krieg mit der widerspenstigen Natur aufnehme. Die Volkskommunen sollten alle Aufgaben lösen. Man wäre ungerecht, wollte man Mao nicht die Entschlossenheit zugestehen, die Bauern zu befreien: von Analphabetismus, Krankheit, Unterernährung und sozialer Zersplitterung. Maos Idealismus in diesem Punkt war ein Widerhall der utopischen Ziele der meisten Revolutionen. Wenn Mao glaubte, daß die Menschen vom selbstlosen Dienst an der Gemeinschaft stärker motiviert würden als von materiellen Anreizen für den Einzelnen, so schien die Massenbegeisterung, die die Kampagne begleitete, dies eine Zeitlang zu bestätigen. Die menschliche Natur konnte offenbar so verändert werden, daß sie auf einer höheren moralischen Ebene funktionieren würde. Mao hielt die Massenmobilisierung für das geeignete Mittel der sozialen und materiellen Umgestaltung Chinas.

Die Ergebnisse des »Großen Sprungs nach vorn«

Selten hat das Streben nach einem Ideal zu so katastrophalen Ergebnissen geführt. Während 1958 eine gute Ernte eingebracht worden war, war das Wetter 1959 weniger gut. Die Bauern, die für den Sieg der Revolution auf dem Lande ausgerückt waren, konnten nicht die ganze Ernte einbringen. Die aus den Provinzen eingesandten Statistiken berichteten aber von einer enormen Steigerung der Produktion, mehr als einer Verdoppelung. Das Ergebnis war, daß die Requisitionen der Regierung hoch blieben, während die Produktion in Wirklichkeit zurückging. Dies führte zu der größten, von Menschen selbst verursachten Hungersnot aller Zeiten.

Anfang des Jahres 1959 wurde die Kampagne schwächer, aber die Abschwächung wurde aufgehalten, als sich Einwände gegen den Kurs Maos zeigten. Zu einem Krach kam es im Juli 1959 bei einer Sitzung in dem Kurort Lushan am unteren Jangtse. P'eng Te-huai war einer der zehn Feldmarschälle der Volksbefreiungsarmee und gerade Verteidigungsminister geworden. Er war schon in Yenan und Korea Armeekommandant gewesen. Dreißig Jahre war er Mao zur Seite gestanden. Nun versuchte er Mao über die Verschlechterung der Lage der Bauern Meldung zu machen. Mao faßte das als persönlichen Angriff auf und entließ P'eng sofort. Sozusagen als Vergeltung bestand er auf der Fortsetzung des Großen Sprungs. Nach dem Konflikt in Luschan wurde eine neue Anti-Rechts-Kampagne gegen die Kritiker des Großen Sprungs eingeleitet. Gleichzeitig wurde der Große Sprung intensiviert, womit sich auch die verheerenden Folgen vervielfachten. Der Eifer der Organisatoren des Großen Sprungs im Parteiapparat stand weiter gegen die technischen und wirtschaftlichen Einwände der Ministerien. Die Verlängerung der Kampagne führte zu einem weiteren Rückgang der Produktion in der Schwerindustrie und ebenso in der Verbrauchsgüter erzeugenden Leichtindustrie. Es hatte in den siebziger Jahren des neunzehnten Jahrhunderts im Nordwesten eine Hungersnot gegeben, weil drei Jahre kein Regen gefallen war. Man konnte das Gebiet damals infolge fehlender Verkehrsverbindungen nicht erreichen. Die Wege waren mit Leichen gesäumt. In der Zeit von 1959 bis 1960 war China besser organisiert, man sah keine an Hungersnot Gestorbenen an den Straßen. Aber die Unterernährung durch kleine Rationen machte Millionen anfälliger für Krankheiten. Die ungewöhnlich hohe Sterblichkeitsrate wurde erst später bekannt. Erst 1960 begriff man, daß die Bauern verhungerten und die ganze Wirtschaft ein Trümmerhaufen war. China war in einen wirtschaftlichen Sumpf abgeglitten. Die Statue des Vorsitzenden Mao stand auf tönernen Füßen. Er mußte zugeben, daß er fast nichts von der Volkswirtschaft verstand. Der Große Sprung erwies sich als eine von Mao verursachte Katastrophe.

Zugleich mit dem wirtschaftlichen Unglück kam eine politische Wende. Bisher hatte die KPCh-Führung regelmäßig Sitzungen an verschiedenen Orten abgehalten, um die politische Lage zu diskutieren und Entscheidungen zu fällen. Hier wurden Alternativen vorgebracht, aber jeder fügte sich der Entscheidung. Nun aber hatte Mao zum ersten Mal aus den politischen Argumenten des Marschalls P'eng einen persönlichen Angriff auf sich selbst gemacht. Er hatte diesmal zwar gewonnen, aber es war ein Pyrrhus-Sieg. Maos Sieg öffnete die Tür für Fraktionskämpfe. Sein Vorgehen gegen P'eng war das Ende der Einigkeit in der KP-Führung. Hatte zunächst jeder beim Großen Sprung mitgemacht, so zeigte der Mißerfolg allen die Fehlbarkeit Maos. Ein Zankapfel zwischen Mao und P'eng war auch die Ausrüstung der Volksbefreiungsarmee. P'eng wollte sie technisch verbessern und auf den Stand der russischen Armee bringen. Mao dagegen vertrat den Gedanken, Atombomben neben der Guerilla zu verwenden, ohne eine Armee nach russischem Vorbild aufzubauen.

Es ist schwer, einen Eindruck von der allgemeinen Stimmung, dem Opfergeist und der ungeheuren Aktivität des Volkes während des Großen Sprungs zu vermitteln. Die Bauern arbeiteten 24 Stunden, um ihre eigenen Arbeitsrekorde zu brechen. Die leitenden örtlichen Kader berichteten ständig unrealistische Ziffern. Der Ministerpräsident Tschou En-lai und der Wirtschaftsminister Ch'en Yun versuchten vergeblich, das Fieber zu senken. In die Hochöfen in den Hinterhöfen, die eine dörfliche Industrie darstellen sollten, warf man Töpfe und Pfannen, die im Haushalt nötiger gewesen wären. Der so erzeugte Stahl war natürlich wertlos.

Das größte Verbrechen dieser Periode war das Festhalten an großartigen Plänen zur Erhöhung des Investitionsfonds, der aus der Landwirtschaft hervorgehen und der Industrie dienstbar gemacht werden sollte. Sogar die Schulden an die Sowjetunion sollten in Agrarprodukten abgezahlt werden. Das Ergebnis war, daß die Requisitionen in den Dörfern vermehrt wurden, dies gerade zu der Zeit, wo die Bauern ihre Ernten nicht einbringen konnten, teils wegen des schlechten Wetters, teils wegen der Umleitung von Arbeitskräften zu öffentlichen Arbeiten. In manchen Gebieten verblieben den Bauern nur 20 bis 50 Prozent der als Existenzminimum notwendigen Kornmenge.

Der Umfang der Katastrophe wurde von der Führung nicht erkannt und blieb den auswärtigen Beobachtern dadurch verborgen, daß die Stadtbevölkerung mit den vom Lande herangeführten Nahrungsmitteln ausreichend versorgt wurde und der Industrieaufbau weiterging. Aber den harten Tatsachen war schließlich nicht auszuweichen. All das Marschieren mit Fahnen und Trommeln, die Verkündung extremer Soll-Zahlen, dazu die utopische Idee, daß die Angehörigen der Produktionseinheiten gemeinsam speisen mußten sowie die Heranziehung der Frauen zu den Arbeitsbrigaden, das alles hatte nur in eine Sackgasse geführt. Der chinesische Weg zum Sozialismus war ein Fehlschlag. Mehrere Jahre einer vernünftigeren Wirtschaftspolitik in den sechziger Jahren waren notwendig, um wenigstens den Lebensstandard von 1957 wieder zu erreichen.

Maos Motive

Im Rückblick erscheint es fast unglaublich, daß Mao, der sich der Kenntnis der Bauern rühmte, so viele von ihnen in Unglück und Tod geführt hat. Man kann sagen, daß der Große Sprung das fehlende Wirtschaftsverständnis der Yenaner Führung illustrierte, ebenso die alte chinesische Sitte des blinden Gehorsams gegenüber der Autorität, die deshalb tyrannisch sein konnte. Er zeigte auch, wie revolutionäres Fieber den gesunden Menschenverstand bei Führern und Geführten aus den Angeln heben konnte.

Auf Grund historischer Vergleiche kann man sagen, daß Mao nicht größenwahnsinniger war als viele Kaiser, die sich für Halbgötter hielten. Der Größenwahn Maos läßt sich seit 1957 verfolgen. Damals entfernte er zahlreiche Angehörige der Intelligenz und der Parteibürokratie aus ihren Stellungen, weil sie ihm nicht genug gefügig erschienen. Er stand nicht mehr über den Parteien und sorgte nicht mehr für ein Gleichgewicht. Er kämpfte nur noch um seine eigene Herrschaft. Vielleicht war er vorzeitig senil geworden, aber jedenfalls betrachtete er sich als die einzige Quelle aller Weisheit und Autorität.

Dazu gehörte seine Behauptung der Überlegenheit der chinesischen kommunistischen Revolution gegenüber dem russischen Vorbild und dessen revisionistischen Tendenzen. Als er mit seinen Kampfgefährten gebrochen hatte, bedurfte es nur noch eines Schritts zum Bruch mit der Sowjetunion. Er erklärte die chinesische kulturelle Tradition mit ihrer langen Geschichte für wichtiger als die Sowjetlehre. Er repräsentierte den Geist eines Nationalkommunismus, der dazu neigte, mehr national zu werden als kommunistisch. Um 1960 kam es zum Bruch mit der UdSSR; über diesen komplizierten Fall sprechen wir später.

Eine Folge des Großen Sprungs war es, daß Politbüro-Führer wie Liu Shao-ch'i und Deng Hsiao-p'ing zu einem Programm planmäßiger Entwicklung auf Grund richtiger Bewertung der Tatsachen zurückkehrten. In den Jahren 1961/62 kamen viele Berichte über die Kommunen heraus, ebenso über Industrie, Wissenschaft, Handwerk, Finanzen, Literatur, Kunst und Handel. Sie wurden von verschiedenen Gruppen ausgearbeitet und bildeten ein Programm wirtschaftlicher Sanierung. Im ganzen folgte es den langfristigen Empfehlungen Ch'en Yuns, des fünften Mannes in der Hierarchie und eines Spezialisten für Volkswirtschaft. Zu dem Programm Lius und Dengs gehörte der Gedanke der »individuellen Verantwortung«, der den Anreiz für mehr landwirtschaftliche Produktion bilden sollte. Mao trat dieser Tendenz mit dem Ruf nach Verstärkung des Klassenkampfs entgegen. Es begann der Kampf um die »zwei Linien«, auf der einen Seite Liu, Deng und andere Vertreter vernünftiger, fachlich richtiger Wirtschaft, auf der anderen Mao, der immer noch die Probleme Chinas mit einer romantischen Bauernmobilisierung lösen wollte.

Auf den entlassenen Marschall P'eng folgte als Verteidigungsminister der Marschall Lin Piao, ein geschickter Taktiker, der seine Macht dazu benutzte, die Armee stärker zu politisieren. Lin redigierte die bekannten roten Heftchen ›Aussprüche des Vorsitzenden Mao‹. Er stellte sich ganz auf die Seite Maos. Er beseitigte die Rangabzeichen der Offiziere und erneuerte das System der politischen Kommissare. Das setzte die Bedeutung der Berufsmilitärs wie P'eng herab. Eine Kampagne forderte dazu auf, »von der Volksbefreiungsarmee zu lernen«, als ob deren Politisierung ein Muster für die ganze Gesellschaft wäre. Das hob das alte Prinzip der KPCh auf, den Militarismus niederzuhalten.

Kurz gesagt wurde Mao nun der Führer einer Fraktion. Er hatte durch den Großen Sprung viel Gesicht verloren. Er zog sich formal in das zweite Glied zurück, von wo aus er weiter über die Beschlüsse der Partei entschied, während Liu Shao-ch'i Staatschef wurde. Warum Mao eine Fraktionspolitik verfolgte, die praktisch die Partei zerstörte, die er aufgebaut hatte, und die ganze Revolution in Gefahr brachte, das ist eine komplexe Frage, die von verschiedenen Seiten betrachtet werden muß.

Maos typisch ländliche Abneigung gegen den städtischen Bürokratismus ging anfangs mit der Überzeugung einher, daß das flache Land den Hauptnutzen von der chinesischen Revolution haben müsse. Er wußte aus langer Erfahrung, was einen bäuerlichen Wohlstand verhinderte. Das Ideal der Bauernbefreiung wich jedoch, sobald Mao an der Macht war, dem Streben nach Chinas nationalem Aufstieg unter der Führung der KPCh.

Bei diesem Bestreben begann Mao der anscheinend unvermeidliche Aufbau der Institutionen der Zentralregierung und ihrer vielen Beamten Sorge zu machen. Die Beamten schienen den Platz der administrativen Eliten der Kaiserzeit einzunehmen. Mao befürchtete die Erneuerung einer Klassenherrschaft über die Bauern. Denkt man an die moderne Notwendigkeit fachmännischer Leitung und die nicht zu unterdrückende Neigung der neuen Oberklasse zur Korruption, so kann man seine Bedenken verstehen.

Mao war Anfang der sechziger Jahre auch besorgt über die weitverbreitete und konstante Kritik seiner Politik in der Partei. Die Fraktionsführer konnten einander wegen der offiziellen Einheit nicht direkt angreifen. Man griff daher zu der alten Methode, sich Intellektueller als Sprachrohr der Fraktionen zu bedienen. Während die Reste der Sino-Liberalen unter den Intellektuellen größtenteils als »Rechte« weggesäubert worden waren, waren an ihre Stelle als Journalisten und Schriftsteller etwas jüngere Männer getreten, die sich als Erben der Tradition jener Intellektuellen fühlten. Unter dem Schirm politischer Fraktionsführer drückten sie deren Meinung in Artikeln, Kommentaren und Büchern aus. In den sechziger Jahren benutzte eine Gruppe begabter Intellektueller, die dem Parteiapparat nahestanden, indirekte Methoden, Anspielungen und Beispiele als Mittel eines Trommelfeuers der Kritik des Großen Sprungs und Maos Methode der Massenmobilisierung im allgemeinen. Manche gingen noch weiter und stellten Maos Erklärung von 1942 in Frage, daß alle Literatur der Revolution zu dienen habe. Der Hauptsitz der Kritik war Peking, wo P'eng Chen der Führer des Parteikomitees war.

Maos Sorge, daß die Volksrevolution in China auf falsche Wege geraten könnte, war teilweise in den Vorgängen in der UdSSR begründet. Mao mochte die Methoden Chruschtschows nicht und verfeindete sich bald mit ihm. In der UdSSR sah Mao

den »Revisionismus« am Werk. Die Russen fielen vom Gleich-
heitsgedanken ab, es bildete sich eine neue herrschende Klasse
privilegierter Städter und Techniker, die wie das ganze Volk
von der Geheimpolizei auf der Parteilinie gehalten wurden.
Nach westlicher Ansicht über die sowjetische Parteidiktatur
war Maos Mißtrauen gerechtfertigt. Jedenfalls wollte er die
Herrschaft über die KPCh zurückgewinnen, indem er seine
Anhänger an die Macht brachte.

Mao begann mit dem Aufbau einer Fraktion gegen den »Revisionismus«, den er in der Wirtschaftspolitik der anderen KP-
Führer verkörpert sah. Er erwies sich wieder als geschickter
Meister der Politik. In der Zeit von 1962 bis 1965 sammelte er
seine Anhänger.

Der »Zwei-Linien-Kampf« und die Bildungsfrage

Mao versuchte zunächst, die Parteikader auf dem Lande auf
Vordermann zu bringen. Er wollte sich ein Netzwerk eigener
Organe schaffen und benützte dazu eine Sozialistische Bil-
dungskampagne im Jahre 1963. Sie wurde zum Schlachtfeld von
Maos »Zwei-Linien-Kampf« mit dem Staatspräsidenten Liu
und dem Generalsekretär der Partei Deng. Beide Seiten waren
sich darin einig, daß die Partei viel Ansehen im Volke verloren
und die Korruption zugenommen hatte. Eine Korrektur war
notwendig; während Mao dazu eine neue Massenbewegung an
der Basis auf dem Lande wollte, sollte sich nach der Meinung
Lius und Dengs die Korrektur innerhalb der Partei vollziehen.

Im Jahre 1964 begann die KPCh eine Massenkampagne für
den Klassenkampf als Mittel der Korrektur der dörflichen Kader. Die neuen Dorfaktivisten mit typischen Angestelltenberu-
fen hatten bald die Allüren von Herren über die Bauern angenommen, aus deren Reihen sie eben emporgestiegen waren. Sie
trieben kleine Korruption, hatten ihre Günstlinge, arbeiteten
körperlich weniger und verwendeten ihre Autorität dazu, willkürliche Befehle zu geben und sich zu bereichern. Die »Vier
Säuberungen« richteten sich daher gegen Kader, deren Verhalten (nicht Klassenherkunft) sie zu Ausbeutern gemacht hatte.

Um diese Mißstände zu bekämpfen, entsandte die KPCh auswärtige Kader in die Dörfer, um das Verhalten der örtlichen
Kader zu korrigieren. Das Vorgehen erinnerte an die ursprünglichen Maßnahmen gegen Großgrundbesitzer, Kleindespoten

usw. Die Arbeitsausschüsse blieben einige Wochen im Dorfe, ließen sich von den Armen ihre Beschwerden vortragen, sammelten Material gegen die örtlichen Kader und erzwangen Geständnisse auf Kampfversammlungen. Diese erinnerten an die Versammlungen gegen die Intellektuellen und Bürokraten. Sie wurden zur Hauptform der Beteiligung der Bauern am politischen Leben und waren stets von der kommunistischen Partei manipuliert. Hatten die Bauern früher einer Hinrichtung als passive Beobachter beigewohnt, wurden sie nun lautstarke Ankläger von Personen, die von der Partei als Opfer ausgewählt worden waren.

Die höheren Parteifunktionäre zeigten Widerwillen gegen diese Korrekturmethoden mittels Massenversammlungen. Das veranlaßte Mao ab 1965, seine Korrekturmittel außerhalb der Partei zu suchen. Sein Wunsch, die chinesischen Bauern zu befreien und zu gebildeten Bürgern zu machen, ein Ideal, das westliche liberale Reformer ohne weiteres akzeptieren konnten, hatte sich nicht erfüllt. Bildung war immer ein Hauptanliegen des Konfuzianismus gewesen. Der Große Sprung war vor einem doppelten Problem gestanden: die Bildung auf neuen Wegen unter die Massen zu bringen und gleichzeitig die dringend benötigte Elite an den existierenden Schulen und Universitäten heranzubilden. Die neue Politik zielte auf Werkstudiums-Schulen ab, ähnlich den »Schulen des Volkes« *(min-pan)* der Yenan-Periode. Es wurde berichtet, daß Tausende Mittelschulen auf Werkstudentenbasis errichtet worden seien. Die Schulzeit wurde auf zehn Jahre begrenzt. Für den Mann aus dem Volke mußte man auch den Lehrplan vereinfachen; die Lehrbücher wurden entsprechend umgeschrieben. Der Engpaß lag im Mangel an Fachlehrern; es gab sie einfach nicht. Man versuchte es, Bauern zu »Wissenschaftlern« zu erklären und ihnen Lehrstühle zu geben; das bewährte sich nicht. Zweifellos waren die Werkschulen schlechter als die üblichen Schulen.

Die Werkschulen hatten bald einen schlechten Ruf; sie förderten das Vorwärtskommen nicht. Die Bauern sahen bald, daß ihre Kinder nur über das reguläre Schulsystem in die Oberklasse aufsteigen konnten. Statt ihre Kinder in die Werkschulen zu schicken, die höchstens halbgebildete Bauern hervorbrachten, behielten sie die Kinder als Arbeitskräfte zu Hause.

Die Lehrer an den regulären Schulen griffen zu einer eigenen Taktik, als sie sahen, daß sich die die Qualität der Schüler durch den Zustrom halbgebildeter Werkstudenten bäuerlicher Herkunft verschlechterte. Um das Niveau zu wahren und eine gebildete Elite hervorzubringen, gründeten sie, wie schon in Yenan, sogenannte Schlüsselpunktschulen. Hier wurden die besten Lehrer und Schüler konzentriert. Man schuf wieder ein staatliches Prüfungssystem. Der Prozentsatz der Abiturienten, die in die Universitäten aufstiegen, wurde ein Zeichen der Qualität der Schulen. Die Schlüsselpunktschule stand hier an erster, die Werkschule an letzter Stelle. Die Werkschulen hatten eine Mehrheit von Schülern aus Bauern- und Arbeiterfamilien, während an den Mittelschulen die Kinder politischer Aktivisten dominierten. Die besten Schüler der Schlüsselpunktschulen kamen meist aus alten Intellektuellenfamilien.

Sozialpolitisch gesehen war die Schulreform der Periode des Großen Sprungs gegen die alte Kluft zwischen Volk und Oberklasse gerichtet. Maos Losung »Vergeßt nie den Klassenkampf« benachteiligte die Schüler aus Intellektuellenfamilien. Studenten aus klassenmäßig unerwünschten Häusern wurden zurückgesetzt und oft ausgeschlossen. Dennoch blieb es bei dem Prüfungswettbewerb alten Stils um die Zulassung zur Hochschule. Auch nach 1960 blieb Chinas Schulsystem zweigleisig; das obere Gleis führte in die Elite. Chinas Klassenstruktur hatte sich nicht auf dem Wege über die Schule ändern lassen.

Mit der Bildung der Eliten blieb die Mehrheit der Bevölkerung zweitrangig und unzufrieden. In den sechziger Jahren wurde die Zulassung zu höheren Schulen aus Kostengründen und aus Furcht vor einer Akademikerschwemme eingeschränkt; die Folge war eine Vermehrung der Jugendarbeitslosigkeit in den Städten. Auch in der Arbeiterklasse gab es Spannungen; der Facharbeiter hatte einen höheren Lohn und eine gesicherte Stellung, während die unqualifizierten Arbeiter ein prekäres Dasein führten. Die Spannungen in der chinesischen Gesellschaft und in der KPCh nahmen zu.

Die chinesisch-sowjetische Spaltung

Auf das Jahr 1960 zurückblickend, scheint es uns im nachhinein ganz selbstverständlich, daß es zwischen Russen und Chinesen zu einem Krach kommen mußte. Der Kontakt Chinas mit Amerika war länger und intensiver als der mit Rußland. Es hatte keine russisch-orthodoxen christlichen Schulen in China gegeben. Englisch, nicht Russisch war die führende Fremdsprache in der chinesischen Oberklasse. Die chinesische Verbindung mit Rußland beruhte auf der kommunistischen Bewegung. Einige tausend Chinesen waren nach Moskau geschickt worden. Diese Verbindung begann in den zwanziger Jahren. Bei näherer Bekanntschaft wurden russische und chinesische Kommunisten keine besseren Freunde. Die KPCh-Führung konnte nicht vergessen, daß Stalin ihr in den zwanziger Jahren einen schlechten Rat gegeben hatte, und daß er noch 1945 einen Vertrag mit der KMT-Regierung geschlossen hatte, um russische Interessen in der Mandschurei zu wahren. Kurz gesagt war die russisch-chinesische Verbindung nicht besonders fest und ihre Auflösung zu erwarten, sobald die KPCh ihren eigenen Nationalkommunismus entwickelt haben würde. Ein weiterer Faktor war, daß China bald die Notwendigkeit auswärtiger Entwicklungshilfe erkannte; in diesem Falle war Amerika ein besserer Lieferant als die Sowjetunion.

In Amerika hat man diese Möglichkeit lange nicht sehen wollen. Man predigte gegen den »monolithischen atheistischen Kommunismus«, der von Moskau aus seine Fangarme über die ganze Welt ausstreckte. Die »kalten Krieger« der sechziger Jahre, die einen Großteil der amerikanischen Öffentlichkeit hinter sich hatten, konnten sich nicht vorstellen, daß sich China von der russischen Vorherrschaft freimachen könnte. Auch dachte man nicht daran, daß die vietnamesischen Kommunisten in Konflikt mit den chinesischen geraten könnten, denn alle Kommunisten der Welt wurden als eine einheitliche Verschwörung angesehen.

Der chinesisch-russische Konflikt entwickelte sich Ende der fünfziger Jahre in mehreren Phasen. Im Winter 1957 fuhr der Vorsitzende Mao zum zweitenmal nach Moskau, um an der Vierzigjahrfeier der UdSSR teilzunehmen. Er sprach freundliche Worte über die sowjetische Führung im internationalen Kommunismus. Der sowjetische Satellit Sputnik habe gezeigt, daß der Ostwind stärker sei als der Westwind. Die Tage des imperialistischen Kapitalismus seien gezählt. Den Russen ging das schon etwas zu weit. Es wurden chinesisch-russische Abmachungen über technischen Austausch einschließlich Hilfe bei der Herstellung von Atombomben geschlossen. China hatte weiter die Hilfe von zehntausend sowjetischen Fachleuten bei seiner industriellen Entwicklung. Die chinesische Intelligenz war inzwischen vom russischen Beispiel sehr beeindruckt. Russisch war nun zweite Sprache, russische Kunst, Literatur und Architektur wurden nachgeahmt.

Der Krach begann, als Chruschtschow recht offen den Großen Sprung kritisierte. Er war 1958 und 1959 in Peking, kam aber mit Mao nicht zurecht. Der Russe hielt Mao für einen romantischen »Abweichler« mit ungenügendem Urteilsvermögen. Auch ärgerte er sich sehr über Maos Behauptung, daß China durch das System der Volkskommunen eher zum Kommunismus gelangen würde als Rußland. Ebenso aufgebracht war Chruschtschow über Maos Plan von 1958, die noch von den Nationalen besetzte Insel Quemoy zu bombardieren. Mao hatte ihm nichts davon gesagt, weil er es für eine innere Angelegenheit hielt. Er hatte allerdings übersehen, daß Amerika mit Taiwan verbündet war. Die UdSSR war mit China verbündet, und ein scheinbarer Bürgerkrieg konnte zur Konfrontation der Supermächte führen. Chruschtschow befand sich damals in der Camp-David-Phase, um einen Modus vivendi mit Amerika zu finden. So verweigerten die Russen den Chinesen jede Hilfe im Quemoy-Konflikt und nahmen dann auch ihr Versprechen zurück, China Atomwaffen zu geben. Mitte 1960 war es dann so weit, daß Chruschtschow plötzlich alle russischen Techniker mitsamt ihren Konstruktionsplänen aus China abzog. Die KPCh stieß ideologische Flüche gegen die KPdSU aus, die sie als »revisionistisch« bezeichnete; die Russen blieben die Antwort nicht schuldig. Seit 1963 wußte alle Welt um den Konflikt zwischen den beiden kommunistischen Mächten. Die beiden Parteien, die einst den kommunistischen Glauben geteilt hatten, bezichtigten sich jetzt gegenseitig des Verrats.

Der »Große Sprung nach vorn« in der Geschichtsschreibung

Die Geschichte der großen chinesischen Revolution ist noch im Stadium des »großen Mannes«. Im Mittelpunkt steht Mao Tsetung und seine Wechselwirkung mit anderen Angehörigen der Führung. Dahinter stehen die vielen Millionen Aktivisten, die ihm halfen, Geschichte zu machen. Die Massen füllten die Straßen. Das ist in der Geschichtsschreibung eine unvermeidliche Entwicklung, namentlich wenn die Forschung im Ausland beginnt und sich an die Erklärungen der Führer halten muß. Allmählich mehren sich jedoch Studien über einzelne Führungspersönlichkeiten und über die namenlosen Massen. Mit der Zeit kann man die Rekonstruktion örtlicher Stimmungen, darunter bäuerlicher Gefühle und Empfindungen der Kader erwarten, ebenso detaillierte Untersuchungen über die wirklichen, sehr verschiedenen Erfahrungen des chinesischen Volkes. Das wird zum Teil eine Kombination von Feldforschung und persönlicher Erinnerung auf breiter Basis erfordern.

Die Dominanz Maos in der bisherigen Revolutionsgeschichte steht nicht einmal im Einklang mit seiner eigenen »Massenlinie«. Er reiste zwar während der Kollektivierungsperiode in den fünfziger Jahren viel im Lande umher, und man hat das dahin zu deuten versucht, daß er den Finger am Puls des Volkes halten wollte. Aber wir können sicher sein, daß Mao bei diesen Anlässen mit den örtlichen Kadern sprach und nicht mit den Bauern allein. Er konnte kaum mehr als ein Tourist mit Leuten sprechen, ohne daß seine Begleitung anwesend war. Er spürte dennoch das Volksgefühl des Augenblicks und reagierte darauf. Wir dürfen daher versuchen, eine Theorie (oder ein Modell) der Volkskomponente der Revolution zu rekonstruieren.

Der Große Sprung kam nach den Jahren der Kollektivierung der Landwirtschaft, die von dem Einsatz der örtlichen Kader bestimmt war, die den Prozeß leiteten. Diese Millionen Menschen beiderlei Geschlechts waren politische Aktivisten und Organisatoren. Zu ihnen gehörten Mitglieder und Kandidaten der Partei. Ihr Ergeiz war sicher, die Revolution durchzuführen und mit ihr aufzusteigen. Sie waren durch ihre Bereitschaft zur Nutzung der sich durch die Revolution eröffnenden Möglichkeiten aus den ländlichen Massen emporgestiegen. Soziologisch betrachtet, entsprachen sie der unteren Gentry der späten Kaiserzeit und der ersten Jahre der Republik. Diese hatten Höhere über sich, Leiter von Rentämtern für die abwesenden Besitzer, Beamte, Militärs und andere, die Steuern erheben, Bauern organisieren und zur Arbeit einziehen konnten; kurz, sie konnten die Bevölkerung tyrannisieren. Wir haben schon erwähnt, wie diese niedere Gentry der konfuzianischen kaiserlichen Ordnung sich zu kleinen örtlichen Despoten entwickelte, ohne noch viel Verbindung mit der höheren Gentry zu haben, die in die Städte gezogen war.

Die ganze Bodenreform sah so aus, daß die Kader der KPCh an die Stelle der Reste der unteren Gentry traten. Anständiger und frischer als das alte Regime, drangen sie tiefer in das Dorfleben ein und hatten außerdem die Autorität der Partei hinter sich. Die untere Gentry war mehr oder minder spontan entstanden, die kommunistischen Kader dagegen leiteten ihre Herrschaft von einer höheren Autorität ab.

Nachdem die Aktivisten berufen worden waren und ihren Aufstieg in der ländlichen Gesellschaft durch die Kollektivierung der Landwirtschaft gefunden hatten, suchten sie ihre Tätigkeit zu erweitern. Der Große Sprung war auch deshalb schwer zu zügeln, weil die Aktivisten nach der Reorganisation der Dörfer noch weiter gehen wollten. Die »Befreiung« hatte faktisch eine neue Klasse hervorgebracht, die immer weiter befreien wollte.

Eine Erklärung dafür war sicher, daß es für die Jugend neue Möglichkeiten zu gesellschaftlichem Aufstieg gab. Um 1960 war China eine Nation junger Leute geworden. Viele waren den Traditionen der Vergangenheit völlig entfremdet und konkurrierten heftig miteinander. Man kann sich auch andere Motive denken, nicht unbedingt egoistische oder materialistische. Die Beseitigung der alten Beschränkungen des Bauernlebens, die Ausbreitung des Lesens und Schreibens, die Doktrin der Gleichheit und der Chancen für alle hat sicher manchem jungen Bauern das Gefühl gegeben, daß er einer guten und gerechten Sache diente, für die Opfer lohnten.

In der geschichtlichen Perspektive erscheint der Große Sprung allerdings als eine moderne Form der großen Bauvorhaben früherer Zeiten. Der Bau des Großen Kanals in der Ming-Zeit wie die Anlage von Flugplätzen in Chengtu für die Amerikaner im Zweiten Weltkrieg wurde von Zwangsarbeitern aus der Bauernschaft durchgeführt. Einem Dorfschulzen wurde befohlen, für eine bestimmte Zeit, beispielsweise zehn Tage, eine bestimmte Zahl von Leuten zu stellen. Die Dörfler brachten ihren Proviant mit und bauten Schlafschuppen. Sie arbeiteten gemeinsam und marschierten nach Erfüllung ihrer Aufgabe wieder nach Hause. Die Aufgaben waren verschieden, aber liefen immer auf den Transport gewaltiger Erdmassen in Körben hinaus, die an Stangen über die Schulter getragen wurden, oder auf Steinbrucharbeiten. Die Leistungen des Großen Sprungs beim Bau von Dämmen, Deichen, Bewässerungskanälen waren die neueste Version einer alten Methode, die schon beim Bau der prähistorischen Hauptstädte bei Anyang und Chengchow Anwendung gefunden hatte. Die Erdwälle dieser Städte waren so fest gestampft, daß sie heute noch erkennbar sind. Die Verfügung über solche Arbeitseinsätze war das Vorrecht des Herrschers. Es war ganz natürlich, daß Mao es ebenso machte.

Nachgeordnete Stellen konnten bei der Durchführung allerdings Fehler machen. Sie konnten den Boden zu tief pflügen lassen, so daß Salz an die Oberfläche stieg, oder Mischkulturen anlegen, die schwierig zu ernten waren. Solche Fehler waren schon in alten Zeiten vorgekommen, als ferne Theoretiker der Oberklasse den Bauern sagten, wie sie Landwirtschaft zu treiben hätten. Auch die Organisierung der Bauern in Brigaden und Kommunen war keine reine Erfindung Maos. Der Große Sprung läßt sich mit älteren Agrarreformen vergleichen, wie sie von den nördlichen Wei, den Sung und den ersten Ming durchgeführt wurden.

Nach einiger Zeit der wirtschaftlichen Erholung in den frühen sechziger Jahren kam eine weitere Phase der inneren Revolution. Es hatte außenpolitische Probleme gegeben. In einem Grenzkonflikt mit Indien hatten die lange herausgeforderten chinesischen Truppen 1962 einen schnellen Sieg errungen. Während der Verschärfung des Konflikts mit der Sowjetunion versuchte China vergeblich, die unterentwickelten Länder der Dritten Welt in Afrika und Asien gegen die Russen zu organisieren. Tschou En-lai bereiste Afrika, ohne einen Erfolg zu erzielen. Als Amerika 1965 massiv in Vietnam intervenierte, versprach es, keinen Landkrieg in Nordvietnam zu führen, um einen Konflikt mit China nach dem Vorbild Koreas zu vermeiden. In der Außenpolitik frustriert, hielt Mao den Augenblick für gekommen, einen neuen großen Versuch zur Umgestaltung des chinesischen Volkes zu machen.

17. Maos »Große proletarische Kulturrevolution«

Für den Außenstehenden war die Kulturrevolution ein unheimliches Geschehen. Man wußte nie, was als nächstes kommen würde. Der Vorsitzende Mao schwamm plötzlich durch den Jangtse, jugendliche Rote Garden tobten durch die Städte, Spitzenfunktionäre von gestern waren plötzlich Verbrecher, bis schließlich die Horrorgeschichten über Gewalttaten und Folter durchsickerten. Das Jahrzehnt von 1966 bis 1976 wurde zu Chinas »Zehn verlorenen Jahren«.

Die Große proletarische Kulturrevolution war eines der seltsamsten Ereignisse der Geschichte. Für westliche Beobachter machte sie China nur noch mysteriöser. Etwa hundert Millionen Menschen nahmen direkt daran teil, viele als Opfer, und mindestens fünfhundert Millionen wurden indirekt in Mitleidenschaft gezogen. Wie konnte das Ereignis in einem solch riesigen Umfang ablaufen und doch, wenigstens in den ersten Phasen, unter zentraler Leitung stehen?

Dieses gigantische Durcheinander ist zu neu, um schon vollständig bekannt, geschweige denn verstehbar zu sein. Die Forschung hat erst begonnen. Hier wollen wir den Verlauf der Ereignisse skizzieren, hauptsächlich soweit er zur politischen Geschichte gehört. Man muß aber auch die Hintergrundfaktoren analysieren, wenn man irgendeinen Sinn in diesem Geschehen entdecken will.

Die wichtigsten Phasen der Kulturrevolution

Die eigentliche Kulturrevolution dauerte dreieinhalb Jahre, von Ende 1965 bis April 1969. Die Politologen unterscheiden mehrere Phasen.

Zunächst machte sich bis Sommer 1966 eine zunehmende Spannung zwischen der Fraktion Maos und dem KPCh-Apparat bemerkbar. Mao zeigte die Zähne und sorgte für die Degradierung oder Entlassung gewisser führender »Revisionisten« in Partei, Regierung und Armee. Dies führte zu einem Beschluß des Zentralkomitees auf seinem elften Plenum im August 1966, eine Generaloffensive gegen den »Revisionismus« zu unternehmen, wo immer er sich finden ließe.

Die zweite Phase von August bis Dezember 1966 bestand in der Aufstellung der Roten Garden durch Mao. Die Heranziehung von höheren Schülern führte praktisch zur Schließung der Schulen, während der Eintritt von Parteifunktionären die KPCh-Organisation demontierte. In dieser Periode gab es sechs Massenversammlungen in Peking zwischen August und November 1966. Zehn Millionen Rotgardisten kamen in diesem Zeitraum in die Hauptstadt; sie fuhren kostenlos mit der Bahn und hatten die logistische Unterstützung der Armee. Die Roten Garden tobten in den Städten; ihr Angriff galt den »Alten Vier« (alten Ideen, alter Kultur, alten Bräuchen und alten Gewohnheiten) und sie blieben unbehindert.

In der dritten Periode von Januar 1967 bis Mitte 1968 kam es zu einer »Machtergreifung«. Die Roten Garden übernahmen Teile des Staatsapparats. Die Regierung war handlungsunfähig. Mao versuchte Komitees einzusetzen, in denen die Massenorganisationen, die überlebenden Kader und die Armee gemeinsam vertreten waren. Damit konnte man aber nicht regieren. Parteistreit unter den Roten Garden steigerte sich zu bewaffneten Kämpfen zwischen Radikalen und Konservativen. Diese Periode endete Mitte 1968, als Mao die Roten Garden demobilisierte und die Armee herbeirief, um die Ordnung wieder herzustellen.

Eine vierte Periode vom Sommer 1968 bis April 1969 war durch den Versuch gekennzeichnet, Partei und Regierung wieder aufzubauen. Der Einfluß des Militärs überwog nun. Schließlich wurde auf dem neunten Parteitag der KPCh im April 1969 die Kulturrevolution für beendet erklärt. Allerdings kam es zu den ärgsten Ausschreitungen unter Beteiligung des Militärs noch in den Jahren 1970/71. Maos Fraktion, später als die »Viererbande« gebranntmarkt, blieb bis zu Maos Tod im Jahre 1976 an der Macht.

Die wissenschaftliche Untersuchung der vielen Strömungen in diesen Phasen ist noch im Gange und kann hier noch nicht auf einen Nenner gebracht werden. Der innere Kampf in der KPCh brachte allerhand Schlagworte hervor: Die »Ersten Zehn Punkte« (Mai 1963), die »Dreiundzwanzig Artikel« (Januar 1965), der »Sechzehn-Punkte«-Beschluß (August 1966) und die »Richtlinie« vom 23. Januar 1967. Hinter diesen Begriffen verbergen sich die Stadien des Parteikampfes. Im Hintergrund einer Flut von Protokollen steht jedoch die einzigartige Machtstellung Maos. Er verließ sich auf die Unterstützung der repolitisierten Armee, die Spaltung unter den jugendlichen Roten Garden, die er als Massenbewegung aus der Taufe hob, kam freilich unerwartet.

Maos persönliche Macht

Um Maos Position zu verstehen, bedarf es einiger Vorstellungskraft. Man muß zunächst das Wesen seiner Führerschaft erfassen. Das Geheimnis seines Primats lag darin, daß Mao zwei Positionen hatte, die eine als Revolutionsführer, die andere als eine Art Kaiser. Er hatte die Macht des letzteren erreicht, sein Selbstverständnis war aber das des ersteren. In China kam die Macht von oben, was sogar in der »Massenlinie« anerkannt war, und nach der Machtergreifung der KPCh wurde ihr Führer sakrosankt. Er stand über allen Menschen, war nicht nur ein Kultobjekt, sondern auch der anerkannte Chef eines jeden in der Organisation. Er hatte die KPCh aufgebaut, sie war seine Schöpfung; wenn er sie reformieren wollte, war das sein Recht. Er ist als Monarch in der Nachfolge einer langen Reihe von Kaisern anzusehen. Auch die Partei bekam das zu spüren. Sie ging den Weg ihrer eigenen Zerstörung mit Mao.

Seine einzigartige Stellung, auch im Bewußtsein des Volkes, machte es Mao, der die Verklärung seiner Person selbst lebte, bald möglich, das Auftreten von Eliten als Versagen der Revolution zu betrachten. Das Heilmittel sah er in einer neuen Gleichmacherei, die nur versucht werden konnte, weil Mao selbst ein so Ungleicher war. Dieser wohlwollende Despotismus war das Gegenteil der atlantischen Demokratie, wo der Inhaber der Macht auch das Hauptobjekt der Kritik ist. Mao konnte in seiner Position allgemein anerkannter Macht buchstäblich tun, was er wollte, auch wenn er die Formalitäten der Sitzungen des Zentralkomitees und des Politbüros nicht umgehen konnte. Er war ein Gott, der Politik spielte. Alle Trümpfe waren auf seiner Seite.

Und was dachte sich Mao bei der ganzen Sache? Man kann seine Motive vielleicht dahin zusammenfassen, daß er den »demokratischen Zentralismus« mehr demokratisch und weniger zentralistisch machen wollte. Er sah, wie die neue Bürokratie den alten Weg der Autokratie ging, also von oben nach unten regierte. Das mußte die Bauernmassen dort lassen, wo sie immer gewesen waren, ganz unten in der Gesellschaft und der Ausbeutung durch eine Elite ausgesetzt. Um diese Tendenz zu bekämpfen, wollte Mao die »Massenlinie« anwenden. Die Partei sollte sich um die Bauern kümmern. Der neue Stil des Interesses für die untersten Schichten konnte durch die Dezentralisierung der Verwaltung gefördert werden. Örtliche Entscheidungen sollten nicht sämtlich von Pekinger Bürokraten abhängen. Das Ziel der Regierung sollte die Wohlfahrt und die Bildung der Bauernmassen sein, nicht die alte Losung »ein reicher Staat und eine starke Armee«. Dieses alte Ziel würde das Ende der Revolution bedeuten.

Maos Gedanken standen dem alten Prinzip der chinesischen politischen Tradition entgegen, wonach die Massen von einer ausgewählten Elite zu regieren waren, von Ministern und Beamten, von Generalen und Parteiorganisatoren mit besonderen

Rechten. Den »Revisionismus« definierte Mao als Verzicht auf die Ziele der Revolution. Er bedeutete die Akzeptierung der Übel von Sonderstatus und Bereicherung, mit anderen Worten die Wiederherstellung des Kapitalismus.

Indem er diese gesellschaftliche Umwälzung auslöste und manipulierte, führte Mao instinktiv einen Angriff auf einen Apparat, den er selbst errichtet hatte. Sein Prinzip war der Klassenkampf, der nach seiner Ansicht auch unter dem Sozialismus anzudauern hatte. Der Kampf gegen den Revisionismus in China war auch vom Blick auf Rußland angeregt, wo ein korrupter Bürokratismus das Ideal sozialistischer Regierung in sein Gegenteil verkehrt hatte.

Mao scheint auch geglaubt zu haben, daß die studentische Jugend mobilisiert werden konnte, um die Mißstände in der Partei zu bekämpfen und China vom Revisionismus zu säubern. Das sollte in Form einer manipulierten Massenbewegung geschehen, wie sie nach seiner Erfahrung der Motor sozialen Wandels war. Gewiß ließ Mao durch die Aufhetzung der jungen Leute alle Grundsätze einer Parteikorrektur von innen her fallen. Eigentlich erklärte er den Führern, die mit ihm aus Yenan gekommen waren, den Krieg. Er manipulierte die zentralen Parteistellen so, daß sie die von ihm gewünschten Richtlinien ausgaben; dabei verließ er sich auf die Parteidisziplin. An bestimmten Punkten sicherte er sich die Hilfe Tschou En-lais, der in gewohnter Weise versuchte, die Ungerechtigkeiten und Ungeschicklichkeiten Maos bei der Säuberung der Partei auszugleichen. Die Führung hielt treu zur Partei, konnte aber nicht voraussehen, was da kommen sollte.

Als ihm die Herrschaft über die Lage entglitt und seine Bemühungen in allgemeine Gewalttätigkeit ausarteten, versuchte Mao die von ihm entfesselten Kräfte zu zügeln, aber meist ohne Erfolg. Aus der Kulturrevolution wurde etwas anderes, als er gewollt hatte. Mit vielen Schwankungen erfaßte die Säuberung rund 60 Prozent der Parteifunktionäre. Es gibt Schätzungen, wonach 400 000 Menschen durch Gewalttaten zugrunde gingen. Beim Prozeß gegen die »Viererbande« im Jahre 1977 beschuldigte man die Angeklagten, 700 000 Menschen unter unwahren Behauptungen verfolgt zu haben, wovon ungefähr 35 000 ermordet worden seien. Unzählige Menschen erlitten dauernde körperliche und seelische Schäden. Eine große Zahl beging Selbstmord.

Mao konnte die Kulturrevolution nur anstiften, weil er die Unterstützung der Armee hatte. In der Volksbefreiungsarmee gab es schon lange eine Konkurrenz zwischen den professionellen Militärs und den ideologischen Politikern. Auch die UdSSR hatte zunächst die Armee unter »politisches Kommando« gestellt, d. h. die Militärs den politischen Kommissaren untergeordnet. Allmählich gewannen aber auch dort die professionellen Militärs die Oberhand, namentlich als der Generalstab immer größer wurde.

In China war die Entwicklung ähnlich. Die Militärakademie von Whampoa hatte unter Tschiang Kai-schek in Kanton eine Parteiarmee geschaffen, die nach Norden marschieren sollte. Nach dem Bruch von 1927 baute Tschiang berufsmäßige Truppen auf, ohne noch einen »Volkskrieg« in Betracht zu ziehen. Die KPCh in ihren Schlupfwinkeln mußte auf die alte chinesische Taktik bäuerlicher Banden zurückgreifen. Ihre Mittel waren kleine bewegliche Einheiten, Täuschung des Feindes und Verbindung mit den Bauern vor Ort. Sogar in Kiangsi waren die obersten zwölf KP-Kommandeure dagegen vom professionellen Prinzip überzeugt. Einige hatten ihre militärische Ausbildung in Moskau erhalten. Anderer Meinung war Mao Tsetung, der stets an die Mobilisierung der bäuerlichen Massen in einem totalen Krieg dachte.

Immerhin hatte die KPCh von Anfang an eine gut ausgebildete und intelligente Gruppe militärischer Führer, die eine wohlorganisierte und disziplinierte Berufsarmee anstrebten. Sie bekleideten je nach Bedarf militärische oder politische Stellungen. Während des Aufstiegs der KP zur Macht kommandierten einige von ihnen eine der fünf Armeen. Die Erste Armee stand im Nordwesten unter P'eng Te-huai, die Zweite Armee in Südwest- und Mittelchina, die Dritte Armee unter Ch'en I im Osten, die Vierte Armee unter Lin Piao im Nordosten und Süden, die Fünfte oder Nordchinesische Armee unter Nieh Jung-chen im Gebiet von Peking und Tientsin. Jede dieser Armeen hatte regionale Wurzeln und eine gemeinsame Geschichte, was zu Regionalismus und Rivalitäten führen konnte. Die militärische Leitung (Mao, Chen, P'eng) sorgte aber durch Versetzungen und Verlegung von Einheiten für die Vermeidung von Fraktionsbildung. Die politische Führung, die selbst aus früheren Befehlshabern bestand, wußte die Einheit zu wahren.

Zwar war die Volksbefreiungsarmee in den sechziger Jahren hauptsächlich zur Verteidigung gegen auswärtige Angriffe gedacht, aber sie spielte auch innenpolitisch eine wesentliche Rolle als Stütze des politischen Apparats. Es gab etwa 38 »reguläre« Armeen, die in den 11 Militärbezirken über das Land verteilt waren. Außer diesen »Regulären« gab es noch regionale Streitkräfte, die in 28 Provinzmilitärbezirke eingeteilt waren. Ausbildung und Ausrüstung dieser Truppen waren schlechter; sie waren nur zur örtlichen Verteidigung bestimmt. Zu ihnen gehörten eine »Volksmiliz« und Arbeitsdienst-Truppen, die als Teilzeitsoldaten in die zehn Millionen gingen. Die regionalen Truppen waren in kleinen Abteilungen über das Land verstreut und erhielten keine Ausbildung als einheitliche Kriegsarmeen. Man ist wieder an die späte Kaiserzeit unter den Ch'ing erinnert, wo die Lü-ying oder »Grünbanner«-Armee als Gendarmerie fungierte, in kleinen Einheiten über das Land verteilt, selten aber als Armee verwendet. Die Funktion der »Regulären« war wie die der »Banner« der Mandschu, Chinesen und Mongolen. Sie hatten kein Zivilleben und wurden, beispielsweise in Ch'ienlungs »Zehn großen Feldzügen«, gegen Aufständische in Grenzgebieten eingesetzt.

Wie der Kaiser das Oberhaupt der Armee gewesen war, so war nun der Parteivorsitzende der Oberbefehlshaber, außerdem Vorsitzender der Kommission für militärische Angelegenheiten. Die letztere war in drei Kommandos eingeteilt, das eine zur Kontrolle der Armee, das zweite zur Leitung des Parteiapparats in der Armee, das dritte für Verwaltungsangelegenheiten und Logistik. Ein Nachhall der Kaiserzeit war es, daß manche Armee-Einheiten ihre eigene Landwirtschaft hatten und sogar kleine örtliche Gewerbe betrieben, um einigermaßen autark zu werden. Das entsprach dem alten *t'un-t'ien*-System halbautarker Grenzvorposten.

Eine allgemeine politische Abteilung der Kommission für militärische Angelegenheiten war im ganzen Militär tätig. Kommandosachen unterstanden dem Generalstab, außerdem hatte das Verteidigungsministerium eine Intendantur für Nachschub und Verwaltung. Das ganze System war von politischer Kontrolle durchzogen. Der Ministerpräsident Tschou En-lai, der seinerzeit der politischen Abteilung der Militärakademie Whampoa unter Tschiang Kai-schek angehört hatte, war der Lehrer vieler Offiziere, darunter Marschälle, gewesen, von denen manche noch seine Untergebenen waren. So durchdrang die Partei die Armee auf allen Stufen. Viele Armeeangehörige waren Parteimitglieder.

Unter General Lin Piao als Verteidigungsminister wurden, wie bereits ausgeführt, die Streitkräfte gründlich politisiert und konnten als Hauptstütze für Maos Revolution »von unten« dienen. Die »Regulären« hatten ihre eigenen politischen Abteilungen, wogegen die regionalen Kräfte ihre Weisungen von den örtlichen Parteisekretären empfingen. Der Erste Parteisekretär einer Provinz war meist auch Erster politischer Kommissar des Militärbezirks. Die politisch-militärische Kontrolle hatte u. a. auch die Aufgabe, unter den Millionen, die sich jedes Jahr meldeten, eine Auswahl zu treffen. Die Armee bot für Landbewohner eine Aufstiegsmöglichkeit. Der Rekrut wurde physisch und politisch streng überprüft, dann wurde er ausgebildet. Er konnte auch Parteimitglied werden. Nach drei oder vier Jahren Militärdienst konnte er in seinem Heimatort in eine führende Stellung aufrücken. Die Rekruten kamen aus allen Landesteilen nach einem Quotensystem; viele waren Abiturienten. Nur zehn Prozent der Wehrpflichtigen wurden eingezogen. Die Armee war eine Schule zur Heranbildung von Kommunisten. Seit 1949 hatten 15 Millionen Mann in der Armee gedient. Jedes Jahr wurden etwa 500 000 Mann entlassen; meist erhielten die Entlassenen gute Stellen. Sie genossen Ansehen und galten als politisch verläßlich. Die regionale Armee durchdrang die Provinzialregierungen und den Sicherheitsdienst einschließlich der Miliz. Die Miliz umfaßte sieben bis neun Millionen, die jährlich drei bis sechs Wochen Waffenübung hatten. Dahinter gab es 15 bis 20 Millionen sogenannter Grundmiliz, die nur wenige Tage im Jahr ausgebildet wurde, meist nicht mit Feuerwaffen.

Das war der militärische Hintergrund der Kulturrevolution. Nachdem der Große Sprung wirtschaftlich katastrophal geendet und die Moral der Bevölkerung wie der Armee geschwächt hatte, blieb die regionale Armee unter Lin Piao treu kommunistisch. Sie war der Revolution ergeben und stellte ihr ihre Dienste zur Verfügung. Das war Maos Machtbasis. Dagegen waren die 38 Armeen der »Regulären« zunächst nicht beteiligt.

Die Rolle der studentischen Jugend

Maos Massenbewegung in der Kulturrevolution bestand hauptsächlich aus studentischer Jugend unter 20 Jahren, eine ganz andere Basis als es die Bauernmassen der Kollektivierung und des Großen Sprungs in den fünfziger und sechziger Jahren gewesen waren. Die Kulturrevolution berührte die Bauern zunächst wenig, ausgenommen Kommunen in der Nähe der großen Städte. Bis zum Endstadium führte sie nicht zu einem Rückgang der landwirtschaftlichen und industriellen Produktion. Die Wirtschaft ging zunächst normal weiter. Ein Merkmal der Kulturrevolution waren die Roten Garden von 1966, die 1968 wieder aufgelöst wurden. Die unerfahrenen Jugendlichen mit der Losung »Lernt Revolution machen, indem ihr Revolution macht« erwiesen sich als destruktiv. Um sie wieder loszuwerden, brauchte man schließlich die Armee. Mao stützte sich auf drei Pfeiler, nämlich die Armee, die radikalen Parteiintellektuellen und die Massenorganisationen. Die letzteren waren am wenigsten strukturiert und am schwersten zu beherrschen.

Die Fraktionskämpfe in den Roten Garden, die bis zum offenen Krieg zwischen organisierten Gruppen in den Städten führten, hatten ihren Grund u. a. darin, daß im Schulsystem der sechziger Jahre zwei Typen von Studenten um die Vorrangstellung und die Zulassung zur Universität wetteiferten. Die eine Gruppe bestand aus Sprößlingen intellektueller Familien, die infolge besserer Erziehung einen Vorsprung hatten und höhere akademische Arbeit zu leisten imstande waren. Die hervorragenden Ergebnisse ihrer Examina konnten nicht weggeleugnet werden. Die andere Gruppe bestand aus Sprößlingen der neuen herrschenden Klasse (Parteimitglieder, Beamte, Kader), die ihres Hintergrunds wegen als besonders revolutionär und politisch erstklassig galten. Sie waren die aufsteigende Generation und verfügten über den »inneren« Weg der Parteibeziehungen zu den Posten. Ihr Wissensniveau lag aber unter jenem der anderen Gruppe, die vom Klassenstandpunkt her für weniger wertvoll erachtet wurde. Diese Differenzen trugen zu den Rivalitäten bei, die sich in den Fraktionskämpfen der Roten Garden entluden.

Nachdem wir einige Umstände der Kulturrevolution vermerkt haben, können wir ihrem Verlauf nun wie den Akten eines Dramas folgen, sicher einer großen Tragödie, aber farbenreich, erregend und zunächst hoffnungsfroh. Es ist typisch für echte Revolutionen, daß bei der Auflösung der Staatsmacht und tödlichen Kämpfen zwischen Fraktionen gewisse Zwischenphasen auftreten wie Rumpfparlamente, Thermidor oder NEP. Es ist die Aufgabe des Historikers, aus dem Chaos eine Struktur mit Meilensteinen und Wendepunkten herauszuarbeiten.

Die vorbereitende Phase der Kulturrevolution

Ein Rückblick auf die vier vorhin genannten Phasen zeigt als Beginn eine Periode der Vorbereitung von Ende 1965 bis Sommer 1966, in der deutliche Spannungen zwischen der Fraktion Maos und der Parteiführung auftraten. Zu der Unterstützung durch die repolitisierte Volksbefreiungsarmee unter Lin Piao kam auf der Seite Maos eine Gruppe radikaler Intellektueller aus Schanghai hinzu, die auf dem Weg über Maos Frau Chiang Ch'ing zu seiner Fraktion gestoßen war.

Mao begann mit einer ziemlich gemischten Mannschaft. Lin Piao war gewiß ein tüchtiger Feldkommandeur gewesen. Seine Erscheinung war mager und wirkte verkrampft, es war sicher nicht die einer charismatischen Persönlichkeit. Er war kahl und trug deshalb immer eine Mütze. Lin war ein begabter Intrigant und schlau wie ein Fuchs, aber während Maos Fettleibigkeit seine Großartigkeit unterstrich (weil in China Schlankheit kein Maßstab ist), erschien Lin klein und machte keinen Eindruck.

Maos Frau, Chiang Ch'ing, war eine wenig erfolgreiche Filmschauspielerin gewesen, ehe sie nach Yenan ging und den Vorsitzenden eroberte. Sie erwies sich als eine sehr fähige Politikerin. Sie wollte den Kulturapparat übernehmen und unter dem Vorwand der Rückkehr zu den Grundprinzipien radikale Reformen durchführen. Freilich war sie keine Diplomatin und zerstritt sich mit fast jedem, der ihre Ambitionen durchkreuzte. Zur Macht kam sie zum Teil durch Lin Piao, unter dem sie zur Leiterin der Kulturabteilung der Armee aufstieg. Sie sammelte auch eine Gruppe sonst unbedeutender Intellektueller aus Schanghai um sich, die zur Machtbasis für den Angriff auf Peking wurde.

Ein Schritt in der Befestigung von Maos Kombination von Kräften war die Beseitigung eines hohen Offiziers, Lo Juich'ing, der mit Marschall Lin Piao nicht übereinstimmte. Er wurde gegen Ende 1965 verhaftet, angeklagt, verhört und aus allen Ämtern entlassen. Dies diente der Abschreckung oppositioneller Haltungen in der Armee. Unter den Intellektuellen traf ein ähnlicher Angriff den Vizebürgermeister von Peking, Wu Han, der ein Theaterstück geschrieben hatte, in dem ein alter Kaiser schlecht wegkam, weil er einen Beamten zu Unrecht abgesetzt hatte. Mao faßte das als einen Angriff auf sich selbst auf, weil er den Marschall P'eng Te-huai in Lushan im Jahre 1959 entlassen hatte. Der oberste Parteibeamte in Peking war ein Angehöriger der inneren Führungsspitze namens P'eng Chen (kein Verwandter des Generals), der wiederum in dem Angriff auf seinen Vize einen Angriff auf sich selbst sah. Eine Untersuchung in Peking ergab seine Schuldlosigkeit, aber Mao organisierte ein Forum in Schanghai, auf dem P'eng heftig angegriffen wurde, was im April 1966 zu seiner Entlassung führte. Der Zwischenfall zeigte jedem, woher der Wind wehte.

In weiteren vorbereitenden Schritten beseitigte Mao einige hohe Beamte, die sein Programm mißbilligten, und sicherte sich die Zustimmung des Parteiapparats, soweit er durch Tschou En-lai, Liu Shao-ch'i und Deng Hsiao-p'ing repräsentiert war. Sie alle waren gewohnt, mit dem großen Führer durch dick und dünn zu gehen. Sie wußten nicht, daß der Weg in ein Inferno führte. Diese ersten Schritte wurden im Mai 1966 vom Politbüro gebilligt. Die Kinder der Partei beugten sich der Autorität. Das Politbüro errichtete nunmehr eine Zentrale Kulturrevolutionsgruppe, die direkt dem Ständigen Ausschuß des Zentralkomitees unterstand. Die Gruppe bestand fast nur aus Maos Leuten. Inzwischen wurden verschiedene Regierungsabteilungen so reorganisiert, daß Maos Leute in Schlüsselstellungen kamen.

Der Angriff auf den »Revisionismus« und ungenannte Parteimitglieder, die »den kapitalistischen Weg gingen«, steigerte sich dann während einer Subphase, bekannt als die »Fünfzig Tage«, von Juni bis August 1966. In dieser Periode wurden radikale Studenten mobilisiert, um die Universitätsbehörden auf Wandzeitungen anzugreifen. Mao war unauffällig auf Urlaub in Mittelchina. Inzwischen regierte in Peking sein Stellvertreter und Staatschef Liu Shao-ch'i, zuständiger Organisator der KPCh in den Städten. Liu war seit jeher ein Parteimann und wollte keinen Massenorganisationen den Vortritt lassen. Er versuchte der Agitation dadurch entgegenzutreten, daß er Kontrollgruppen in die Universitäten und Fabriken entsandte, mit der Aufgabe, die unteren Schichten der Partei zu überprüfen. Es waren vierhundert Gruppen zu je fünfundzwanzig Mann, zusammen also zehntausend Personen, die innerhalb der Parteiorganisation arbeiten sollten. Das stand Maos Bemühen, mit Massenorganisationen zu arbeiten, im Wege. Wenn diese auch schwer in Opposition zur KP zu bringen waren, tat die Parteiführung doch alles, um Maos Bemühen zu bremsen.

Die Rolle Tschou En-lais in der Kulturrevolution ist schwer abzuschätzen. In seiner Regierungsstellung und als Politbüromitglied war er praktisch an allem beteiligt. In seiner Treue zu Mao scheint er nie geschwankt zu haben, aber er gewann den Ruf eines menschlichen Funktionärs, der die Ausschreitungen dieser Zeit zu dämpfen suchte. Er intervenierte mehrmals, um bestimmte Personen zu schützen. Als der Gegensatz zwischen radikaler und konservativer Fraktion sich verschärfte, versuchte Tschou in gewohnter Weise einen Ausgleich. Noch im Februar 1967 führte er den Vorsitz bei einer Konferenz zwischen der zentralen Kulturrevolutionsgruppe einerseits und einer Reihe von militärischen und politischen Führern andererseits, darunter drei Marschälle und fünf Vizeministerpräsidenten. Die Radikalen sprachen von einem »Gegenwind im Februar«. Die Ablehnung der ärgsten Strömungen in der Kulturrevolution durch diese Versammlung sollte sich mehrfach wiederholen.

Mao ist plötzlich wieder da

In der zweiten Phase von August 1966 bis Januar 1967 wußte sich Mao in Szene zu setzen. Der pflichteifrige Liu Shao-ch'i, der nichts von seinem bevorstehenden Sturz wußte, organisierte die antirevisionistische Bewegung unter den Anhängern. Ihm war das eine innerparteiliche Reform, nichts für eine öffentliche Massenbewegung. Aber Mao, in seinem Urlaubsort in Mittelchina, wollte eben das nicht. Im Juli 1966 wurde die chinesische Öffentlichkeit durch die Nachricht elektrisiert, daß Mao wieder nach Norden gekommen war und unterwegs eine Pause gemacht hatte, um über den Jangtse zu schwimmen. Die chinesischen Bauern konnten meist nicht schwimmen und wenige Sportabenteurer hatten sich jemals am Jangtse versucht. Man hätte ebensogut berichten können, die Königin von England habe den Kanal durchschwommen. Mao war offenkundig der Prototyp eines Athleten und übermenschlicher Leistungen fähig. (Photographien zeigen Maos Kopf über dem Wasser; er verwendete keinen der bekannten Schwimmstile, sondern schwamm auf eine ganz eigene Art – im, noch nicht auf dem Wasser – stehend. Amtliche Stoppuhren stellten eine ungewöhnliche Geschwindigkeit fest.)

Dann rief Mao im August 1966 in Schanghai das elfte Plenum zusammen, faktisch ein Rumpf des Zentralkomitees, fast nur aus seinen Anhängern bestehend. Er degradierte Liu Shao-ch'i von Nummer 2 auf Nummer 8 der Parteihierarchie. Nummer 2 wurde General Lin, was ihm die Nachfolge Maos eröffnete. Das Plenum begeisterte sich für Maos Version der antirevisionistischen Bewegung, die eine drastische Veränderung in der Gesinnung des ganzen chinesischen Volkes bewirken sollte. Die geistige Regeneration, sagte Mao, sollte Vorrang vor der wirtschaftlichen Entwicklung haben. Der Grundsatz des Klassenkampfes sei auf alle Intellektuellen, Bürokraten und Parteimitglieder anzuwenden, um jene maßgebenden Funktionäre auszumerzen, die »den kapitalistischen Weg gingen«. Doch wußte noch niemand, um wen es sich eigentlich handelte.

Durch dieses Manöver erlangte Mao die formelle Ermächtigung dazu, eine Massenbewegung gegen den Revisionismus im Parteiapparat hervorzurufen. Daraus wurde alsbald die Bewegung der Roten Garden. Mao rief die radikalen Studenten auf, das »Hauptquartier zu bombardieren« oder »Revolution zu lernen, indem man Revolution macht«. Die Jugend wurde zwischen dem 18. August und dem 26. November in sechs Massentreffen in Peking mobilisiert. Ihr fanatischer Radikalismus erinnerte an Hitlers Parteitage in Nürnberg. Die Treffen wurden von der Armee und der Kulturrevolutionsgruppe organisiert. Zehn Millionen junge Leute, die sich zu den Roten Garden gemeldet hatten, wurden kostenlos nach Peking gefahren und dort untergebracht. Sie schwenkten rote Büchlein mit den ›Aussprüchen des Vorsitzenden Mao‹, die General Lin für den Gebrauch seiner Truppen zusammengestellt hatte. Die Universitäten und Bildungskurse wurden inzwischen geschlossen.

Was immer Maos romantische Absicht gewesen sein mag, die Roten Garden entfalteten eine destruktive Tätigkeit. Sie brachen in die Wohnungen der Wohlhabenden, der Intellektuellen und der Beamten ein, vernichteten Bücher und Manuskripte, schlugen und ermordeten die Bewohner, alles im Namen des revolutionären Angriffs auf die »Alten Vier« – alte Ideen, alte Kultur, alte Bräuche, alte Gewohnheiten. Diese studentische Jugend beiderlei Geschlechts tobte durch die Straßen. Sie trugen rote Armbinden und fielen über jeden her, der nach ihrer Ansicht einen Hauch von Intellektualismus oder Neigung zum Ausland an sich hatte.

Ende 1966 heizte Maos zentrale Kulturrevolutionsgruppe die

Ausschreitungen der Roten Garden weiter an. Hatten sie bisher nur alle Leute mit angeblich »bourgeoisen« Neigungen attakkiert, so begannen sie jetzt mit dem »Herausziehen« von Partei- und Staatsbeamten zwecks Verhör und Bestrafung. Bald konzentrierten sie sich auf den früheren Staatschef Liu und den Parteigeneralsekretär Deng; sie waren die Verräter Nummer 1, die »den kapitalistischen Weg gingen«. Sie und viele andere wurden kritisiert, festgehalten und öffentlich verhöhnt. Durch die Mobilisierung eines Massenangriffs der städtischen Jugend auf den zentralen Apparat von Partei und Staat schufen Mao und seine Leute ein Chaos, das sie für eine heilsame Revolution hielten. Die angegriffenen Parteiführer sahen sich im Sommer 1966 locker organisierten Roten Garden gegenüber: studentischen politischen Aktivisten beiderlei Geschlechts, Schülern von neun bis achtzehn Jahren. Sie wehrten sich mit den gleichen Mitteln, indem sie ihre eigenen Roten Garden aufstellten. Der Parteiapparat hatte eine feste Struktur und war nicht leicht zu vernichten, aber seine Situation war hoffnungslos. Mao hielt die Hebel der Macht in den Händen und war offenkundig entschlossen, die Partei zu vernichten und neu aufzubauen.

Die Kulturrevolution setzt sich durch

Die dritte Phase begann mit der Bewegung für die »Machtergreifung« im Januar 1967. Die Roten Garden wurden von Peking ermächtigt, in allen Städten Beamte aus ihren Ämtern zu entfernen, ihre Papiere zu prüfen oder zu vernichten; ihre Stellen nahmen unerfahrene junge Leute ein. Schon begannen diese jungen Leute in Fraktionen zu zerfallen, die sich gegenseitig bekämpften.

Die Armee stand die ganze Zeit Gewehr bei Fuß und ließ die Zerstörung geschehen. Im Januar 1967 erhielt die Armee jedoch den Befehl, die antirevisionistische Revolution gegen die konservativen Gegenrevolutionäre zu unterstützen. Mao hatte die Lage nicht mehr in der Hand. Die Armee war die einzige intakte Macht in der Gesellschaft geblieben. Sie mußte auf lokaler Ebene zunehmend die Macht übernehmen. Bisher waren nur die regionalen Streitkräfte, nicht die regulären, in die Kulturrevolution verwickelt, aber sie waren so eng mit der örtlichen Parteiorganisation verbunden, daß es für sie schwierig war, sich den »dreifachen Revolutionskomitees« anzuschließen, die neue

Provinzialregierungen einsetzen sollten. Die regionale Armee war eine schwache Stütze. Sie sollte Ordnung und öffentliche Dienste durch »militärische Kontrollkomitees« aufrechterhalten. Als aber die regionalen Garnisonen und Militärbezirke in den Provinzen den Befehl erhielten, die Linken gegen die Rechten zu unterstützen, waren sie der Lage nicht gewachsen. Nur in vier Provinzen gelang die Einsetzung von Revolutionskomitees. Die zentrale Kulturrevolutionsgruppe konnte die Armee in den Provinzen von opponierenden Offizieren säubern. Der Zwischenfall von Wuhan im Juli 1967 zeigte jedoch, wie wenig brauchbar die regionalen Truppen als Werkzeug der Kulturrevolution waren. Eine Division des Garnisonkommandos von Wuhan half bei der Entführung zweier Mitglieder der Kulturrevolutionsgruppe des Zentralkomitees aus Peking. Die Hauptstadt mußte reguläre Truppen herbeirufen, um die Lage in die Hand zu bekommen und die Revolutionskomitees einzusetzen.

Nachdem Mao den Roten Garden befohlen hatte, die »kapitalistischen« Elemente auch aus der Armee »herauszuziehen«, artete das Ganze in einen Bürgerkrieg aus. Fraktionen der Roten Garden kämpften miteinander, das regionale Militär ergriff Partei. Nach dem September 1967 ließen die Angriffe auf die regionalen Befehlshaber nach, aber die Fraktionskämpfe blieben ansteckend. Es kam zu Reibungen zwischen den regulären und den regionalen Truppen. Peking verbot der Armee, eine der beiden Seiten zu unterstützen; sie sollte sich lieber der politischen Ausbildung widmen. Jedoch zeigten sich 1968 auch schon Parteikämpfe innerhalb der regulären Armee. Wenn das so weitergegangen wäre, hätte Mao seine letzte Karte ausgespielt und die Macht verloren. Deshalb ordnete er schließlich im Juli 1968 die Auflösung der Roten Garden an, die nach seinen Worten ihre Aufgabe nicht erfüllt hatten, und befahl der Armee, die Bildung von Revolutionskomitees in allen Provinzen durchzuführen. Die aufgelösten Roten Garden wurden aufs Land geschickt, ein Sturz ins Nichts von der Höhe politischer Bedeutung. Die Aktivisten, die den Platz der Roten Garden einnahmen, wurden »Revolutionäre Aufständische« genannt; ihre Ausschreitungen standen denen der Roten Garden in nichts nach. Die reguläre Armee wurde durch das Land geschickt. Die Auflösung der Massenorganisationen befreite sie von dem Druck, sich der einen oder anderen Partei anzuschließen. Das Ergebnis war, daß das Militär die Revolutionskomitees beherrschte. Die meisten Ersten Sekretäre der Partei waren nun Armeeoffiziere. Ministerpräsident Tschou soll gesagt haben, daß die etwa zwei Millionen Regionaltruppen Verluste erlitten hätten, die in die Hunderttausende gingen.

Die auswärtigen Beziehungen während der Kulturrevolution

In der vierten Phase der Kulturrevolution von Juli 1968 bis April 1969 versuchte Mao einen neuen Staat aufzubauen. Die Führung bestand zu mindestens zwei Fünfteln aus Militärs und etwa im gleichen Maß aus alten und neuen Funktionären der Partei oder Beamten, während die Massenorganisationen nur schwach vertreten waren. Die militärische Vorherrschaft war durch die geringe Qualität der Funktionäre und Beamten gesichert, die an die Macht gekommen waren. Sie waren, was ihre Fähigkeiten anlangte, nicht mit ihren Vorgängern zu vergleichen.

Die Kulturrevolution erreichte ihren Höhepunkt auf dem neunten Parteitag im April 1969. Lin Piao erstattete den politischen Bericht. Eine neue Verfassung trat an die Stelle der bisherigen von 1956; sie betonte die »Gedanken Maos« und den Klassenkampf. Die Parteimitgliedschaft wurde nach Klassenherkunft der Bewerber bestimmt. Die neue Verfassung war viel kürzer als die alte. Die Parteiorganisation blieb im Dunkeln. Lin Piao als stellvertretender Vorsitzender wurde zum »vertrauten Waffengefährten und Nachfolger des Genossen Mao« ausgerufen. Von den 1500 Delegierten waren zwei Drittel in Uniform erschienen; in dem neuen Zentralkomitee waren 45 Prozent Militärs gegenüber 19 Prozent im Jahre 1956. Auf der anderen Seite gehörten der Vertretung der Massen und ihrer Organisationen nicht viele radikale Studenten an. Zwei Drittel des ZK kamen aus der Provinz. Die meisten von ihnen waren neu im ZK, aber ihr Durchschnittsalter war 60 Jahre. Das neue ZK war nicht nur militärischer orientiert, sondern auch weniger gebildet und unerfahren in der Außenpolitik.

Chinas auswärtige Beziehungen hatten während der Kulturrevolution unter dem gedankenlosen Fanatismus gelitten, der sich nicht nur gegen alles Alte, sondern auch gegen alles Fremde richtete. Mit dem Anti-Intellektualismus ging Fremdenfeindlichkeit einher. Als Tschou En-lai 1965 Asien und Afrika bereiste, vermischte sich das chinesische Hilfsprogramm, z.B. der Bau der Tan-Zam-Eisenbahn in Afrika, mit revolutionärer Propaganda und auch Spionage. Der chinesische Versuch, eine Dritte-Welt-Konferenz in Algier abzuhalten, scheiterte. Inzwischen versuchte die kommunistische Partei Indonesiens einen Putsch, der mit ihrer Vernichtung durch die Regierung endete. Infolge dieser Niederlagen zog China während der Kulturrevolution außenpolitisch die Hörner ein. Chinas auswärtige Beziehungen litten trotzdem unter den Ausschreitungen der Roten Garden, namentlich seit die Roten Garden im Juni 1967 das Außenministerium besetzt hatten. Ihre Trupps vernichteten systematisch alle Papiere und verhinderten aufs gründlichste Kontinuität in den auswärtigen Beziehungen. Der Außenminister Ch'en I mußte mehrmals vor Tausenden höhnenden Studenten Selbstkritik üben und seine Fehler bekennen, dies unter dem Vorsitz Tschou En-lais. Soweit es überhaupt noch eine Außenpolitik gab, ging sie durch das Büro Tschous.

Der Revolutionsgeist der Roten Garden drang auch in die Diplomatie ein. Chinesische Botschaften im Ausland wurden Zentren revolutionärer Propaganda, vollkommen gegen alle diplomatischen Bräuche agitierten sie auch unter den Kommunisten des betreffenden Landes. Zwischen September 1966 und August 1967 führte das zum Abbruch der Beziehungen mit mehreren Ländern, zu der Abberufung aller chinesischen Botschafter bis auf einen und zu einem Rückgang des Außenhandels. Im Zuge der inneren Unruhen in China stürmte ein Haufen Roter Garden die Botschaften Englands und Rußlands. Die britische Botschaft in Peking wurde niedergebrannt, ebenso bald darauf die indonesische. Auf das Ausland schimpfende Massenversammlungen waren kein Ersatz für diplomatische Beziehungen.

Die Periode der Kulturrevolution endete mit einer sichtbaren Verschiebung in den Beziehungen Chinas zu Amerika und zur Sowjetunion. Als der amerikanische Interventionskrieg in Vietnam sich nach 1965 ausweitete, ergriffen sowohl Amerika als auch China Maßnahmen zur Vermeidung einer direkten Konfrontation. Wie schon erwähnt, wollten die amerikanischen Kreuzfahrer nicht noch einmal gegen China kämpfen. Sie sagten zu, daß ihre Flugzeuge eine Verletzung des chinesischen Luftraums vermeiden würden. Die Drohung eines chinesisch-amerikanischen Krieges zu einer Zeit, wo die Amerikaner so nahe an den Grenzen Chinas Krieg führten, verblaßte, und Mao sah sich nun in der Lage, seine innere Revolution fortzusetzen. Umgekehrt entwickelten sich die chinesischen Beziehungen zur

Sowjetunion. Der 1960 forcierte Bruch, der sich in gegenseitigen Beschuldigungen und Beschimpfungen fortgesetzt hatte, führte zu einer intensiven chinesisch-sowjetischen Feindschaft. Grenzzwischenfälle begannen an der Sechstausend-Kilometer-Grenze zuzunehmen. Die Russen verstärkten ihre Truppen. Als die Sowjetunion 1968 die Tschechoslowakei besetzte, wurde die Breschnew-Doktrin verkündet, wonach die Sowjetunion nicht gestatten würde, ein einmal errichtetes kommunistisches Regime zu stürzen. Für die Chinesen klang das ziemlich aggressiv. Angriffe der Roten Garden um die Mitte 1967 führten zu einer Krise in Hongkong, aber diese ging vorüber, nachdem die Armee die Macht 1968 übernommen und die Roten Garden zurückgedrängt hatte. Revolutionäre Aktivität auf dem Wege über die chinesischen Botschaften in Burma und Kambodscha führte zu Zwischenfällen und zum Abbruch der Beziehungen. Pekings gedankenlose Revolutionspolitik veranlaßte die japanischen Kommunisten, ihr Land der Wiederaufrüstung zu bezichtigen. An der Grenze zwischen Sikkim und Tibet kam es wieder zu einem Zusammenstoß mit indischen Truppen. Diesmal waren die Inder besser vorbereitet; es wurde eine Woche lang ergebnislos gekämpft. Als Nordkorea zur Zusammenarbeit mit der Sowjetunion überging, verschlechterten sich die Beziehungen dieses Landes zu China.

Das feindselige Verhalten der Kulturrevolution gegen das Ausland erreichte den Gipfel am 2. März 1969. An diesem Tag entsandten die Chinesen eine Truppenabteilung auf eine umstrittene Insel in dem Grenzfluß Ussuri, einem Nebenfluß des Amur an der nordöstlichen Grenze Chinas. Die Chinesen in weißer Uniform überwältigten die russische Grenzwache. Rußland antwortete mit Vergeltungsmaßnahmen, nicht nur auf der Insel, sondern noch ein Jahr später an mehreren Stellen der Grenze, wo es zu Zwischenfällen kam. Unter diesem Druck begannen Ende 1969 die Chinesen angesichts der Verschlechterung der Beziehungen zu Rußland, an der Verbesserung ihres Verhältnisses zu Amerika zu arbeiten.

Der anfängliche Eindruck von der chinesischen Kulturrevolution in Amerika war von der chinesischen Propaganda geprägt. Man sah darin einen Versuch Maos, egalitäre populistische Werte zu erhalten, dagegen Bürokratismus und Etatismus in der wirtschaftlichen Entwicklung zu vermeiden. Als jedoch die Ausschreitungen der Roten Garden und die Mißhandlung von Intellektuellen bekannt wurden, sah man in der Bewegung eher einen totalitären Fanatismus unter einem diktatorischen Regime. Die amerikanische Politik, die trotz eher »rechter« republikanischer Führung von Nixon und Kissinger das Verhältnis zum kommunistischen China normalisieren wollte, mußte langsam vorgehen.

Zwar wurde die Kulturrevolution im April 1969 amtlich für beendet erklärt, aber der Terrorismus hielt an. In den Jahren 1970/71 waren militärische Sicherheitskräfte besonders brutal bei der Suche nach früheren Mitgliedern einer angeblichen »Gruppe des 16. Mai«. Unschuldige wurden gefoltert, bis sie sich zur Mitgliedschaft bekannten und weitere Namen nannten. Mehrere tausend Personen wurden hingerichtet. Es ist unsicher, ob die genannte Gruppe überhaupt existiert hat.

In den siebziger Jahren setzte sich die Kulturrevolution immer noch auf dem Lande fort, wo Bauern gezwungen wurden, alle Nebenerwerbszweige wie Schweinezucht, Hühner- und Entenhaltung aufzugeben, um »dem Kapitalismus den Schwanz abzuschneiden«. Für viele Bauern bedeutete das Hunger. Im großen und ganzen dauerte die Hexenjagd bis zum Tode Maos im Jahre 1976 an.

Der Kampf um die Nachfolge

Seit 1969 war schon ein Kampf um die erwartete Nachfolge des Vorsitzenden Mao im Gange. Man rivalisierte um den Platz Nummer 2, der seinen Inhaber angeblich zur Nachfolge Maos berechtigte. General Lin Piao hatte den Höhepunkt seiner Laufbahn beim formellen Abschluß der Kulturrevolution 1969 erreicht. Er schob seine Offiziere in Partei und Regierung immer mehr in den Vordergrund. Das Militär war immer noch uneinig und schwankte zwischen dem Zentralkommando in Peking und den regionalen Befehlshabern in den Provinzen. Lin nahm trotzdem eine beherrschende Position ein und galt überdies als von Mao selbst bestimmter Nachfolger.

Zwischen 1969 und 1971 jedoch begann Lins Führungsposition abzubröckeln. Zunächst wollte Mao die Rolle des Militärs im ganzen politischen System verringern. So inszenierte Mao einen Angriff auf Lin, den er nicht mehr brauchen konnte; anscheinend machte Ministerpräsident Tschou mit. Der Angriff erfolgte an vielen verschiedenen Fronten mit alten chinesischen Methoden. Ein Gegner Lins wurde ihm im Hauptquartier direkt unterstellt und ostentativ von Tschou und zwei Generalen der alten Richtung eingeführt. Mao und Lin erschienen auf Photos nicht mehr nebeneinander, sondern Lin war nur im Hintergrund zu sehen. Ein früherer Adjutant Maos, der mit Lin befreundet war, wurde plötzlich angeklagt und aufgefordert, in der üblichen Weise Selbstkritik zu üben. Auf diese Weise zeigte der wirkliche Machthaber, woher der Wind wehte. General Lin war sehr nützlich gewesen, aber das war jetzt vorbei. Tschou En-lai dagegen arbeitete weiter als Nummer 3 eng mit Mao zusammen, namentlich was auswärtige Beziehungen und die Rehabilitierung der Regierung betraf.

Ein weiterer Trick Maos bestand darin, daß er herumreiste und mit den regionalen Befehlshabern sprach; dabei äußerte er sich kritisch über Lin. Als Lin dies über den Buschtelegraphen erfuhr, sah er, daß seine Tage gezählt waren. Er schloß sich einer Verschwörung an, die von seinem im Zentralkommando tätigen Sohn geleitet wurde. Wie behauptet wurde, war das Ziel die Ermordung Maos und ein militärischer Staatsstreich. Lin habe darin den einzigen Weg gesehen, seinem Sturz zuvorzukommen. Lins Sohn traf umfangreiche geheime Vorbereitungen, aber offenbar verfügten Mao und Tschou über einen Informanten, der sie auf dem laufenden hielt. Verzweifelt versuchte Lin mit seiner Frau im Flugzeug nach der Sowjetunion zu entkommen, aber das Flugzeug wurde über der Mongolei abgeschossen.

Totalitärem Brauch entsprechend wurde der Vorfall in der Presse ein Jahr lang nicht berichtet; erst dann kam ein dokumentierter Bericht heraus. Was wirklich genau geschehen war, ist immer noch unklar. Westliche Beobachter halten jedoch die eben gegebene Darstellung für ziemlich zutreffend.

Die letzten fünf Jahre Maos sind höchst rätselhaft. Er gab fast keine öffentlichen Erklärungen ab und schrieb auch nahezu nichts Wesentliches über seine Politik. In den Jahren 1971/72 scheint er mit Tschou an einem weiteren Entwicklungsprogramm für China gearbeitet zu haben. Seit 1973 gewann jedoch die Schanghaier Fraktion der zentralen Kulturrevolutionsgruppe, auch die »Viererbande« genannt, immer mehr Einfluß auf Mao. Er erkrankte; bei seinen Zusammenkünften mit Nixon, Kissinger und anderen ausländischen Würdenträgern machte er den Eindruck physischer Schwäche, obwohl sein Denken anscheinend noch so scharf war wie früher. Man photographierte Mao im Stehen, mit je einer Krankenschwester links und rechts.

Auf der veröffentlichten Photographie sah man nur Mao ohne Krankenschwestern. Um diese Zeit erkrankte auch Tschou an Krebs. Die Palastkämpfe waren von Außenstehenden schwer zu durchschauen. Die Kampagne »Kritisiert Lin Piao, kritisiert Konfuzius« diente der »Viererbande« als Vorwand, Tschou anzugreifen, aber es ist nicht sicher, ob Mao ihn vernichten wollte. Jedenfalls ging es mit Mao zu Ende. In seinen letzten Jahren war er genauso ein Wrack wie das Land und die Partei, die er zweimal in die Katastrophe geführt hatte. Von der Kulturrevolution spricht man heute, besonders unter ihren vielen Opfern, als den »verlorenen zehn Jahren« in der modernen Entwicklung Chinas.

Die Kulturrevolution im Rückblick

Keine Statistik vermittelt das Erlebnis einer Revolution – weder die stürmische, aber vorübergehende Begeisterung der Roten Garden an der Macht noch die bitteren Leiden ihrer Opfer. Eine »Literatur der Verwundeten« begann bald die Schicksale der einzelnen zu berichten: der Gelehrte, dessen Manuskript eines unveröffentlichten Lebenswerks vor seinen Augen verbrannt wird; der Gatte, der vergeblich den Klassenstatus seiner Kinder durch Scheidung von seiner Frau zu retten versucht, die als »Rechte« gebrandmarkt worden ist; der bekannte Romanautor, der einfach zu Tode geprügelt wird; der alte Schuldirektor, der zum Latrinenreiniger degradiert wird.

Da Kot und Harn in China eine große Rolle als Düngemittel spielen, war es hier einfach, der Oberklasse einmal zu zeigen, wie es die Masse macht. Wenn Intellektuelle die Latrinen putzen mußten, handelte es sich nicht um die Reinigung gekachelter öffentlicher Toiletten. Die neueren Städte in China haben Kanalisation, aber die Vororte wie auch das flache Land sind bei dem Düngehaufensystem geblieben. Der von Ökologen gelobte Brauch war bzw. ist es, die täglichen menschlichen Ausscheidungen zu bestimmten Stunden zu sammeln und mit anderem organischem Material zu kompostieren. Der Kompost düngt dann die Felder. Auf dem flachen Land in China gehört zum normalen Bild der Landschaft die Feldlatrine. Durch eine Wand getrennt, lagern hier beide Geschlechter ihre Ausscheidungen ab. Die Latrinenreinigung hat nichts mit Hygiene zu tun, sondern ist ein grundlegender Faktor der Landwirtschaft. Als zehn

Millionen unbotmäßig gewordene Rotgardisten »aufs Land geschickt« wurden, hatten auch sie diese Arbeit zu tun, aber sie fanden Schweinedung besser.

Doch selbst solche Zwangsarbeit war nicht so schlimm wie die öffentliche Erniedrigung auf »Kampfversammlungen«. Das Opfer hatte auf einem Podium zu stehen, sich respektvoll vor der Masse zu verbeugen und dabei seine ideologischen Verbrechen aufzuzählen. Es hatte »Flugzeug« zu spielen, indem es die Arme tragflächenartig auseinanderstreckte. Im Publikum mochte ein Freund Tränen des Mitleids im Auge haben, aber aus seinem Mund kam nur Hohn und Fluch, namentlich wenn das Opfer nach ein oder zwei Stunden einen Kollaps erlitt. Die Novellen von Lu Hsun hatten sich scharf über die sadistische Freude der Chinesen am Unglück anderer geäußert. Nun machte Maos Revolution daraus Massenveranstaltungen. Manche Opfer zogen den Selbstmord vor.

Für den stets auf öffentliche Wertschätzung bedachten Chinesen war es furchtbar, vor so einer johlenden Menge, in der auch Kollegen und alte Freunde waren, erniedrigt zu werden. Im allgemeinen bekannte sich das Opfer schuldig, was um so schlimmer war, weil die Opfer Mao und die Partei so verehrt hatten. Oft sahen sie, wie die Leute, die sie gefoltert hatten, nun selbst gefoltert wurden. Das Ganze mußte ihnen sinnlos erscheinen, nicht nur weil die gegen sie erhobenen Beschuldigungen gehaltlos waren. Für welche Sache hatten sie so zu leiden? Oft unterschrieben sie falsche Geständnisse.

Bei der Kulturrevolution fällt vor allem ihr ungeheures Ausmaß auf. Es liegen noch längst nicht alle Daten vor, aber die Zahl der Opfer betrug eine runde Million, von denen ein erheblicher Teil nicht überlebte. Das Ausmaß sinnloser Vernichtung von Denkmälern der chinesischen Kultur – Bücher, Tempel, Kunstwerke, dazu moderne, als »fremd« bezeichnete Gegenstände – ist noch nicht geschätzt worden.

Weiter fällt die systematische Grausamkeit der »Kampfversammlungen« auf, ebenso die Passivität, mit der die Chinesen diese Grausamkeit und das Diktat einer höheren Autorität akzeptierten, selbst wenn sie nur von unwissenden Jugendlichen repräsentiert wurde. Viele Leute kannten nur einen Glauben: den an den Vorsitzenden Mao. Das brachte sie in eine zwiespältige Lage. Die sittlichen Grundsätze des Konfuzianismus waren verschwunden, der Maoismus war an seine Stelle getreten, durfte aber nicht anders interpretiert werden als von Mao selbst.

Konfuzius und Menzius waren noch da, aber ihre Leser durften sich kein selbständiges Urteil über die gesellschaftlichen Zustände erlauben. Der konfuzianische Protest gegen den Machthaber im Namen ewiger Wahrheiten, von denen der Herrscher abgewichen war, war unmöglich, solange Mao an der Macht war und seine Ansichten immer wieder änderte. Die Intelligenz hatte nicht Antrieb genug, um die Massenhysterie und die Angst vor dieser zu überwinden. Die Kulturrevolution freilich lebte von dieser allgemeinen Abhängigkeit von der Autorität und dem blinden Gehorsam ihr gegenüber. Von Moral war nicht die Rede.

Es gibt noch anderes zu benennen. Der ursprüngliche Idealismus der Kulturrevolution, der die Roten Garden begeisterte, war zunächst echt. Schrittweise traten jedoch an seine Stelle Desillusion, Heuchelei und Korruption, dazu persönlicher Ehrgeiz und zynischer Opportunismus. Freilich ließen sich Opportunisten noch leichter von Mao benutzen. Wir haben keinen Grund zu der Annahme, er wäre nicht der Schöpfer der Roten Garden gewesen, die seinen Aufträgen folgten, nicht der Anstifter der Angriffe auf die Universitäten und der folgenden »Machtergreifungen«, nicht der Urheber des schließlichen Einsatzes der Armee, um sowohl die Ordnung wiederherzustellen als auch den Terror fortzusetzen. Das Komitee der Kulturrevolution, Chiang Ch'ing und ihre Mitarbeiter, können sehr wohl einen senilen Mao manipuliert haben, aber die wichtigsten Entscheidungen tragen seinen Stempel.

Mao konnte das alles tun, weil er als der charismatische, sakrosankte Führer kaiserliche Vorrechte bei sich angehäuft hatte; er stand über dem Gesetz und war an keine Bräuche oder Präzedenzfälle gebunden. Er stand einem Regime vor, das sich nicht auf das Gesetz gründete, sondern auf Maos Persönlichkeit und Ideologie. Der amerikanische Senator McCarthy hatte in den fünfziger Jahren gewiß Bürger verfolgt, aber er hatte keine Polizeigewalt. Das Gesetz gestattete ihm, Menschen zu verleumden, aber nicht, sie zu verhaften und zu foltern. Die Salemer Hexenprozesse von 1692 zeigten manches vom Geist der Kulturrevolution, aber tragende Analogien finden sich nur in den blutigen europäischen Religionskriegen und der Inquisition, die in Rom noch 1814 existierte.

Häufig vergleicht man die Kulturrevolution mit dem Holocaust der deutschen Nationalsozialisten, aber der Hitlersche Genozid zielte auf definierte Opfer, während Maos Kulturrevolution sich gegen wechselnde Ziele richtete und auch die Methoden wechselte. Der Holocaust war planmäßig und systematisch, während die Kulturrevolution eine Improvisation war.

Es wäre zu einfach, die Kulturrevolution als einen Kampf des Volkes gegen die Intellektuellen aufzufassen. Westliche Schriftsteller und Historiker, die sich Intellektuelle nennen, haben für ihresgleichen in anderen Ländern von vornherein Sympathie. Man neigt dazu, alle als Vertreter der geistigen Freiheit und der Menschenrechte anzusehen.

In dieser Suppe finden sich allerdings manche Haare. In China gehört die Intelligenzschicht seit jeher zur Oberklasse. Sie sucht ihren Platz innerhalb des Systems, nicht in der Opposition. Die Intellektuellen sind in der Regel Lenin-Gläubige und für die zentrale Parteiherrschaft. Als Maos Kulturrevolution 1966 die Intelligenz in der Regierung und in den Schulen angriff, waren die meisten der Opfer gar nicht gegen die Staatstyrannei, sondern nur gegen Maos pöbelhafte Methoden. Zurückblickend sieht man, daß die prominenten Opfer wie Deng Hsiao-p'ing eifrige Förderer der Anti-Rechts-Kampagne von 1957 bis 1959 gewesen waren. Sie hatten viele Angriffe gegen ihresgleichen geführt, als sie 400000 bis 700000 Gebildete aus ihren Stellungen entfernten. Man sollte daher die von Mao vernichtete Intelligenz nicht idealisieren. Bei gegebener Gelegenheit hätten sie Mao als Führer einer populistischen Fraktion gegen das »Establishment« der Partei gestürzt. Der Apparat brauchte die Intellektuellen in Verwaltung, Wissenschaft, Bildung usw. Weil sie gebraucht wurden, waren sie mächtig und wurden so in einen riesigen Fraktionskampf um die Macht hineingezogen.

Mao wußte, daß die meisten Sino-Liberalen aus der Zeit vor 1949 immer noch Liberale waren. Währenddessen waren die Intellektuellen des Apparats eine neue Klasse akademischer Beamter geworden. Sie hatten die höhere Parteischule absolviert oder sogar in Moskau gelernt. Sie glaubten fest an die Ideologie des Marxismus-Leninismus, auch wenn ihre privaten Gedanken über Maos Neuerungen vielleicht anders waren als die des Chefs. Diese Leute waren Redakteure, Schriftsteller, Lehrer und Theoretiker der Ideologie, die endlos über Abweichungen von der Parteilinie zu debattieren wußten. Manche unter ihnen pflegten die alten Künste: Kalligraphie, Dichtung, Essay, Kunstverstand, geschichtliche Forschung. Wie die alten gelehrten Beamten bildeten sie eine besondere Gruppe, kannten einander und neigten auch zur Rivalität um Macht und Positionen, was die Bildung von Fraktionen förderte.

Als Mao seine Führungsgenossen im Falle P'eng Te-huai vor den Kopf gestoßen hatte, verstärkte sich die Fraktionsbildung. Höhere Beamte protegierten niedrigere, es bildeten sich Gruppen, die nur den Zweck hatten, andere Gruppen von der Macht fernzuhalten. Die Fraktionsbildung wurde meist mit ideologischen Differenzen maskiert. Die neue akademische Beamtenklasse sah sich als etwas Höheres an und pflegte den Korpsgeist. Ihr Interesse für die Bauernschaft wurde so theoretisch, wie es unter den Ming und Ch'ing gewesen war. In ihren Händen konnte die soziale Revolution nicht weitergehen; sie bildeten rasch eine privilegierte bürokratische Kaste. Noch 1985 muß man feststellen, daß es zum Teil immer noch so ist. Die Rolle des chinesischen akademisch gebildeten Beamten hat eine lange Geschichte, die noch nicht zu Ende ist.

Der Schlußakt

In den siebziger Jahren beherrschte das Schanghaier Element, von der »Viererbande« angeführt, weiter die Medien, aber trotz Maos Unterstützung konnte es weder die Regierung noch die Wirtschaft in die Hand bekommen. Die Etablierten, die eine wirtschaftliche Weiterentwicklung anstrebten, sammelten sich unter Tschou En-lai. Als Tschou nach 1973 an Krebs erkrankte, suchte er Deng Hsiao-p'ing zu seinem Nachfolger zu machen. Wenn Deng während der Kulturrevolution auch Vernichtung gedroht hatte, so war er doch zu erfahren und hatte zu gute Verbindungen, namentlich zum Militär, um einfach weggedrängt zu werden wie Liu Shao-ch'i. Vor dem vierten Volkskongreß im Januar 1975 wurde er Vizepräsident der Partei und Mitglied des Ständigen Ausschusses des Politbüros im Zentrum der Macht. Der Kongreß machte Deng zum ersten Vizepremier, Nummer 3 in der Hierarchie nach Mao und Tschou. Deng wurde auch Chef der Armee. Vor dem Kongreß rief Tschou die »Vier Modernisierungen« aus, einer seiner letzten öffentlichen Auftritte.

Nach dem Tode Tschous im Januar 1976 verbot die »Viererbande« jede Trauer, aber am jährlichen Totengedenktag im April konnte sie nicht verhindern, daß Hunderttausende sich um das Märtyrer-Denkmal am T'ien-an-men-Platz versammelten, um ihre Verehrung für den verstorbenen Premier zum Ausdruck zu bringen. Das wurde der Zwischenfall vom 5. April, »Fünf Vier«, historisch analog zu »Vier Fünf«, dem Zwischenfall vom 4. Mai 1919. Die Demonstration richtete sich gegen die »Viererbande« und zeigte die Enttäuschung des Volkes. Die Demonstration wurde verboten und Deng Hsiao-p'ing wurde im Geiste der Kulturrevolution ein zweites Mal gestürzt.

Die »Viererbande« konnte aber nicht das große Erdbeben von Tangshan im Juli verbieten, das östlich von Peking eine halbe Million Todesopfer gefordert hatte. Ganz Peking zog in Zelte, die man in den Straßen errichtete. Jeder chinesische Bauer glaubte an eine mystische Verbindung zwischen Mensch und Natur, deshalb auch zwischen Naturkatastrophen und persönlichem Unglück. Nach einem so deutlichen Vorzeichen war klar, daß Mao sterben mußte. Das geschah am 9. September 1976. Sein Nachfolger wurde der unbedeutende, aber ihm ähnlich sehende Hua Kuo-feng, ein Polizeichef aus Hunan. Im Oktober wurde die »Viererbande«, bestehend aus Maos Witwe Chiang Ch'ing und drei ihrer Kampfgefährten von der Zentralen Kulturrevolutionsgruppe, verhaftet und vor Gericht gestellt. Aus den anschließenden Manövern um die Macht ging Deng Hsiao-p'ing gegen Ende 1978 als Sieger hervor.

Es ist inzwischen klargeworden, daß die Bewertung oder Umwertung Maos noch Generationen andauern wird. Mit dem Fortschreiten der Analyse seines Lebenslaufs begann sein geheiligtes Bild abzubröckeln. Man fragte etwa: Wenn Mao wirklich die Bauernmassen »befreien« und ihnen Gutes tun wollte, wie konnte er dann den Hunger und Tod so vieler von ihnen verursachen? Die Frage ist freilich, was er eigentlich wollte. Wenn die Kollektivierung der Landwirtschaft die Produktion nicht zu steigern vermochte, so deutet das darauf hin, daß Mao nichts von der Wirtschaft verstand und rein politisch dachte. Wenn aber sein Ziel mehr politisch war als wirtschaftlich, wenn er mehr auf Macht bedacht war als auf Verbesserung der Zustände, so ist die kommunistische Revolution in China dem alten Dynastiewechsel zu vergleichen, dem Machtstreben einer Gruppe, die China einigen und beherrschen wollte. Das verkündete Ziel war Befreiung und »Neue Demokratie«; nach der Machtergreifung verschob es sich aber auf die bloße Behauptung der Macht; bei den Fraktionskämpfen ging es um nichts anderes. Die Menschen wurden dem abstrakten Ideal eines Visionärs geopfert. Der Schritt vom Ideal zur Macht ist eines der ältesten politischen Phänomene. Zur Rechtfertigung der Machterhaltung muß die »Staatsraison« herhalten.

Die Kollektivierung endete damit, daß alle gleich arm waren; die Macht war an anderer Stelle. Die bäuerliche Mehrheit der Chinesen war desillusioniert und wandte sich vom Sozialismus dem alten Familienkult zu. Der diktierte Klassenstatus vererbte sich. Nachkommen der sechs Prozent, die als die »Vier schlechten Typen« (Großgrundbesitzer, reicher Bauer, Gegenrevolutionär und »schlechtes Element«) eingestuft worden waren, blieben zweitklassig. Es entwickelte sich eine Art Kastensystem.

Das Bauerntum als solches galt als minderwertig und unzivilisiert. Daß man 14 Millionen Jugendliche kurzzeitig aufs Land geschickt hatte, änderte nichts an diesem Bild. Die herumkommandierenden, aber unwissenden Kader störten die Landwirtschaft noch weiter. In den sechziger Jahren hatte der Mao-Kult die Götter der alten Bauernreligion verdrängt, aber bald verdunkelten die Gewalttaten der Kulturrevolution und der Sturz Lin Piaos das Bild Maos. Die Verdoppelung der Bevölkerung dank besserer Hygiene, die großen Leistungen der Revolution auf Gebieten wie Volksschulen, Verkehr und Kommunikationswesen hatten nur gezeigt, wie weit China noch zu gehen hatte.

Der Imperialismus war vorbei, doch mit ihm schwanden auch die Anregungen durch das Ausland. Die alten »feudalen« Werte, die alte Korruption wurzelten tief in der chinesischen Gesellschaft. Als Mao starb, war auch seine Revolution gestorben.

18. Die neue Richtung: Deng Hsiao-p'ings Reformen

China schlug nun eine neue Richtung ein. Der Ära der Revolution und der Kämpfe folgte eine Ära der Reform und der Konsolidierung. Der Gegensatz zwischen den beiden Perioden konnte nicht größer sein. Tschou En-lai hatte 1964 zum erstenmal das Programm der »Vier Modernisierungen« aufgestellt (alles in China wird numeriert): Industrie, Landwirtschaft, Wissenschaft und Technik. Er erneuerte den Vorschlag im Jahre 1975. Dieses Programm trat nun an die Stelle des aufgegebenen

Klassenkampfes. An die Stelle des maoistischen Vorrangs der Politik und der Bevorzugung des »Roten« vor dem Fachmann trat nun die Herrschaft der Fakten, ganz gemäß der altchinesischen Staatsweisheit »Suche die Wahrheit in den Tatsachen«.

Nach Maos persönlichem Führungsstil trat die Führung etwas aus dem Rampenlicht zurück. Deng blieb nur Vizepremier; er machte nur indirekt Gebrauch von seiner langen Erfahrung und seinem Vorrang. Die Gedanken des Volkswirts Ch'en Yun wurden wiederbelebt. Namhafte Führer wie P'eng Chen, der in Peking die Hauptperson gewesen war, aber schon früh der Kulturrevolution zum Opfer gefallen war, wurden zurückgeholt. Konflikte zwischen der konservativen und der reformistischen Politik mischten sich immer noch mit persönlichen Machtkämpfen. Die Reformgruppe läßt sich mit der japanischen Genrō-Gruppe vergleichen, die vor hundert Jahren das moderne Japan schuf. Deng wurde die Reformarbeit erleichtert, seit Maos unberechenbare Schwankungen aufgehört hatten. Dengs Politik gewann die allgemeine Sympathie, wie es mit der Han-Politik nach der himmelstürmenden Tyrannei des ersten Ch'ing-Kaisers oder der T'ang-Politik nach den Ausschreitungen der Sui der Fall gewesen war.

Der Sprung der KPCh-Politik vom Klassenkampf zur Wirtschaftsreform bedeutete einen erstaunlichen Wechsel der Mittel, wenn nicht der Ziele, der chinesischen Revolution. Mit dem Übergang, der zwei Jahre erforderte, wurde Deng 1978 der oberste Führer Chinas. In den siebziger Jahren trottete die Volksrepublik China auf dem totalitären Weg der UdSSR weiter. Die bürokratische Wirtschaft erstickte die Initiative, aber es gab doch einigen Fortschritt. Dengs Motive waren in den achtziger Jahren ähnliche wie bei Maos Großem Sprung von 1958 bis 1960: den Aufstieg Chinas zu Wohlstand und Macht zu beschleunigen. Deng war wie Mao gegen den stumpfen Bürokratismus und die dahinterstehende Zentralregierung. Deng versuchte nun nach 1978 einen neuen Weg der Förderung der Initiative zugleich mit einem Umbau von Partei und Regierung. Er erkannte, daß Chinas Gedeihen nur mit Hilfe einer ausgebildeten Bürokratie erzielt werden konnte, nicht durch Umgehung der Bürokratie überhaupt. Das war ein praktischerer Weg als Maos moralisierende und willkürliche Politik. Aber es war auch komplizierter.

Die erste Reform betraf die auswärtigen Beziehungen. Die Volksrepublik öffnete sich wieder nach außen und wünschte

Kontakt mit dem Ausland. Die 1972 begonnene Normalisierung der chinesisch-amerikanischen Beziehungen erreichte ihr Ziel im Januar 1979. Deng bereiste Amerika und zeigte, daß ein Überlebender der Kulturrevolution sich sehr wohl mit Amerika vertragen konnte. Bald studierten zehntausend Chinesen in Amerika Wissenschaft und Technik, während hunderttausend amerikanische Touristen ihre Dollars nach China trugen. Es war fast wie in der guten alten Zeit.

Dengs Politik der »offenen Tür« beinhaltete die Anerkennung der Tatsache, daß Chinas Wirtschaft einen größeren Zufluß von Technologie und Kapital brauchte, wie er nur im Ausland aufzutreiben war. Technik war das Hauptziel. China bestellte bei ausländischen Firmen neue Maschinen, Anlagen, Hotels, ließ Kohlenbergwerke und Ölraffinerien bauen. So kam Kapital und Technik nach China.

Ein Bild des neuen China um die Mitte der achtziger Jahre gewinnt man u.a. aus der Entwicklung einiger Sektoren der kommunistischen Partei, aus der Richtung der Wirtschaft und der Rolle der Intelligenz.

Neubau der Partei

Zunächst bedurfte das Regime Dengs der Wiederherstellung der Legitimität der KPCh und ihres Anspruchs auf Regierung durch Anerkennung der begangenen Fehler. Als erstes wurde der Lebenslauf mehrerer hunderttausend »Rechter« überprüft, die seit 1957 abgehalftert worden waren; sie wurden rehabilitiert. Liu Shao-ch'i war vergessen im Jahre 1969 gestorben; seine Rehabilitierung mußte, wie bei vielen anderen, posthum erfolgen. Die Chinesen wollten ihre Geschichte in Ordnung bringen.

Mao war ein Problem. Er war in China gleichzeitig Lenin und Stalin gewesen und konnte nicht einfach negiert werden, wenn man nicht den ganzen Tempel zum Einsturz bringen wollte. Die Lösung war, Maos Wirken in eine gute Frühphase und eine schlechte Spätphase einzuteilen. Das lief auf 70 Prozent »gut« und 30 Prozent »schlecht« hinaus; vom Standpunkt der Partei war das genug. Die Gedanken Maos aus der ersten Phase konnten immer noch als Leitfaden für die chinesische Zukunft dienen, wenn man sie durch geschickte Dialektiker interpretieren ließ. Im Juni 1981 faßte das Zentralkomitee einen Beschluß

»Über die Parteigeschichte«. Es wurde anerkannt, daß das ZK »teilweise« verantwortlich für das Versagen der kollektiven Führung gewesen sei. Das erinnert an kaiserliche Bußbekenntnisse, in denen der Kaiser die Verantwortung für unangenehme Ereignisse übernahm, aber zeigen wollte, daß er immer noch das Seine tue. Die Kulturrevolution wurde nun als großes Unglück erklärt, unnötig und destruktiv. Zur Stützung der »Vier Modernisierungen« kam die Partei auf die »Selbststärkungsbewegung« von Li Hung-chang gegen Ende des vorigen Jahrhunderts zurück und pries die Bemühungen Sun Yat-sens. Beide hatten die Bedeutung der Maschine und der ausländischen Technik betont.

Um das öffentliche Vertrauen in die Partei wiederherzustellen, mußten die Mitglieder der Partei erneut gesiebt werden. Von den 40 Millionen Parteimitgliedern hatten nur 4 Prozent eine Universitäts- oder Oberschul-Ausbildung und nur 14 Prozent Mittelschulbildung. Die Hälfte der Mitglieder war während der Kulturrevolution in die Partei gekommen, hatte wenig Bildung und konnte oft kaum lesen und schreiben. Alles, was sie kannten, war die Ideologie der Massenbewegung im Stil Maos. In der Partei hatten sie nichts anderes getan als die »Etablierten« anzugreifen. Diese Mitglieder waren unverläßlich. Es war notwendig, die Parteidisziplin und den Gehorsam gegenüber den Parteiweisungen wiederherzustellen, aber das war eine heikle Aufgabe. Dengs Regime versuchte Fraktionsbildungen durch Verfahrensvorschriften und Wiederbelebung der innerparteilichen Diskussion zu verhindern.

Der zwölfte Parteitag im September 1982 begann hier mit Korrekturen, doch blieb dies eine innerparteiliche Angelegenheit ohne Befragung der Massen. Gleichzeitig suchte man Intellektuelle und Techniker für die Partei zu rekrutieren. Diese Umkehrung der maoistischen Tradition stieß begreiflicherweise auf Opposition, aber schließlich hatte die Kampagne für Produktion und Modernisierung bald soviel materiellen Erfolg, daß die alte ideologische Opposition allmählich verstummte.

Während der fünf Jahre bis 1985 ging mehr als eine Million alter Parteimitglieder in den Ruhestand. Im September 1985 traten 131 Veteranen hohen Ranges zurück. Sie wurden auf das Nebengleis einer Beratungskörperschaft der Partei verschoben, die ebenfalls Deng unterstand.

Die Armee zurechtzustutzen, war schwieriger, aber bis 1985 waren Mannschaftsstand und Budget erheblich reduziert. Vierzig Generalstäbler waren in Pension gegangen; etwa 10 Prozent des Offizierskorps folgten ihnen. Im Juni 1985 wurde die Zahl der elf Militärbezirke auf sieben verringert, die Hälfte ihrer höheren Offiziere pensioniert. Das Militär verlor auch seine prominente Rolle im Zentralkomitee.

Wirtschaftliche Entwicklung: Landwirtschaft

Das Mao-Regime hatte nicht nur eine überalterte Führung hinterlassen, sondern auch viele Wirtschaftsprobleme. Zwanzig Jahre lang war die landwirtschaftliche Produktion im Rückstand geblieben. Die Anbaufläche war infolge der Bautätigkeit um 11 Prozent zurückgegangen. Dabei war die Bevölkerung von 586 Millionen (1954) auf 630 Millionen (1957), 820 Millionen (1970), 880 Millionen (1974) und schließlich über eine Milliarde (1980) angestiegen. Das Wachstum hielt an. Die »nächtliche« Düngererzeugung kompensierte das nur teilweise. Die Erzeugungsfortschritte der Revolution gingen verloren, es entstanden Raum- und Wohnungsfragen, die öffentlichen Dienste waren überbeansprucht. Der Menschenüberschuß hatte keine Ausbildung, etwa ein Viertel war analphabetisch. Die Garantie der Arbeitsplätze und einer Mindestexistenz hatte das Wachstum der Produktivität behindert. Die Bevorzugung der Schwerindustrie und die Beseitigung der Nebenproduktion in der Landwirtschaft hatte zu einer Arbeitslosigkeit von vierzig bis neunzig Millionen auf dem Lande geführt. In den Städten betrug sie zehn bis dreißig Millionen. Trotz (oder wegen) der großen Investitionen in der Industrie hatte die Lebenshaltung stagniert. Maos Wirtschaftspolitik bedurfte der Revision.

Die ursprüngliche Strategie der KPCh für landwirtschaftliche Entwicklung war von der Annahme ausgegangen, daß die chinesischen Arbeitskräfte für eine neue Infrastruktur mobilisiert werden könnten, wenn man die entsprechende Motivation lieferte. Es ging hauptsächlich um Bewässerung, Straßenbau und die Erschließung neuer Anbauflächen. Vergenossenschaftung und Landkommunen machten in den fünfziger Jahren viel bisher ungenützte Arbeitskraft verfügbar. Freilich war die Arbeit der Erdbewegungen und der Steinbrüche recht teuer; man hoffte aber dadurch zu höherer Produktivität pro Kopf und zu einer Erhöhung der Gesamtproduktion zu kommen. Leider hat sich diese Selbsthilfe-Strategie der Landwirtschaft, die auch sonst für Entwicklungsländer empfohlen wird, in der Praxis selten bewährt. Pumpwasser war besser als Bewässerungskanäle, Kunstdünger, Schädlingsbekämpfung und Sortenverbesserung waren besser als allzu große Äcker. Die Genossenschaften und Landkommunen haben die Produktion kaum verbessert.

Um Verbrauchsgüter zu beschaffen, hatte man mit kleinen Fabriken in ländlichen Gebieten eine lokale Industrialisierung begonnen, aber diese Methode war nur zu Anfang erfolgreich. Sie hatte ihre Vorteile; man sparte an Transportkosten, die Rohstoffe für Zement fanden sich meist in der Nähe, kleine Maschinenfabriken konnten auch als Reparaturwerkstätten fungieren. Auch Kunstdünger konnte am Ort erzeugt werden. Ganz fehl am Platz war aber hier eine Stahlindustrie, auch Textilien wurden besser in den Städten hergestellt.

Eine allseitige Angleichung der ländlichen Einkommen und der ländlichen Lebenshaltung war nur auf dem Papier durch Beseitigung der Großgrundbesitzer und die Eingliederung landloser Arbeiter in die Kommunen erreicht worden. Es ist aber gar nicht sicher, daß sie wirklich eintrat. Schon die Unterschiede der verschiedenen Gebiete und ihrer Entwicklungsmöglichkeiten bereiteten Schwierigkeiten. Bauern in armen, steinigen Gebieten ohne Bewässerung waren zur Armut verurteilt, wenn man ihnen nicht Hilfe von außen zukommen ließ. Der Lebensstandard der Bauern in dem bewässerten Reis-Gebiet des unteren Jangtse blieb höher. Die Ungleichheit wurde auch durch das Verbot der Wanderung vom Land in die Städte aufrechterhalten. Der städtische Arbeiter hatte mehr Beschäftigung und mehr Lohn. Nur in kleinerem Umfang griff diese Besserstellung auf die Umgebung der Städte über.

Die Planer der Agrarreform nach 1976 sahen die Fehler der bisherigen Landwirtschaftspolitik. Die Motivation des Bauern war vernachlässigt worden. Ein erster Schritt war daher die Förderung der Nebenerwerbszweige der Landwirtschaft zusätzlich zur Getreideproduktion. Die Nebenprodukte konnten frei auf dem Markt verkauft werden, der Bauer verdiente mehr. Weiter führte man das System der »Produktionsverantwortung« ein. Es handelte sich um ein System von Kontrakten, die zwischen dem Dorf und dem Einzelbauern geschlossen wurden. Die Kader, die das Ganze leiteten, schlossen Verträge mit den Bauern hinsichtlich der Nutzung bestimmter Äcker. Die Produktionsziele waren vertraglich festgelegt, den Erlös erhielt der Bauer. Die Verrechnung wurde nicht länger in den großen

Einheiten wie den Brigaden vorgenommen, sondern wurde den kleinen Gemeinschaften mit etwa 25 Höfen zurückgegeben.

Diese Rückverschiebung der Verantwortung zum Einzelbauern sorgte für einen größeren Anreiz, denn je mehr der Bauer arbeitete, desto mehr konnte er für sich produzieren, statt daß sein Produkt in einem Gemeinschaftspool unterging. Die Bauern gaben jetzt nicht das Getreide an die Großgrundbesitzer ab, sondern bearbeiteten vertraglich ihre Grundstücke und lieferten der Dorfgemeinschaft bestimmte Erntemengen ab. Das war das System der »Verantwortung« *(baogan)*, das sich allgemein ausbreitete. Das frühere maoistische System in der Kulturrevolution hatte nur Kornproduktion sehen wollen und moralische Predigten als Anreiz verwendet; die Nebenerwerbszweige der Landwirtschaft waren als »Anfänge des Kapitalismus« verboten worden. Die Ideologie war an die Stelle der Realität getreten.

Der Wechsel des Systems bedeutete einen großen Unterschied. Statt daß die örtlichen Behörden sich auf die Einhebung ihrer Kornquoten bei den Bauern konzentrierten und die Bauern sich durch Nebenproduktion wie Schweine- und Hühnerzucht ernähren mußten, konnte jetzt die ganze Gemeinschaft bei der Planung maximaler Produktion und höchsten Einkommens zusammenarbeiten. Die Bauern fanden, daß die Nebenprodukte mehr einbrachten als die Kornproduktion. Die Planstellen begannen deshalb Korn zu vorteilhaften Preisen in die Dörfer zu liefern, was allerdings nicht sehr weit gehen konnte, ohne die Regierung zu sehr zu belasten.

Es ist jedoch irrig, anzunehmen, daß die chinesische Landwirtschaft auf Grund neuer Erkenntnisse »kapitalistisch« geworden ist. Das Kontraktsystem ist eine neue Phase der Staatswirtschaft; es organisiert die Bauern so, daß ihre Lage verbessert und zugleich der Staat gestärkt wird. Chinas herrschende Klasse hatte seit Jahrhunderten mit diesem Problem zu kämpfen gehabt. Man hatte festgestellt, daß Kontrakte in einer halbkommerzialisierten Landwirtschaft den Anreiz zur Produktion erhöhten. Es war eigentlich einfach. Wei Yuan und andere Gelehrte früherer Zeiten hätten die neue Methode der Organisation der Bauernmassen sicher gebilligt.

Was hatte die Revolution dem Bauern gebracht? Der Bevölkerungsdruck und die Knappheit an Boden waren größer als je. Die Arbeitslast hatte sich kaum verringert. An die Stelle der Großgrundbesitzer waren die leitenden Kader der Produktionseinheiten getreten. Der Unterschied lag in der Mentalität und dem Verhalten der Bauern, die jetzt auch Aufstiegsmöglichkeiten hatten. In der Zeit Maos hatte sich die Tür für Schulen, Hygiene und bessere Technik geöffnet. Die Gleichheitsdoktrin hatte das Selbstverständnis des Bauern geändert, er sah auch neue Möglichkeiten. Die achtziger Jahre brachten eine Entkollektivierung und eine Zunahme der reichen Bauern.

Wirtschaftliche Entwicklung: Industrie

Dengs wichtigste wirtschaftliche Reform war die Politik der »offenen Tür« für den Außenhandel, für die Technik und für die Investitionen. Verglichen mit Chinas auswärtigen Beziehungen seit 1800 schlug das Pendel nun nach der anderen Seite aus. Vor den ungleichen Verträgen in den 1840er Jahren und später hatte die Politik der Ch'ing auf den Außenhandel und den Kontakt mit dem Ausland wenig Wert gelegt. Die Kantoner Exporte von Tee und Seide wurden sogar zeitweise als Druckmittel gegenüber dem Ausland verboten. Inzwischen hatten Produkte des arbeitsintensiven chinesischen Handwerks ebenso wie Tee und Seide sich zu Artikeln des Massenexports in den Vertragshäfen entwickelt. Um die Jahrhundertwende war die traditionelle Autarkie Chinas vermindert. Leuchtpetroleum wurde ein großer Einfuhrartikel. Chinas langsame Modernisierung bewirkte noch nach 1940 eine praktische Autarkie im freichinesischen Binnenland; dasselbe galt für Schensi unter dem kommunistischen Regime in Yenan.

Die Lehre von der Autarkie hatte zu der von den Ming und ersten Ch'ing ererbten Fremdenfeindlichkeit gehört. Die Neigung der Kommunisten zur Autarkie nach 1949 wurzelte in anti-imperialistischen Gefühlen. Dengs Politik der offenen Tür nach 1978 vertrat nicht die alte chinesische Tradition. Sie erinnerte an eine ähnliche Doktrin der Vereinigten Staaten nach 1899, die Amerikas Alternative zum Imperialismus (oder sein Ersatz dafür) war. Dengs Politik war auch das Gegenteil der russischen Methode autarker industrieller Entwicklung.

Noch gegen Ende der siebziger Jahre war Chinas Investitionspolitik eine etwas primitive Kopie der sowjetischen gewesen. Sie beruhte auf zwei Voraussetzungen. Die erste war, daß das Verhältnis von Kapital zu Produktion ein festes ist, d.h. eine Zunahme der Investitionen würde jedes Jahr die gleiche Zunahme der Produktion bringen. Zweitens galt der Außenhandel als unwichtig; noch weniger dachte man an die Ausfuhr von Verbrauchsgütern, um ausländisches Kapital hereinzubringen. Aus diesen Voraussetzungen folgte, man solle soviel wie möglich investieren und so wenig wie möglich verbrauchen. Mit anderen Worten würde die Schwerindustrie eine Zukunft sichern, während die Erzeugung von Verbrauchsgütern diese hinausschieben würde. In den sechziger und siebziger Jahren investierte China auf Grund solcher Gedanken 30 Prozent des Volkseinkommens. Der chinesische Autarkie-Versuch vermied absichtlich die großen Möglichkeiten, die mit der Zufuhr fremden Kapitals gekommen wären. Mit der Zeit vergrößerte sich das Verhältnis von Kapital und Produktion, d.h. mehr Investitionen waren nötig, um eine bestimmte Menge von Produkten zu erzeugen. Wenn das Nationaleinkommen sich langsamer erhöhte und die Investitionen weiter stiegen, konnte die Menge der verfügbaren Verbrauchsgüter kaum zunehmen. Die Wirtschaft litt auch unter der Abzweigung von Mitteln für die Verteidigung, unter dem Sinken der Motivation der Arbeiter, Geländeschwierigkeiten beim Eisenbahnbau usw. Außerdem waren die industriellen Anlagen veraltet und wenig leistungsfähig. Sechzig Prozent davon waren erneuerungsbedürftig. Die zentrale Planung war zu starr, man betonte zu sehr die quantitative Seite der Produktion, mit dem Ergebnis, daß die Produkte keinen Absatz fanden und nur Verlust bedeuteten. Nach 1976 wurde die sowjetische Industriepolitik noch einige Jahre fortgesetzt. Dazu mag beigetragen haben, daß viele Industrieplaner entfernt worden waren. Von den 300 höchsten Wirtschaftsbeamten waren mindestens 100 den »Säuberungen« der Kulturrevolution zum Opfer gefallen; höchstens ein Viertel von ihnen verblieb im Amt.

Die Volksrepublik hatte nach 1949 eine Politik des Aufbaus der Schwerindustrie im Binnenland eingeleitet, zugleich den Außenhandel und die fremden Investitionen fast gesperrt. Die Befehlswirtschaft nach sowjetischem Muster war ganz zentralisiert. Jeder Produktionszweig organisierte die Fabriken in einer vertikalen Struktur, deren Spitze das betreffende Ministerium in Peking war. Dieses stand unter der Aufsicht eines der Vizepremiers. Man spürt, daß hier an eine Rückkehr zu der Ch'ienlung-Periode gedacht wurde, nur daß Maos Sozialismus eine schnelle industrielle Entwicklung wollte, die auf einer kollektivierten Landwirtschaft, auf zentraler Planung und dem Vorrang der Schwerindustrie beruhen sollte, welche aus Verteidigungsgründen ins Binnenland verlegt wurde. Um 1970 beherrschte die Dreieinigkeit aus Schwerindustrie, Binnenprovinzen und Pekinger Bürokratie die Wirtschaftspolitik, wenn sie auch unter industriellen Engpässen und unter der Gleichgültigkeit gegenüber Verbraucherinteressen litt, wie sie für eine Befehlswirtschaft kennzeichnend ist. Der Fünfjahresplan von 1978 war theoretisch und unrealistisch wie vorher der Plan Sun Yat-sens für den Eisenbahnbau. Beispielsweise war das Ölfeld von Taching im Nordosten eine der größten Produktionsstätten geworden; der Plan verlangte daher die Entwicklung von zehn weiteren solchen Ölfeldern, ohne daß gefragt wurde, ob das Öl wirklich da war.

Erst 1979 verschob sich die Planung auf die Betonung der Landwirtschaft und die Erzeugung von Verbrauchsgütern für den Export. Das Wachstum der Schwerindustrie wurde ohnedies durch Energiemangel gebremst, während man für die Leichtindustrie ausländisches Kapital suchte.

Die industriellen Reformen konnten nicht als Rückkehr zum Kapitalismus gedeutet werden, denn Partei und Staat gaben weiter den Ton an und verharrten beim Kollektivismus bzw. »Sozialismus«. Eine gewisse Autonomie der Betriebe und der offenere Markt steigerten jedoch den Anreiz zur Produktion ähnlich wie das »Verantwortungssystem« in der Landwirtschaft. Während auf dem Land eine reiche Bauernwirtschaft heranwuchs, machten auch die industriellen Unternehmungen schnelle Fortschritte. Auch in der Industrie gab es ein Verantwortungssystem, in dem die Direktoren mehr zu sagen hatten als Komitees. Die Staatsbetriebe führten nicht mehr alle Gewinne (und Verluste) an die Regierung ab, sondern hatten ihre eigene Buchführung und behielten nach Bezahlung hoher Steuern den übrigen Gewinn für Investitionen in Maschinen oder für den Ausbau sozialer Fürsorge für ihre Arbeiter.

Zu den Mißständen des vorigen Systems hatte es gehört, daß die Kader bei der Durchführung von Projekten schnellerbaute kleinere Fabriken gegenüber großen Anlagen bevorzugten. Die Regierung ging nun von der einmaligen Finanzierung von Projekten zur Gewährung verzinslicher Darlehen über. Zinsen und Tilgung solcher Anleihen machten eine Kostenrechnung notwendig statt der bloßen Erhöhung der Kapazität. Die Provinzregierungen durften einen Teil der Steuern auf ihre Produkte behalten. Dies bildete einen Anreiz zu Investitionen in gewinnversprechenden Verbrauchsgüterindustrien statt in den weniger ertragreichen Zweigen wie Schwerindustrie und Verkehr. (Provinzialregierungen hatten eine Zeitlang 40 Prozent des chinesischen Stahls und 66 Prozent des chinesischen Zements erzeugt.) Um die Produktion auch in weniger lukrativen Industrien wie Bergbau und Kommunikation zu erhöhen, schuf die zentrale Planstelle ein System der »Schlüsselprojekte«, das staatliche Stellen für besondere Aufgaben einsetzte.

Das neue System der Anreize, das Fabriken gestattete, einen Teil ihrer Gewinne zu behalten, führte auch dazu, daß ein großer Teil der Baugelder aus dem Budget der Zentralregierung verschwand und den regionalen Stellen zur Verfügung gestellt wurde. Bauprojekte konnten, wie man fand, nicht zentral geleitet werden. Die Bauunternehmungen hatten bisher ihre Gelder ohne Rücksicht auf den Stand der Projekte erhalten; von jetzt ab hatten sie sich an Ausschreibungen zu beteiligen und die Materialbeschaffung selbst zu übernehmen.

Die Entwicklung ging also nach 1978 in Richtung einer Politik der offenen Tür für Handel und ausländische Anlagen, zu der Bevorzugung der Küstenstädte, in denen der Außenhandel schon immer zu Hause gewesen war, und zu einer Betonung der Verbrauchsgüterindustrie; außerdem gewann die Initiative vor Ort mehr Spielraum gegenüber der zentralen Leitung. Aber auch diese Politik stieß bald auf Probleme. Sobald die Regionalregierungen mehr Freiheit hatten, gingen sie schnell zur Herstellung von Verbrauchsgütern über, die mit Gewinn auf dem Markt verkauft werden konnten – aber die Preisstruktur stand noch unter zentraler Kontrolle und beruhte nicht auf dem freien Spiel der Marktkräfte. Die lebhafte Konkurrenz der örtlichen Regierungen und Unternehmen bewirkte nicht nur eine große Ausdehnung der Verbrauchsgüterindustrie, sondern hatte auch unerwünschte Nebenwirkungen. Manche Rohstoffe wurden knapp, die Lohnkosten wurden in die Höhe getrieben, ja man sperrte die Lieferung von Waren von einem Gebiet in das andere. Die Steuereinnahmen der Zentralregierung gingen zurück, obwohl sie für Investitionen in Verkehr, Bergbau und Wasserkraftwerke benötigt wurden. Die Wirtschaftsexpansion ging mit vielen bürokratischen Eingriffen, legal oder illegal, einher, und die Kostenrechnung bzw. die Arbeitsproduktivität wurde nicht unbedingt besser.

Die gegenwärtige Entwicklung der chinesischen Industrie ist nicht mehr Sache des Historikers. Hingegen ist noch das Bankwesen zu erwähnen, das jetzt dezentralisiert worden ist, um die

Kreditgewährung zu erleichtern. Vor 1949 war das Bankwesen schon dezentralisiert, aber in den fünfziger Jahren zentralisierte die »Volksbank« das Spar- und Kreditwesen in hohem Grade, um die Inflation zu vermindern. Auch der Außenhandel und der Umtausch von Devisen wurden eingeschränkt.

Nachdem Dengs Reformen nach 1978 dem Privatunternehmertum und den Kräften des Marktes etwas Spielraum gegeben hatten, stieg der Bedarf an Kredit und führte wieder zur Dezentralisierung des Banksystems. Spezialbanken arbeiteten auf den Gebieten von Industrie und Handel, Devisen, internationalen Investitionen, Landwirtschaft, Bauwesen und Versicherungswesen. Ihre Politik wird von der Aufsicht führenden Chinesischen Volksbank gesteuert und überwacht. Die Zentralbank und ihre Nebenstellen gingen dazu über, Darlehen statt Subventionen zu gewähren. Durch die Festsetzung der Zinssätze wurde die Genauigkeit der Kostenrechnung in der Wirtschaft gefördert. Die Zentralbank bemühte sich, Ernennungen und Entscheidungen nicht lokalen politischen Kräften in der Bürokratie zu überlassen. Freilich bildet der Umfang dieser Bürokratien ein Problem für sich. Die Spezialbank für Bauwesen zum Beispiel hat 2700 Filialen mit 46 000 Angestellten, die Industrie- und Handelsbank hat über 3000 Filialen und 300 000 Angestellte. Diese Bank gewährt Kredite an Handels- und Industrieunternehmen; insbesondere fördert sie die technische Erneuerung der Fabriken. Die Industriefinanzierung wird auch durch Ausgabe von Aktien unterstützt, was nach der Gründung einer Börse ruft.

Dengs Reformen in historischer Perspektive

Das Schwanken zwischen politischen Extremen ist seit jeher eine chinesische Spezialität. In den maoistischen Kampagnen wurde alles so heftig betrieben, daß eine neue Kampagne zur Korrektur notwendig war. Es macht sich auch deutlich ein Hin und Her zwischen der Mobilisierung für soziale Revolution und der Konsolidierung zur wirtschaftlichen Beruhigung bemerkbar. In einer Periode revolutionärer Veränderungen schwingt das Pendel selten in seine frühere Stellung zurück. Aber die Rückkehr zu früheren und vielleicht glücklicheren Zeiten ist immer ein politisches Motiv gewesen.

Was ist in diesem Sinne von Dengs Reformen zu halten? Ihr

Inhalt mag uns ganz natürlich erscheinen, aber wie weit sie einen vernünftigen Mittelweg darstellen, bleibt offen. Gewiß bedeuten sie Modernität, aber die Geschichte der Modernisierung bestand in China oft aus zwei Schritten vorwärts und einem Schritt zurück. Der Eintritt der Volksrepublik China in das internationale Leben ist nicht umkehrbar, mag aber in einigen Punkten eine Modifizierung verlangen.

Da ist die Frage der zentralen Lenkung. Ist sie eine unmögliche Aufgabe einfach wegen der ungeheuren Größe Chinas? Die Sowjets haben bereits ihre Schwierigkeiten mit der zentralisierten Befehlswirtschaft gehabt, und China hat die vierfache Bevölkerung. Zwar zeigten die Chinesen schon in der späten Kaiserzeit eine gewisse Fähigkeit zur Organisation, aber sie ging nicht tief. Mit der Erweiterung der Regierungstätigkeit im zwanzigsten Jahrhundert hat sich der Gegensatz zwischen zentraler Lenkung und örtlicher Initiative verschärft. In Peking sind etwa fünfzig Ministerien zu einem halben Dutzend Funktionssystemen gruppiert, deren jedes einem Vizepremier untersteht. Eine vertikale Struktur nachgeordneter Stellen reicht von der Hauptstadt bis zum Bezirk. Statt der Kommunen wurden Kreise errichtet (*hsiang*), die einem zentralen Marktgebiet entsprechen. Diese tiefreichende ministerielle Struktur hat große Massen lokaler Kader oder Organisatoren hervorgebracht, die am Ort Unternehmungen und Produktionseinheiten zu leiten haben. Mit anderen Worten hat sich die Bürokratie der Kaiserzeit, die auf dem Weg über die untere Gentry bis ins Dorf reichte, ungeheuer vermehrt, um der neuen Struktur einer Befehlswirtschaft plus Massenmobilisierung und Kontrolle zu dienen. Man muß befürchten, daß der bloße Umfang dieser Strukturen den Bürokratismus fördert, die Verwaltung verlangsamt und von zentralen Zielen auf örtliche Interessen ablenkt. Das System ist schwerfällig und wird den Fortschritt Chinas hemmen.

Der Rückgang des zentralen Einflusses auf örtliche Unternehmen ist eine Folge der Dezentralisierung der Versorgung mit Rohstoffen. Wo der Staat nur ein Drittel der Materialien liefert, die ein Betrieb braucht, kann er nicht mehr den Ton angeben.

Ein bedeutsamer Nebeneffekt der Verminderung der zentralen Kontrolle ist das Anwachsen der örtlichen Korruption. »Werde Beamter und reich« ist ein alter chinesischer Spruch. Unter Mao kommandierten die Kader die Leute in doktrinärer

Weise herum. Jetzt herrscht das Verantwortungssystem, aber es bringt Korruption mit sich, die Beamten ziehen Nutzen aus ihrer Stellung, ihre Tätigkeit wird von lokalen Beziehungen und Freundschaften mit Managern anderer Betriebe bestimmt. Das macht der Regierung mit ihren guten Ideen einen Strich durch die Rechnung. Da die Betriebe jetzt freier in der Verwendung ihrer Mittel sind, gibt es eine bunte Palette der Korruption. Bücher werden gefälscht, um Steuern zu hinterziehen, die Mittel des Betriebs werden in illegale betriebsfremde Geschäfte gesteckt. Ein schwarzer Markt, Grundstücksspekulation und unnötige Vergrößerung von Kapazitäten dienen zum Aufbau kleiner autarker Königreiche. Wo die Kader vorher das Geld aus dem Volk herausholten, holen sie es jetzt aus der Staatswirtschaft heraus. Es ist das alte Übel des Partikularismus, jetzt viel stärker, weil die örtliche Managerklasse viel größer geworden ist als früher.

Man muß daraus schließen, daß Dengs Reformen keinen Kapitalismus westlichen Stils nach China bringen, höchstens den Staatskapitalismus von Gesellschaften, die mit dem Ausland Geschäfte machen. In Wirklichkeit bringen die Reformen eine vergrößerte Spielart des »bürokratischen Sozialismus« mit sich, wie man das Ganze wohl nennen kann. Das entspricht in etwa dem »bürokratischen Kapitalismus« der Periode vor 1949. Eine Modernisierung, wie sie anderwärts einen neuen Mittelstand hervorgerufen hat, wird in China wahrscheinlich kleine und mittlere Leistungszentren schaffen, die ihrem Wesen nach bürokratisch bleiben. Das ist das Gegenteil der egalitären Befreiung des Menschen, die der Schlachtruf der Revolution war. Unter diesem System können die Armen ärmer und die Reichen reicher werden, und unter Mühen geschaffene Institutionen wie Schulen und Krankenhäuser werden leiden.

Eine weitere Nebenwirkung ist die Wiederkehr der Ausländer, die eine neue Fremdenfeindschaft erzeugen kann. Die notwendige Entscheidung für die Teilnahme Chinas an der Weltwirtschaft erinnert in mancher Hinsicht an das neunzehnte Jahrhundert, auch wenn es keinen Imperialismus mehr gibt. Im vorigen Jahrhundert gab es 14 Vertragshäfen, in denen ausländische Investitionen, seit 1896 auch industrielle, gestattet waren. Für den Fremdenverkehr gibt es heute moderne Hotels, Geschäfte und Busse, die eine Art Extraterritorialität darstellen, denn der Fremde ist hier immer zu Hause. Er hat auch noch Vorrechte, beispielsweise was Devisen betrifft. Zu

Schanghai und Hongkong kommen jetzt auch noch besondere Wirtschaftszonen wie Shen-shen bei Hongkong hinzu, die ausländisches Kapital anziehen und Joint-ventures fördern sollen.

Die Fremdenfeindlichkeit ist noch kein großes Problem, aber zusammen mit der Korruption kann sie zu einer nationalen Reaktion vom Typ Maos führen. Die »richtige wissenschaftliche Meinung« (*ch'ing-i* oder *qingi*) war eine Losung des Konfuzianismus. Maos Streben nach einem egalitären puritanischen System knüpfte hier an. Daran kann sich die Flamme einer antimaterialistischen, autarkistischen »Gerechtigkeit« entzünden, die gegen Dengs Politik der offenen Tür und des örtlichen Unternehmertums gerichtet wäre. Das Heilmittel gegen einen solchen Atavismus wäre mehr Fortschritt.

Rechtliche und andere Probleme

Zu den Neuerungen gehört auch die Suche nach einem modernen Rechtssystem. Außenhandel und Joint-ventures führten unvermeidlich zu einem Bedarf an Juristen im Hinblick auf Verträge und Prozesse. Dieses neue Rechtssystem muß vor seinem historischen Hintergrund gesehen werden. Die chinesische Verwaltung hatte immer Gesetzbücher, administrative für die Bürokratie, Strafgesetzbücher für das Volk. Die Rechtsreformer der späten Ch'ing-Zeit hatten ebenso wie die Nationalregierung um 1930 versucht, umfassendere moderne Gesetzbücher einzuführen. Das Verfassungsrecht, das als Allheilmittel gegen den kaiserlichen Despotismus galt, erhielt in einer Reihe von Dokumenten der Regierungen und Parteien formelle Anerkennung. Das Gesetz als Ganzes spielte jedoch im Leben des Volkes kaum eine Rolle. Prozesse sollten vermieden werden, Streitigkeiten suchte man durch Vermittlung zu beenden. Das Volk wollte moralische Gerechtigkeit und entsprechendes Verhalten. Die Volksrepublik hatte in ihren ersten Jahren weiter Verfassungen, Gesetze und Verordnungen erlassen, aber von einem Rechtsstaat konnte keine Rede sein, weil die absolute Macht bei der Partei lag, deren Politik oft schwankte. Unter Mao verschmolz man eine Zeitlang Gesetz und Moral. Nach den Richtlinien der Partei war sittliches Verhalten von der Regierung zu fördern, sittenwidriges dagegen ganz wie unter dem konfuzianischen Kaisertum zu bestrafen. Gesetz und Politik fielen beinahe zusammen. Alles, was der Parteipolitik widersprach, war an sich illegal.

Erst 1981 begann sich der Grundsatz durchzusetzen, daß ein echtes Rechtssystem ohne Verknüpfung mit der Partei notwendig war. Juristische Kenntnisse wurden nicht nur für den Außenhandel, sondern auch für die Verwaltung benötigt. Da die Staatsbetriebe nun selbständig Rechnung zu legen hatten, ihre Leiter für Gewinn und Verlust verantwortlich waren, über Verträge und Investitionen zu bestimmen hatten, brauchten sie rechtliche Beratung. Man schätzt, daß für diese Betriebe 400 000 Juristen erforderlich waren.

Die neue Verfassung von 1982 legte fest, daß der Volkskongreß die gesetzgebende Körperschaft ist, mit dem Recht zur Initiative und zur Durchsetzung der rechtlichen Bestimmungen. Der Kongreß erhielt viel mehr Rechte, wenigstens auf dem Papier. Das 1959 aufgelöste Justizministerium wurde 1979 wieder errichtet. Es wurden vier Klassen von Volksgerichten geschaffen, welche die unteren, mittleren, höheren und obersten Instanzen darstellten. Im Jahre 1984 gab es annähernd 15 000 Gerichte mit 70 000 Richtern. Wiederhergestellt wurden die »Volksanwaltschaften« und der Juristenberuf als solcher. Doch waren diese Juristen Staatsbeamte. Wenn sie als Verteidiger aufgeboten wurden, versuchten sie hauptsächlich das Urteil zu mildern. Unschuld der Angeklagten wurde nie angenommen.

Das neue Rechtssystem war beschränkt und hatte zunächst kaum Personal. Im Jahre 1985 hatten zwanzig Hochschulen juristische Fakultäten mit 13 000 Studenten. Es gab 15 juristische Forschungsinstitute. Das Justizministerium und die Medien suchten einige Rechtskenntnis zu verbreiten. Freilich wurde das juristische Personal vom Volkskongreß bestellt und faktisch gab es kaum Gewaltenteilung. An der Spitze stand als höchste Autorität die Parteidiktatur, deren Geschöpf das alles ja war. Das Rechtssystem war nicht von der Partei und deren Politik unabhängig.

Bei der Rechtsreform Dengs wurde die Frage diskutiert, ob Staatsfunktionäre auf administrativem Weg vor willkürlichen Angriffen seitens der Volksbewegungen von der Art der Kulturrevolution geschützt werden könnten. Die ganze Rechtsentwicklung der Volksrepublik zielt darauf ab, zwar willkürliche Macht zu beschränken, aber nicht die Rechte des Einzelnen zu schützen. Das Grundprinzip ist weiterhin, daß die Parteiherrschaft sakrosankt und das Recht eines ihrer Werkzeuge ist. Das alles erinnert mehr an die Herrschaft der Dynastien als an einen modernen Pluralismus.

Der Übergang von der alten Herrschaft der Ethik zu der Herrschaft des Gesetzes muß auch im Zusammenhang mit dem Bevölkerungswachstum gesehen werden. Hier geht es nicht ohne Bürokratie. Die Reproduktionsrate betrug 1984 etwa 2,3 Kinder je Ehepaar. Von einer Milliarde Bevölkerung ausgehend, die (ein Erbe der Mao-Zeit) überwiegend jung ist, muß für 2080 mit einer Bevölkerung von 2,1 Milliarden Chinesen gerechnet werden, und dies in einem Land, das nur ein Viertel bis ein Drittel des Weltdurchschnitts an Ackerland pro Kopf hat und nur ein Viertel der Wasserversorgung. Die KPCh propagierte die Ein-Kind-Familie, in der Hoffnung, die relative Geburtenzahl auf 1,7 herunterzubringen. Das Ziel mag zu hoch sein; es ist wohl unmöglich, daß im Jahre 2050 die chinesische Bevölkerung unter 1,5 Milliarden liegen wird.

Die Modernisierung und die ererbte Kultur Chinas vertragen sich nicht miteinander. Die Ein-Kind-Familie bedroht die alten Familienwerte. Wenn kein Sohn da ist, um die alten Eltern zu versorgen und die Ahnen zu verehren, wird es die Tochter tun müssen. Das gefährdet die patriarchalische Familie.

Überbevölkerung ist natürlich ein Weltproblem. Wenn man die hemmungslose Vermehrung der Menschen in Afrika, Asien und Lateinamerika betrachtet, dazu die neue amerikanische Religion der Anbetung des Fötus, so scheint kein friedlicher Ausweg in Sicht. Wenn das so ist, kann die Unvernunft des Menschen das atomare Niveau erreichen. Schon das Leben des Einzelnen verläuft nur zu einem kleinen Teil planmäßig, das Leben der Gesellschaft noch weniger. Unter diesem Gesichtspunkt muß man die Volksrepublik China als führend in einer unvermeidlichen Bevölkerungspolitik ansehen.

Gleichzeitig scheint das Regime Deng die Art von Militarismus zu vermeiden, dem Tschiang Kai-schek verfiel. Das Militär ist zwar mächtiger geworden, aber es bleibt der Partei untergeordnet. Die Volksbefreiungsarmee, die früher 4 Millionen Mann umfaßte, wovon 3 Millionen Bodentruppen waren, ist jetzt verringert worden. Ihre Schlagkraft über die chinesischen Grenzen hinaus bleibt begrenzt. Die U-Boot-Flotte ist erheblich, aber anscheinend nur für die Küstenverteidigung geeignet. Die Luftwaffe bevorzugt Abfangjäger vor Kampfflugzeugen. Zwar hat China 1964 eine Atombombe und 1967 eine Wasserstoffbombe explodieren lassen, doch ist sein Inventar von etwa 300 nuklearen Sprengköpfen notwendigerweise defensiv. Die militärische Führung vermeidet Phantasien über den »Krieg der Sterne« und das Wettrüsten. Auch die Armee wird modernisiert, aber man sieht keine Anzeichen für den Bau einer Hochseeflotte oder die Aufstellung von Invasionstruppen nach imperialistischem Muster. Die Han-Herrscher fanden schon vor langer Zeit heraus, daß Strafexpeditionen gegen Barbaren jenseits der Großen Mauer aus Nachschubgründen nur wenige Wochen dauern können. Es gab wenige Abenteuer im fernen Ausland, etwa jene der Ming in Indien und Afrika 1405 bis 1433, und sie wurden nicht besonders hochgeschätzt, weil sie die Mittel der Bürokratie aufzehrten.

Doch ist die Volksrepublik nicht zu idealisieren; sie bleibt eine Parteidiktatur. In unseren Ländern kann man sich das totalitäre Leben nicht wirklich vorstellen. Heirat und Familie, Arbeit und Freizeit erscheinen dem Touristen nicht so sehr verschieden von einer offenen Gesellschaft. Der Unterschied liegt in den zwischenmenschlichen Beziehungen, die alle hierarchisch sind, und einer Macht über den anderen hat. Jeder Betrieb *(danwei)* führt eine geheime Kartei über jeden Mitarbeiter. Der Vorgesetzte kontrolliert das Leben seiner Untergebenen, Arbeit, Wohnen, Rationen, Schule, Reisen, Erholung und sogar Ehe und Geburten. Denken und Verhalten werden ständig überwacht. Der Despotismus ist eine alte chinesische Tradition. Die Totalität scheint seine Fortsetzung zu sein. Schließlich pflegte die chinesische Familie schon immer alle ihre Mitglieder zu beherrschen; das jetzige System sieht wie eine neue Form des Familiensystems aus. Es ist freilich schwierig, von außen her zu einem klaren Urteil zu gelangen.

Die Periode Dengs ließ zwar eine geistige Wiederbelebung zu, stieß aber bald auf ein altes Problem: Die Intellektuellen verlangten freie Meinungsäußerung, sogar für sehr verschiedene Meinungen, aber ganz im konfuzianischen Stil fürchteten die Machthaber als Folge ein moralisches Chaos. Wie konnte ein Beamter, der sich für Sittlichkeit und Ordnung verantwortlich fühlte, Aktgemälde, Romane über voreheliche Liebesbeziehungen, Diskotheken und andere Formen der »geistigen Verunreinigung« anders sehen als mit größter Besorgnis?

Der Anti-Rechts-Kampagne von 1957 waren viele der westlich orientierten und modern gesinnten Intellektuellen zum Opfer gefallen, die wir früher als Sino-Liberale bezeichnet haben. Sie waren noch von vor 1949 übriggeblieben. Sie hatten die Autonomie der fachmännischen Meinung betont, wobei sie sich auf den Grundsatz des Konfuzius beriefen, wonach der Gelehrte am besten zu regieren weiß. Sobald diese Leute 1957 ausgeschaltet waren, konnte die chinesische Revolution unter Mao in ein zweites Stadium treten, die Kulturrevolution, deren Ziel die Entmachtung der »Etablierten« in Staat und Partei war; sie waren meist Intellektuelle.

Nachdem Mao mit seiner Bande gegangen war, stand die Ermutigung der Intellektuellen ganz vorn auf der Tagesordnung. Dengs Reformen bezweckten die Heranbildung einer intellektuellen Klasse sowjetischen Typs, für bürokratische Arbeit geeignet, gut ausgebildet, aber gehorsam. Zwei Jahre lang gestattete das Regime (1978/79) Propaganda für persönliche Freiheit und wahre Demokratie auf Plakaten an der »Mauer der Demokratie« in Peking. Diese Phase war kurzlebig. Der bekannteste Anwalt der wahren Demokratie als »Fünfte Modernisierung« war ein junger Mann namens Wei Jing-sheng; er wurde unter eindeutig falscher Anklage zu fünfzehn Jahren Gefängnis verurteilt. Es war die übliche Methode, eine Bewegung zu unterdrücken, indem man ihr den Kopf abschlug.

Während die Erneuerung des sino-liberalen Geistes in der Literatur und auf anderen Gebieten fortdauerte, sah sich die kommunistische Partei vor dem alten Dilemma der Kuo-mintang: Die Zulassung der Freiheit konnte das Ende der Parteidiktatur bringen, ihre völlige Unterdrückung aber würde dem Regime die begabte Elite entfremden, die es brauchte. Eine schnelle Lösung dieser Frage ist nicht in Sicht. Ähnlich wie das Verantwortungssystem kleine selbständige Betriebe in Landwirtschaft und Industrie zuließ, gab es 1983 ein Vertragssystem in Literatur und Kunst. Dies wurde aber bald widerrufen, denn es gestattete zuviel unkontrollierte Meinungsäußerung, nicht immer innerhalb der Grenzen vom Juni 1981 mit den »Vier Prinzipien«: Die Ideen des Marxismus-Leninismus und Maos, die Führung durch die KPCh, die demokratische Volksdiktatur und der Sozialismus.

Die Modernisierung des gesellschaftlichen Lebens gewann solchen Schwung, daß sie an Verwestlichung grenzte. Man sah junge Paare, obwohl nicht verheiratet, öffentlich Händchen halten. Manchmal küßten sie sich sogar, was früher nur im Schlafzimmer möglich war, weil jedermann wußte, wohin es führen würde. Außerdem werden materielle Güter wichtiger als würdiges Benehmen. Wo wird das enden? Der Erzkonservative (Wo-jen) des vorigen Jahrhunderts muß sich im Grabe umdrehen. Er hat aber zweifellos viele Nachfahren hinterlassen.

Die geschilderten Aspekte von Deng Hsiao-p'ings China der »offenen Tür« illustrieren die im Gange befindlichen Veränderungen. Wir können hier nicht darauf eingehen, wie sich die Sprache ändert, die Literatur neue Formen findet, die Verhaltensregeln fließen und die Unterströmungen der chinesischen Kultur sich im Einklang mit der Modernisierung wandeln. Wir können hier nicht die ganze Entwicklung Chinas in den achtziger Jahren zusammenfassen. Es ist eine Welt für sich, voll von Kontrasten, ungelösten Problemen und (zuviel) Menschen, die trotzdem planen, allem zum Trotz zu überleben.

19. Ausblick

Im ersten Kapitel haben wir uns den Begriff zu eigen gemacht, daß die vorwiegend materiellen Wirkungen der wissenschaftlichen und technischen Entwicklung zu unterscheiden sind von der sich langsamer wandelnden, tieferen gesellschaftlichen Struktur und dem Wandel der gesellschaftlichen Werte im Zuge einer Revolution. Das Bild einer materiellen, sichtbaren Änderung an der Oberfläche, unter der eine langsamere Strömung sozio-kulturellen Wandels liegt, schafft ebensoviele Probleme wie es löst. Man kommt aus dem Regen in die Traufe. Es ist aber nützlich, zwischen den materiellen Beweisen der Modernisierung (Städten, Maschinen, Lokomotiven, Straßen, Bussen), wie sie in der ganzen Welt auftreten, und den besonderen Werten, Einstellungen und sozialen Bräuchen des chinesischen Volkes, also seiner Lebensform und Kultur, zu unterscheiden. Eigentlich benötigen alle diese Worte eine Definition, aber in einer geschichtlichen Erzählung müssen wir sie in der üblichen Form gebrauchen, weil sonst nichts erzählt werden kann.

Diese Annahmen geben Mao den Platz in der Geschichte, den er als Architekt sozio-kulturellen Wandels beanspruchte, wenn auch zwei seiner Hauptschöpfungen zusammenbrachen. Ungeachtet seiner eindrucksvollen Modernisierung steht China noch vor den Problemen und Gefahren der sozialen Revolution, anders gesagt vor dem Problem, die Bauern stärker am Leben der Nation teilnehmen zu lassen. Das politische Ziel ist, eine Rebellion zu vermeiden. Das kulturelle Ziel ist, den Begabten Aufstiegsmöglichkeiten zu schaffen. Das wirtschaftliche Ziel ist maximale Produktion.

Modernisierung und soziale Revolution sehen auf den ersten Blick wie Produktivkräfte und Überbau nach Marx aus, aber diese Aussage steht auf dem Kopf. Die Kultur ist das sich langsam ändernde Element, auch wenn die Wirtschaft sich schnell wandelt. Chinas verlangsamte Modernisierung bzw. Industrialisierung geht auf die Trägheit der hochentwickelten, verfeinerten chinesischen Kultur zurück. Bis 1890 war die chinesische Oberklasse so kultiviert und intelligent, daß sie sich nicht zu modernisieren wünschte.

Revolutionen haben ein Schicksal gemeinsam: Zunächst sehen sie wie plötzliche Vulkanausbrüche aus, weder voraussagbar, noch beherrschbar. Im Rückblick erkennt man Ursachen und Wirkungen. Man erkennt auch: Je mehr sich die Dinge ändern, um so mehr bleiben sie dieselben.

Angesichts der großen Verbesserungen durch die Reformen Dengs erinnert man sich an die Rolle der zweitgrößten Kaiser, die das Werk der Dynastiegründer konsolidierten, so T'ai-tsung aus der T'ang-Dynastie, T'ai-tsung aus dem Hause Sung, Yung-lo aus der Dynastie der Ming und K'ang-hsi aus dem Hause Ch'ing. Jedesmal folgte auf die militärische Eroberung durch den Dynastiegründer der Triumph der kaiserlichen Bürokratie und eine große Periode des Aufbaus. (Zur Terminologie sei vermerkt: T'ai-tsung, der »große Vorfahr«, war der Name, den seine Nachfolger dem Kaiser der zweiten Generation gaben. Yung-lo und K'ang-hsi bezeichneten Regierungsperioden. Vor der Ming-Zeit konnte ein Kaiser durch mehrere Perioden hintereinander mit wechselnden Titeln regieren.)

Wenn wir Makrokontinuitäten hervorheben wollen, so ziehen sich einige Strukturen durch die Zeiten: Im heutigen China drängt sich mehr Bevölkerung als je zusammen; Einheit durch eine zentrale Autorität wird gewünscht wie immer; eine solche Bevölkerungsmasse kann nur mit Hilfe einer allgemein anerkannten Weltanschauung regiert werden, und zwar durch eine Bürokratie, die eine ausgebildete Elite sein muß, und lokale Behörden, die den Staat auf dem flachen Land repräsentieren.

Ein Vergleich zwischen 1800 und 1985 zeigt, daß dieses Bild noch gilt, wenn auch mit verschiedenen Graden von Kontinuität und Neuerung. Die terrassierten Berge, die Flüsse und großen Überschwemmungsgebiete sind noch da, aber es gibt Wasserkraftwerke, die Überschwemmungen sind eingedämmt, Boden und Landwirtschaftsmethoden sind verbessert. Die Masse des Volks hat weniger Krankheiten und eine längere Lebensdauer. Ihre Tätigkeit ist reichhaltiger geworden. Die Zentralregierung hat unter Schwierigkeiten gelernt, daß sie viele Funktionen besser durch Dezentralisierung ausüben kann. Mit modernen Kommunikationsmitteln kann man zentrale Weisungen schneller übertragen als früher, aber wenn man gute Ergebnisse haben will, muß man die örtliche Initiative heranziehen. Die regionalen Differenzen sind zu groß für Homogenisierung in einem unitären Staat. Die niedere Gentry früherer Zeiten ist verschwunden, aber eine große Zahl von Kadern und Parteisekretären muß noch die Steuern bei den Bauern einheben. Diese Funktionäre sind nur nach oben verantwortlich. Die Bürokratie ist permanent, sie teilt den Glauben mit dem Volke, aber die Gedanken Mao Tse-tungs sind im Fluß. Mit der Zeit wird man sie vielleicht in Übereinstimmung mit dem Restkonfuzianismus bringen, hauptsächlich dem Respekt vor der Obrigkeit und einem Pflichtgefühl je nach Status. Der chinesisch zurechtgemachte Marxismus ist aber (vielleicht zu sehr) für die Überlegenheit der Wissenschaft als Welterklärung gegenüber Yin und Yang oder dem Prinzip *(li)* und der Substanz *(ch'i)*.

Wenn wir die Konfiguration der Ereignisse in China in modernen Zeiten betrachten und weniger an Gegenwart und Zukunft denken, dann begegnen wir einer peinlichen und vernachlässigten Frage: Wie weit hat in den Jahren 1800 bis 1985 im wesentlichen ein dynastischer Zyklus funktioniert, wenn auch mit modernisierter Technik und modernen Gedanken? Die Frage entspringt unserem westlichen Vorurteil, ob liberal oder marxistisch, wonach China dem europäischen Paradigma von Feudalismus-Kapitalismus-Sozialismus folgen muß. Das ist in keiner Weise belegbar. Die beiden gedanklichen Invasionen des Westens in China, Liberalismus und Marxismus, waren der Gipfel unseres westlichen geistigen Imperialismus. Sie haben China einen Sattel aufgelegt, der nicht paßt. Wir können auf diesem Sattel so wenig reiten wie Mao. Die neue Ordnung Chinas »Sozialismus« zu nennen, ist soweit richtig, ob man den Sozialismus nun billigt oder fürchtet, aber der chinesische Sozialismus ist ein Staatssozialismus, der nicht immer von Staatskapitalismus zu unterscheiden ist. Der »Kapitalismus« hat sich

in den letzten zwei Jahrhunderten so verschiedenartig entwik-
kelt, daß der Ausdruck heute mehr rhetorisch als sinnvoll ist.
Ob man sie sozialistisch oder staatskapitalistisch nennen will, es
ist jedenfalls eine moderne chinesische Regierung, die Chinas
Umwandlung durchführt, und diese Regierung zeigt viele Ähnlichkeiten mit einer neuen Dynastie. Ungeachtet aller Besonderheiten findet man darin den Widerhall des dynastischen Zyklus (etwa des Übergangs von der Mongolen- zur Ming-Herr-
schaft) wie des russischen, englischen oder französischen Sozialismus. Ein Vergleich mit dem Japan Meijis liegt nahe, aber
schließlich ist China eben China und kocht sich seine eigene
Suppe. Sein »Sozialismus« ist so durchführbar, weil im allgemeinen das chinesische Leben am Kollektiv orientiert ist, an der
Gruppe, weniger am Einzelnen. Nach 185 Jahren Politik sind
wir nicht sehr weit von dem Punkt entfernt, an dem wir angefangen haben.

Nachdem wir die Permanenz der Vergangenheit als den Rah-
men der chinesischen Revolution anerkannt haben, wollen wir
die andere Seite der Münze betrachten: die Wachstums- und
Veränderungsprozesse von 1800 bis 1985. Hier findet der So-
zialhistoriker gewaltige Veränderungen im Leben und in den
Institutionen Chinas. Das schnelle Wachstum der Bevölkerung
und des Handels hat zur Verstädterung und zur Öffnung der
Dorfgesellschaft geführt. Das städtische Leben verlangt mehr
Arbeitsteilung, mehr Verschiedenheit der Arbeitsplätze und die
Ausbildung der freien Berufe. Abwanderung in die Stadt kann
Aufstieg bringen. Kleingewerbetreibende beliefern eine Ober-
klasse, die genug Geld für Konsumgüter hat.

Aus all dem hat sich ein »Elitenaktivismus« gebildet; die
Oberklasse nimmt an örtlichen und provinziellen Angelegen-
heiten auf privater Basis stärker teil, sie interessiert sich für die
Regierung und die nationale Politik, wobei sie eine ausbeuteri-
sche Tyrannei zu vermeiden sucht. Hier wird an die führende
Rolle der Gentry in der Kommunalpolitik angeknüpft. Ein
Faktor dafür war das Versagen der Ch'ing-Regierung, die mit
der Entwicklung der Gesellschaft nicht Schritt halten konnte.

Das Versagen der Mandschu-Dynastie nach 1860 gegenüber
einer modernen Entwicklung wie im Japan Meijis hatte zweier-
lei Ursachen, politische und institutionelle. Politisch war die
gute Zeit der Dynastie vorüber. Sie blickte nur noch rückwärts
und war sehr konservativ in dem Bemühen, ihre große Tradition und ihre Macht über China aufrechtzuerhalten. Hier waren

zwei Faktoren am Werk: zunächst das Erlöschen der dynastischen Vitalität, ein Nachlassen der Energie und der Fähigkeit zu regieren. Dann hatte die Dynastie das Pech, nicht chinesisch zu sein und trotzdem an der Macht bleiben zu wollen, dies in einer Zeit, die den Aufstieg des Han-Nationalismus sah. Diese beiden Faktoren hinderten die Ch'ing an der Verwestlichung und Modernisierung Chinas nach japanischem Muster.

Der zweite Ursachenkomplex lag in der ererbten institutionellen Struktur des Ch'ing-Staats, in dem die kaiserliche Macht theoretisch und rituell dominierte, aber lokal schwach und ineffektiv war. Die zentralisierte dynastische Regierung überlagerte wie eine dünne Schicht eine dezentralisierte Wirtschaft und Gesellschaft. Sie war grundsätzlich des Wachstums unfähig, insbesondere was Steuereinnahmen betraf, obwohl Wirtschaft und Gesellschaft wuchsen. Deswegen beschritt der »Elitenaktivismus« Wege außerhalb der offiziellen Linie. Man sah um 1900, daß die Ch'ing zwar die Han-Reformer gewähren ließen, ihnen aber keine größere Möglichkeit zur Teilnahme an der Regierung geben wollten.

Die nationale Regierung der Kuo-min-tang erbte sowohl den »Elitenaktivismus«, sogar in größerem Maßstab, als auch die seit Mitte des vorigen Jahrhunderts sichtbare Militarisierung als Stütze der Regierung. In den zwanziger Jahren, namentlich unter Suns Regierung in Kanton und deren Nordexpedition, begannen die beiden Tendenzen zu verschmelzen. Die Verschmelzung wurde aber durch zwei Faktoren zunichte gemacht: Der japanische Einfall von 1931 nebst der KMT-Militarisierung als Gegenmittel, und die Betätigung des reformistischen »Elitenaktivismus« durch die KPCh, die überdies die Bauernschaft für die Revolution militarisierte. Die japanische Invasion und die kommunistische Militarisierung ließen dem auslandsorientierten Sino-Liberalismus der Nankinger Regierung nur wenige Jahre zur Entwicklung. Was er vielleicht erreicht hätte, bleibt ungewiß.

Politisch ausgedrückt, hatten die Ch'ing das Reich durch Kooptierung der chinesischen Oberklasse regiert. Die Gentry gehörte zum offiziellen System auf örtlicher Stufe. Neue Formen der Teilnahme der örtlichen Gentry an der Regierung, von einer Massenbeteiligung gar nicht zu reden, hätten das Gleichgewicht des Systems gestört. Nach 1911 zeigte sich dasselbe bei Yuan Shih-k'ai, den kleineren Militärdiktatoren und Tschiang Kai-schek. Sie waren zu sehr mit der Erringung oder dem Festhalten der zentralen Macht beschäftigt, um die Tür für lokale Autonomie oder Bauernbeteiligung zu öffnen. Hier sah die KPCh ihre Gelegenheit.

Nach 1949 fand sie sich aber vor einer neuen Version desselben Problems, was auch heute noch in gewissen Residuen zu erkennen ist. Maos Instinkt für politische Massenmobilisierung vertrug sich nicht mit dem Bemühen seiner Genossen um Modernisierung von Staat und Wirtschaft. Er war ein bäuerlicher Held, dem es an Wissen, Bescheidenheit und Geduld mangelte, um die neuen Einrichtungen zu schaffen, die China brauchte. Mao steckte zu tief in seiner modernen Auffassung des Bauernaufstands, um zu verstehen, daß Chinas Modernisierung, wie seine Vorläufer vom 4. Mai gewußt hatten, mit gründlichem Studium Chinas und der Außenwelt beginnen mußte. Die Betonung des Klassenkampfes durch die KPCh war politische Taktik, um die etablierte Oberklasse aufzulockern und der Bauernschaft den Weg in sie zu eröffnen. Jedoch ein Klassenkampf, der die Intelligenz degradierte, war populistische Demagogie, kein vernünftiger Staatsaufbau. So führten Maos beschränkte Gaben ihn in die »Große proletarische Kulturrevolution«, die sich als Katastrophe entpuppte. Mao litt an der schicksalhaften Krankheit aller Dynastiegründer und Revolutionäre: nämlich zu schnell vorzugehen und das Volk als Mittel, nicht als Zweck anzusehen. Der Kampfgeist, mit dem er die KPCh zur Macht führte, wandelte sich zu einer chaotischen Wildheit, mit der er sie fast vernichtet hätte. Das ursprüngliche Mitleid, das ihm die Befreiung der chinesischen Bauern gebot, wandelte sich zum Schluß in eine bemerkenswerte Gleichgültigkeit für ihr Schicksal. Hatte er zuerst auf China geblickt, so sah er jetzt nur noch seine entstellte persönliche Vision. Er stand in der großen Tradition der dynastischen Einiger.

Wenn wir mehr als Spuren des alten dynastischen Zyklus suchen, so finden wir in China seit 1800 einen Rekord an Wachstum und Wandel auf der Stufe der materiell-technischen Modernisierung wie auch in der zugrunde liegenden gesellschaftlichen Struktur mit ihren kulturellen Werten. Der späte kaiserliche Ch'ing-Despotismus wurde durch das Entstehen eines breiten privaten Sektors aufgelockert. Das war kein westlicher Sektor freien Unternehmertums, sondern ein besonderer, kollektivistischer sino-liberaler Sektor. Von einer Gesellschaft, die in die muskelstarken Massen einerseits, in die gebildete Elite andererseits gespalten war, wandelte sich China im Sinne einer potentiellen Befreiung des Bauernlebens und einer Teilung der Elite in Bürokraten und Fachleute.

Mit etwas anderen Worten ist im dritten Kapitel zwischen materieller und geistiger Modernisierung und den sich langsamer wandelnden Wertorientierungen unterschieden worden. In der jetzigen Zeit der »Vier Modernisierungen« vermuten wir, daß die Entwicklung des späten Kaiserreichs durch seine Langsamkeit bei der Aufnahme fremder Ideen, fremden Handelns und fremder Technik behindert war. Man könnte auch sagen, daß die Schwierigkeit des Imperialismus in China hauptsächlich darauf beruhte, daß es so wenig davon gab. Man kann Japans schnelle Öffnung zum Westen, neuerdings auch Korea und Taiwan als Beispiele zitieren; die beiden letzteren waren vorher Opfer des japanischen Imperialismus gewesen. Durch Beibehaltung seiner Souveränität, soweit sie noch vorhanden war, wurde China keine wirkliche Kolonie, worauf schon Sun Yat-sen hinwies. China mußte die Erniedrigung durch den Imperialismus hinnehmen, ohne die materiellen Vorteile des Kolonialismus zu ernten, die immerhin vorhanden waren.

China öffnete sich im neunzehnten Jahrhundert nicht und konnte sich nicht entwickeln. Es hing an seiner Vergangenheit. Damit behielt es eine zu 80 Prozent ländliche Klassenstruktur, das Volk nahm nicht an der Politik teil und war gewohnt, von einer kleinen Elite regiert zu werden. Diese stützte ihren Vorrang durch Züchtung der Fremdenfeindlichkeit und der Ablehnung alles Ausländischen. Dagegen tendierte der amerikanisch orientierte Sino-Liberalismus (der jetzt vielleicht wiederkommt) zur Modernisierung der Elite, während Maos chinesisch gemachter Marxismus mit der Modernisierung bei den Massen beginnen wollte. Sobald aber die ländlichen Massen an der Politik teilzunehmen begonnen hatten, konnten sie sich gleichfalls der Fremden- und Intellektuellenfeindlichkeit zuwenden, und dies als Kampfmittel gegen die alten Eliten benutzen.

Chinas Revolution ist seit 1800 ein ständiger Kampf darum gewesen, den Griff der Vergangenheit zu lockern. Das stimmt zwar für die meisten Revolutionen, ist sozusagen ihre Definition. Aber in China ist es ein großes Problem geblieben; die Gründe lagen, wie früher besprochen, in der geschichtlichen Kontinuität und der spezifischen Kultur. Die Kulturrevolution zielte speziell auf die »Vier Alten« ab (Kultur, Gedanken, Bräuche und Gewohnheiten). Diese tief verankerten kulturellen Züge und Werte waren für Mao allerdings Elemente, die China rückständig machten, worüber wir gleichfalls schon gesprochen haben. (Man muß, auch wenn man Maos Ziele richtig einschätzt, nicht seine Methoden billigen.)

Einen Versuch, dem Griff der Geschichte zu entkommen, kann man auch in den brutalen Angriffen auf Mitglieder der Oberklasse sehen, besonders Intellektuelle und Beamte. Diese Vermutung stützt sich auf folgende Annahmen: Zunächst hatte sich im Laufe der Jahrhunderte ein ungeheurer Haß der Bauern gegen die wenigen Privilegierten angesammelt. Das instinktive Gleichheitsgefühl der Bauern war ständig durch die konfuzianisch-menzianische Unterscheidung zwischen Hand- und Kopfarbeitern beleidigt worden. Die Mißhandlung und Ermordung von Angehörigen der Oberklasse setzte die Tradition der barbarischen Bauernaufstände fort. Die Roten Garden waren zwar keine Bauern, sondern Städter, aber sie handelten in einem Klima bäuerlichen Denkens, das von Mao gefördert wurde. Die neue Massenbeteiligung an der Politik nach 1949 hatte einem Inferno die Tür geöffnet. Die Kulturrevolution war, als Mao sie losgelassen hatte, eine »Abrechnung« größten Maßstabs.

Abgesehen von dieser Deutung der Gewaltsamkeit, ist der Einfluß der langen chinesischen Vergangenheit auch heute überall zu spüren: in Sprache, Folklore, Regierungs- und Geschäftsmethoden, zwischenmenschlichen Beziehungen. Das liegt auf der Hand und wird nur erwähnt, um die Schwierigkeiten der Modernisierung zu unterstreichen. Außenhandel und auswärtige Investitionen verlangten die Schaffung eines Rechtssystems mit Juristen, aber die Partei steht über dem Gesetz. Die Autonomie der Spezialisten auf ihren Fachgebieten, ebenso die der Künstler und Schriftsteller wurde zwar anerkannt, sie bleibt aber staatlichen Beschränkungen unterworfen. Recht, Bildung und Sino-Liberalismus schienen zwar eine große Zukunft zu haben, aber nicht im westlichen Stil. In den achtziger Jahren explodiert das Leben Chinas mit ungeheurer Energie. Aber der Griff der Vergangenheit ist daran zu erkennen, daß sich jedermann auf persönliche Beziehungen verläßt *(kuan-hsi, guanxi)*. Dies scheint der einzige Weg zu sein, um dem Gehege der Bürokratie zu entgehen, aber Beziehungen laufen auf Cliquenwirtschaft und Korruption hinaus, und daran können die Reformbemühungen scheitern.

Die Historiker jeder Generation haben die Aufgabe, die Bedeutung der Vergangenheit, soweit sie uns jetzt angeht, darzustellen. Menschenrechte und Rechtsverfahren sind in den Vereinigten Staaten große Streitfragen geworden. Wenn wir sie als Kennzeichen der Modernität ansehen und China noch unvollkommener finden als uns (was schon allerhand heißt), so mögen wir wohl das Gefühl des *déjà vu* haben. Wir waren zuerst da und sitzen nun aus großer Entfernung zu Gericht über ein größtenteils unbekanntes Land.

Warum gibt es in diesem Buch keine Fußnoten? Die Antwort ist einfach: Sie wären irreführend, unanständig und ungenügend. Irreführend: Weil meine Aussagen sich selten nur auf eine Quelle stützen. Eine oder zwei Bezugsstellen zu zitieren, wäre daher unangebracht; zu viele andere müßten weggelassen werden. Alle zu bringen, sähe nach einer Doktorarbeit aus. Irgendwelche Werke von Bedeutung wegzulassen, wäre unanständig und ungerecht gegenüber den nicht zitierten Autoren. Kurz gesagt wären solche Anmerkungen für den Fachmann ungenügend und für den Nichtfachmann zwecklos.

Außerdem hat es mir Spaß gemacht, beim Schreiben dieser Darstellung ein wenig zu spekulieren und vielleicht unpassende Vergleiche zu ziehen. Ich möchte nicht, daß solche Gedanken den unschuldigen und sorgfältigen Autoren von Monographien zugeschrieben werden, wie sie in einem Apparat von Anmerkungen zitiert würden. Große Werke werden um so weniger genau, je größer sie werden. Manche werden sich an das zwölfbändige Werk von Toynbee über die Weltgeschichte erinnern, das viele Leser begeisterte, außer wenn es um ihr Spezialfach ging.

Diese persönliche Darstellung von Chinas langem Kampf, Unglück und Wiedergeburt ist hausgemacht. Die Ingredienzen habe ich allerdings aus den Werken Hunderter anderer destilliert. Besonders zu Dank verpflichtet bin ich den über fünfzig Autoren der ›Cambridge History of China‹, Band 10 bis 15, Periode 1800 bis 1980. Nach Überprüfung der Früchte von soviel hervorragender Forschung habe ich Nutzen daraus zu ziehen versucht, aber natürlich ist der vorliegende Band kein Versuch, die 4500 Seiten dieser sechs Bände zusammenzufassen, zu dessen Autoren und Herausgebern ich gehört habe. Andererseits ist meine Arbeit hauptsächlich durch das Werk jener Gelehrten möglich geworden. Ich war nicht in der Lage, alle Quellen und die ganze Literatur zu konsultieren, aber ich habe auch darüber ständig Neues gelernt.

Es hat mir auch Spaß gemacht, in diesem Buch der Tyrannei der Latinisierung entgegenzutreten. Im allgemeinen verlangen alle Herausgeber, daß alle chinesischen Namen entweder in dem alten System von Wade-Giles oder in dem neuen Pinyin-System geschrieben werden. Aber was liegt daran? Statt des alten Teng Hsiao-p'ing oder des neuen Deng Xiaoping habe ich lieber Deng Hsiao-p'ing geschrieben, eine hybride Form, die mir leichter aussprechbar erscheint.

Seit 1948, so meine überschlagsmäßige Berechnung, habe ich an die 1700 Seiten kommentierter Bibliographien verfaßt. Wer will, kann in meinem Buch ›Die USA und China‹ (4. rev. Aufl. 1983) hundert Seiten davon – entwaffnenderweise »Lesevorschläge« genannt – studieren. Zu viel ist gerade genug.

Aus all diesen Gründen kann ich kaum behaupten, für alle Aussagen dieses Buches allein verantwortlich zu sein, aber ich kann eigentlich auch nicht sagen, wer es wirklich ist.

Anmerkungen

1 Susan Naquin, Millenarian Rebellion in China. The Trigrams-Uprising of 1813. New Haven, Ct. 1976, S. 176–184.

2 Rev. Charles Gutzlatt, The Life of Taou-Kwang, Late Emperor of China. London 1852, S. 43.

3 Jonathan Spence, K'ang-hsi, Emperor of China. New York 1974, S. 146.

4 China Review 2 (1873/74), S. 309–314.

5 Arthur H. Smith, Village Life in China. New York 1899, S. 100.

6 Einen zusammenfassenden Überblick zur chinesischen politischen Kultur bietet Lloyd Eastman, The Abortive Revolution. China Under Nationalist Rule, 1927–1937. Cambridge, Mass. 1974, Kap. 7; eine vergleichende Studie bringen Lucian W. Pye und Mary W. Pye, Asian Power and Politics. Cambridge, Mass. 1985.

7 William T. Rowe, Hankow. Commerce and Society in a Chinese City, 1796–1889. Palo Alto 1984, S. 175; zu den Gilden vgl. besonders die Kap. 8, 9 und 10.

8 Howard Levy, Cinese Footbinding. The History of a Curious Erotic Custom. New York 1966, S. 47.

9 Fortunato Prandi (Hrsg. u. Übers.), Memoirs of Father Ripa. London 1855, S. 58.

10 Ida Pruitt, A Daughter of a Han. The Autobiography of a Chinese Working Woman. New Haven, Ct. 1945, S. 22.

11 Thomas Taylor Meadows, The Chinese and Their Rebellions. London 1856, S. 259.

12 Jen Yu-wen, The Taiping Revolutionary Movement, S. 425; er zitiert die Autobiographie von Chu Hung-chang.

13 K'ang-hsi, aus: Huang-Ch'ing fan-pu yao-lueh, zusammengestellt für Kaiser Ch'ien-lung von Ch'i Yun-shih, zum ersten Mal gedruckt von seinem Sohn Ch'i Chün-tsao im Jahr 1845. Vgl. Che-chiang shu-chü (Hrsg.), 1884, chüan 3, S. 10.

14 John K. Fairbank, The Chinese World Order, Traditional China's Foreign Relations. Cambridge, Mass. 1968, S. 264.

15 Fred W. Drake, China Charts the World. Hsu Chi-yü and His Geography of 1848. Cambridge, Mass. 1975, S. 2.

16 Vgl. Joseph Fletcher, The heyday of the Cg'ing Order in Mongolia, Sinkiang and Tibet, in: The Cambridge History of China, Bd. 10, S. 351–408.

17 Peter Ward Fay, The Opium War 1840–1842. Cambridge 1978, S. 312.

18 Benjamin, Elman, From Philosophy to Philology. Intellectual and Social Aspects of Change in Late Imperial China (= Council on East Asian Studies). Cambridge 1884.

19 Ssu-yü Teng, John K. Fairbank u. a. China's Response to the West. A Documentary Survey 1839–1923. Cambridge, Mass. 1954, Dokument 6. Siehe auch Drake, China Charts the World, S. 135–142.

20 China's Response to the West, Dokument 12 (s. Anm. 19).

21 Tagebuch von Robert Hart (Manuskript), Eintragung vom 11. Mai 1964.

22 Michael H. Hunt, The Making of a Special Relationship. The United States and China to 1914. New York 1983, S. 118–142.

23 China's Response to the West, Dokument 16 (s. Anm. 19).

24 Ebenda, Dokument 19.

25 Fairbank/Bruner/Matheson (Hrsg.), The I. G. in Peking. Letters of Robert, Chinese Maritime Customs, 1868–1907, 2 Bde. Cambridge, Mass. 1975, Briefe Nr. 947 und Nr. 942.

26 China's Response to the West, Dokument 35 (s. Anm. 19).

27 G. E. Morrison, An Australian in China. London 1895, S. 68.

28 S. W. Barnett und J. K. Fairbank (Hrsg.), Christianity in China. Early Protestant Missionary Writings (= Council on East Asian Studies). Cambridge, Mass. 1985; vgl. das Frontispiz.

29 Kung-chuan Hsiao, A Modern China and a New World. K'ang-yu Wei, Reformer and Utopian, 1858–1927. Washington 1975, S. 19.

30 China's Response to the West, Dokument 41 (s. Anm. 19).

31 Ebenda, Dokument 46.

32 Ebenda, Dokument 48, Teil 3.

33 Letters of Robert Hart, Briefe Nr. 1231 und Nr. 1232 (s. Anm. 25).

34 Mary Clabaugh Wright, China in Revolution. The First Phase, 1900–1913. New Haven, Ct. 1968; vgl. ihre Einführung.

35 E. Perry Link jr., Mandarin Ducks and Butterflies. Popular Fiction in Early Twentieth-Century Chinese Cities. Berkeley, Ca. 1981, S. 142.

36 Hao Chang, Liang Ch'i-ch'ao and Intellectual Transition in China, 1890–1907. Cambridge, Mass. 1971, S. 100.

37 Ebenda, S. 244.

38 William Ayers, Chang Chih-tung and Educational Reform in China. Cambridge, Mass. 1971, S. 237.

39 Fernando Galibati, P'eng P'ai and the Hai-Lu-Feng Soviet, Palo Alto 1985, S. 52.

40 Ernest P. Young, The Presidency of Yuan Shih-k'ai. Liberalism and Dictatorship in Early Republican China. Ann Arbor, Ill. 1977, S. 88.

41 Edward Friedman, Backward Toward Revolution. The Chinese Revolutionary Party 1914–1916. Berkeley 1974, S. 43.

42 Young, Presidency, S. 204 (s. Anm. 40).

43 Ebenda, S. 175.

44 Boorman/Howard (Hrsg.), Biographical Dictionary of Republican China, Bd. 1, S. 125.

45 Wright, China in Revolution, Einleitung (s. Anm. 34).

46 Vgl. Fairbank/Reischauer/Craig, East Asia. The Modern Transformation. Boston 1965, S. 658.

47 Ebenda, S. 666.

48 China's Response to the West, Dokument 57 (s. Anm. 19).

49 Chiang Monlin, Tides from the Weat. New Haven, Ct. 1947, S. 114. Zu Wang vgl. Boorman/Howard, Bd. 3, S. 224 (s. Anm. 44).

50 Barry Keenan, The Dewey Experiment in China. Educational Reform and Political Power in the Early Republic. Cambridge, Mass. 1977, S. 15 und S. 19.

51 Hu Shih wen-ts'un, 1.2, S. 243–346 und S. 357–379, übers. v. Sally Ch'eng Kuhn.

52 Lu Hsun, zitiert bei Jonathan Spence, The Gate of Heavenly Peace. The Chinese and Their Revolution, 1895–1980. New York 1981, S. 197 (dt. München 1985).

53 China's Response to the West, Dokument 65 (s. Anm. 19).

54 Eastman, The Abortive Revolution, S. 1, 5 (s. Anm. 6).

55 Ebenda, S. 11.

56 Ebenda, S. 18.

57 Lloyd E. Eastman, Seeds of Destruction. Nationalist China in War and Revolution, 1937–1949. Palo Alto 1984, S. 56.

Die Karten zeichnete Karl-Friedrich Schäfer
(Quelle: Chiao-min Hsieh, Atlas of China, hrsg. v. Christopher L. Salter. New York 1973.)

China

Pu Yi:
Ich war Kaiser
von China
Vom Himmelssohn
zum Neuen Menschen
Die Biographie der
letzten chinesischen
Kaisers
dtv 10710

Herbert Cerutti
China – wo das
Pulver erfunden
wurde
Naturwissenschaft,
Medizin und Technik
in China
dtv 10837

Frauen in China
Erzählungen
Herausgegeben von
Helmut Hetzel
dtv 10532

Zhang Jie:
Schwere Flügel
Roman
dtv 10728

Die Arche
Roman
dtv 10826

Michael Krüger:
Warum Peking?
Eine chinesische
Geschichte
dtv 11025

Yue Daiyun:
Als hundert Blumen
blühen sollten
Die Odyssee einer
modernen Chinesin
vom Langen Marsch
bis heute
Aufgezeichnet von
Carolyn Wakeman
dtv 11040

Zhang Xinxin/Sang Ye:
Pekingmenschen
Herausgegeben von
Helmut Martin
dtv 11072

Laudse:
Daudedsching
(Lao-tse: Tao-te-king)
dtv klassik 2152

Konfuzius:
Gespräche des
Meisters Kung
(Lun Yü)
dtv klassik 2165

John King Fairbank:
Geschichte des
modernen China
1800–1985
dtv 4497

Charlotte Kerner/
Ann-Katrin Scheerer:
Jadeperle
und Großer Mut
Chinesinnen zwischen
gestern und morgen
dtv junior 7885

Fritz Mühlenweg:
Großer-Tiger und
Christian
dtv junior 79003

Deutsche Geschichte der neuesten Zeit

 **Gebhardt**

Neunte, neu bearbeitete
Auflage, herausgegeben
von Herbert Grundmann
WR 4201–4222

Handbuch der deutschen Geschichte

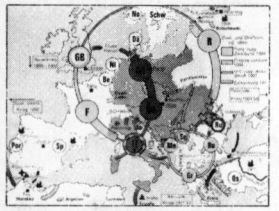
Atlas zur Weltgeschichte

dtv-Atlas zur Weltgeschichte
von Hermann Kinder und
Werner Hilgemann
Karten und chronologischer
Abriß
Band 1: Von den Anfängen bis
zur Französischen Revolution
Band 2: Von der Französischen
Revolution bis zur Gegenwart
Originalausgabe
2 Bände

dtv 3001/3002